영적 식별

신학, 역사, 실천

El discernimiento espiritual
Teología. Historia. Práctica
by Manuel Ruiz Jurado, S.I.

영적 식별
— 신학, 역사, 실천

교 회 인 가 • 2010년 10월 8일
초 판 제1판 제1쇄 • 2010년 12월 7일
개정판 제1판 제1쇄 • 2025년 3월 31일
개정판 제1판 제2쇄 • 2025년 9월 5일

지은이 • 마누엘 루이스 후라도, S.I.
옮긴이 • 박 일
펴낸이 • 최준규
펴낸곳 • 가톨릭대학교출판부
등 록 • 제300-1989-1호(1989년 1월 13일)
주 소 • 03083 서울시 종로구 창경궁로 296-12
전 화 • 02-740-9718
전 송 • 02-745-9793
전자우편 • cukpress@catholic.ac.kr
홈페이지 • http://press.catholic.ac.kr
인쇄제작 • 재영아트

ISBN 978-89-7108-390-1 93230

값 27,000원

영적 식별

신학, 역사, 실천

마누엘 루이스 후라도, S.I. 지음 | 박 일 옮김

El discernimiento espiritual

Teología. Historia. Práctica

가톨릭대학교출판부

• Presentación •

Ante todo, doy gracias al P. Il Park por el interés y la perseverancia que ha puesto en la traducción y publicación de este libro. Ciertamente que el interés que he encontrado en Corea se comparte en España, donde ya ha salido más de una edición. En Polonia donde se agotó la primera edición rápidamente y pienso que ya han recurrido a la segunda. En Italia también, donde la editorial San Pablo ha publicado la taducción italiana, muy útil para los que estudian en la Universidad Gregoriana, donde algunos professores la recomiendan o la exigen como texto en la materia del "discernimiento".

Pienso que la novedad de esta obra está particularmente en la base teológica e histórica que ofrece a los estudiosos, en su fundamento bíblico e histórico que mantiene con claridad un horizonte ampliado en nuestro tiempo. Espero que el P. Il Park haya aportado con su traducción un servicio muy útil a la Iglesia en Corea y a la formación de los sacerdotes y laicos, especialmente deseosos de una formación teológica y espiritual más profunda.

Que la Virgen Santísima con su intercesión nos alcance abundantes dones del Espíritu, don de su Hijo divino, y que El nos vaya conduciendo a la verdad completa.

2010. 9. 21.
De Roma
Manuel Ruiz Jurado, S.I.

• 한국어판에 부쳐 •

무엇보다도, 이 책을 번역하고 출판하기까지 끈기 있게 관심을 기울여 준 박 일 신부에게 감사드립니다. 한국에서 식별이란 주제를 다룬 이 책에 대해 갖고 있는 관심은 이미 여러 판이 나온 스페인에서와 같다고 확실히 느낍니다. 폴란드에서는 초판이 신속하게 소진되어 벌써 재판을 준비 중이라고 알고 있습니다. 이탈리아에서도 마찬가지로 성바오로출판사에서 이탈리아어판을 출간했는데, 그레고리오 대학교의 몇몇 교수들은 "식별"이란 주제에 있어 교과서로 권고하거나 채택하고 있을 정도로 학생들에게 매우 도움이 되고 있습니다.

이 작품의 독창성이라면 특히 주제와 관련하여 신학적이고 역사적인 바탕과, 우리 시대에 확장된 지평을 명쾌하게 지니고 있는 성서적이고 역사적인 기초를 학자들에게 제시한다는 데 있다고 생각합니다. 저로서는 박 일 신부도 이 번역 과정을 통해서 한국 교회에 그리고 특히 더 심화된 신학적·영성적 양성을 열망하는 사제들과 평신도들의 양성에 매우 유익한 봉사를 해 왔기를 바랍니다.

지극히 거룩하신 동정녀께서 중재해 주시어 우리가 성령의 선물들과 당신 성자의 선물을 풍성하게 받고, 그리스도께서 우리를 충만한 진리로 인도해 주시기를 바랍니다.

2010년 9월 21일
로마에서
마누엘 루이스 후라도, S.I.

• 서론 •

우리는 식별할 나이에 도달했는가? "식별할 나이"란 판단, 분별할 나이이다. 또한 역사 안에서도 그러한가? 분별은 성숙을 요구한다. 그러나 성숙은 어떤 상대적 가치이다. 어린아이가 분별할 나이에 도달할 수 있다. 그러나 뭘 식별하기 위해서인가? 판단력은 이미 지니고 있지만 그의 분별은 어디에까지 이를까? 우리 시대는 무엇을 식별해야 하는가?

"분별없는 인간"이란 행하는 바를 잘 생각하지 않고, 누구에게 혹은 무슨 목적으로 하는지 충분히 고려하지 않은 채 가볍게 행동하는 이를 말한다. 그래서 한마디로 충분히 생각하지 않고 행동한다. 자기가 처해 있는 여건, 자기의 힘이나 자기의 존엄성, 혹은 자기 앞에 있는 이의 존엄성, 시작하려는 행위에 요구되는 것 등에 대해 응당 기울여야만 하는 주의와 숙고를 소홀히 하여, 어떤 사정이나 사람을 다른 것과 혼동하기 때문에, 그는 충분한 사리 분별없이 처신한다고 하겠다.

오늘날 그리스도교 생활, 영성 생활, 사도직, 교회 내에서 식별의 필요성을 많이 이야기하고 있다. 이는 식별이 영적인 가치들, 초자연적 가치들 등 상위의 가치들에도 적용된다는 사실을 전제한다. 그런데 어떠한 신학적 바탕에 의거해야 하는가? 식별의 이런 점에 대해서 충분히 전개하고 있는 신학이 있는가? 성경 안에 자료들이 풍성히 있다. 그리고 교회 전통 속에도 있다. 비록 기초가 되는 자료에 대한 폭 넓고 심화된 성찰이 담긴 충분히 잘 구성된 논문의 형태로는 아니라 할지라도.

헤르마스의 『목자』(*Pastor*)나 혹은 『바르나바의 편지』(*Carta de Bernabé*)와 같은 초기의 저작들 안에서 우리는 다양한 영들이나 혹은 선한 예언자들에 반대되는 거짓 예언자들에 대한 몇 가지 권고, 언급 혹은 암시를 발견할 수 있다. 오리게네스는 그의 성찰, 특히 『원리론』(*De pricipiis*, lib.III)에서 이 주제를 더욱더 발전시키고 심화하였다. 그런데 움직이게 하고, 무엇을 할 마음이 내키게 하거나 혹은 유혹할 수 있는 다양한 영들에 적용된 식별에 더욱 집중되어 있다. 이 맥락에서 특히 카시아노의 『담화』(*Collationes*) 안에 수집된 사막 교부들의 가르침을 설명할 것이다. 그리고 식별이 과도함을 피하는 덕으로서의 "사리 분별"(discreción)이라는 윤리적 의미와 쉽사리 서로 엮이는 이 환경 속에서, 영성 생활과 그리스도교 덕들에 관해 교의신학적이기보다는 오히려 더 교육적인 맥락 속에서 설명할 것이다.

이 의미에서 대체로 다음과 같은 중세 저작들이 계속 이어진다. 클리마코스의 『천국의 사다리』(*Scala Pardisi*), 디아도코스의 『영적 완성』(*De perfectione spirituali*) 등, 그리고 저자들로서 성 베르나르도, 생 빅토르의 리카르도, 시에나의 성녀 카타리나, 그리고 중요한 성 베르나르디노의 논문(강론) 모음집으로 『영감론』(*De inspirationibus*)이 있다.

식별이라는 주제에 관한 광범위한 성경의 내용은 앞으로, 내가 보기에는 지나치게, 덕의 범위 속에서 영성 생활과 이 생활을 위협할 수 있는 다양한 영들의 영역에 묶여 있게 된다. 시대의 징표 측면 및 사실상 근본적 측면인 그리스도의 인격, 교리와 예언의 측면과 같은 식별의 다른 측면들은 같은 폭과 깊이로 전개되지는 않으며, 사회적 현상, 교회의 운동과 단체의 현상 측면은 더욱더 그렇다.

성 토마스가 그의 광범위하고 심오한 신학적 성향 속에서 예언 현상에 적용된 예언적 영감과 그 본성 및 분별에 대한 매우 유익하고 시사적인 성찰을 우리에게 제시하고 있다. 즉 식별의 기본적 구성에 기초가 될 수 있는 가르침을 제시하고 있다는 것이다. 그러나 실제로 그렇게 이용되지는 않았다.

아마도 관련 주제에 있어 가장 성공적이고 통합적인 소논문 중 하나는 15세기 제르송(J. Gerson)의 『거짓 계시들로부터 진정한 계시들의 구별에 대하여』(*De distinctione verarum revelationum a falsis*)이며, 중세의 가장 성공적인 종합을 카르투시오회 수사 디오니시오(Dionisio el Cartujano)의 『영들의 조사와 분별론』(*De discretione et examinatione spirituum*)에서 발견할 수 있을 것이다. 그러나 후자도 영적 식별에 신학적으로 기반을 둔 충분하고도 광범위한 구조적 토대는 제공하지 못하고 있다.

17세기 알바레스 데 파스(Alvárez de Paz)의 『평화의 탐구』(*De inquisitione pacis*)의 「부록」(Apéndice) 같은 전통적 논문들이나, 혹은 성 프란치스코 살레시오의 『신애론』(*Del amor de Dios*, lib.VIII), 고디네스(M. Godínez)의 『신비신학의 실제』(*Práctica de la teología mística*)와 라 레게라(M. I. de la Reguera)에 의해 라틴어로 증보된 같은 제목의 논문 『신비신학의 실제』(*Praxis theologiae mysticae*)와 같은 더 일반적 논문들이나 몇몇 저서들의 같은 주제를 다룬 장(章)들에서도 그 이상 더 많은 진전을 보이지 못하고 있다.

이미 16세기 로욜라의 성 이냐시오의 『영신 수련』(*Ejercicios espirituales*)이라는 저서는 그 방법론, 그 선택의 시기들과 영들의 식별을 위한 규범들과 함께, 더욱 심화되고 연구되었으며 더욱 상세하게 구성된 노작들을 야기하였다. 그러나 거의 모든 저작이 인간의 자기 삶에 관한 하느님 뜻과의 만남, 개인적인 영적 지도라는 관점에서, 그리고 위로나 고독이라는 내적 움직임들과 같은 일정 대상에 너무 집중되어 저술되었다. 이 범위에 다음의 연구들을 포함할 수 있다. 즉 17세기 『수도회 예수회론』(*De religione S.I.*)에 포함된 수아레스(F. Suárez)의 연구들, 18세기 슈람(Schramm, 라 레게라 신부의 교리를 전파한 인물) 추종자들의 『신비 교육』(*Institutiones mysticae*), 데 기베르(J. de Guibert)의 『영성신학 강좌』(*Leçons de théologie spirituelle*), 그리고 20세기 라너(K. Rahner)의 『교회 내의 역동적 요소』(*Lo dinámico en la Iglesia*), 힐(D. Gil)의 『성 이냐시오에 의한 식별』(*Discernimiento según san Ignacio*), 구베르네르(J. Gouvernaire)의 『하느님께서 갑자기 개입하실 때』(*Quand Dieu entre à l'improviste*)와 토너(J. J. Toner)의 『영들의 식별에 대한 이냐시오의 규범 해설』(*A Commentary on St. Ignatius' Rules for the discernment of Spirits*)과 『하느님의 뜻 식별하기』(*Discerning God's Will*) 등이다.

다른 전망은 1973년에 출판된 테리앵(G. Therrien)의 논문 「바오로 서간에서의 식별」(*Le discernement dans les écrits pauliniens*)과

『영성 사전』(*Dictionnaire de Spiritualité*)에 실린 그의 소논문 「영들의 식별」〔Discernement des esprits, 특히 기예(J. Guillet)와의 공동 작업으로〕에서 시사되고 있다. 그리고 역시 스키아보네(Schiavone) 신부도 『오늘날의 복음적 식별』(*Discernimento evangelico oggi*)에서 어느 정도 이를 통찰하고 있다. 그런데 다양한 사고방식과 기원에서 유래하는 다양한 용어들과 결과물들을 더욱 분명하게 이해하려 하면, 자료 전체를 지탱하는 근거, 그리고 오늘날까지 연구된 바를 바탕으로 구성된 좀 더 학문적인 체계화가 부족하다는 사실이 드러난다. 이런 식으로 식별의 영역은 오늘날 거의 "어수선한 곳"으로 변했고, 분명하게 밝히는 데 사용되어야 할 "식별"의 도구는 어떤 더욱 큰 혼란을 일으키는 도구로 바뀌었다.

이 작업을 시도하는 것은, 비록 큰 공헌은 아니라 하더라도, 이 필요성에 응답하는 데 어떻게든 기여하는 것이겠다. 단순히 "영들의 식별"이 아니라 『영적 식별』이라는 제목 아래 무엇보다도 주제에 대해 광범위하고 깊은 기초를 세우고자 한다. 적당할 때 그 이유를 제시하겠다. 다음으로 하느님 말씀에 대한 신학적 성찰에 상응하는 그곳에 위치시키고 다양한 식별의 유형들을 조금 더 적절하게 체계화하겠다. 그러나 이 모든 것에 있어서 성경 주석, 영성사, 철학과 심리학에 더 관련된 주요 저작물들을 염두에 두면서 그렇게 하겠다.

제1부에서는 일반적으로 식별에 해당하는 성경-신학적, 심리-영성적 문제들을 다루겠다. 그리고 역사 안에서의 식별로 넘어가겠다. 제2부에서는 교회사를 따라가면서 어떻게 적용되었는지 그리고 본 문제에 대한 교리의 형성에 있어 어떻게 발전되었는지에 대한 어떤 종합적 전망을 언급할 것이다. 제3부에서는 성

경과 역사가 우리에게 전해 준 다양한 주요 영역들에서 시행된 적용들을, 더 특별하고 체계적인 방법으로 이 영역들에 하나하나 접근하며, 훑어보겠다.

이 책을 읽고 나서 독자가 어느 정도 더 분명하고 정돈된 시야를 지니고 생각하게 되어, 더욱 넓은 전망 속에, 자기 성찰의 근거가 되는 몇몇 확고한 점들에 있어서 좀 더 평온하게 느끼며, 무엇보다도 영적 식별의 여정에서 계속 진보하도록 고무되었음을 느낀다면, 필자로서는 만족스럽게 생각할 것이다.

지혜의 어머니이신 지극히 거룩하신 동정녀께서 성령의 선물로써 우리를 점점 더 완전한 진리로 가까이 인도해 주시도록 당신 아드님께 전구해 주시기를 빈다.

목 차

제2부

역사의 흐름에 따라서 본 식별

제 3 부

식별의 적용

제1부

영적 식별 일반

이 제1부에서는 철학과 심리학의 검증된 자료들을 고려하면서 식별의 신학적 근거를 제시하는 문제를 다루겠다.

출발점은 성경이 될 것이다. 왜냐하면 나중에 보게 되겠지만 이 문제에 관한 교도권의 지침들과 관련해서는 말할 수 있는 바가 거의 없기 때문이다. 그래도 신학적 성찰의 풍성함을 증대시킬 필요가 있다. 첫째로 신약성경의 자료들 안에 나타나는 바와 같이, 식별의 대상, 주체, 그리고 그 실행을 살펴보겠다. 이렇게 해서 식별의 실행에 대해, 그리고 이 실행에 개입하는 인간의 기능 혹은 잠재력이 위치하는 수준에 대해 성찰하는 데 필요한 근거들을 확보하게 될 것이다. 오직 그다음에라야, 영적 식별을 실행해야 하는, 그 식별을 돕거나 방해하는, 주체의 자질, 유의미하게 식별할 가능성을 증대시키는 방법, 그리고 그리스도인의 성숙과의 관계에 대한 우리의 성찰을 심화시킬 수 있을 것이다. 이 모든 작업은 일련의 심리학적 양상을 띠고, 환상 및 잠재의식의 영향에 할애한 장(章)들 속에서 특별한 고찰을 접하게 될 것이다.

이미 몇몇 연구에서 다루었지만, 영적 식별에 관한 논문들에 아직 충분히 반영되지 않았기 때문에, 이 주제를 살펴 관련된 철학적-신학적 성찰을 하지 않을 수 없었다.

제 1 장

식별에 대한 성경적 권고

왜 식별인가?

여기서 우리가 다루는 영적 식별이 우리가 만든 문제는 아닐까? 무엇 때문에 삶이 복잡해지는가 하고 다른 사람들은 말할 것이다. 한마디로 좋게 보이는 것을 하면 된다. 만일 하느님께서 우리에게 당신의 뜻을 전하고자 하신다면, 분명히 그것을 하게 할 방법들도 갖고 계신다. 그분의 뜻을 찾기 위해 식별을 할 필요가 있다는 이 가정은 왜 생기는가? 식별은 뒤섞이거나 혹은 아주 분명하지는 않게 보이는 것들을 구분할 필요가 있다는 것을 뜻한다. 하느님께서는 그분이 원하시는 바를 우리에게 분명히 표현하시지 않는다는 말인가?

오늘날 우리는 일을 복잡하게 만들고 싶어 하지 않는다. 게다가 영적 문제들까지 우리를 복잡하게 하도록 하기에는 우리는 이미 이 세상사에서 충분한 말썽거리를 지니고 있다. 그렇지만 이 세상사와 영적 문제들은 그렇게 쉽사리 분리될 수 없다. 이 세상의 문제들은 또한 영의 가장 깊은 차원에서의 문제인데, 그 차원에서 문제들은, 마치 우리 전 인격이 하느님과 관련 있어야 하는 것처럼, 그렇게 하느님과 관계 있다.

사실 우리가 하느님께 어떻게 우리와 통교하셔야 하는지에 대한 계획을 세워 드릴 수는 없는 일이며, 우리의 존재에 그 한계 및 특히 원죄와 우리 본죄의 결과라는 부정적이며 불안정하게 하는 부담을 지게 된 이후[1] 수없이 잘못 사용된 자유와 함께 자연적으로 주어지는 장애물들을 매 순간 억누르면서 (그리고 우리의 노력에 의한 정상적인 협력 없이) 통상적으로 기적을 통해서 행해 주시기를 청할 수도 없는 일이다. 만일 정욕에 의해서 정신이 흐려지면, 우리에게 우리가 원하는 색깔의 것들을 보게 할 정도로까지, 의지는 두려움을 느끼거나 혹은 격정에 의해서 흥분한다. 우리는 혼란에 빠져 오류를 범할 수 있게 된다. 분명하게 할 필요가 있다. 우리의 첫 질문은 무엇보다도 다음과 같아야 하겠다. "하느님의 계획 속에 우리가 영적 식별을 해야 하는 그 일이 포함되는가?"

그리고 이 질문에 하느님의 말씀이 대답한다. 우리가 식별을 하도록 하느님 말씀이 권고하는 경우는 매우 많으며, 이 권고들이 언급하고 있는 우리 실존의 영역은 다양하다. 여기서 그 모든 예를 다 들지는 않겠다. 우선은 단지 권고 몇 가지만을 들어 보겠다. 우리의 신학적 성찰이 진행될 수 있는 몇 가지 길을 여는

---

1) 이미 지혜서들 안에서 반복적으로 이 필요성이 암시되었다. "Est via quae videtur homini iusta, et novissima eius ducunt ad mortem(사람에게는 바른길로 보여도 끝내는 죽음에 이르는 길이 있다)"(잠언 14,12); "Nescit homo an amor vel odio dignus sit(사랑도 미움도 인간은 알지 못한다)"(코헬 9,1).

문제를 다뤄 보겠다.

신약성경의 권고

식별의 대상이 되는 영역

1. 성 바오로는 코린토 공동체에서 성체성사를 거행하기 위해 모일 때 몇몇 사람이 범한 남용에 직면하고는, 성체성사 안에서 주님의 몸과 피를 음식으로 받는다는 전통을 생각하게 한 뒤, 그리스도인들에게 영성체하기 전 영적 식별을 **자기 양심의 사정**에 적용하도록 권고한다. "Probet autem seipsum homo, et sic de pane illo edat et de calice bibat. Qui enim manducat et bibit indigne, iudicium sibi manducat et bibit, non diiudicans corpus Domini: 그러니 각 사람은 자신을 돌이켜보고 나서 이 빵을 먹고 이 잔을 마셔야 합니다. 주님의 몸을 분별없이 먹고 마시는 자는 자신에 대한 심판을 먹고 마시는 것입니다"(1코린 11,28~29). 사용된 동사 "돌이켜 보고"(probet, δοκιμάζετο: dokimazeto)는 영적 식별의 시행을 지칭하기 위해 사용된 동사이다. 그리고 이 구절에서 이러한 시행(여기서 "돌이켜보다"로 번역된)은 그의 마음 준비가 주님의 몸을 부당하게 받아 모시지 않는 그런 정도인지를 보기 위해 "자기 양심의 상태"에 적용되어야 한다고 말하고 있다. 먹는 음식이 주님의 몸이 아닌 어떤 보통의 저녁 식사처럼 대할 수는 없다. 또한 이 경우 자기의 저녁을 모임에 가져오지 않은 사람들을 부끄럽게 만드는 식으로 가져오는 이들에

대해서 말하고 있다. 이 애덕의 결여는 영성체에 참여하기에 적합한 자세가 아니다. 주님의 몸을 "식별하지 않는 것"(μὴ διακρίνων: me diakrinon)일 것이다. 이 경우 성 바오로는 영적 식별(διακρίνω: diakrino)을 말하기 위해 다른 동사를 사용했다.

2. 성 바오로는 테살로니카 신자들에게 공동체 내에서 "**성령의 특별한 은혜를 받은 사람들의 남다른 표현들**"에 대해서 식별하도록 권고한다. 그들을 통해 드러난 하느님의 뜻의 표현과 사이비들의 속임수인 것을 구별하기 위해서이다. "Omnia autem probate, quod bonum est tenete: 모든 것을 분별하여, 좋은 것은 간직하고"(1테살 5,21). 다시 사용된 동사는 δοκιμάζω(dokimazo)이다. 그리고 식별을 실행하려는 영역은 식별하는 이의 외부에 있다. 예언적 표현들이다["Spiritum nolite extinguere, prophetias nolite spernere...: 성령의 불을 끄지 마십시오. 예언을 업신여기지 마십시오"(1테살 5,19~20)].

3. 예수님도 공관복음에서(마태 16,3; 루카 12,56) 당신의 말씀을 듣고 있던 유다인들에게 "**시대의 징표**"를 식별할 줄 모른다고 꾸짖으신 일을 생각해 보라. 발생하는 사건들, 그 사람들의 눈앞에서 실현되고 있는 역사를 예언의 성취로 말씀하신다. 즉 그들이 모르고 있거나 그 사건들을 식별할 준비가 되어 있지 않아서 인정하려고 하지 않지만, 메시아 현존의 징표라는 것이다.[2] 이 경우 사용된 동사는, 마태오 복음에서는 διακρίνω(diakrino)이며, 루카

2) Cf. M. De Tuya, O.P., en *Biblia comentada. V. Evangelios*, BAC, Madrid, 1964, pp.363~365; W. Trilling, *Commenti spirituali del Nuovo Testamento. Vangelo secondo Matteo II*, Città Nuova, Roma, 1968, pp.83~85; A. Stöger, *Commenti spirituali del Nuovo Testamento. Vangelo secondo Luca I*, Città Nuova, Roma, 1968, pp.336~337.

복음에서는 δοκιμάζω(dokimazo)이다. 역사적인 사건들을 메시아와 사건들 속에 담긴 그의 가르침을 수용하라는 부르심으로 이해하도록 성경에 비추어[3] 생각하거나 읽으려고 하지 않았다는 사실을 두고 꾸중하시는 것이다. 즉 시대 안에서 하느님의 καιρός(kairos)를 발견할 줄 몰랐다는 것이다. 꾸중은 하느님 말씀에 비추어 "시대의 징표"에 마음을 쓰고 읽으라는 간접적인 권고다.

4. 그러나 식별에 대해 말할 때 가장 많이 언급되는 것들은 이 텍스트들이 아니다. 가장 자주 인용되는 것은 성 요한의 첫째 편지의 한 구절(1요한 4,1)로 『영신 수련』(313~336항)에서 영의 식별에 대해 성 이냐시오가 말하는 의미에서 영들을 식별하라는 권고로 제시되곤 한다. 그렇지만 성 요한의 편지에서 δοκιμάζετε(dokimazete)라는 단어는 바로 그런 의미와 범위로가 아니라, 그리스도의 인격과 그분이 인간의 유일한 구원자인 육화된 말씀이라는 사실을 부정하게 하는 당시의 "**몇몇 거짓 예언자들의 교리**" 속에 숨어 있는 악한 영을 식별하라는 의미로 제시되었다. 어쨌든 거기에는 복음과 성 바오로의 서간에서 사용된 동일한 동사로써 영적 식별을 시행하라는 새로운 권고가 있다. 성 요한의 서간에서는 악한 영에 의해서 사주받은 거짓 예언자들과 그들의 교리가 식별의 대상이 된다.

성 바오로도 코린토인들에게 거짓 예언자들의 그러한 문제를 알고 해악을 피하도록 권면하고 있다(2코린 11,13~15). 또한 복

---

3) 제2차 바티칸 공의회는 시대의 징표를 근본적으로 주의 깊게 관찰하고 복음의 빛에 의거하여 징표를 해석할〔「사목 헌장」(*Gaudium et spes*) 4항. 참조: "성령의 도우심으로 〔…〕 하느님의 말씀에 비추어", 44항〕 교회의 의무에 대해서 — 또한 신자들, 그러나 특별히 목자들과 신학자들의 의무에 대해서도(같은 책, 44항) —언급할 것이다.

음에서(마태 7,15~20) 예수 그리스도께서도 몸소 당신 제자들에게 이를 그 열매를 통해서 구별하도록 권고하셨다.

5. 사도 성 바오로는 신자들이 행동해야 할 생활 환경에 대해서 그 안에 빛과 어둠이 뒤섞여 있음을 알고("빛의 자녀"로서 그리스도인에게 해당하는 행실과 멀리해야 할 바로 "어둠의 자식들"의 행실), 열매 맺지 못하는 어둠의 행실에 말려들어 가지 않도록, 주님께서 기뻐하시는 것("quid sit beneplacitum Deo" = "무엇이 주님 마음에 드는 것인지": 에페 5,10)을 식별하면서(δοκιμάζοντες: dokimazontes = "pro- bantes: 가려내십시오"), 빛의 자녀로서 살아가도록 에페소인들에게 권고하고 있다. 이는 영적 식별을 실행해야 할 또 다른 분야이다. 즉 삶의 환경, "**하느님의 기쁨의 대상이 되는 활동과 습관**" 등이다. 그리고 로마의 신자들에게 편지를 쓰게 될 것이지만, 하느님의 뜻인, 즉 단지 선한 것만이 아니라 완전한 것까지도 포함되어야 한다(참조: 로마 12,2).[4]

6. 식별의 다른 권고들이 있으니, 성 바오로의 갈라티아인들에게 보낸 편지 같은 것이다. "사실 누가 아무것도 아니면서 무엇이나 되는 듯이 생각한다면, 그는 자신을 속이는 것입니다. 저마다 자기 행동을 살펴보십시오. 그러면 자기 자신에게는 자랑거리라 하여도 남에게는 자랑거리가 못 될 것입니다"(갈라 6,3~4).

---

4) 단지 "선한 것"을 인식하는 것에만 관심이 있지는 않다. 윤리적으로 선한 것 안에 "하느님께서 기뻐하시는" 것들이 있다. 이것들은 한 생활 신분이나 다른 신분에로의 성소에 따라서, 혹은 성덕에 이르는 고유한 길로 이끌려고 하며 움직이게 하는 영감에 따라, 하느님께서 어떤 이들은 하기를 원하시고 다른 이들은 하지 않기를 원하시는 것들이 있다. 그리고 또한 한 사람 안에 있는 선하고 하느님께서 기뻐하시는 것 속에도 하느님께서 보시기에 더욱 "완전한" 것에 대한 특별한 부르심이 있을 수 있다(참조: 마태 19,21).

사용된 동사는 δοκιμάζω: τό δὲ ἔργον ἑαυτου δοκιμαζέτω ἕκαστος(dokimazo: to de ergon heautou dokimazeto hekastos: 4절). 이 조언을 앞의 1항에 포함된 성찰 유형에 관련시킬 수 있겠다. 즉 각자 자기 자신에 대해서, 하느님의 빛에 비추어 자기 상황에 대해서, 하느님 심판을 앞두고, 하느님 현존 앞에서 가치 있는 것과 가치 없는 것을 성찰할 수 있다.

또한 필리피인들에게 보낸 편지에서 식별에 대한 다른 일반적, "간접적 권고"를 접하게 된다. 여기서 성 바오로는 그들 안에 이미 있는 사랑이 "지식(ἐπιγνώσει: epignosei)과 온갖 이해(αἰσθήσει: aisthesei)[5]로 더욱더 풍부해져 무엇이 옳은지 분별할 줄 알게(εἰς τὸ δοκιμάζειν ὑμᾶς τά διαφέροντα: eis to dokimazein hymas ta diapheronta) 〔…〕"(필리 1,9~10) 주님께 청하라고 그들에게 말한다. 혹은 코린토인들에게 분열과 질투라는 육적인 상태를 극복하도록 그들을 격려하여, 느끼고 생각하는 방식에 있어서 똑같아져서 영적인 상태로 옮아가도록("...sitis autem perfecti: 하나가 되십시오": 1코린 1,10) 하기 위해, 그들에게 그리스도인 고유의 지혜를 설명한다. 그 지혜는 이 세상의 것이 아니라 하느님의 성령을 받은 이에게 어울리는 것으로서, 하느님에 의해서 모든 것을 "**인식**할" 수 있게 한다(ὁ δὲ πνευματικὸς ἀνακρίνει[6] μὲν πάντα: ho de pneumatikos anakrinei men panta). 즉 "세상"의 타락한 지혜에 대립되는

---

5) "완전한 사람들"의 고유한 식별에 이르기 위해 실행해야 하는 기능을 명시하기 위해, 히브리서 5장 14절에서 사용될 용어(αἰσθητήρια: aistheteria)와 같은 어족(語族)의 말이다.

6) 동사는 오히려 "질문하다, 판단하다"를 의미한다. 그러나 선택되었거나 선출되어야 하는 사법관들의 자질을 "검증하는" 사람을 위해서도 사용되었다.

십자가의 지혜이다. 마찬가지로 히브리서 5장 14절에서도, 식별을 거의 성숙한 그리스도인들, "완전한 사람들"에게 어울리는 것으로 강조한다. 무엇보다도 우리 목적에 결정적이며 특별히 풍성한 가르침이 될 편지는 성 바오로가 로마인들에게 보낸 편지로서 권고 부분의 시작에서 언급하였다. 자기 몸과 삶을 전부 하느님 마음에 드는 희생 제물이 되게 하라고 분명하게 권고하고 있다. 이를 성취하기 위해 식별을 통해 가야 할 길을 가르쳐 주고 있다.

> "Nolite conformari huic saeculo, sed reformamini in novitate sensus vestri, ut probetis(εἰς τὸ δοκιμάζειν: eis to dokimazein) quae sit voluntas Dei bona(τὸ ἀγαθόν: to agathon) et beneplacens(εὐάρεστον: euareston) et perfecta(τέλειον: teleion): 여러분은 현세에 동화되지 말고 정신을 새롭게 하여 여러분 자신이 변화되게 하십시오. 그리하여 무엇이 하느님의 뜻인지, 무엇이 선하고 무엇이 하느님 마음에 들며 무엇이 완전한 것인지 분별할 수 있게 하십시오"(로마 12,2).

이 세상의 정신적 체계에 따라 사물을 추구하고 판단하는 인간들이 지닌 계획과는 매우 달리, 선하고, 하느님께서 보시기에 합당하고, 하느님 계획에 따라서 완전한 것을 식별할 수 있으려면, 자기 사고방식을, 그리스도를 따라, "새 사람"의 사고방식으로 변화시켜야 한다.

그리스도의 실천

그런데 마태오 복음에서 베드로 사도의 긍정적인 확언과 태도에 대해 식별하시는 그리스도를 볼 때, 간접적으로 우리를 영적 식별로 초대하고 계시는 분은 역시 예수 그리스도이시다. 마태오 복음 16장 17절에서 베드로를 복되다 일컬으시고 그의 인간적 생각이나 혹은 그 어떠한 인간의 암시에 의한 것이 아니라, 예수 그리스도께서 하느님의 성자임을 계시한, 성부의 신적 행위에 의한 것이라고 선언하신다. 그런데 같은 복음 16장 23절에서 예루살렘에서의 수난과 죽음을 피하려고 하는 베드로를 꾸짖으신다. 베드로는 자기 태도와 그 태도를 유지하는 기준에 있어서, 하느님 뜻에 따르지 않고, 오히려 인간들 특유의 생각과 느끼는 방식에 스스로 끌려가도록 내버려두었기 때문이다. 아니 더 나아가 "사탄"이라는 수식어를 붙여야 마땅한 방식이라 할 수 있다. 이로써 우리를 움직여 특정 방향으로 말하고 행동하게 하는 생각과 감정을 구별할 필요가 있음을 가르쳐 주신다. 자칫 우리는 하느님의 "**영감이나 움직임**"에 의해서가 아니라 순전히 인간적 혹은 악마적인 영감에 의해 이끌리도록 자신을 내버려둘 수 있기 때문이다.[7] 예수님이 몸소 베드로를 움직인 영들에 대한 식별을 실행에 옮기셨다고 말할 수 있겠다. 즉 하나는 하느님의 영, 성부 편에서 베드로에게 온 계시이며, 다른 경우는 사탄에 의해서 유혹에 사용된 인간적 수준에 머문 베드로의 생각이다.

---

7) W. Trilling, *op. cit.*, II, pp.90, 98~99.

식별의 형상적 대상

우리가 성경 권고들에 유의한다면, 식별의 형상적 대상은, 관찰 주체인 인간을 향한 내외적 현상들인 직접적 작용인(作用因)을 인식하는 것보다는, 〔하느님께서 사용하신 현상들이나 중개 수단들은 그분 섭리에 따라 안배된 자연적 원인(原因)들의 영역을 넘어가지 않는 것이 보통이므로, 중개 수단들 없이 혹은 중개 수단들과 함께〕 하느님께서 행하셨다는 표지로 간주된 내외적 현상들 안에 있는 우리에 대한 그분 뜻을 담고 있는 메시지를 판독할 줄 아는 것 — 우리가 하기를 원하시는 바는 무엇인가? 우리가 처한 이 상황 속에서 그분 마음에 드는 것은 무엇인가? 그리고 그분 눈에 완전한 것은 무엇인가? — 과 더욱 관련이 깊다는 사실을 발견하게 될 것이다.

그래서 성 베르나르도는 문제에 대해 심오한 통찰을 하고 다음과 같이 기록할 수 있었다.

> "Nec multum refert nostra scire, unde inest nobis malum, dummodo inesse sciamus: vigilandum potius et orandum undecumque sit, ne consentiamus... Non enim accepi, fateor, unde assignem certam motionem inter partum cordis et seminarium hostis. Quippe utrumque malum, utrumque a malo, utrumque in corde, sed non utrumque de corde. Hoc totum certum mihi in me, etsi incertum quid cordi, quid hosti tribuam. Et id quidem, ut dixi, absque periculo."[8)]

결론

여기서는 단지 몇 가지를 선택했는데, 식별에 대한 신약의 권고들은 우리가 확인할 수 있었던 것처럼 풍성하다. 그리고 식별하도록 제시된 영역들도 다양하다. 즉 자기 양심의 상태, 역사 내에서 시대의 징표, 공동체 내에서의 카리스마적·예언적 표현, 교리들, 빛의 행실과 어둠의 행실이 섞여 있는 현재 생활 등이다. 그리고 특정한 의미로 말하거나 행동하기 위한 빛, 영감 혹은 내적 움직임 등이다. 일반적으로 우리가 생각하고, 받아들이고, 말하거나 행해야 할 진정한 하느님의 뜻인 것, 하느님 눈에 선하고, 맞갖고 완전한 것이다. 요약하면, 생활을 그 모든 표현, 자신의 의향, 행위와 일에 있어, 어떻게 자기의 뜻이나 그 자체로 다른 그 어떠한 뜻에 따르지 않고 하느님의 뜻에 일치시키고 바로잡는가 하는 문제이다. 영적 식별의 영역들 안에서 찾는 형상적 대상은 우리에 대한 하느님의 뜻을 발견하는 것이라 말할 수 있겠다.[9] 즉 무엇을 해야 하거나 피해야 하는지, 무슨 교리나 지도를

---

8) "내게 나쁘다는 것을 안다면, 어디에서 내게 악이 오는지 아는 것은 그렇게 중요치 않다. 오히려 어디서 오든지 간에 동의하지 않도록 경계하고 기도해야 한다. [⋯] 고백하지만 어떠한 움직임의 기원을 누구에게 돌려야 하는지, 마음에인지 혹은 원수에게인지 나는 몰랐다. 왜냐하면 비록 두 경우 모두 다 마음으로부터 오지는 않는다 해도, 두 경우 모두 악하고 악으로부터 오며, 내 마음 안에 있기 때문이다. 비록 마음에 돌려야 할지 원수에게 돌려야 할지 확실히 알지는 못하더라도, 확실한 것은 내 안에 있다는 것이다. 그러나 이것은, 내가 말한 바와 같이, 위험하지 않다"[『아가서에 대한 강론』(*Sermones in Cantica*) 32, 6].

9) 클리마코스는 무엇이 식별이며 식별은 무엇을 의미하는가를, 초보자, 진보한 사람들, 완전한 사람들 안에서 그 다양한 형태를 구별한 뒤, 다음과 같이 요약하고 있다. "오직 마음, 육신, 그리고 입술이 순수한 사람들에게서만 일어나는, 모든

받아들여야 하는지, 어떤 경향은 따르고 어떤 것은 따르지 말아야 하는지 등이다.

이 진리를 확신하고 이 정신에 가득 차 로욜라의 성 이냐시오는 그의 편지를 자신의 항구한 영적 태도의 종합으로서 어떠한 표현으로 마치곤 했는데, 이는 그의 『영신 수련』을 통해서 전해진다. "우리가 당신의 지고한 뜻을 깨닫고 그 뜻을 완전히 이행하기 위해 당신의 충만한 은총을 우리에게 베풀어 주시기를 장엄하신 하느님께 간청하면서 마칩니다."[10]

시대, 장소, 그리고 여건 속에서 하느님의 뜻에 대한 분명한 이해 […]"〔*Scala Paradisi*(천국의 사다리), grad. 26, n.147(ed. Corona Patrum Salesiana)〕.

10) MI, *Epp.* 1, 342. 이런 표현을 쓰거나 써넣곤 했던 방식의 다양함은 기계적으로 반복된 어떤 표어라기보다는 오히려 더 상황에 따라서 같은 내용으로 표현하기 위해 채택하던 뿌리 깊은 확신을 말한다는 것에 대한 표지이다. 인용된 편지는 1545년 말에 성 프란치스코 데 보르하(san Francisco de Borja)에게 보낸 것이다. 같은 해 3월 포르투갈의 왕 후안 3세(Juan III)에게 보낸 편지도 다음과 같이 끝나고 있다. "당신의 한없는 선하심으로 우리에게 당신의 충만한 은총을 베풀어 주시어 우리가 당신의 지극히 거룩하신 뜻을 깨닫고 그 뜻을 완전하게 수행하도록 해 주시기를 겸손하게 우리 주님께 의탁하면서 […]"(*ibid.*, 298). 1543년 11월 15일, 「테레사 레하델(Teresa Rejadell)에게 보낸 편지」에는 다음과 같이 끝내고 있다. "우리 주 하느님께 당신의 한없는 자비로 모든 것에서 그대를 인도하시고 당신의 무한하시고 지고하신 선하심으로 그대를 다스리시기를 기도하면서 마칩니다. […] "(*ibid.*, 276). 그리고 같은 인물에게 보낸 1536년 6월 18일자 편지에도 다음과 같이 마무리 짓는다. "지극히 거룩하신 삼위일체께 당신의 무한하고 지극히 높은 선하심으로 우리에게 충만한 은총을 주시어 우리가 당신의 지극히 거룩하신 뜻을 깨닫고 그 뜻을 완전히 수행하게 해 주시기를 간구하며 마칩니다"(*ibid.*, 107).

참고 문헌

- Ch. A. Bernard, *Traité de théologie spirituelle*, París, 1986, pp.313~335.
- G. Therrien, *Le discernement dans les écrits pauliniens*, París, 1973.
- J. Gouvernaire, *La prática del discernimiento bajo la guía de san Pablo*, Santander, 1984.
- L. Mendizábal, *Dirección espiritual*, Madrid, [r]2000 = BAC 396, p.190ss.
- P. Schiavone, *Il discernimento evangelico oggi*, Messina-Roma, 1988.
- X. Léon-Dufour, *Dictionnaire de théologie biblique*, voz "Discernement."

제 2 장

영적 식별과 영들의 식별

똑같아 보이지만 정확하게는 그렇지 않다. 식별이 섞여 있는 것을 구별하고 나누는 것, 그래서 혼란과 오류, 혹은 빗나간 결심을 피하는 것을 내포한다면, 무엇보다 식별이라는 용어부터 분류해 볼 필요가 있다.

용어들의 의미

신약에서 이 작업을 지칭하기 위해 사용된 용어는 무엇보다 δοκιμάζω(dokimazo)이다. 이 동사는 바로 우리에게 제시되는 것의 가치 여부를, 받아들이거나 혹은 거부하거나, 그 정당한 값을 평가하거나 아니면 그에 걸맞게 더 크거나 작게 고려하기 위해, 시험과 조사를 거쳐 저울질하는 것을 뜻한다. 다른 용어는, 때때로 사용되었는데, διακρίνω[11]이다. 이 단어는 δια(dia: 여기서 분리를 지칭하는 전치사)와 κρίνω[12](krino: 판단 작업, 진행 중인 결정, 비판, 그리고 때로는 단죄 등을 지칭하는)로 합성되었다. 그러므로 우리 앞에 있는 것을 정확하게 구별하고 평가하기 위해 하는 분리에 의한 판단을 뜻한다. δια-κρίνω에서 "dis-cernere"[13]라는 라틴어의 어원이 유래하며, 여기서 여러 가지 현대어들로 "discernimiento" "discernment" "discernement" "discernimento" 등의 명사들이 나온다. 그런데 이 "cernere"라는 라틴어 용어가 그리스어 κρίνω에 정확하게 상응하지는 않는다. 그러나 진정한 상황을 구별하게 하는 대상이나 실재에 대한 관찰을 내포하고, "dis"[14]라는 접두사로써 뒤섞인 것을 분리하여 얻는 판단을 강조한다.

어쨌든 어떤 사람이나 어떤 것의 진짜 본성이나 의향을 분명히 하기 위해 구별하는 것, 섞여 있어 혼동의 우려가 있는 것을 결심하기 전에 미리 정확히 생각하고 평가하기 위해 분리하는 것을 말한다. 그리고 하느님의 말씀은 이 작업을 순전히 인간적 규범이나 기준에 의해서가 아니라 하느님의 판단과 승인에 마음을 쓰면서 실행하기를 권한다.[15] 성 바오로에 따르면 "영"의

---

11) F. Zorell, *Lexicon Graecum Novi Testamenti*, 3ª ed., París, 1961, 그리고 W. Bauer, *A Greek English Lexicon of the New Testament and other Early Christian Literature*, 2ª ed., Chicago-London, 1969, διακρίνω, δοκιμάζω, σημεῖον 항목; *Diccionario de la Biblia*, Herder, Barcelona, 1963, "tiempo" 항목 등을 보라.

12) M. A. Bailly, *Diccionario griego*, 그리고 W. Bauer, *A Greek English Lexicon, op. cit.*, κρίνω, διακρίνω, κρίσις, διάκρισις 항목.

13) Aeg. Forcellini, *Lexicon totius latinitatis*, Patavii, 1940, "discernere" 항목.

14) *Id.*, "cernere", "discernere" 항목.

15) 앞의 장을 보라. 참조: 로마 12, 2; 1코린 2; 마태 16, 23. 요한 클리마코스는 그의 『천국의 사다리』(*Scala Paradisi*), 26 층계에서 "διάκρισις"(diakrisis)라는 용어를 생각, 욕정, 덕 등의 구별에 적용하여 사용한다. 초보자들에게 있어서 이러한 분별이나 식별은 자기의 실제에 대한 더욱 심화된 인식이다. 진보한 사람들에게는 오류를 범하지 않고 진정한 선을 그 반대의 것이나 순전히 자연적인

작업을 말하는 것이지 "육"의(오직 인간적인 힘이나 지성만의) 작업을 말하는 것이 아니다(참조: 1코린 2,12~15; 3,1~3). 우리의 경우, 그것들을 구별할 수 있는 다양한 수준들 사이에 차이를 두는 것이 좋을 것이다.

식별의 다양한 수준

만일 우리가 분리할 수 있고 구별할 수 있는 다양한 수준들을 구별하고자 한다면, 우리는 하위 단계에서 마치 돌들이나 더 큰 무엇들에서 그 가루를 거르는 체처럼 순전히 물질적인 어떤 분리가 있음을 발견하게 된다. 즉 "**물리적이고 물질적인 수준**"이다. 이보다 상위의 수준에서, 즉 "생명, 유기체의" 수준에서, 우리는 기관에 유독하고 해로운 것들로부터 육체가 흡수할 수 있는 요소들을 분리하는 데 신장이 작용하고 있는 바를 발견하게 된다. 의식적 감지를 하는 고등 동물의 또 다른 수준에, 동물들이 음식, 자기 종의 개체들, 어미 혹은 우두머리 등에 대해 행하는 본능적인 분별이 있다. 이를 "본능적" 식별이라고 부를 수 있겠다. 그리고 한층 더 상위의 수준에, 성찰된 의식, 보편화하는 능력 등이 전제된 합리적이고, "**지성적인**" 식별이 위치한다. 그러나 이 수준 역시, 결국, 순전히 인간적 수준이다. 모든 것을 하느님께서 계시

것으로부터 식별하는, 일종의 지성적인 감수성["αἴσθησις"(aisthesis)]이다. 완전한 사람들에게는 반면에 하느님의 비추심으로부터 오는 인식으로서 그 빛으로 다른 이들의 어둠까지도 비추게 한다(S. Giovanni Climaco, *Scala Paradisi II*, ed. curata da P. Trevisan, Società Editrice Internazionale, Torino, 1941 = *Corona Patrum Salesiana*, vol. IX, p.125).

하신 계획에 따라 비추어 주는, 그분께서 베풀어 주신 무상의 선물인, 천부적인 초자연적 덕을 동반한 은총에 의해서 변화되고 승화되게 자신을 내맡기지 않는다면, 바오로의 구별에 따라서 볼 때, "영"의 수준이 아니라 "육"의 수준에 머무는 것일 것이다.[16)]만일 신앙의 수준에서, 당신의 영감과 활동으로 우리를 이끌고 당신의 선물과 카리스마로 우리를 도와주고자 하시는 하느님의 영에 순종하는 가운데 식별을 시행하지 않는다면, 그 식별은 영적이라고 부를 수 없으니, 왜냐하면 그 수준에 도달하지 못하기 때문이다.

영적 식별

영적 식별을 말할 때 "영적"이라는 말을 질(質), 식별하는 수준을 가리키는 품질 형용사로 알아들어야 한다. 성 바오로가 코린토인들에게 보낸 첫째 편지 2장에서 지적한 수준으로서, 우리는 하느님께서 오는 것을 식별할 수 있도록 하느님의 영을 선물로 받았다고 가르치고 있다: τά ὑπὸ τοῦ θεοῦ χαρίσθεντα ἡμίν (ta hypo tou theou charisthenta hemin) = "하느님께서 우리에게 주신 선물"(12절). 인간의 영이 아니라면 아무도 인간의 고유한 것을 알지 못하는 것처럼, 그렇게 역시 하느님의 영이 아니라면 아무도 하느님의 것을 알지 못하기 때문이다. 인간은 단지 자기 심리, 단지 자신의 인간적 능력(ψυχικὸς: psychikos)만으로는 하느님의 영에

16) F. Prat, *La théologie de saint Paul*, vol. II, París, 1923, pp.486~492.

의한 것을 알 수 없으며, 그러한 것들을 이해할 수도 없고, 그에게는 어리석게(μωρία:moria: 14절) 보인다. 그렇지만 영적 인간은 하느님의 영을 받은 자로서 그분이 자신을 이끌어 주시도록 내맡기며, 모든 것을 판단한다(ανακρίνει: anakrinei: 15절). 이렇게 해서 우리는 그리스도의 사고방식(νοῦς: nous)을 얻기에 이른다. 로마서(12,2)에서 우리에게 말한 그 사고방식〔성경에서는 "마음"인데, 여기서는 해당 주제와의 보다 적절한 연결을 위해 "사고방식"으로도 번역함_ 옮긴이〕을 얻어야 한다. 우리 자신을 그 '사고방식'에 합치시키고, 우리가 지니고 있던 옛것을 벗어 버리면서, 이 세상의 사고방식이 아니라 그리스도의 사고방식에 의해서 우리 자신을 건설하기(형성하기) 위함이다. 이 조건에서만 우리는 하느님의 뜻, 하느님의 것, 그리스도 안에서 그분의 계획에 따른 것, 우리 각자에 대한 그분의 계획에 따른 것 등을 식별할 수 있을 것이기 때문이다.

하느님께서 우리 영혼을 봉인하신 은총 속에서 오직 "**하느님의 영을 통해 생명력 있게 그리스도 안에 접목된 사람들**"만이 영적으로 식별할 수 있다는 것을 말해야겠다.[17] 오직 이 수준에서만 "영적 식별"을 실행할 수 있다.

영들의 식별

"**영들의 식별**"을 이야기할 때 이 "영들의"는 대상(객어적 2격)

[17] Cf. N. Camilleri, "Teologia pneumatica della prudenza cristiana", en *Studiorum paulinorum Congressus Internationalis catholicus 1961*, vol. I, PIB, Roma, 1963, pp.175~185.

을 가리킨다. 식별할 영역 혹은 대상을 지칭한다. 즉 영의 상황, 빛과 내적 움직임, 성향이나 경향, 인간 안에서 활동하는 영들이다. 영들과 다른 특별한 대상이나 다른 영역은 정해지지 않으며, 식별하는 수준도 정해지지 않는다. 우리가 식별을 "육적"(순전히 인간적)인 수준에서 하는지 혹은 "영적" 수준에서 하는지 말하지 않는다. 이를 염두에 두어야 하겠다. 식별을 단순히 인간 영의 인간적인 일로 여기는 경우가 잦기 때문이다. 이 수준에서는 영적 식별이 불가능하다. 은총을 통해 그리스도와의 생명의 통교 안에 들어가지 않고, 그분의 영과 신앙의 빛으로 식별하지 않는 이는 자신을 움직이는 영들을 식별하는 데 관여한다 해도 이를 영적으로 식별하지 못한다. 오직 "영적"(πνευματικός: pneumatikos: 1코린 2,15) 인간만이 영적으로 식별할 수 있으며, 하느님의 영에 대한 순종을 통해 하느님의 자녀들(로마 8,14)로서 시행하도록 하느님의 말씀이 우리를 초대하는 식별을 할 수 있다. 우리가 식별하고자 하는 대상이 영, 빛 혹은 내적 움직임일 때나, 카리스마를 받은 인물이라고 추정되는 어떤 이들의 영이 선한지 악한지, 혹은 하느님께서 역사의 사건들을 통해서 우리에게 보내신 징표들이나, 또는 식별의 다른 대상을 식별하는 문제를 다룰 때, 영적 인간으로서 영적 식별을 할 수 있다는 것이다. 영들의 식별은 다른 그 어떤 식별처럼 영적이려면 "영"에 상응하는(πνευματικός: 1코린 2,15) 수준에서 시행되어야 한다. 그렇지 않으면 영적 식별이라고 불릴 자격이 없다.

두 식별 사이의 관계

둘 사이에는 단지 방금 지칭한 관계뿐만 아니라, 다른 관계성도 발견할 수 있으니, 무엇이든지 간에 그에 대한 영적 식별은 영들의 식별과 연계될 수 있다. 모든 영적 체험이 인간의 심리 안에 동반하는 정서적 반향이 그것이다.

이 정서적 반향은 비록 식별한다고 생각하는 현상이 교리, 다른 사람의 체험, 카리스마를 받은 사람이나 예언자들의 활동, 시대의 징표 등 인간의 외부적인 것이라 할지라도, 식별하고자 하는 외적 현상과 직접 관련하여, 식별하는 주체 안에 남기는 어떠한 영적인 여파이다. 이 반향은 "영들의 식별"의 대상이 될 수도 있으며, 심지어 몇몇 경우에, 그 반향 속에서, 간접적으로, 검토된 외적 현상들이 하느님에게서 오는 것인지 혹은 그렇지 않은 것인지 그 여부에 대한 표지들을 찾아내는 데 이용할 수 있기까지 하다. 몇몇 경우라 하는 것은 외부의 객관적 현상이 제공하는 표지들과 식별하는 사람의 주관적 반응이 제공하는 표지들을 구별할 필요가 있기 때문이다. 비록 후자가 전자에 의존한다 해도, 현상은 그것의 객관적 실재(원인이 되는) 속에서 관찰자의 주관적 반응에 좌우되지 않으며, 영들의 식별에 부쳐져야 한다. 좋은 사건, 훌륭한 태도가 관찰하는 주체 안에 거부와 혼란의 반응을 일으킬 수 있다. 반대로 어떤 한탄할 만한 태도나 사건이 사람의 주관적 성향에 의해 매력이나 수용이라는 반응을 일으킬 수도 있다. 최소한 주관적 반응부터 먼저 진정한 영적 식별을 하고 난 뒤, 태도나 사건이 지닌 선함이나 악함을, 고유한 주관적 반응을 통해서가 아니라, 관찰자의 주관적 성향에서 벗어나 독립적으로 식별해야 할 것이다.

결론

1. 정확한 의미로 말하고 오해를 피하고자 한다면 두 표현을 혼동해서는 안 된다. 즉 영의 수준에서, 초자연적 능력과 성령의 선물로서 시행되면 식별은 영적인 것이 될 것이다. 그리고 주님을 기쁘게 해 드리고자 인간의 내적 영감이나 충동들의 움직임과 근원을 발견하려 식별할 때에만 오직 영들의 식별이 될 것이다.

2. 여기서 영적 식별은 오직 "영적 인간"에 의해서만 실행될 수 있다고 추론할 수 있다("animalis autem homo non percipit ea quae sunt Spiritus Dei" = ψυχικός δὲ ἄνθρωπος οὐ δέχεται τὰ τοῦ πνεύματος τοῦ θεοῦ: psychikos de anthropos ou dechetai ta tou pneumatos tou theou: 그러나 현세적 인간은 하느님의 영에게서 오는 것을 받아들이지 않습니다: 1코린 2,14). 사람이 하느님의 영에 더욱 순종하고, 그분의 빛과 영감을 파악하고 따르는 능력과 습관에 있어 더욱 진전을 이루는 만큼, 그의 식별은 나아질 것이다.[18]

3. 성 바오로가 필리피인들을 위한 기도에서 그들이 "그리스도의 날을 맞이하고", 순수하고 흠 없이 되어, "예수 그리스도를 통하여 오는 의로움의 열매를 가득히 맺어, 하느님께 영광과

---

[18] Cf. I. de la Potterie / St. Lyonnet, *La vie selon l'Esprit, condition du chrétien*, Cerf, París, 1965, pp.218~220 = *Unam Sanctam*, 55.

찬양을 드릴 수 있게" 되도록, 그들의 애덕이 성장하여 "지식과 온갖 이해(αἰσθήσει)로 더욱더 풍부해져 무엇이 옳은지 분별할(δοκιμάζειν) 줄 알게 되는 것"으로 드러나게 되기를 하느님께 간구하고 있음을 우리는 보았다(필리 1,9~11).

참고 문헌

- Ch. A. Bernard, *Théologie affective*, Paris, 1984, pp.393~411.
- ———, *Dictionnaire de spiritualité*, voz "Discernement."
- G. Therrien, *Le discernement dans les écrits pauliniens*, París, 1973.
- J. de Guibert, *Lecciones de teología espiritual*, lec.25.
- J. Gouvernaire, *Guiados por el Espíritu a la hora de discernir*, Sal Terrae, Santander, 1984.
- J. L. Micò, "Discernimiento espiritual y hombre nuevo", *Manresa* 49(1977), pp.339~355.
- M. I. de la Reguera, *Praxis theologiae mysticae*, 2 vols., Roma, 1740-1745, 무엇보다 8, 9, 10권.
- *Praktisches Lexikon der Spiritualität*, Freiburg-Basel-Wien, 1988, voz "Unterscheidung."
- *The Theological Dictionary of the New Testament*, vol. II, Michigan, 1966, voz δοκιμάζω.

제 3 장

복음에서의 식별: 성경 자료에 대한 성찰

성경의 식별 대상

여기서 우리는 예수님이 베드로에게 적용하신 영들의 식별에 대해 이미 주해한 구절을 다시 다루지는 않겠고, 무엇보다도 "식별"이란 용어의 분명한 용법, 내용과 거기에 해당한다고 간주되는 대상, 그리고 식별해야 하는 주체에 요구되는 조건들을 더 살펴보도록 하겠다.

신약에서 "영들의 식별"[19]이라는 표현은 은사들과 관련하여 단 한 번밖에는 찾아볼 수 없다. 복음서에는 단 한 번도 나오지 않는다. 그러나 "식별"이라는 말과 우리가 영적 식별이라고 부른 활동에 대한 분명한 언급들은 다양하게 있다.[20]

신약에서 식별 작업을 지칭하기 위해 사용한 동사는 διακρ

19) 참조: 1코린 12,10: "διακρίσεις πνευμάτων"(diakriseis pneumaton) 혹은 1요한 4,1: "δοκιμάζετε τὰ πνεύματα"(dokimazete ta pneumata).

20) 제1장을 보라.

ίνω(diakrino)와 δοκιμάζω(dokimazo)로서 마태오 복음 16장 3절과 루카 복음 12장 56절에 나타나는데, 시대의 징표를 대상으로 하거나 — 앞에서 이미 언급한 대로 — 하느님의 καιρός(kairos)를 대상으로 한다. 예수님은 당신에게 징표를 요구하는 바리사이들과 사두가이들과 듣고 있는 백성을 꾸짖으신다. 시대의 징표, 하느님의 καιρός를 식별할 줄 몰랐기 때문이다. 시대의 징표란 하느님께서 그들의 눈앞에서 일어난 사건들을 통해서 주신 표지들로서, 그분이 파견된 메시아이시며, 메시아에 대한 믿음을 통해서 구원의 때가 그들에게 이미 도래하였다는 것을 가리킨다.

성 요한이 기술하겠지만, 말씀의 육화 때에 "그 빛이 어둠 속에서 비치고 있지만 어둠은 그를 깨닫지 못하였다. 〔…〕 그분께서 당신 땅에 오셨지만 그분의 백성은 그분을 맞아들이지 않았다"(요한 1,5.11).

성부에게서 파견되신 예수님께, 그분의 뜻을 발견하기 위해, 주의를 집중해야 하겠다.

예수, 하느님의 크나큰 표지

예수님은 당신의 말씀과 행적과 함께 하느님의 큰 "표지"이시다. 그렇지만 그분 안에서 하느님의 그 표지들을 식별할 줄 몰랐고 그분을 알아보지 못한 이들을 "쓰러지게도 하고 일어나게도 하며, 또 반대를 받는 표징"(루카 2,34)이 되셨다. 이것이 복음, "기쁜 소식"이며, 세상 안에 그분이 현존하신다는 표지들을 우리에게 알리기 위해 우리에게 전해졌다. 이를 위해 복음서가 저술되었다. 특별히 성 요한의 복음은 이를 선포한다. "이것들을 기록한 목적은 예수님께서 메시아시며 하느님의 아드님이심을 여러분이 믿고, 또 그렇게 믿어서 그분의 이름으로 생명을 얻게 하려는 것이다"(요한 20,31).[21]

예수님은 복음에서 "**기본적·본질적·영적 식별의 대상**"으로 나타나신다. 약속된 메시아, 하느님의 외아들, 예수님에 대한 이러한 식별은 하느님의 선물이니, 왜냐하면 이는 그분을 알아보는 이들을 비추는 그분 영의 열매이기 때문이다.[22] 우리는 이를 성모 마리아가 자기 주님의 어머니임을 인식할 때 엘리사벳에게서 본다(루카 1,41~43). 루카는 성모 마리아와 그 태중의 아기에게 큰 소리로 찬미를 드리기 전, 엘리사벳이 성령으로 가득 찼음을 지적한다. 요셉에게(마태 1,20~25) 성모 마리아가 성령으로 말미암아 잉태하였음을 전달한 이는 하느님의 전령이다: "...quod enim in ea natum est, de Spiritu Sancto est(그 몸에 잉태된 아기는 성령으로 말미암은 것이다"(20절). 목동들은(루카 2,8~20) 주님의 천사가 그들에게 준 표지들을 통해서 구유에 놓인 아기 안에서 구세주를 알아보았다. 동방 박사들은(마태 2,10~12) 하느님의 표지를 통해 인도되어 그분께 경배하고 선물을 바쳤다. 베드로는(마태 16,16~17) 인간적인 성찰이나 능력을 통해서가 아니라, 하느님의 선물인 계시

21) 루카는 이를 테오필오에게 헌정한다. "〔…〕 이는 귀하께서 배우신 것들이 진실임을 알게 해 드리려는 것입니다"(1,4). 마르코에게 있어서 복음, 기쁜 소식은 하느님의 성자이신 예수 그리스도 자신이시다(1,1). 모든 복음 안에서 신앙, 예수를 하느님의 성자로 인정하게 하는 식별, 그러므로 그분 안에서의 인간들에 대한 하느님의 뜻의 표현 등의 기초를 세우고 굳건하게 하는 것을 다룬다.

22) 시메온의 구절(루카 2,25~35)을 보라. "의롭고 독실하며 이스라엘이 위로받을 때를 기다리는 이였는데, 성령께서 그 위에 머물러 계셨다." 그날 성전에서 이 성령에 의해 감동을 받았고 아기 예수에게서 민족을 비추는 빛을 알아보았다.

로써 예수 그리스도를 알아보았다.

예수님은 이를 하느님 아버지의 선물이라고 다음과 같이 설명하신다. "지혜롭다는 자들과 슬기롭다는 자들에게는 이것을 감추시고 철부지들에게는 드러내 보이시니, 아버지께 감사드립니다. 그렇습니다, 아버지! 아버지의 선하신 뜻이 이렇게 이루어졌습니다. '나의 아버지께서는 모든 것을 나에게 넘겨주셨다. 그래서 아버지 외에는 아무도 아들을 알지 못한다. 또 아들 외에는, 그리고 그가 아버지를 드러내 보여 주려는 사람 외에는 아무도 아버지를 알지 못한다'"(마태 11,25~27. 참조: 요한 14,26; 16,13~15).

예수님은 식별의 근본적 대상이시다. 예수님 식별이 어떤 모양으로든 모든 식별을 포함하기 때문이다. 그분 안에 성령께서 무한히 계시고(요한 3,34~35), 그분 안에 하느님께서 충만히 계시며(콜로 2,9), 은총과 그 충만함에서 우리는 모두 "은총에 은총을 받았다"(요한 1,14~16). 그분은 인간에 대한 하느님 아버지(성부)의 뜻의 현현(顯現)이시다.[23] 인간을 당신의 아들 예수 그리스도의 모습과 한 모습이 되도록 예정하셨기 때문이다(로마 8,29). 그러므로 그리스도를 기준으로 삼아야 한다. 하느님의 뜻과 같은 방향으로 향하려는 모든 태도, 모든 영감 혹은 신적인 움직임은 그분을 닮아야 한다. 그리고 반대 혹은 다른 방향으로 이끄는 모든 태도나 행위, 영감은 그분에게서 멀어지게 할 것이다.

성령께서는 그리스도를 통하여 우리에게 오셨으며, 성령을 통해 예수님이 당신의 생애와 말씀으로 우리에게 전해 주신 모

23) "새 아담 그리스도께서는 하느님 아버지의 신비와 그 사랑의 신비를 알려 주는 바로 그 계시 안에서 인간을 바로 인간에게 완전히 드러내 보여 주시고 인간에게 그 지고의 소명을 밝혀 주신다"(「사목 헌장」 22항).

든 것들의 의미를 깨달을 수 있다(요한 14,26; 15,26). 성령은 그리스도이신, 구체적으로 우리를 위한 그리스도이신 모든 진리에 대한 지식으로 우리를 이끄신다(요한 16,13~15).

식별을 위한 기준

복음 안에 식별의 기준들을 제공하는 구절들이 풍성하게 있다. 이들 가운데 몇몇 구절들을 앞으로 더 살펴볼 것이다. 여기서 몇 구절을 살펴보며 정리하여, 어떻게 성경 본문들을 사용하여 그 안에서 이러한 기준들을 찾을 수 있을지 그에 대한 여러 갈래의 길을 제시하겠다.

1. 우리가 만나는 첫째 기준은 거짓 스승들(혹은 거짓 예언자들)에 관한 것이다. "너희는 그들이 맺은 열매를 보고 그들을 알아볼 수 있다"(ἐπιγνώσεσθε ἀυτούς: epignosesthe autous: 마태 7,16). 대개 이 구절의 주석가들은 여기서 "**열매들**"을 식별의 기준으로 권고받았다고 본다. 즉 그러한 스승들의 행실에 대해 관찰할 것을 권고받았다는 것이다. 교훈은 한 스승이 자신을 드러내 보이는 외관, 겉모습에 머물지 말라는 것이다. 왜냐하면 때때로 선하게 〔(본래) 가르치고자 의도하는 바와는 다른 말과 행동으로〕 자신을 드러내 보일 수 있기 때문이다. 처음에는, 접근하는 사람들을 속이기 위해, 그들에게 받아들여질 수 있는 변장 속에 숨겨진, 본래의 행동과 가르침들로써 꾀어들이는 행실들을 주의 깊게 살펴야 할 것이다.[24] 하여 보통 일어나는 일이 여기 제시된다. 즉 나쁜 나무(혹은 사람)는 나쁜 열매(나쁜 가르침)를 맺는다. 성 바오로

가 일컫는 "육의 행실"(혹은 열매)과 "성령의 열매"(혹은 행실)를 살펴본다면(참조: 갈라 5,19~24), 그러한 스승들 혹은 거짓 예언자들의 그러한 가르침의 논리적 결과로서 조만간에 그러한 열매들이 나타나는 것을 볼 것이다. 즉 보이는 외관을 넘어가 보면, "불륜, 더러움, 방탕, 우상숭배, 마술, 적개심, 분쟁, 시기, 격분, 이기심, 분열, 분파, 질투, 만취, 흥청대는 술판, 그 밖에 이와 비슷한 것들"(갈라 5,19~21)이 나타날 것이다. 이 열매들은 하느님에게서 올 수 없다. 이러한 열매들을 내는 스승들과 그들의 본래 가르침들을 따를 수는 없다. 반면에, 선한 스승들은 그들의 가르침을 통해 성령의 열매로 이끄는 것을 볼 것이다. 즉 "사랑, 기쁨, 평화, 인내, 호의, 선의, 성실, 온유, 절제"(갈라 5,22~23) 등이다. 성 예로니모의 주석에 따르면, 오직 악한 자가 선한 자로 변화될 때에만 그로부터 선한 열매가 나올 수 있다.[25]

그러므로 경계하기 위해 예언자들이나 스승들로 자처하는 이러한 사람들의 생활을 살펴보는 것이 좋을 것이다. 그러나 무엇보다 때때로 보이는 것과는 다른 본래의 품행과 그들의 가르침의 결과에 관심을 기울이는 것이 좋다. 악으로 이끌거나 어떠한 식으로든 하느님의 뜻에서 탈선하게 하거나 빗나가게 한다면,

---

24) "나에게 '주님, 주님!' 한다고 모두 하늘나라에 들어가는 것이 아니다. 하늘에 계신 내 아버지의 뜻을 실행하는 이라야 들어간다"(마태 7,21)라고 예수께서는 조금 뒤에 해설을 하실 것이다. 말하는 바와 행하는바, 밖으로 보이는 것과 속으로 그러한 것, 바리사이들에 비하여 예수께서 부각시키신 것 사이를 대조하신 것이다(참조: 마태 23,3.25~27). 그러나 다음의 말씀을 첨부하셨다. "그들이 너희에게 말하는 것은 다 실행하고 지켜라. 그러나 그들의 행실은 따라 하지 마라"(같은 곳). 왜냐하면 거룩한 율법에 따라서 말할 수는 있으나, 반면에, 최소한 몰래, 그 율법을 거슬러 행동할 수 있기 때문이다.

25) Cf. *Commentarium in Mt*, Turnholti, 1969 = CC, vol. 77, en Mt 7.

선한 영에서 오지 않기에, 받아들일 수 없기 때문이다.

사람이 선하다는 사실로부터 가르치는 것이 옳다는 사실이 필연적으로 따르는 것은 아니다. 선의로나 혹은 무지로 말미암아 본의 아니게 틀릴 수 있고 오류로 이끌 수 있기 때문이다. 반면에 그들의 가르침이 향하는 것과 그들이 내는 열매들에 주의를 기울이면, 따라야 할지 여부가 드러날 것이다. 어쨌든 그들의 행실이 나쁘다면 그로 인해 신뢰할 만한 스승들은 아닐 것이다. 비록 그들의 가르침이 옳은 것처럼 나타난다 해도, 그 가르침을 경계해야 한다. 그 스승들로부터 선이 나오기보다는, 조만간 그들 본래의 열매들이 나타날 것이기 때문이다. 그 열매들은 숨은 의도들이라는 나쁜 뿌리에 상응하기 때문이다.

2. 우리를 움직이는 선한 영을 알아보기 위해 예수님이 주신 "**중요한 기준**"은 누가 당신의 진정한 부모요 형제인가를 선언하기 위해 언급된 구절에서 찾아볼 수 있다. "하늘에 계신 내 아버지의 뜻을 실행하는 사람이 내 형제요 누이요 어머니다"(마태 12, 50: 하느님 아버지의 뜻에 대한 순종). 하느님의 뜻을 행하는 이들이 하느님으로부터 났으며(하느님의 자녀들이요 그리스도의 형제들) 하느님의 영의 이끄심에 내어 맡긴다(참조: 로마 8,14).

3. 다른 구절들에서 또 다른 표지들을 발견할 수 있다. "너희가 회개하여 어린이처럼 되지 않으면, 결코 하늘나라에 들어가지 못한다"(마태 18,3. 참조: 마르 9,35; 루카 9,48). 문맥상 예수님은 자기 제자들에게 야망과 세속적 경쟁심을 버리는 것, 겸손과 단순함이 하늘나라에 들어가는 데 필요하다고 가르치고 계심이 분명하다. 그러므로 이 복음적 태도를 형성하는 데 도움이 되는 이러한 덕으로 우리를 이끄는 영감과 움직임들은 선한 영의 표지요,

이와는 반대 방향으로 이끄는 영감과 움직임들은 악한 영의 표지일 것이다.

4. 마태오 복음 18장 17절에서 줄거리는 형제적 교정에 대한 권고이다. 그런데 예수님은 한 형제가 개인적으로 한 관찰에 귀를 기울이지 않으면 — 그가 자신의 결점이나 죄에서 벗어나도록 돕기 위해, 증인들이나, 혹은 같은 지향을 지니고 있는 협조자 앞에서조차 받아들이지 않으면 — 문제를 교회의 권위에 호소하라고 말씀하신다. 그리고 그가 교회의 권위도 아랑곳하지 않으면 이방인이나 세리처럼 여겨져야 마땅하다는 것이다.[26] 여기서 형제적 교정은 받아들여져야 한다는 그리스도의 의도와, 교회의 권위에서 올 때에도 받아들이지 않는 자는 축출되어야 한다는 사실이 분명히 드러난다. 그러므로 일반적으로 "순종"을, 특히 교회의 권위에 의한 교정을 받아들이기 위해 **순종**하면 선한 영에 의해 고무된 태도로 보고 반항은 나쁜 영에 의해 고무된 것으로 여겨야 한다.

5. 다른 많은 구절을 인용할 수 있겠다. 예수님은(마태 25, 31~46) 자선 행위들을 구원 혹은 결정적 단죄의 동기가 된다는 예로 선택하시어, 이웃을 향한 자비의 행위를 당신이 얼마나 소중하게 여기시는지, 그리고 그 자선 행위의 거절은 얼마나 단죄받을 만한 일인지 강조하신다. 그리고 세상 앞에서 신뢰성의 표징으로 그리스도인들 서로 간의 일치를 — 그분과 그분의 아버지와 함께 — 간구하실 때(요한 17,21), 일치를 구하는 것을 선한 영

---

26) 이 해석은 이 구절에 대한 어떠한 주석에서도 볼 수 있다. 그리스도께서 교회 안에 열쇠와 함께 베드로에게(마태 16,18~19), 사도들에게(마태 18,18) 약속하시고 허락하신 권한을 암시하는 것이 분명하다.

의 일반적인 경향으로, 그 반대 성향은 나쁜 영에서 오는 것으로 적시하신다.[27)]

식별 기준들을 찾는 열쇠

이렇게 어린아이가 되는 것, 성부의 뜻과 형제들에 의한, 특히 교회의 권위에 의한 교정에 순종하는 것, 이웃에 대한 자선 행위, 형제적 사랑 안에서의 일치를 추구하는 것 등이 선한 영의 표지들임을 발견할 수 있겠다. 그러나 우리가 여기서 특별히 관심을 두는 것은, 식별에 대해 일반적으로 다루는 가운데, 무엇보다도 영적 식별을 위한 기준들을 발견하는 데 도움이 될 수 있는, 하느님 말씀을 읽는 하나의 열쇠를 찾는 것이다. 즉 어떠한 경향, 덕이나 태도에 대한 예수 그리스도의 권고를 발견하는 곳에는, 또한 영적 식별에 있어서 우리에게 긍정적인 의미를 지녀야 하는 것에 대한 기준도 있다는 것이다. 물론 부정적인 의미를 지녀야 하는 반대의 것이 있는 것처럼. 그것 안에서 우리는 그리스도의 영을 식별하는데, 그 영이 우리가 이미 언급한 대로 모든 영적 식별의 근본적 대상이다. 그분이 권고하시는 것은 그분의 뜻에 상응하는 선한 영에 의한 것이다. 그분이 꾸짖거나 단죄하시는 것은 그분의 뜻에 따르지 않는 것이며, 선한 영에 의하지 않는 것이다.

이것이 하느님 말씀 안에서 식별의 기준들, 적어도 일반적으

27) 성 바오로는 이렇게 이해할 것이다: 필리 2,1~4.

로 하느님의 뜻이라는 신적인 빛으로 우리의 정신을 비추기 위한 일반적인 기준들을 찾기 위한 열쇠이다. 특정한 경우에 적용하는 것도 이 열쇠를 고려해야 하겠지만, 또한 구체적 주체가 자신의 성소 및 자신에 대한 하느님의 계획에 따라서 받은 특정한 은총들과 함께, 주어진 환경에 적용할 수 있는 다른 열쇠들도 염두에 두어야 할 것이다. 식별의 적용에 대해서는 본 연구의 제2부에서 다루겠다.

식별을 위한 복음적 자세

복음은 더 나아가 이 근본적인 식별을 실패하게 하는 나쁜 자세들을 드러내 준다.[28] 왜냐하면 "보아도 보지 못하고 들어도 듣지 못하고 깨닫지 못하기 때문에 〔…〕 귀로는 제대로 듣지 못하며[29] 눈은 감〔은〕"(마태 13,13.15) 어떤 이들이 있을 것이기 때문이다. 하느님의 말씀을 듣지만 방탕하거나 천박한 자신의 생활로 인해 받아들이지 못하는 사람들이 있다. 단지 말씀을 가볍게 받아들여, 자기 생활의 안내자로서 말씀을 받아들이는 데 야기되는 어려움으로 말미암아 걸린 제동을 극복하지 못하기 때문에, 뿌리를 내리게 놔두지를 못하는 사람들도 있다. 또한 어떤 사람은 이 세상에 대한 걱정, 권력과 부의 유혹으로 인해 말씀을 말라 버리게 한다.[30] 예수님은 믿음이 없는 유다인들에게 다음과

28) J. Luzárraga, "En el Evangelio de Juan, los «impedimentos» para el encuentro con Jesús", *Manresa* 49(1977), pp.129~142.

29) *Dictionnaire de spiritualité*, tomo III, voz "discernement", col. 123~1237.

같이 경고하신다. "자기들끼리 영광을 주고받으면서 한 분이신 하느님에게서 받는 영광은 추구하지 않으니, 너희가 어떻게 믿을 수 있겠느냐?"(요한 5,44).[31]

예수님을 받아들이는 영적 식별은 단순함, 어린아이처럼 작은 자 되는 것, 주의를 기울임, 자신의 교만에 의한 이기적 걱정거리들을 벗어 버림, 하느님께 자신을 신뢰로 내어 맡김 등의 자세를 요구한다.[32] 우리는 하느님 나라에 들어가고 그분을 믿기 위해서 어린아이와 같이 되라는 예수님의 반복되는 권고를 복음적 식별과 연관시킬 수 있다(마태 18,3).[33] 그분의 제자가 되기 위해 가지고 있는 모든 것을 버리라는 초대(루카 14,33)와, 하느님을 볼 수 있는 마음이 깨끗한 사람들의 지복(마태 5,8)도 마찬가지로 복음적 식별과 연관된다.[34]

---

30) 마태 13,18~23; 마르 4,13~20; 루카 8,11~15.

31) 중요한 민족들 가운데서도 많은 이들이 예수님을 믿었다. 그렇지만 시나고가에서 추방되지 않으려고, 바리사이를 두려워하여 고백하지 않았다. "하느님에게서 받는 영광보다 사람에게서 받는 영광을 더 사랑하였기 때문이다"(요한 12,43).

32) 그분을 믿는 데 대한 유다인들의 저항 앞에서, 예수께서는 우리에게 그 이유를 가르쳐 주신다. "Quomodo potestis vos credere qui gloriam ab invicem accipitis et gloriam quae a solo Deo est non quaeritis?"(요한 5,44: "자기들끼리 영광을 주고받으면서 한 분이신 하느님에게서 받는 영광은 추구하지 않으니, 너희가 어떻게 믿을 수 있겠느냐?").

33) 참조: 마르 9,32~36; 루카 9,46~48. 우리가 하느님 나라에 들어가는 것과 예수님을 있는 그대로 받아들이는 것 사이의 관계에 유의한다면 예수성심으로부터 오는 환희를 우리와 연관시키는 데 문제가 없을 것이다. 왜냐하면 성부께서는 작은 이들에게 당신의 신비를 드러내 보여 주시기 때문이다. 그런데 상응하는 구절(마태 11,25; 루카 10,21)에서 "작은 이들"을 지칭하기 위해 채택된 용어는 "παιδίον"(paidion)이 아니라 "νήπιος"(nepios)이다.

34) 클리마코스의 『천국의 사다리』(*Scala Paradisi*), grad. 26, n.147에 의하면, 식별("diàcrisis")은 흠 없는 양심과 순수한 감수성을 내포한다. 하느님 뜻의 감지는, 바로 식별의 역할로서, 오직 마음, 몸, 입술("stómati" = 입)이 깨끗한 사람들에게만 주어진다.

하느님 나라를 열게 될 이 영적 자질들은, 연마되고 완성되어, 자기의 생활 속에서, 신앙에 성숙한 사람들의 그리스도교적 성숙이나 완성으로 이끄는 과정 속에서, 그리스도인이 성장하여 그리스도를 점점 더 가득히 받아들이게 하는 데 기여할 것이다.[35]

새 사람: 영적인 사람

복음 및 성 요한의 편지들과 바오로 서간들의 가르침에 의하면, 신앙으로 그리스도를 받아들인 사람은 새 사람이며, 하느님의 자녀가 되는 권한을 받는다. 그렇지만 살과 피와 인간의 뜻에서 생긴 인간적인 출생이 아니라 하느님의 영에 의한 출생을 통해서 그렇게 된다(참조: 요한 1,12~13; 3,5~7; 갈라 6,15; 2코린 5,17). 그 안에서 한번 이 새로운 탄생이 실현되면(요한 3,5~7) 그리스도 안에서의 새로운 피조물은 그리스도 안에서의 성숙에 이르기까지 자라나는 것이 필요하다. 걸어야 할 길은 새롭다. 왜냐하면 그 길을 단번에 모든 상황에 맞추어 모두 알려 주지 않고, 그리스도께서 하느님의 영에 대한 신뢰를 지니고 걸으셨던 것처럼 걸어가야만 하기 때문이다. "하느님의 영의 인도를 받는 이들은 모두 하느님의 자녀입니다"(로마 8,14: "Quicumque enim Spiritu Dei aguntur, hi sunt filii Dei"). 오직 성령만이 하느님의 계획에 따라서 모든 경우에 성령의 인도와 영감에 충실한 사람이 자기 삶으로

35) 참조: 마태 5,48; 1코린 2,6; 콜로 4,12.

써 그리스도의 모상을 드러내도록 이끄실 것이다(로마 8,29). 그러나 성령에 의한 이 새로운 삶은, 모든 경우에 어떤 것이 하느님의 뜻이며, 무엇이 선하며, 그분 마음에 들며 완전한 것인지를 식별할 수 있도록(로마 12,2), 자신의 사고방식을 이 세상의 육적인 것에서 영적인 것으로 바꾸면서 쇄신할 것을 전제한다.

성 요한은 영적 식별을 위한 필수적인 조건으로서 내적 체험과 하느님의 위격들과의 통교가 필요함을 강조할 것이다. 그리고 이를 하느님의 성자 예수님께 대한 인식과 고백 안에서, 완전한 사랑과 교회의 권위에 대한 충실성 속에서 드러낼 것이다(1요한 2,20.24.27; 3,24; 4,6.13.17~18; 5,6~9).

영적인 사람의 길은, 성 바오로에 의하면, 순전히 율법을 지키는 것으로 끝나지는 않는다. 윤리적 선을 취하며 그것을 능가한다. 사건들의 정확한 분석에 윤리철학을 적용함으로써 주어지는 것이 아니다(콜로 3,1~10). 새로운 전망, 새로운 지혜, 세상의 지혜와는 전혀 다른 성령의 지혜, 그리스도의 십자가의 지혜에 자신을 개방해야 한다(1코린 1,22~31). 그의 지평은 영원의 지평이며, 그리스도의 죽음과 부활을 통한, 하느님의 성령의 인도 아래서만 오직 실현 가능한 사랑의 계획인(요한 21,20~23) 사람들 각자에 대한 하느님의 계획을 통한 개방이다. 그리고 오직 이 지평을 통해서, 그리고 신앙의 그 기준들에 의해서 비추어졌을 때, 그 새로운 사람, 하느님의 사고방식에 따라 모든 것을 판단하는 영적인 사람의 성숙함에 도달할 수 있다. "Nos autem sensum(νοῦν: noun=사고방식) Christi habemus"(그러나 우리는 그리스도의 마음을 가지고 있습니다: 1코린 2,16).

결론

1. 식별은 신약에서 이미 드러나고 인식된 이상에 의해 추론된 규범이나 활동에 대한 법률적-윤리적 성찰처럼 나타나지는 않는다. 비록 그리스도께서도 받아들이신 그것들의 가치를 인정한다고 하더라도.

오히려 구체적 인간의 상황 안에 나타난 하느님의 구원-성화의 뜻을 인정하고 자기 삶 속에 받아들이는 종교-영성적 수준에 위치한다.

2. 그리스도 안에서 사람은 자기 삶에 관해 드러난 성부의 뜻을 발견한다. 그리고 그리스도 안에서 영위되는 자기 실존의 상황이나 세부적 사정들은, 오직 영적 식별을 실시함으로써 하느님의 뜻에 계속 충실한 가운데 이행되어야 할, 성령께 대한 그의 순종의 구현 이외에 그 무엇도 아닐 것이다.

3. 오직 그리스도 안에서 신앙에 비추어 그분의 영에 대한 순종으로 실행되었을 때, 사람은 식별의 시행에 있어서 성령을 감지하고 성령께서 부드럽게 인도해 주시도록 자신을 내어 맡기기 위해, 인식과 지혜의 능력에 영향을 미치는 특별한 감수성인 일종의 "그리스도의 감각"(νοῦν: noun = 사고방식)의 성숙을 하느님의 은총으로써 얻는다.

4. 그리스도인은 복음적 기준들을 성령의 그느르심 아래 묵상과 기도를 통하여 그리스도와 만남으로써 동화하여 닮는다. 이 기준들은 점차 그 동질성과 친밀성이 증가되면서 영적 식별을 쉽게 한다.

참고 문헌

- A. Tornos, "Fundamentos bíblico-theológicos del discernimiento", *Manresa* 60(1988), pp.319~329.
- I. de la Potterie / St. Lyonnet, *La vie selon l'Esprit, condition du chrétien*, París, 1965.
- J. Guillet, "Discernement des esprits dans les synoptiques", en *Dictionnaire de spiritualité*, tome III, col. 1231~1237.
- St. Lyonnet, *La vocation chrétienne à la perfection selon saint Paul*, en *Laïcs et vie chrétienne parfaite*, Roma, 1963.
- Tomas Green, *Weeds among the Wheat. Discernment: Where Prayer and Action Meet*, Notre Dame, Indiana, 1984, c.I.

제 4 장

식별과 그리스도교적 성숙

그리스도교적 성숙을 위한 식별

걸어가야 할 길, 즉, 실현해야 할 진보에 대한 지도에 있어, 히브리인들에게 보낸 편지에 담긴 확언(5,14)을 고려해야 한다. 여기서 신앙에 성숙한 사람 고유의 음식을 말할 때, "경험으로, 좋고 나쁜 것을 분별하는 훈련된 지각을 가지고 있는" 이들을 성숙한 사람들로 간주하고 있다. 여기서 어떤 영적 감수성(αἶσθητήρια: aistheteria)을 말하는 것인데, 이는 훈련(γεγυμωασμένα: gegymoasmena)을 바탕으로 한 식별(διάκρισιν: diakrisin: 영적 식별을 지칭하기 위해 신약에서 사용된 어원들 가운데 또 다른 어원)의 습관으로 바뀌기에 이를 수 있다. 이렇게 그리스도교적 식별에 있어 더 큰 손쉬움과 완전함을 내포하는 이러한 습관을 얻기까지 훈련된 사람들은 완전한 사람들로, 말하자면, 그리스도교에서 더욱 성숙한 사람들로 간주된다.

습관을 만드는 훈련에 대해서 언급할 때 심리적 활동의 수준이 내포되는 것이 분명하다. 그렇지만 순전히 심리적이라기보다, 오히려 신앙과 은총, 그리고 하느님의 영의 선물들의 영향과 인도를 따르는 인간적 능력들의 활동이다. 인간 안에 동시에 수덕적이고 신비적이며, 능동적이고 수동적인 영역이 있음을 알게 되는데, 우리는 이를 그리스도교적 성숙으로 이끄는 영적 식별이라고 부른다. 혹은 이 성숙을 다른 측면으로 제시해 본다면, 영적 식별에 대한 숙련과 완성으로 나타나는 그리스도교적 성숙이다. 이는 성 바오로가 필리피의 그리스도인들을 위해서 요청했던 성장의 결과이다. 즉 더욱 완전한 인식(ἐπιγνώσει: epignosei)과 감수성(ἀισθήσει: aisthesei), 그리고 더욱 적합하게 된 기준들로(필리 1,9~11) "무엇이 선하고 무엇이 하느님 마음에 들며 무엇이 완전한 것인지 분별"(로마 12,2)하는 것이다.

영적 식별의 심리학

인간의 영적 활동은, 구체적으로 영적 식별에서, 자신의 능력을 은총과 하느님의 선물들을 따르는 데 사용함으로써 이루어진다. 교부들의 가르침에 따라 협력이라고 말해야 하겠다.[36] 때문에 인간의 심리는 이 활동에 영향을 받는다. 그러므로 영성에 대한 연구에서, 말하자면, 거기에 연관된 심리적 활동의 구조[37]

---

[36] S. Gregorio de Nisa, *Vida de Moisés* II, 97(SC 2ª ed., p.59)을 보라. 성 바오로의 확언에 대한 그의 성경적 근거를 발견하게 된다. 즉 Θεοῦ γάρέσμεν συνεργοί(Theou garesmen sunergoi), Vulgata 역본으로 번역하면 "Dei enim adiutores sumus(우리는 하느님의 협력자고)"(1코린 3,9)이다.

를 아는 것이 어떻게 그 활동을 더욱 효과적으로 실행할지 더 잘 알기 위해 중요하다.

여기서 로너간(Lonergan)이 신학에 적용하려 제시한 것처럼 인간의 의도적 행위에 대한 도형을 유용하게 사용할 수 있을 것이다.

로너간에 따르면,[38] 우리의 경우에 필요한 대로 조정한 스케마는 다음과 같다.

인식	{	체험	파악하다
		지성	제안하다
		판단 (이성적 혹은 영적) }	드러내다
의지	—	결정 (책임 있는)	윤리

이 스케마는 오늘날 인간적인 판단과 결정에 있어 근본적인 출발점으로서 체험을 많이 언급한다는 사실을 이해하는 데 쓸모가 있을 수 있다. 여기서 우리는 인간의 내적 혹은 외적 체험을 그 초자연적 차원, 하느님과 초자연적인 모든 실재와의 관계까지, 그 모든 범위에 적용한다.

이 인간적 체험 속에서, 인간은 그에게 제공되는 자료들을 읽는 능력으로써(inte-ligencia) 일정한 기호와 문자들을 발명하고, 그것들을 해석하며, 그 의미를 인식하고, 그것들을 내적으로 읽

37) E. Hernández, "Psicología del discernimiento de espíritus", *Miscelánea Comillas* 33(1960), pp.197~221을 보라.

38) Cf. B. J. F. Lonergan, *Insight*, London-New York-Toronto, 1957, pp.272~274, 그리고 *Method in Theology*, London, 1972, pp.13~20.

는다(intus-legit). 그래서 그것들을 파악한 뒤 판단에 맡겨, 인간의 활동 규범에 일치하는지 혹은 그렇지 않은지, 적합한지 그렇지 않은지를 인식하게 된다.

엄밀하게, 인간의 의도적 의식이라는 이 수준에서 윤리적 행위 규범과 일치하는지 여부에 대해 판단할 수 있고 표현할 수 있기 때문에, 이제 순전하게 육적(감각적 혹은 이성적) 판단이나 혹은 영적 판단에 대해서 다루려면, 이 수준에 심리학적으로 식별이라 불리는 작업을 위치시켜야 한다. 이 식별은 만일 신앙, 성령의 선물들, 혹은 카리스마의 비추심에 자신을 개방하지 않고, 이성을 사용하는 데 그친다면 단지 이성적 식별이 될 것이다. 그렇지만 하느님의 성령께 순종하면서 그분의 빛과 움직임에 자신을 개방하고 인도하시도록 내맡긴다면 영적 식별이 될 것이다. 뒤따르게 될 결정은 윤리 규범에 따랐는지 여부에 대해서, 순전히 본능적이거나 이성적 식별로 만족했는지 여부에 대해서, 혹은 식별의 영적인 수준에까지 올라갔는지 그리고 영감이나 하느님의 움직임에 따랐는지 여부에 대해서 윤리적으로 책임이 있을 것이다.

식별하는 능력

영적 식별은 인간 능력을 실행시켜 어떤 판단을 하게 하는데, 단지 감수성에 영향을 주거나 혹은 사람 안에 떠오르는 제안이 윤리에 맞는지 여부의 측면에서 적합한지 여부를 보여 주는 표지들에만 근거를 두지 않고, 더 나아가 하느님을 더 기쁘게 하는지 혹은 덜 기쁘게 하는지, 식별하는 주체 안에서 활동하시는 하느님 성령의 영감이나 조력의 움직임 안에서, 그리스도의 모범 안에서 드러난, 그 주체에 대한 하느님의 현재의 뜻과 일치하는지 여부에 근거하여 실행하도록 한다는 결론을 내릴 수 있다.

앞서 지적된 각각의 인간적인 수준에서, 그 안에서 식별(육체적, 유기체적, 본능적, 이성적, 영적)이 가능한 데, 비교의 새로운 파노라마가 펼쳐진다. 이 새로운 파노라마 속에서, 점점 더 확장되고 심화되는 어떠한 새로운 빛에 비춰 주체의 총체적 선을 통해 식별하는 작업과 관계되는 요소들의 동조(同調)나 통합 역량을 평가할 수 있다. 유기체의 수준은 육체적 수준을 통합하며 그 수준을 능가하고 질서 지운다. 본능적 수준은 마찬가지로 유기체의 수준을 통합한다. 그리고 역시 이성의 수준은 하위의 수준들을 통합하고 인간의 전적인 선을 지향하게 하도록 불렸다. 영적 수준에서 전망은 그리스도 안에서, 그분의 교회 안에서, 그리고 성령의 조력 활동 안에서 드러난 하느님의 뜻을 향해 개방된다. 비록 단지 빛의 문제만이 아니라 생생한 동조(同調)의 문제라 할지라도.

영적으로 식별하는 능력은, 이에 대해서 우리가 이미 언급했는데, 단지 인간적 지성이 아니라, 성령의 선물들을 가능한 한 사용하면서, 그리고 주님께서 이를 허락하셨다면 그 경우 영들의 분별이라는 카리스마(1코린 12,10)도 사용하여, 신앙이라는 초자연적 덕의 습성에 도움을 받은 인간적 지성이기도 하다. 그러므로 그리스도와의 생생한 합치로써 변화된, 영혼이라는 초자연적 유기체에 상응하는 능력이다.[39] 심리학적 질서에서, 단지 조명한다

---

39) 파리 대학의 총장 제르송(J. Gerson)은 그의 논문 『거짓 계시들로부터 진실한 계시들을 분별함』(*De distinctione verarum revelationum a falsis*)에서 다음과 같이 자문한다. "Quaeres quid agit hoc donum quod discretionem spiri-

는 측면만 작용하지 않고, 하느님의 선물들과의 생생한 동조(同調)에 관한, 일종의 미각과 맛도 작용한다고 말할 수 있겠다. 이는 주체가 하느님의 선물들과 다르거나 반대되는 것들을 구별하는 데 도움을 준다.[40] 식별 작업에서 연유하는 습관을 우리는 성 바오로가 그의 코린토인들에게 보낸 편지에서 "그리스도의 마음"(sensum Christi)이라고 부른 것과 관련시켰다. "Nos autem sensum(사고방식 = νοῦν) Christi habemus"(1코린 2,16). 그리고 동사 φρονεω(phroneo)와도 연관시켰으니, 그 의미는 그리스도께 속하여 그리스도 안에서 이 새로운 존재로서 살아가는 사람들[41]

---

tuum appellamus?"(우리가 영들의 분별이라고 부르는 이 선물이 무엇을 하는지 알고 싶은가?) 그리고 다음처럼 대답한다. "Agit equidem ut sapore quodam intimo et illuminatione quadam experimentali sentiat homo differentiam inter veras revelationes et deceptorias illusiones"(확실히 어떠한 내면의 맛과 어떤 경험에 의한 조명을 통해 인간이 진정한 계시들과 기만적인 착각들 사이의 차이를 느끼게 하려 힘을 기울인다): *Oeuvres*, ed. crit. di Mgr. Glorieux, vol. III, Tournai, 1962, p.47.

40) 디아도코스(Diadoco)는 그의 『영적 완성』(*De perfectione spiritali*)에서 다음과 같이 기술하고 있다. "사실, 육체가 지상의 쾌락을 맛보는 데 있어서, 감각들의 체험상, 틀림이 없는(ἄπταιστον: aptaiston) 것처럼, 그렇게, 정신도 육에 대해 자기의 의식(φρονήματος: phronematos) 위에서 즐길 때, 성령의 위로를 오류 없이 맛볼 수 있으며, 성인의 말에 따라 더 나은 것을 오류 없이 식별할 때 사랑의 작용으로 맛에 대한 기억을 잊지 않고 보존할 수 있다. '여러분의 사랑이 지식에 있어 더욱더 완전하게 되고 모든 것을 식별함에 있어 더욱더 성장하기를 바랍니다. [⋯]'"(*Oeuvres*, col. SC, 5 B; c.30, p.101). 그리고 성 토마스는 그의 주석서 *In litter. ad Hebraeos*, c.5, lect. 2에서 다음과 같이 단언한다. "Intellec- tus prout indicat de appetendis et agendis dicitur sensus quia est relatus ad aliquid particulare"(지성이 추구되어야 하고 행해져야 할 것들에 대해 일러 주는 것처럼, 감각은 사사로운 어떤 것에 관계되었기에 언급된다); cf. 또한 II-II, q.16, a.2, c.

41) 이는 성 바오로의 개념이다. "Qui enim secundum carnem sunt, quae carnis sunt sapiunt(φρονοῦσιν: phronousin), qui vero secundum spiritum sunt, quae sunt spiritus"(무릇 육을 따르는 자들은 육에 속한 것을 생각하고, 성령을

의, 훈련으로 정제되고 은총으로 승화되고 발전된 일종의 감수성[42]을 말한다. 하느님의 선물은 인간의 정신 능력을 승화시켜 하느님에게서 오는 모든 것을 파악하고, 그것과 지성적·정서적으로 동화시킨다. 그리고 하느님의 것에 대한 그 직관적인 투명성은 수련으로 완성된다.

성 이냐시오는 영들을 식별하는 작업을 위해 "우리 주 하느님께서는(중요한 일을 위해서), 사도에 의하면(1코린 12,10), 당신의 종들에게 영들의 분별이라는, 무상으로 주어진(*gratis data*) 특별한 은총을 주신다. 이 은총은 인간적 노력, 특히 지혜와 교리의 도움을 받아 훈련을 받는다"[43]라고 단언한다. 은총의 모든 인간적

따르는 이들은 성령에 속한 것을 생각합니다: 로마 8,5). 성 토마스는, II-II, q.45, a.2에서, 분별(사연직 혹은 초자연적)의 실행에 있어 판단의 정확성은 때때로 "secundum usum perfectum rationis"(이성을 완벽하게 사용함으로써)가 아니라 어떠한 천부성에 의해서 구현된다고 한다. "Sic ergo... rectum iudicium habere secundum quamdam connaturalitatem, pertinet ad sapientiam secundum quod donum est Spiritus Sancti... Huiusmodi autem compassio, seu connaturalitas ad res divinas, fit per caritatem, quae quidem unit nos Deo, secundum illud 1 Cor 6, 17: 'Qui adhaeret Deo, unus spiritus efficitur'"(그러므로 이렇게 [···] 어떠한 공동 본성에 따라 올바른 판단을 한다는 것은 성령의 선물이라는 사실에 따라 지혜에 속한다. 그런데 이러한 하느님의 사정에 대한 공감이나 공동 본성은, 저 1코린 6,17의 '그러나 주님과 결합하는 이는 그분과 한 영이 됩니다'라는 말씀에 따라, 우리를 하느님과 참으로 하나로 묶는 사랑을 통해 이뤄진다). 이 개념에 대한 이전의 아리스토텔레스적인 것들에 대해서는 다음을 보라. G. J. Hughes, "Ignatian Discernment", *The Heythrop Journal* 31(1990), pp.419~438: φρόνησις(phronesis)는 단지 정감일 뿐만 아니라, 실천적 지혜의 범위 안에 위치한다.

42) 참조: 히브 5,14. 여기서 이러한 감수성을 수련하였기 때문에(τὰ αἰσθητήρια γεγυμνασμένα ἐχόντων: ta aistheteria gegymnasmena echonton: 훈련된 지각을 가지고 있습니다): 이미 이 식별의 습관을 얻은 사람들을 완전한 사람들이라고 간주하고 있다.

43) MI, *Epp.* 12, 633.

작용과 같이, 좋은 가르침에 대한 연구, 그리고 은총에 대한 봉사를 위한 지혜 훈련의 도움을 얻을 수 있다.

그리스도교적 성숙

사람이 자신의 판단을 표명하기 전에 성령의 영감과 움직임에 유순하게 순종하는 가운데 향주덕의 수준을 향해 이렇게 개방하는 것을 훈련받는 만큼, 자신 안에 영적 식별이라는 그 작업에 대한 습관을 만들어 가게 된다. 이 작업은, 우리가 검토한 바와 같이, 하느님께 대한 봉사에 자기 존재를 점점 더 전적으로 개입시키기 위해, 자신에 대해 하느님께서 승인하시고 기뻐하시는 것에 점점 더 완전하게 순응하면서, 인간의 다양한 능력을 그 의도적인 수준에서 실행한다. 자신의 전체적인 행실은 매일 더욱 더 하느님의 자녀로서의 고유한 규범에 따라 되어 간다. 왜냐하면 "하느님의 영의 인도를 받는 이들은 모두 하느님의 자녀"(로마 8,14)이기 때문이다.

그의 정신은 하느님의 빛과 기준에 익숙해져서 육적인 것, 세속적인 것, 혹은 단순히 인간적인 것으로부터 영적인 것으로 변화되어 간다. 인간 존재 안에 성 바오로가 말하는(에페 4,23~24; 콜로 3,9~10) 성령에 따른 그 새 인간, 하느님의 영향으로 더욱 적합해지고 충만하게 된 조화, 그리고 하느님의 영향을 그렇지 않은 것과 구별하기 위한 더욱 섬세한 감수성 등이 형성되어 간다.[44] 로마인들에게 보낸 편지(12,2)에서 암시한, 무엇이 선하고, 하느님께 맞갖고, 그리고 무엇이 완전한 것인지 하느님의 뜻을 식별하는 것을 점점 더 가능하게 하고 쉽게 하는 조건들이 실현된다.

이렇게 성령께서 인간 안에 성취하기를 원하는 그리스도의 이미지가 그 사람 안에서 원숙해지는데(참조: 로마 8,29), 이를 우리는 그의 개인 성소, 그의 그리스도교적 성숙이라고 부른다. 인간 안에 초자연적으로 유발되고 창조된 바로 이 습관 때문에, 다양한 삶의 체험을 제공하는 표지들을 통찰하고 읽는 그의 빛과 능력이 증진되어, 그 표지들 안에 있는 하느님의 메시지들을 파악하고, 단순히 인간적이고 자연적인 영이나 혹은 악한 영으로부터 이 메시지들을 구별하며, 하느님의 성령에 따라서 결정하게 한다. 이렇게 히브리인들에게 보낸 편지(5,14)에서 언급된 완덕과 그리스도교적 성숙을 얻게 된다.[45]

결론

1. 영적 식별은 신앙의 빛에 비추어, 인간 각각에 대한 하

---

44) 클리마코스는 초보자, 진보한 사람들, 그리고 완전한 사람들에게 있어 식별(διάκρισις: diakrisis) 작업이 지니는 다양한 형태를 구별한 뒤, 식별은 "흠 없는 양심, 그리고 순수한 감수성"〔*Escala espiritual*(영적 계단), esc. 26, n.147, ed. CPS, 92, p.124〕을 전제한다는 것을 인정한다.

45) Cf. D. Asselin, "Christian Maturity and Spiritual Discernment", *Review for Religious* 27(1968), pp.581~595. 디아도코스는 성령의 위로를 오류 없이 맛보기 위해서는 상위의 수준으로 승화될 필요가 있음을 암시한다. "사실 육체가 세속의 쾌락을 맛보는 데 있어 감각들의 체험에 관한 한 틀림이 없는 것과 마찬가지로, 그렇게 정신이 육이 지닌 감정(φρονήματος: phronematos)을 상회하여 즐길 때, 성령의 위로를 오류 없이 맛볼 수 있다"(c.30).

느님의 개인적인 선물들로써 실행된 인간 지성의 작업(판단)이기에, 한 단체에 공통적인 어떤 지성(영혼의 능력)은 존재하지 않으므로, 현저하게 개인적인 어떠한 것이다. 그리스도교적 성숙에 이르기 위해 영적 식별의 습관을 개인적으로 계발하는 것이 필요할 것이다.

2. 비록 다른 사람들에 대해서나 다른 이들을 위해서 실행될 수 있다고 하더라도, 식별은 인간 지성이 더 낫게 그리고 더 완전히 성령의 빛과 인도에 맞갖고 순응하는 만큼, 그리고 영혼이 획득한 하느님의 선물들과의 동조 및 그것들과 반대되는 것들에 대한 체험이 클수록, 더욱더 영적이 될 것이다.

3. 진정한 영적 식별 작업 속에서 실행된 향주덕과 성령께 대한 순종 속에서 성장이라는 전망이 우리의 눈앞에 열리게 된다는 사실을 인정해야 한다.

4. 인간-하느님의 협력(συνεργία: synergia)은 인간이 영적으로 식별할 때 실행되는데 수련으로 완성되어 가는 작업이다. 인간은 그리스도의 모범에 따라서 점점 더 변화되어 간다. 그리고 이것에 모든 자기의 활동이나 계획들을 신앙의 빛에 내어 맡기는 습관이 도움이 된다. 즉 성령의 인도, 그분의 선물들과 도움을 주는 영감들, 우리에게 "모든 것을 판단하게" 하며 "영적인" 사람들이 되게 하는,[46] 다른 말로 선물인 그 성령께 대한, 증진

46) 참조: 1코린 2,12~16. 성 토마스는 히브리인들에게 보낸 편지를 주해하면서 앞에서 인용한 구절에서, 1코린 2,16: "Nos autem sensum Christi habemus"(그러나 우리는 그리스도의 마음을 지니고 있습니다)를 언급하고 "Qui vero non sentiunt nisi animalia, Deo placere non possunt"(그러나 동물같이 감각적 인식에 머무는 자들은 하느님 마음에 들 수 없다), c.5 lect.2(참조: 로마 8,8: Qui autem in carne sunt, Deo placere non possunt: 육 안에 있는 자들은 하느님

되고 습관이 된 그의 순종이 변화에 기여한다.

참고 문헌

- E. Hernández, "Psicología de la discreción de espíritus", *Miscelánea Comillas* 33(1960), pp.197~221.
- F. Suárez, *De Religione S.I.*, lib.IX, c.5.
- G. Switek, "'Discretio spirituum.' Ein Beitrag zur Geschichte der Spiritualität", *Theologie und Philosophie* 42(1974), pp.36~76.
- Giovanna della Croce, "Il significato del discernimento spirituale nella vita consacrata", *Vita consacrata* 13(1977), pp.205~212.
- J. Lécuyer, "Docilité au Saint Esprit", en *Dictionnaire de spiritualité* III, col. 1480~1482.
- J. Mouroux, *L'expérience chrétienne*, París, 1952.
- J. Sudbrack, *Geistliche Führung*, Fraiburg, 1981.
- José A. García-Monge, "Estructura antropológia del discernimiento espiritual", *Manresa* 61(1989), pp.137~145.

마음에 들 수 없습니다)를 덧붙인다.

제 5 장

유리한 조건과 불리한 조건

영적 식별의 실행에 관해 앞에서 전개된 구도를 살펴본다면, 식별에 개입하는 작업 중 어떠한 것이라도 그 영적 식별에 대해, 최종 결과에 영향을 미칠 가능성과 함께, 유리하거나 불리한 조건들이 만들어질 수 있다는 사실을 지적할 수 있다. 이 조건들이 영적 식별을 불가능하게 하고, 훼손하고, 불완전하게 하고, 대략 쉽고 대략 완전하게 하는 등의 영향을 미칠 것이다.

이러한 조건들이 위치하는 다양한 수준들

무엇보다도 "**체험의 수준**"에 위치한다. 사람이 단지 감각적이거나 이성적인 체험의 영역 안에만 있으면서 기도하지 않는다면 성령의 차원으로 개방되지 않는다. 악한 행실이나 자신이 취했던 불순종으로 인한 양심의 가책으로서 현존하는 것이든, 문제에 관한 새로운 초자연적 측면들을 조명하거나, 혹은 더 큰 내맡김,

신뢰, 관대함, 겸손 등으로 부드럽고도 강하게 움직이게 하는 것이든 간에, 섬세하게 속삭이는 하느님의 목소리를 듣기 위해 내적 침묵을 지키지 않는다면, 영적 식별에 걸맞는 판단이 가능하기 위한 조건이 되는, 실재를 그 모든 영역에서 진정으로 읽어내는 데 필요한 표지들을 파악하지 못할 것이다.[47)]

또한 "**지성**"의 수준에도 위치한다. 이미 우리의 생각은 그저 단순히 연관성 없는 요소들로서가 아니라 형태들로 파악하며, 통합하고, 종합하며, 어떠한 방식으로든, 감지할 수 있는 자료들을 해석도 한다. 이렇게 우리는 단지 수직으로 선 막대기 네 개와 그것들 위에 수평으로 놓인 나무판만을 감지하는 것이 아니라 하나의 탁자로 파악한다. 그만큼 더, 지성적인 파악의 수준에서, 우리가 미리 지니고 있는 내적 자세는, 자기의 관심사들에 관계되는 체험의 자료들을 선별하고, 그 사람이 지니고 있는 가치들의 목록을 자기가 평가하는데 적용된다. 여기서 문제는 단지 범위, 안정성 혹은 우리가 자료들에 주의를 기울여 얻은 정확성에만 있는 것이 아니라, 오히려 우리가 그 자료들에 접근할 때 지니는 정신 자세에 있다. 경제학자, 철학자, 시인, 의사, 신비가 등이, 울창한 숲속 한가운데서 서로 마주치게 될 때, 그들이 그렇게도 다른데 어떤 방식으로 반응하겠으며, 또 파악한 바를 표현하겠는가. 그들이 미리 지니고 있는 내적인 자세, 즉 교육, 취미, 관심사, 반응의 습관[48)] 등의 결과가 될 것이다.

---

47) "어리석은 자들의 배반은 자신을 죽음으로 이끌고 우둔한 자들의 방심은 자신을 파멸시킨다. 그러나 내 말을 듣는 이는 편안히 살고 불행해질 걱정 없이 평온히 지내리라"(잠언 1,32~33).

48) 디아도코스는 "세속적인" 내적 자세에 계속 머무르는 이는, 사형을 받을 만한

상황 및 해야 할 것에 대하여, 그리고 결과적으로, 식별이 위치하고 있는 수준에 대하여, 그 사람의 그리스도교적 양성과 자질 혹은 성숙에 따라서, 각자가 행하게 될 "**가치 판단**"은 훨씬 더 차이를 드러낼 것이다. 이 때문에 영적 식별은 즉흥적으로 될 수 없으며, 그 질도 단지 우리가 접하는 순간이나 현재 상황에 좌우될 수는 없다. 홀로 있는지 혹은 다른 이들과 함께 있는지, 흥분한 상태인지 평온한 상태인지 등 비록 이 조건들 역시 영향을 미친다고 하더라도 말이다. 오히려 무엇보다도 사람이 지니고 있는 저변의 습관적인 성향에 따라서, 식별하는 이의 은총 상태에 따라서, 그리고 사람들에 대한, 구체적으로는 자기 자신에 대한 하느님의 계획과 뜻에 더 일치하거나 덜한지에 따라서, 또한 그의 사고방식과 삶 속에서 도달한, 예수 그리스도께 대한 믿음에 의해 제시된 가치들과 삶의 계획과의 인격적 동화의 정도에 따라서, 끝으로 그의 그리스도교적 성숙에 따라서 좌우된다.[49]

그러나 무엇보다도 "**애정과 미리 기획된 의지의 수준**"에 위치한다. 이에 대해서는 특별하게 다루고자 한다. 이 수준은 특히 자료들을 읽는 객관적인 능력에 영향을 미치거나 그 자료들을

범죄나 혹은 살인을 저지른다 하더라도, 단지 표면상으로만(ἠρέμα: erema) 뉘우친다고 했고, 다른 잘못들은 지적할 수조차 없는데, 많은 경우 그 잘못들을 심지어 공적으로 생각하기까지 하며, 그 잘못들을 기를 쓰고 옹호하는 것에 부끄러움을 느끼지도 않는다고 주의를 주었다〔cf. *De perfectione spiritali*(영적 완성), c.27, en *Oeuvres* col. SC, 5bis, París, 1966〕.

49) "악한 사람들은 바른 것을 깨닫지 못하지만 주님을 찾는 이들은 모든 것을 깨닫는다"(잠언 28,5). 성 바오로는 쟁점이 되는 그의 언어의 맥락 속에서 다음과 같이 말할 것이다. "영적인 사람은 모든 것을 판단할 수 있지만, 그 자신은 아무에게도 판단받지 않습니다"(1코린 2,15: "Spiritualis judicat omnia, et ipse a nemine judicatur").

윤색한다.

무질서한 애정

예수님이 당신의 나라에 들어가기에 부정적인 것으로 선언하신 모든 것은 영적 식별에 부정적인 조건이 된다. 그러나 이 모든 것을 애정과 의지에 관한 한 "죄" "무질서" 혹은 "무질서한 애착"이라는 제목으로 종합할 수 있다. 흔히 일어나는 바와 같이, 특히 개인 문제에서, 하느님께 대한 충실성이 우리에게 요구하는 것, 그에 적합한 것을 알아보는 데 중요한 장애물들 중의 하나가 사람의 "**무질서한 애착**"이다. 애정이나 두려움은 우리가 바라거나 두려워하는 것을 쉽사리 알아보게 하거나, 또는 사실을 그것을 바라보는 사람의 관심사로써 윤색한다.[50]

그리고 무질서한 애착이라면 우리로서는 우리의 "의향과 행동, 그리고 활동"(『영신 수련』 46항)에 있어 질서상 최고 규범과 완전히 일치하지 않는 사물, 상황 또는 사람들을 향한 애정들을 말한다. 말하자면 "원리와 기초"[51]에서 성 이냐시오 로욜라가 표현한 규범을 말하는데, 우리를 하느님께로 이끄는 그만큼 그것들과

---

50) Cf. *De perfectione spiritali*(영적 완성), c.27.

51) 『영신 수련』 23항: "사람은 우리 주 하느님을 찬미하고, 공경하며, 봉사하고, 또 그렇게 함으로써 자기 영혼을 구하기 위해 창조되었으며, 땅위의 다른 것들은 사람을 위해, 사람이 창조된 목적의 달성을 돕기 위해 창조되었다. 여기에서 사람은 자신의 창조 목적을 돕는 그만큼 그것들을 사용해야 하며, 방해하면 그만큼 멀리해야 한다는 사실이 뒤따라 나온다. 〔…〕" 다음을 보라. J. Calveras, "Alcance de la regla del 'tanto cuanto' en el uso de las criaturas", *Manresa* 7(1931), pp.193~205.

가까이하고 우리를 그분에게서 멀어지게 하는 그만큼 그것들을 멀리하라는 것이다.

관련하여 십자가의 성 요한은 『사랑의 산 불꽃』(*Llama de amor viva*, canc. 3, v. 4)에서 대단히 의미 있는 내용을 제시하고 있다.

> "왜냐하면, 하느님의 것들을 판단하기 위해서는, 전적으로 욕구와 맛을 밖으로 내던져 버려야 하며, 욕구로써 하느님의 것들을 판단해서는 안 되기 때문이다. 하느님의 것이 아닌 것들 때문에 하느님의 것들을 틀림없이 지키지 못하고 희생시킬 것이기 때문이다. 판단의 눈 위에 욕구라는 백내장과 구름이 끼어 있어, 어떤 때에는 어떤 색깔로 또 어떤 때에는 다른 색깔로 나타나 보이는 대로의 백내장 외에 아무것도 보지 못하고, 백내장이 하느님이라고 생각하기 때문이다. 〔…〕 그리고 이렇게 욕구와 감각적인 맛은 높은 것들에 대한 인식을 방해한다. 현자가 다음과 같이 말하는 가운데 깨닫게 해 주는 바다. **악의 마력은 좋은 것들을 무색하게 만들고 솟구치는 욕망은 순수한 정신을 훼손하기 때문이다**(지혜 4,12). 즉 판단을 말한다."

성 이냐시오의 『영신 수련』의 체계 전체가 이 개념에 기초를 두고 있다. 이 때문에 자신에게서 모든 "무질서한 애착을 〔제거하기 위해〕, 그리고 제거한 뒤에는, 영혼을 구원하기 위해 자신의 삶을 헌신하는 데 있어 하느님의 뜻을 찾아 얻기 위해"[52]

---

52) 일러두기(Anotación) 1. Cf. J. Calveras, "Quitar de sí todas las afecciones desordenadas", *Manresa* 1(1925), pp.27~33, 118~128; C. Espinosa, "Buscar y hallar la voluntad divina según san Pablo y según san Ignacio", *Manresa*

영혼을 준비하고 바치는 모든 방식을 "영신 수련"이라고 부른다. 그리고 같은 이유로 영신 수련의 첫 단계로서 사람의 철저한 정화를 제시하고 있다. 정화로써 수련자에게, 은총의 도움으로, 자신의 죄에 대한 깊고 격렬한 아픔에 이르고, 그 죄에 대해서 그리고 자기 활동의 모든 무질서에 대해서, 이와 마찬가지로 세상의 허영에 대해서도 자기 자신으로부터 그것들을 멀리하기 위해 내적 인식과 혐오에 이르기를 요구한다.[53] 그리고 이 정화는 그리스도께서 주신 상반되는 모범들과 대조되기 때문에 점점 더 깊어질 것이며, 둘째 단계에서, 그리스도의 감춰진 생애의 신비로부터 출발하여 그분과 친숙하고 사랑이 넘치는 만남을 시작하게 될 것이다.

44(1972), pp.25~52; F. Meures, "Sich freimachen von allen ungeordneten Anhänglichkeiten...", *Korrespondez zur Spiritualität der Exerzitien* 35 (1985), pp.2~69.

53) Cf. 『영신 수련』 55, 63항; J. Teixidor, "El desorden de mis operaciones. Estudio teológico de esta frase ignaciana", *Manresa* 4(1928), pp.97~119; M. Ruiz Jurado, *Por El, con El y en El... toda gloria*, Avila, 1990, pp.28~30. 디아도코스 데 포치아(Diadoco de Focia)는 그의 작품 『영적 완성』(*De perfectione spirituali: Sobre perfección espiritual*)에서 다음과 같이 기술하고 있다. "세속적인 걱정거리들을 버리지 못한 영혼은, 진정으로 하느님을 사랑하지 못할 것이며, 마땅히 그래야 합당한 대로 마귀를 증오하지도 못할 것이다. 왜냐하면 단 한 번으로 영원히 삶의 걱정거리를 너울처럼 쓰기 때문이다. 그리고 결과적으로 이 사람들의 정신은 그러한 문제들에 대해 '예' 하기 전에 판단에 관한 의견들을 오류 없이 평가하기 위한 자신 속의 법정을 인정할 수 없게 된다. 이 모든 것 때문에, 격리(은둔)가 유익하다"(*Oeuvres* SC 5bis, París, 1966, c.18, p.94).

유리한 조건

구약에서 기도, 그리고 지혜의 원리인 **하느님께 대한** "거룩한 두려움"을 특별히 권하고 있음을 알게 된다. 시편 119편은 하느님께 기도하도록 가르치고 있다. "당신의 두 손이 저를 지어 굳게 세우셨으니 저를 깨우치소서. 당신의 계명을 배우오리다"(73절). 그리고 "헛된 것을 보지 않게 제 눈을 돌려주시고 당신의 길을 따르게 하시어 저를 살려 주소서. 당신을 경외하도록 당신 종에게 당신의 말씀을 이루소서. 〔…〕 당신의 규정을 애타게 그리니 당신의 의로움으로 저를 살려 주소서"(37~40절).

그리고 잠언에는 "지혜의 시작은 주님을 경외함"(9,10)이라는 말씀이 나온다. 지혜는 외치고 있다. "너희는 와서 내 빵을 먹고 내가 섞은 술을 마셔라. 어리석음을 버리고 살아라. 예지의 길을 걸어라"(9,5~6).

"깨끗한 마음을 사랑하고 친절하게 말하는 이는 임금의 벗이 된다"(잠언 22,11). 그리고 "**마음이 깨끗한**" **사람들**에게 구세주는 특별한 빛의 선물을 약속하신다. "행복하여라, 마음이 깨끗한 사람들! 그들은 하느님을 볼 것이다"(마태 5,8).

예수님도 몸소 슬기롭고 똑똑한 사람들한테는 감추고 "철부지들에게는 드러내 보이시니"(마태 11,25) 하시면서 성부께 찬미드릴 때 당신의 계시를 받기에 유리한 조건을 가르쳐 주셨다. 즉 당신 나라에 대한 선포 속에 담긴 초자연적 신비들을 보이셨다는 것이다. "**단순함**과 겸손"이 하느님의 빛을 받도록 준비시키며, 이 빛으로 실재를 영적으로 식별해야 한다.

『영신 수련』[54]에서 수련자는 하느님의 은총으로써 사고방식의 변화에 도달해 간다. 하느님께 대한 크나큰 열망과 관대함(성심성의), 은둔과 능력들의 집중이라는 초기의 내적 자세와는 별도로, 성 이냐시오는 수련자가 선택에 있어 하느님의 뜻과 만나기 위해 자신을 접근하게 하는 영적 과정을 진전시키는 그만큼 자신의 내적 자세를 성숙시키도록 배려한다. 첫째 주간의 영신 수련으로써 자신의 무질서한 애착을 벗어 버린 뒤 수련자는 둘째 주간에 그리스도께서 당신의 생애, 수난, 죽음, 부활로 드러내시는 사고방식을 얻으려고 애쓴다.[55] 즉 그리스도에 따른 새 사람 안에 있는 세속적인 사고방식(νοῦν: noun)을 바꾸어, 자기 삶에 대한 하느님의 뜻, 선한 것, 하느님께 맞갖은 것, 완전한 것을 식별할 수 있게 된다는 것이다(참조: 로마 12,2).

이 작업에 수련자 홀로 임하지는 않는다. 그의 수련을 인도하는 전문가가 수련자를 동반하고, 권고하며, 적절한 가르침을 베푼다.[56] 무엇보다도, 기도 안에서 성령의 인도, 교회의 전구, 탄원의 가치를 지니는 고행, 미사의 거룩한 희생에 관한 것이다.[57] 그리

54) 『영신 수련』은 이를 승인하고, 칭찬하며, 모든 신자에게 실천하도록 권고한, 바오로 3세의 소칙서 *Pastoralis officii cura*에 의하여 그 첫판이 발행되었다는 사실을 기억하는 것이 좋다. 후임 교황들의 많은 호의적인 승인과 은사 외에도, 비오 11세는 1929년 11월 20일자 회칙 *Mens nostra*를 영신 수련에 할애하였는데, 여기서 『영신 수련』이 "영혼을 구원과 완덕의 길로 이끌기 위한 보편적인 지혜의 문서이며, 굳건한 영성의 마르지 않는 원천"〔*AAS* 21(1929), p.703〕이라고 선언하였다.

55) 아직 선택으로 들어가기 전에 수련자를 준비시키게 되어 있는 세 가지 묵상 혹은 고찰을 첨부할 것임을 잊어서는 안 된다. 이것들은 저 유명한 "두 개의 깃발" "세 부류의 사람들" "세 가지 겸손의 유형"에 대한 묵상이다(『영신 수련』 136~157, 164~168항).

56) 『영신 수련』 135, 169~189항을 보라.

57) Cf. J. Lewis, "El director de Ejercicios como factor de integración de lo psicológico y lo espiritual para el ejercitante", *Manresa* 51(1979), pp.77~84.

고 성 이냐시오가 그의 『영신 수련』에서 하느님의 뜻을 식별하기 위한 준비로 지적한 이 작업은, 일상생활 중에 할 수 있는 전형적인 훈련으로 간주될 수 있다. 우리는 성 바오로가 모든 그리스도인에게 가르친 바와 본질적으로 일치함을 보았다(로마 12,2).

결론

1. 식별에 유리하고 불리한 이 요소들을 의식하고 있는 것은, 식별이 영적이길 원하고 우리 자신을 속일 모든 위험에 식별을 노출시키기를 원하지 않는다면, 식별처럼 이렇게 중요한 작업을 실행하기 전에, 우리를 적합하게 준비시킬 필요성과 관련하여 우리를 더 주의 깊은 사람들이 되게 할 것이다.

2. "이제 자리를 잡고 앉아 문제를 영적으로 식별해 보자"라고 말하는 것으로 충분하지 않다. "문제에 대하여 먼저 기도를 하고 난 다음 식별하자"라고 말하는 것도 물론 불충분하다. 왜냐하면 하느님의 표지를 파악하기 위해 선행되는 준비 자세, 그분이 선호하시는 바와 그분의 평가 기준과의 동조(同調), 그리스도교적 지혜란 즉석에서 할 수 있거나 혹은 얻거나 동화되지 못했을 때 의지하는 무엇이 아니기 때문이다. 영적으로 식별할 수 있기 위해 영적인 존재가 되기에 이를 필요가 있다.

3. 제르송(Gerson)[58]과 함께, 항상 오류 없이 식별할 수 있

---

58) "Dicamus praeterea quoniam non est humanitus regula generalis vel ars dabilis ad discernendum semper et infallibiliter quae verae sunt et quae falsae aut illusoriae revelationes"(게다가 인간이란 조건에서 참된 계시들과 잘못된

기 위한 어떤 일반적인 규범이나 혹은 전달할 수 있는 어떤 기술은 없다는 것을 덧붙일 수 있을 것이다. 우리는 인간의 윤리적 적용으로부터 신앙의 문제까지의 영역에서 움직이고 있으며 물질적 혹은 형이상학적 증거의 영역에서 행하는 것이 아니다. 그러나 마음이 깨끗한 이들이 "하느님을 볼 것"(마태 5,8)이라면, 마음의 정화와 겸손이 영적 식별을 잘할 수 있기 위해 요청되는 적합한 준비 자세라는 것이 분명하다.

참고 문헌

- A. Lefèvre, "Direction et discernement des esprits selon saint Ignace", *Nouvelle Revue Théologique* 78(1956), pp. 673~686.
- D. Alvarez de Paz, *De inquisitione pacis*, Lugduni, 1617, cf. Apéndice.
- D. Gil, *Discernimiento según san Ignacio*, Roma, 1980.
- J. Gerson, "De distinctione verarum revelationum a falsis", en *Oeuvres*, ed. crítica de Mgr. Glorieux, vol. III, Tournai, 1962.
- J. Laplace, *La experiencia del discernimiento en los Ejercicios*, Madrid, 1978.

혹은 착각에 의한 계시들을 항상 오류에 빠지지 않게 식별하기 위한 일반적 규칙이나 제공할 만한 이론은 없다고 말할 수 있겠다), en *Oeuvres, op. cit.*, III, p.37.

- L. M. Mendizábal, *Dirección espiritual*, BAC, Madrid, [r]2000, p.190ss.
- L. M.ª García Domínguez, *Las "afecciones desordenadas", Influjo del subconsciente en la vida espiritual*, Manresa-Sal Terrae, Bilbao, 1992.
- M. I. De la Reguera, *Praxis theologiae mysticae*, 2 vols., Roma, 1740-1745, en particular los libros 8, 9, 10.
- P. Penning de Vries, *Discernimiento, dinámica existencial de la doctrina y del espíritu de san Ignacio de Loyola*, Bilbao, 1967.
- Teresa de Jesús, *Moradas*(영혼의 성), 6, c.3; *Vida*(자서전), c.25.

제 6 장

착 각

착각의 본성

착각에 대해서 우리는 속임수, 혹은 고의가 아닌 오류라고 생각하는데, 이 속임수나 오류는 한 사람을, 그 사람으로서는 나쁜 의도가 없어도, 단지 허구일 뿐인 것을 실재로 간주하게 하거나 혹은 실재에 그것이 지니고 있지 않은 의미나 가치를 부여하게 하는 어떤 욕구나 경향에 근거하고 있다. 단순한 잘못은 지성으로 밝혀지고 거부되거나 수정된다. 그렇지만 착각은 이를 고수하는 어느 정도 의식적인 경향 때문에 완고하게 버티는 경향이 있다.[59]

앞에서 지적한 영적 식별의 심리학적 작용을 염두에 두면, 정당한 준비와 안내 없이 대략적인 선의로 영성 생활에 헌신하

---

[59] Cf. A. Lalande, *Vocabulaire tecnique et critique de la philosophie*, París, 1956.

기를 바라는 이들이 많이 떨어지는 착각을 더 잘 이해할 수 있을 것이다.

데르빌(A. Derville)은 영적 착각을 올바른 양심으로 견지되는, 인간적 행위의 그리스도교적 가치에 관해 내린 잘못된 판단으로 정의하고 있다.[60]

착각이라고 부르는데, 착각을 진정한 실재라고 생각하기 시작하는 그 순간 최소한, 착각에 빠진 사람을 고의적으로는 아니지만 속이기 때문인데, 왜냐하면 주체는 그 원인이 되는 무질서한 애착과 본래 실재와 맞지 않는다는 사실을, 적어도 충분하게, 통보받지 못했기 때문이다. 미리 정당한 방법으로 합당한 준비자세를 갖추고 그의 착각의 원천을 제거하기 위해 애쓰지 않았다면 그의 책임은 때때로 소위 "소송에"(in causa) 부쳐질 것이다. 일단 알게 되었다면, 순명으로, 자기 자신을 믿지 말고 대책을 마련하고자 노력하면서, 착각을 피하거나 그것에서 벗어날 책임은 분명 그 자신에게 있다.

착각의 종류

착각의 종류는 "**이론적 혹은 실천적 질서에 따라서**", 즉 가르침 혹은 행실에 따라서 나뉠 수 있다. 덕의 실천, 사도직이나 관상생활 등에 있어서, 순수한 지향, 이용했거나 혹은 이용할 필요가 있는 수단, 혹은 추구했거나 혹은 추구할 필요가 있는 목적에 관

60) *Dictionnaire de spiritualité*, voz "Illusions", vol. 7, col. 1392.

한 것이다.

착각의 원천

그런데 이 착각들의 원천은 "**다양한 원인들**"과 관련이 있다.

1. 체험에 대한 주의 부족, 영적 사정에 태만함, 그리고 무엇보다도 올바른 지향이나 혹은 성령과의 동조(同調)의 결여이다. 이 모든 결함은 체험에 의해 제공된 표지들을 지성적으로 주의 깊게 "**읽는 능력에 악영향을 미쳐 부적합하게**" 한다. 그리고 그 때문에 오류로 이끈다.

2. 또 다른 경우들에 있어서는 착각들을, 성찰하지 않은 결과 "**판단에 있어 조급함**" 혹은, 자기의 복잡한 문제들을 상의하지 않을 정도의 과도한 자만과 관련시켜야 할 것이다.[61] 혹은 성격, 문화나 받은 교육 환경으로부터 나오는 편견과 상당히 연결시켜야 할 것이다.[62]

경솔한 열심과 합쳐진, 체험의 결여는 초보자들을 인간적 추진력에 의해 완덕에 이를 수 있다고 믿게 하면서, 자신의 실패를 볼 때 실망하게 하는 가운데 착각에 빠지게 할 수 있다. 혹은 어

---

61) "교만은 죄를 잊게 한다. [⋯] 거만한 수도자는 마귀가 필요 없다. 왜냐하면 그 자신이 마귀요 자기 자신의 원수로 변했기 때문이다"[Juan Clímaco, *Escala espiritual*(영적 계단), esc. 23, n.129].

62) 성 이냐시오는 예수회 입회의 장애로 지적하였다. 비록 결정적인 것은 아니지만, 그러나 예수회에 받아들여지기를 바라는 이를 덜 적합하다고 간주하게 한다. "신중하지 못한 신심은 누군가를 착각과 중대한 오류에 떨어지게 한다"[「회헌」(*Const.*), n.182].

느 정도의 독성을 지니고 혹은, 더욱 미묘한 새로운 형태로, 전 생애에 걸쳐 되살아나는 이기주의적 경향과 결점을 거슬러 투쟁하기 위해서는 인내, 항구함, 끈기가 일상적으로 요구된다는 사실을 잊게 할 수 있다.

3. 그러나 "**주요 원인**"으로서 착각은 "무질서한 애착"으로부터 온다. 즉 자만과 신앙에 있어서의 결함 있는 자세는[63] 비범한 것들을 바라게 하며, 일상적인 덕의 실천과 은총의 일상적인 도움으로는 만족하지 못하게 한다. 반대로, 두드러지려는 욕구나 사건들에 대하여 통상적인 것을 벗어나 해석하는 해설자가 되려는 욕구는,[64] 단지 우리 생각이나 인간적인 계획에 근거할 뿐인

---

63) 성녀 데레사는 다음과 같이 판단한다. "저는 한 영혼이 하느님으로부터 많은 은혜를 입었다는 이유로 자신이 얼마 동안 비참한 처지에 떨어졌었다는 사실을 잊는다는 것은 안전하지 않다고 생각할 것입니다. 왜냐하면 비록 그것이 괴로운 일이라 할지라도, 많은 자매에게 도움이 되기 때문입니다"〔『영혼의 성』(*Moradas*), VI, c.7, 4항〕.

64) 이것 때문에 영적 스승들은 악한 영으로부터 선한 영을 구별하기 위해 주의를 기울여야 하는 표지로서 겸손을 권고하곤 했다. 그리고 만일 누구에게 일상적인 것을 벗어나는 무엇을 체험하는 일이 일어난다면, 겸손한 부끄러움으로 이를 오히려 사절할 자세가 되어 있어야 한다는 것이다. 이렇게 제르송은 말하고 있다("De distinctione verarum revelationum a falsis" en *Oeuvres* III, 40). "Et si quae talia praeter solitum evenire circa eum contigerit, rejiciat a se cum sancto, humili verecundoque pudore. Deputet talia vel laesioni propriae phantasiae, et se habere aliquid simile phreneticis, et maniacis aut melancholicis reformidet; vel timeat ne propter enormitatem praecedentium peccatorum datus sit in reprobum sensum ut talibus illusionibus seducatur"(그리고 만일 그의 주위에 일상을 벗어나 이런 것들이 일어나는 일이 발생했다면, 거룩하고 겸손하며 신중한 부끄러움과 함께 자신에게서 물리쳐야 할 것이다. 이런 것들을 자기 자신의 환상들에 의한 상처로 여기고, 정신착란에 빠진 이들과 미친 이들, 그리고 우울증을 가진 이들과 유사한 어떤 것이 있는지 두려워해야 할 것이다. 그리고 또한 이러한 착각들에 현혹될 수 있는 거짓된 감각에 앞선 죄인들의 엄청남으로 인해 내맡겨질까 두려워해야 할 것이다).

것을 하느님의 것으로 간주하거나, 혹은 하느님의 영감을 우리 자신의 생각이나 취득한 견해로 이끄는 경향을 일깨운다. 그 모든 것은 단지 자신의 공상이나 이기주의적 욕구일 뿐인 것을 사실로 오해하거나, 하느님의 것으로 받아들이도록 하는 다양한 암시들의 원인이 될 수 있다.[65] 이렇게 하느님과의 단둘만의 만남으로부터 도피하는 것 외에 다른 것이 아닌 것을 사도적 혹은 직업적 열정으로 감쌀 수 있다. 또는 사도적 혹은 직업적 책임으로부터의 도피인 것을 기도에 대한 사랑으로 덮을 수도 있다. 그리고 자신도 같은 정도로 혹은 더욱 엄격하게 스스로 교정하는 일이 없는 단순한 선동이나 악선전일 뿐인 것을 다른 이들의 약점을 추상같이 고발하는 예언주의로 감출 수 있다.

4. "**인간의 잠재의식**"에 대한 연구는 위장되고, 감춰져 있는, 비밀스러운 개입과, 의식 중에 생활하고 있는 우리 삶 속에 잠복하여 실현되고 있는 오염을 지적하는 데 도움이 되었다. 대략적으로 감춰진 무의식적 충동과 관련하여 지향에 대한 실용적 지침들이 있다. 이렇게, 의식적으로 받아들이고 내면화한 가치들이 아니라, 본질적으로 어떤 헛된 무의식적 경향에 상응하는 것

---

65) 성 그레고리오는 그의 *Diálogos*, lib.I, c.2에서 진정한 겸손은 완고하지 않고, "도리어 떨리는 마음으로 순종하는"(*sed obtemperantem cum tremore*) 것이라고 단언하고, 리베르티노(Libertino)라든가 하는 인물의 경우를 언급하였다. 그는 어린아이의 어머니가 굳이 간청하였지만, 그 어린아이를 소생시키는 기적을 행하기를 거부하였다. "Ibi quippe pugnabat inter se humilitas conversationis et pietas matris, timor ne inusitata praesumeret, dolor ne orbata mulieri non subveniret"〔정말로 수도 생활의 겸손과 어머니의 사랑 사이에서, 기적을 감행하게 될지도 모를 두려움과 (아이를) 잃은 여인을 구하지 못하게 될지도 모르는 고통 사이에서 내적으로 싸워야만 했다〕. Grégoire le Grand, 『대화』(*Dialogus*), vol. II, ed. du Cerf, París, 1979 = SC 260, p.28.

이, 윤리적 이상처럼, 감춰져 나타나 보일 수 있다. 즉 수동적 성격에 있어서 순명에 대한 착각, 혹은 평범한 안락함에 대한 경향에서 나온 중용에 대한 착각, 낙담한 이에게 있을 수 있는 거짓된 순수함에 대한 착각들이 그것이다. 이에 대해서는 성소에 대한 올바른 지향(혹은 동기)을 다룰 때 더욱 차근차근 언급하겠다.

식별을 돕기 위한 성찰

1. 원인들은 많은 경우 "**심리적**"이다. 이렇게 성 이냐시오는 다음의 글에서 이를 전제하였다. "이러한 은총(추정된 계시나 예언에 관련된)으로 기우는 성향을 지닌 한 주체는 자신 안에 그런 은총이 있으리라고 의당히 믿는 경향이 있을 수 있음을 보는 만큼, 그렇게, 그렇지 않고, 오히려 속임수에 노출되기 쉬운 성향을 지니고 있으며, 반대로 기우는 경향이 있음을 본다."[66] 그리고 이 속임수에 노출되기 쉬운 성향에 관해 서술할 때, 주체의 "혼란에 빠져 있는 분별력", 자기의 판단에 대한 굳은 집착과 완고함, 과도한 엄격함과 무분별한 마음 수련(ejercicios mentales)으로써 육신을 잘못 다루어 발생한 나약함 등을 지적하고 있다.

2. 그러나 원죄에서 오는 "죄로 이끄는 유도인(誘導因, fomes peccati)"이 실행되는 가운데 마주치는, "죄에 떨어진 인간"**의 상황**과 "신학적으로" 앞에 언급된 사정들을 관련시켜야 한다. 성 아

---

66) "Carta a Gandía de julio de 1549 sobre las ilusiones espirituales de Oviedo y Onfroy", San Ignacio de Loyola, *Obras*, BAC, Madrid, 「1997, pp.842~861.

우구스티노는 시편 38편 7절을 주석하면서 다음과 같이 기술하고 있다. "Tristitia nobis sit, donec et anima nostra exuatur illusionibus... Quantae sint autem illusiones animae, si voluero dicere, tempus quando sufficit? Cuius enim anima ista non patitur? Breve est quod admoneo, quomodo anima nostra completa est illusionibus"[67]〔영혼이 착각들로부터 자유로워지기 전까지는 우리는 비통에 빠져 있으리라. 〔…〕 영혼의 착각들이 얼마나 많은지(혹은 얼마나 큰지) 묘사하려고 한다면 끝이 없을 것이다. 착각에 괴로워하지 않는 자 누구냐? 어떻게 우리 영혼이 착각으로 가득한지 간략하게 주의를 환기시킨다〕.

그러나 이것이 "어둠의 우두머리"가 이미지나 생각을 불러일으키고, 착각을 만들어 내고, 증가시키거나 악화시키기를 거드는 정욕과 애착을 조장하기 위해 과정의 다양한 순간들이나 요소들 안에 개입할 수 없다고 말하려는 것은 아니다.[68] 바로 이 심리적이며 영적인 맥락 속에 요한 1서 4장 1절의 권고가 자리하고 있다. "아무 영이나 다 믿지 말고 그 영이 하느님께 속한 것인지 시험해 보십시오. 거짓 예언자들이 세상으로 많이 나갔기 때문입니다." 바오로 사도의 언급과도 같다. "그러한 자들은 그리스도의 사도로 위장한 거짓 사도이며 사람을 속이려고 일하는

---

67) CCL 38, 389.

68) 포치아의 디아도코스는 그리스도교적 영적 전통의 연장선상에서 다음과 같이 단언한다. "우리 영이 성령의 위로를 느끼기 시작할 때, 사탄은 밤에 쉴 때, 더 얕은 잠의 영향 속에 누워 있을 때 그럴싸한 감미로운 감정으로 영혼을 위로한다. 그러나 영혼이 주 예수의 거룩한 이름을 대단히 열정적으로 기억하고, 착각에 대항하는 무기처럼 이 영광스러운 거룩한 이름을 사용하여 방비를 단단히 하면, 모략자는 자신의 속이려는 의도는 치워 버리고, 앞으로 영혼을 거슬러 공개적인 싸움을 개시한다"〔『영적 완성』(*De perfectione spirituali*), c.31〕.

자들입니다. 그러나 놀랄 일이 아닙니다. 사탄도 빛의 천사로 위장합니다. 그러니 사탄의 일꾼들이 의로움의 일꾼처럼 위장한다 하여도 이상한 일이 아닙니다. 그들의 종말은 그들의 행실대로 이루어질 것입니다"(2코린 11,13~15).[69)]

이 때문에 성 바오로는 에페소의 그리스도인들에게, 우리의 투쟁은 단지 육(肉)만이 아니라 "**악한 영들**"에게 대항하는 것이라고 주의를 불러일으킨 뒤, 하느님의 무기로 무장하라고 권고한다(에페 6,10~18).

3. 영성의 "**역사**"는 어떻게 원수가 인간을 속이기 위해 언제나 인간적 욕정에 의지하는지를 보여 주고 있다. 예를 들어, "**자기 자신에 대한 사랑**"에 의지하여, 한 번이나 여러 번 승리하고 난 뒤에는 자신의 힘이 실제보다도 상위에 있다고 믿게 하며, "교만과 호기심"에 의지하여, 자기 환상의 산물을 계시나 초자연적 현상으로 여기게끔 한다.[70)] 그리고 "안락함에 대한 욕구"에 의지하여, 고행이 결여된 것을 필요한 휴식으로 간주하게 하거나

---

69) 예수께서 산상설교에서 주의를 일깨우셨다. "너희는 거짓 예언자들을 조심하여라. 그들은 양의 옷차림을 하고 너희에게 오지만 속은 게걸 든 이리들이다. 너희는 그들이 맺은 열매를 보고 그들을 알아볼 수 있다"(마태 7,15~16).

70) 시에나의 성 베르나르디노는 그의 『영감론』(*Trattato delle ispirazioni*, 7ª regla del discernimiento)에서 이 측면을 강조한다. "자기가 하느님을 진정으로 사랑하고 진정으로 두려워하고 있다고 믿는 몇몇이 있는데, 이들은 본성과 자신들의 일상적인 생활 방식보다 상위의 '**감정**'이나 계시와 환시를 열렬히 바라며 찾아다닌다. 그들은 깊이 뿌리내린 교만, 더할 나위 없는 주제넘은 본성, 하느님의 비밀에 대한 헛된 호기심의 유혹 등 없이 그러한 것들을 추구하고 바라기는 거의 불가능하다는 사실을 깨닫지 못한다. 그리고 이는 어느 정도의 나약함과 신앙의 결함 없이는 일어날 수도 없다. 그러므로 당연히 그들은 하느님의 심판에 의해서 거짓된 위험스런 착각과 악마의 속임수, 그리고 완전히 거짓된 '**감정**'에 떨어지도록 내버려진 그러한 자들이다"(*Vita e pensiero*, Milano, 1944, p.72).

혹은 덕은 내면에 있는 것이라는 미명 아래 덕의 실천적 수련에 노력하지 않게 한다. 또한 "쾌락의 욕구"에 의지하여, 기도 중에 하느님의 뜻보다는 감각적인 맛을 찾게 한다. 그리고 자만, 명예 및 칭찬에 대한 "야망"에 의지하여, 자기 생각의 존중에 불과한 것을 하느님으로부터 받은 빛과 영감으로 여기게끔 한다.

해결책

착각에 대한 해결책은 착각을 일으키는 원인을 저지하거나 방해하는 끈기 있는 수덕과 겸손한 기도에 호소해야 한다. 자기 자신의 나약함을 납득하고, 자기 자신의 한계를 진실하게 인정하는 것이 그리스도교적 행위를 지탱해야 하는 이 겸손한 태도의 필수적 구성 요소이다.

이는 결과적으로 양심을 개방하게 하여, 영적 지도자의 체험으로부터 도움을 받을 원의를 갖도록 이끌 것이다. 카시아노(Casiano)가 모세(Moisés) 수도원장의 입을 빌려 한 말을 생각해 보자. "그 어떠한 악습으로도, 장상들의 조언을 무시하고, 자기 판단과 결심, 그리고 자신의 지식을 신뢰하도록 그를 설득할 때처럼, 그렇게 마귀가 수도자를 파멸로 가도록 하게 할 수는 없다."[71]

일반적으로, 우리 자신의 성향이나 자기 자신에 대한 사랑을 부추기는 결심을 다룰 때 있을 수 있는 속임수를 경계해야 한다.

---

71) 『담화』(*Collationes*) 2, c.11. Cf. SC, 23, p.123, 성 이냐시오의 *Carta de la obediencia*, n.3에서 재인용.

성 이냐시오는 자신의 「순명에 관한 편지」(*Carta de la obediencia*)에서 성 베르나르도를 인용하여 이 속임수에 대해 경고하고 있다. "누구든지 자신이 원하는 바를 자신의 영적 지도자가 자신에게 명하도록 공공연하게 혹은 교활하게 교섭해서, 순명하는 사람으로 여기게 하고 헛된 아첨으로써 찬양하게 한다면, 그 자신이 속는 것이니, 왜냐하면 그 안에서 그 자신이 장상에게 순명하지 않고, 오히려 장상이 그에게 순명하기 때문이다."[72]

결론

1. 학문이 깊고 경험이 풍부한 사람과 자기의 영성 생활에 대하여, 무엇보다도 보통을 넘는 듯이 보이는 현상이 있는 경우에, 상의하는 자세와 현명함은 영의 단순함과 함께 아무리 강조를 해도 결코 충분하지 못할 것이다.

2. 적절한 식별을 해야 하는 경우, 단지 영뿐만 아니라 사람의 심리도 고려하는 것이 매우 좋다.

---

72) *Carta de la obediencia*(순명에 관한 편지), n.3, en *Obras de san Ignacio de Loyola*, p.937; S. Bernardo, *Sermones de diversis* 35, n.4.

참고 문헌

- A. Derville, "Illusions", en *Dictionnaire de Spiritualité*, tome VII, coll. 1392~1401.
- A. Godin, *Guide à l'usage du clergé pour discerner les troubles mentaux*, Bruxelles, 1961.
- F. Guilloret, *Secrets de la vie sprituelle qui en découvrent les illusions*, París, 1673.
- Francisco de Sales, *Tratado del amor de Dios*, lib.IX, cc.9~10.
- G. Fessard, *La dialectique des Exercices Spirituels de saint Ignace de Loyola*, vol. I, París, 1966, pp.263~283.
- J. de Guibert, *Lecciones de teología espiritual*, Madrid, 1953, lec. 25, pp.331~332.
- J. Gerson, *De distinctione verarum revelationum a falsis* & *Tractatus de passionibus*, cons. 8.
- Teresa de Jesús, *Moradas*(영혼의 성), VI. c.7. 1.

제 7 장

잠재의식

서론

인간의 의식적인 심리적 체험이 매 순간 한 일정한 영역에 제한되며 주체에 혹은 주체 안에 동시에 현존하는 많은 요소를 어스름하게나 어둠 속에 남겨 두는 것은 충분히 명백한 무엇이다. 개인의 현재의 의식에 있지 않고 단순히 의지로 불러낼 수 없는 "**정신적 체험의 영역**"에 "잠재의식"이라는 이름이 붙여졌다. "잠재의식"이라고 불리는 이 모든 영역은 다음과 같이 나뉜다. 즉 "전(前)의식"으로서, 현재 현존하지 않는 내용에 관계되는 것이지만 성찰, 묵상, 의식 성찰 등과 같은 일상적인 방법으로써 의식으로 불러낼 수 있다. 그리고 "무의식"은 오직 정신요법이나 그와 유사한 다양한 기술과 같은 특별한 방법으로써 의식으로 이끌어 낼 수 있는 것을 가리킨다. 이는 그 효과를 통해서 간접적으로 알려지는데, 왜냐하면 더욱이 잠재적으로도 그 영향을 미치기 때문이다.

이 모든 것에 대해서 오늘날 의견이 본질적으로 일치된다고 말할 수 있겠다. 그렇지만 때때로 전의식으로나 무의식으로 머물러 있으면서 체험에 영향을 미치고 있는 실재가 그 사람과 단순히 전적으로 동일시될 수 없다는 사실을 인정하기에는 충분한 성찰이 이뤄지지 못하고 있다. 그렇지 않으면, 부당하고 그릇된 전제를 통해서, 사람 전체를 그가 의식할 수 있는 대상과 동일시한다. 이 실재("무의식")는, 건전한 논리와 신학적 존재론에서 볼 때, 바로 하느님께서 그러하신 것처럼, 사람의 외부나 내부에 있을 수 있으며, 자연적이거나 초자연적일 수 있고, 창조된 존재이거나 사람을 초월하는 존재일 수 있다. "무의식"이라는 말은 어떠한 실재의 본성이나 본질을 지칭하지 않고, 그 실재가 인간의 의식과 관련하여 갖는 관계나 상황을 가리킨다.

인간의 영적 체험 안에서도, 심리적 체험을 필연적으로 내포하는데, 이런 일이 일어난다. 이 영적 체험 안에 동시에 객관적으로 현존하는 요소들이 있다. 그러나 이 요소들은 그 순간에 체험된 의식의 영역에 들어가지는 않는다. 오늘날의 인간은, 자신의 영적 체험에 대하여 설명하고자 노력할 때, 느끼는 바를 호르몬의 영향으로, 잠재의식이나 다른 원인들로 쉽사리 돌리는 경향이 있다. 그것들을 자기 자신의 내면에 있는 것으로, 아무튼 자연적이고 세상에 속한 것으로 간주하면서 말이다. 그러나 실제로는 외적, 자연적 혹은 초자연적, 피조물 혹은 바로 하느님일 수 있다. 비록 사람이 그것들에 대해 의식하지 못한다 하더라도 그것들은 그 효과를 통해서 알아야 할 것이다.

현재의 의식 안에 있는 그대로 인식되지 않은, "잠재의식"의 활동, 그 역동성이 드러내는 "**효과들**"은 다양하다.[73] 때때로 이 효과들은 편집증, 공포, 억압적 몸짓의 반복, 혹은 좌절된 행동, 읽기와 쓰기에서의 실수 등과 같은, 하고 싶은 것과 하고 있는 것 사이의 충돌, 혹은 선택적 기억상실 등이다. 셸링(Schelling)은 어떻게 예술의 세계가 많은 의식과 무의식을 드러내는지 알려주고 있다.[74] 고백된 동기와 고백되지 않은 동기의 세계 속에서 광대한 영역이 드러난다.[75] 주체 안에 일종의 무의식적 혹은 어느 정도 의식적 압력 때문에 드러나기를 거부하는 "잠재의식"의 내용들이 있다. 여기서 생각이나 이미지의 자유로운 조합을 통해, 자연적이거나 자극된 꿈이라는 상황 속에서, 의도적이거나 비의도적인 통제가 없을 때, 그 내용들 가운데 많은 것들이 드러난다는 결론에 이르게 될 것이다.

내용

비록 인간 내면의 "잠재의식"에 대해서, 모든 불결한 것이나 바람직하지 않은 것을 저장하는 창고 같다는 생각을 종종 갖는다 하더라도, 실제로는 거기에 마찬가지로 강렬하고 은혜로운 체험의 잔재, 원초적 본능(이에 대해 우리가 곰곰이 생각하지 않는), 선한 경향과 나쁜 경향 등이 내포되어 있다.[76]

---

73) Cf. F. Imoda, *Sviluppo umano, psicologia e mistero*, Casale Monferrato, 1993, p.172.

74) Friedrich Schelling, *Système de l'idéalisme transcendental*(1800), cf. J.-C. Filloux, *L'inconscient*, París 1947, pp.10~11.

75) Cf. B. Kiely, *Psicologia e teologia morale*, Casale Monferrato 1982, p.149.

76) A. Cencini / A. Manenti, *Psicologia e formazione. Strutture e dinamismi*,

그러나 단지 "잠재의식" 안에 인격 전체 속으로 충분히 통합되거나 평화롭게 승화되지 못하고 의식의 검열 때문에 억압된 기억과 체험만이 존재하는 것은 아닌 것이 사실이다. 또한 늘 있는 그대로 인식되지 않은, 습관적인 경향, 충동을 형성하는 본능이나 욕정의 퇴적(堆積)도 있다. 사람의 행실은 동시에, 다양하고 복잡하며 때로는 서로 반대되는 동기들에 의해서 유발된 표현일 수 있다. 오늘날 정론으로 받아들여지지 않는 것은 "잠재의식"이 쾌락의 원리에 의해서, 더 좁게는 단지 성적 쾌락에 의해서 항상 지배된다고 하는 프로이트의 주장이다. 자기 긍정과 자기방어라는 본능이 더 근본적이고 더욱더 광범위한 영향을 미치는 것처럼 보인다.

또한 이성적(理性的)이거나 영적인 수준에서의 위로 체험은 인격 속에 무의식적이거나 혹은 능동적인 퇴적을 일으킬 수 있다. 어째서 그렇지 않겠는가?

영적 영역

영혼 안의 은총과 향주덕과 윤리덕의 현존이 인간에게 있어서 직접적인 체험의 대상은 아니다. 그러한 것들은 그것들의 결과와 그에 상응하는 행위의 실천을 통해서 체험한다. 우리는 또한 이승에서 하느님께 대해 직접적으로(얼굴을 마주보며) 알지도 못하며 다만 믿음의 거울을 통해서("per speculum in enigmate: 거울에

EDB, Bologna, 1986, p.37; cf. c.2 전체.

비친 모습처럼 어렴풋이": 1코린 13,12) 알 수 있을 뿐이다. 그리고 그럼에도 불구하고 그분께서는 모든 피조물의 존재와 행동 속에서 당신의 현존과 도우심을 지속적으로 베푸시면서 은총을 통하여 원하시는 사람에게 원하시는 때에 자신을 통교하신다. 당신의 신적 통교가 남기는 특별한 표지들 위에 식별이 근거한다.

다른 한편으로, 하느님을 향한 열망과 근본적 갈망은 다른 모든 체험의 퇴적보다 앞선다. 이 열망은 우리의 하느님께 대한 필연적인 의존성과, 제한된 우연적 존재들로서의 근본적 가난함 위에 근거하고 그 안에서 생겨난다. 이러한 갈망은 자연적 요소들이 지닌 한계성의 범위 안에서 움직이는, "잠재의식"이라고 나중에 말할 수 있게 될 모든 형태를 능가한다. 그 근본적인 종교적 갈망에 대한 억압이 기본적인 요소에 대한 어떠한 좌절도 없이 인간 존재라는 바로 그 구조 안에 남아 있게 될 수 있을 것 같아 보이지는 않는다. 게다가 인격의 건전한 통합에 있어 종교적 갈망을 포기하게 할 더 상위의 존재론적 가치가 없기 때문에, 그 갈망에 대한 억압은 상당한 충돌을 유발해야 하는 것이 정상이다.

또한 영적 영역에서 우리는 가치 있고 위로를 주는, 수덕적 혹은 신비적 체험이 남긴 퇴적의 긍정적인 영향과 제한조건이 실존함을 이미 인정하였다. 그리고 덕과 초자연적 생활의 실천과 함께 습관의 형성도 있는데, 이 습관의 형성은, 비록 우리가 습관에 대해 현재의 심리 속에서 직접적으로 의식하지는 않는다 하더라도, 선천적인 인식과 애정에 기여하며("sensum Christi: 그리스도의 마음": 1코린 2,16. 참조: "sensus ad discretionem: 분별하는 지각": 히브 5,14), 식별을 가능하게 할 뿐만 아니라 하기 쉽게 한다.

영적 식별의 수련

이 모든 긍정적·부정적 요소들이 영적 식별의 행위에 합류한다. 이 요소들의 제한조건과 영향은 통상, 윤리적이고 하느님의 눈에 가치가 높은 영적 실재를 위해 필수적인, 식별이라는 인간적 행위의 자유로운 성질을 없애지 않는다. 객관적 실재와 가치들의 인식, 혹은 그것들을 따르려는 결심을 어느 정도 쉽게 하도록 할 수 있다.

오늘날 전문적으로 채택된 용어로 그 제한조건들을 명명하지 않고서도, 단지 마귀에 의한 것(이것도 또한 염두에 두어야 하는)만이 아니라, 무질서한 본성, 욕정과 소위 무질서한 애정(혹은 "무질서한 애착")의 영향에 의한, 속임수와 착각의 가능성이 강조되었을 때, 우리는 이미 예로부터 어떻게 이 제한조건들을 점점 더 신중하게 생각해 왔는지 보았다. 여기서 소위 "정화의 길", 지향의 올바름과 순수함, "자기애"(自己愛)에 대한 극기의 필요성이 나오니, 부정적인 관계들과 은총의 활동에 대한 장애로부터의 해방을 쉽게 만드는 모든 것은, 성령이시며 진리로 우리를 자유롭게 해 주시기를 원하시는 하느님과의 동조(同調)를 위한 준비 자세이기 때문이다.

오늘날 많은 자연적인 제한조건들을 밝혀내기 위한 기술은 더욱 연구되었고, 그리스도 안에서 인간의 초자연적 운명이라는 더 넓은 범위 내에서, 의당히 하느님께서 계시해 주신 전체 진리와 통합될 수 있다. 인간 안에서의 초자연적 혹은 과(過)자연적(preter-natural) 작용은 통상적으로 장애를 이기고 자연적 결점을 치유하거나 혹은 본성 안에 이미 존재하는 것을 파괴하기보다는 오히려 강화하고 완전하게 하기 때문이다.

영적 교육학

영적 식별은, 우리가 알고 있는 바와 같이, 필요한 활동을 통하여 주님의 마음에 드는 것, 모든 경우에 하느님의 뜻을 완수하기 위해 그분의 뜻인 것을 찾는다. 신중하게 생각한 뒤 이해하지 않고, 자기 자신에게 기분 좋은 것, 자신의 자연적 본능이나 "잠재의식" 속에 둥지를 틀고 있는 습관에, 혹은 자신의 개인적 실현을 위한 계획에 더욱 어울리는 것을, 실제로 주님께서 어떤 일정한 경우에 원하시는 것, 바로 앞에서 나열한 것들이나 혹은 자기의 개인적 계획에 반대되는 무엇일 수 있는 것과 혼동할 위험이 사람 안에 존재하는 것은 분명하다.

성 이냐시오의 『영신 수련』은 사람에게 자신의 삶에 대한 하느님의 이 뜻을 영적으로 식별하도록 준비시키고자 하는 하나의 방법론이다. 그러므로 바로 첫째 주간의 목표인 정화의 준비와 사고방식의 회개를 넘어, 둘째 주간의 관상 안에서 예수님과의 친밀한 우정이라는 빛을 비춰 주는 만남을 통해 건너가게 한다.[77] 그리고 구체적인 하느님의 뜻과의 만남을 더 직접적으로 준비하기 위해, 수련자에게 "세 가지 부류의 사람들"(『영신 수련』

77) 과정은, 우리가 앞에서 지적한 대로, 성 바오로가 로마인들에게 가르친 바와 훌륭하게 일치한다. "여러분은 현세에 동화되지 말고 정신을 새롭게 하여 여러분 자신이 변화되게 하십시오. 그리하여 무엇이 하느님의 뜻인지, 무엇이 선하고 무엇이 하느님 마음에 들며 무엇이 완전한 것인지 분별할 수 있게 하십시오"(로마 12,2).

149항)이라고 불리는 묵상을 제시한다. 경험으로 이는 사람이 하느님의 뜻을 전적으로 수용하고, 발견하며 포옹할 때에 겪는 저항과 장애물들을, 아마도 그렇다면 무의식까지, 의식의 표면으로 떠오르게 하는 데 탁월한 시금석이 됨을 알게 된다.

그리스도인은 이승에서는 결코 다할 수 없는 하느님께 대한 봉사와 사랑의 완성을 꿈꾸기에, 그리스도인인 주체 안에 있는 "이상적인 나"와 "실제적인 나" 사이의 수준 차이는 항상 존재해야 한다. 중요한 것은 지금 하느님께서 내가 그리스도와 더욱 잘 닮도록 하시기 위해 내게 요구할 수 있는 행보를 내딛기를 거부하게 하는 점이 어디에 있는지 의식적으로 알아차리는 것이다. 이를 위해서 이 사람들의 "세 가지 부류" 혹은 "궤도"의 하나하나와 비교하는 것이 도움이 된다. 선택의 문제를 다룰 때, 왜 그리고 어떻게 자기 자신을 속이는지 혹은 그렇지 않은지를, 다른 사람들이라는 거울 속에서와 같이, 볼 수 있기 위해서이다. 즉 결심하기를 미루면서, 어떤 경우에 자신의 속임수를 숨기는지, 그리고 왜 그렇게 하는지, 또한 어떤 경우에, 하느님께서 바라시는 것에 완전히 개방하기보다는, 원하는 것을 하거나 바라는 방식으로 하려는 시도를, 이를 고백하지 않은 채, 하는지, 그리고 왜 그런지, 그리고 어떤 경우에, 저항을 느낀다 하더라도, 이를 진정으로 이기고 자기 자신을 속이지 않을 준비를 갖추는지 등을 보려는 것이다. 이는 진정한 사랑에 대한 이런 은폐를 가능하게 하는 것들인, 방어기제(防禦機制)들을 내세우는, 저항들을 이기기 위한 교육학이다. 이 방어기제들은 실제로는 어떠한 것을 전적으로 진지하게 원하지 않는데도, 그것을 원한다고 말할 수 있게 한다.[78)]

영적 식별을 준비시키는 교육학은 하느님의 활동이 전개되는 방향으로 사람의 진정한 자유를 준비시킨다. 이 하느님의 활동은 인간이 자신의 진정한 성소를 발견하도록 하기 위해 그의 개인적 삶 속에 개입한다. 이를 통해서 그 사람의 고유한 심리적 정체(正體) 속의,[79] 있는 그대로의 사람을 만나게 되는데, 바로 거기가, 주체의 내면에서, 그의 조화 혹은 부조화를 느끼게 하는 곳이다. 여기에 하느님의 자유롭게 하는 현존의 발자취가 남게 된다. 그리하여 하느님께서 그를 당신의 아들로 여기시고, 그에게 당신의 성자 예수 그리스도의 모습이 되기를 원하신(로마 8,29) 그의 진정한 정체를 대면하게 된다.

그러나 이 교육학을 그 적합한 가치에 맞게 소중히 평가하기 위해서는 성 이냐시오가 모든 사람이 과정에 들어가거나 이 과정 전체를 완수할 능력을 지니고 있는 것은 아니라는 것을 전제하고 있음을 염두에 두어야 한다. 따라서 다양한 검사 규정을 두어, 주체를 선발하거나, 주체를 진정으로 자유로운 선택에 대한 수련으로 넘어가도록 하기 전에, 그 검사를 통과할 수 있을 때까지 주체를 기다리게 한다. 만일 어떤 사람이 건전한 이해의 역량이나 의지에 있어 마땅히 지니고 있어야 할 성향을 지니고 있음을, 최소한 그럴 것이라는 기대의 수준에서라도 보이지 않는

78) Cf. L. M. García Domínguez, "¿Qué son las afecciones desordenadas para san Ignacio y cómo leerlas hoy desde la psicología?", en *Psicología y ejercicios ignacianos*, Mensajero-Sal Terrae, Bilbao, 1991, I, p.107.

79) Cf. Eduardo Montagne, "Ideintidad espiritual y psicoanálisis", en *Psicología y ejercicios ignacianos*, Manresa-Sal Terrae, Bilbao, 1991, I, pp.269~270, 그리고 Franco Imoda, "Ejercicios Espirituales y cambio de personalidad", *ibid.*, pp.283~285.

다면 완전한 수련자들로 받아들여지지 않는다.[80] 누가 첫째 주간이 지나도 둘째 주간으로 넘어가기 위해 필요한 내적 자세를 얻지 못했다면, "더욱 큰 향상을 기대하게 하는 증거가 보이기까지"[81]는 이 단계에 머무르게 해 두어야 한다. 그리고 선택 직전에 이르러 내적 저항에 대한 충분한 자유를 지니지 못하고 있다면, 마찬가지로 거기에 도달하기 전까지는 선택하도록 허락해서는 안 된다.[82]

결론

1. "잠재의식"의 존재는 어떤 새로운 사실이 아니라 인간과 같이 그만큼 오래된 것이다. 하느님께서는 당신의 은총, 영감, 움직임을 인간에게 드러내려 하실 때 이 잠재의식을 고려하셨으며, 이 방법을 통하여 일정한 사람에게 당신의 특별한 신적 의지를 드러내시기 위해, 아마도 때때로 잠재의식에 담긴 내용을 의식으로 불러내어(예를 들어 꿈속에처럼) 사용하신다.

2. 현실의 의식은 사람의 심리적 체험에 잠재의식을 표현하는 데 있어서의 어려움 때문에 잠재의식의 내용을 변화시키지

80) "자기 자신이 도움을 받은 뒤에는, 다른 이들을 도울 역량과 성향"(*Obras*, 5ª ed., p.1100)을 지니고 있어야 한다는 사실이 요구된다. 참조: 『영신 수련』, "일러두기"(Anotación) 18항: "배운 것이 없거나 몸이 약한 이에게 큰 문제 없이는 실천할 수 없고, 향상에 도움도 될 수 없는 것을 제시하지 않도록."

81) "Notas sobre Ejercicios", en *Obras*, p.319; cf. "Directio autógrafo", *ibid.*, p.313, c.2.

82) *Ibid.*, p.314, c.3.

는 않는다. 그러나 현실의 의식의 표면이나 "전의식"(el preconsciente) 안에 머무르지 않도록 우리 스스로 경계해야 한다.

3. 갈등, 저항, 내적 무질서 등이 간접적으로 나타나는 외적 표지들이 있다. 그것들을 가능한 대로 빨리 치유하기 위해 염두에 두는 것이 좋다. 이렇게 하여 진실한 가치들을 진정으로 파악할 인간적 가능성이 촉진될 것이며, 이 가치들을 받아들이고 자기 삶에 통합하는 능력이 증대될 것이다.

4. 그렇다고는 하나, "잠재의식"의 내용의 본성이 바뀌지 않고, 의식의 체험에 나타날 때 사용될 표지들의 본성도 변하지 않으므로, 무엇이든지 이를 의식 쪽으로 움직이게 하는 동인(動因)이 될 수 있다. 따라서 악한 영으로부터 오는지 혹은 하느님으로부터 오는지 그 본성의 기원을 나타내 보일 표지들은 계속해서 유효할 것이다. 결과들은 그 원인들의 본성을 극복할 수 없으며, 그 원인들의 결정적인 본성의 성향들과, 그 원인들이 사람의 선하거나 혹은 사악한 방향에 통합되거나 그렇지 않을 가능성을 거스를 수도 없다.

참고 문헌

- F. Imoda, *Sviluppo umano, psicologia e mistero*, Casale Monferrato, 1993.
- J. Nuttin, *Psychanalyse et conception spiritualiste de l'homme*, Louvain-Paris, 1950.
- ———, *Psicología y Ejercicios ignacios*, 2 vols., Manresa-

Sal Terrae, Bilbao, 1991.
- Jean-François Catalán, *Expérience spirituelle et psychologie*, Desclée-Bellarmin, París, 1991 = Christus 77.
- ———, "Inconscient", en *Dictionnaire de Spiritualité*, t. VII, París, 1971, col. 1642~1657.
- L. García Domínguez, *Las "afecciones desordenadas". Influjo del subconsciente en la vida espiritual*, Manresa-Sal Terrae, Bilbao, 1992.
- R. Champoux, "Nuove prospettive nella formazione religiosa. Una integrazione della spriritualità e della psicologia del profondo", *La Civiltà Cattolica*, 17 luglio 1976.

제 2 부

역사의 흐름에 따라서 본 식별

여기서 역사의 흐름에 따라 식별이 어떻게 적용되었는지 그 방법을 다루는 모든 자료를 다 취급하려는 의도는 없다. 이는 이 책에서 추구하는 목적에 반하는 무책임한 자세일 수 있겠다. 중요한 것은 어떻게, 세기에 걸쳐, 영적 식별에 대한 성찰이 그 다양한 측면에서 심화되어 왔는가 하는 것이다. 그리고 그 적용에 있어 어떻게, 다양한 역사-문화적 여건과 교회 현상, 그리고 사회-정치적 혹은 교회의 상황이 제기하는 문제들에 따라서, 필요했던 방향과 표지들을 띠게 되었는지가 중요 관심사이다.

그래서 저자 중 몇 사람에 대해 가장 주목할 만한 한계들도 지적하면서, 탐구해 가게 될 교회의 전통으로 지니고 있는 것 안에서 오늘날 염두에 두어야 하는 가르침을 풍부하게 편성하였다. 여기에서 종합적으로, 그렇지만 생성된 여건과의 관계 속에서 제시된 이 다양한 가르침은, 우리가 이 책의 제3부에서 더 새로운 주제를 우리의 현실적 여건에 비추어 간략하게 해석하면서 다룰 때, 오늘날 우리가 처한 상황을 더 잘 이해하는 데 도움이 될 것이다.

제 1 장

고대 그리스도교에서의 식별

교부들의 증언

헤르마스

1. 우선 먼저 헤르마스(Hermas)의 『목자』(*Pastor*)에 대해서 말해 보겠다. 헤르마스는 그의 속죄가 결실을 맺도록 목자(Pastor)가 들은 "계명들" 가운데에 인내심 있을 것을 포함시킨다〔계명(Man- dato) V〕. 그리고 여기서 특별히 성령께서 인간 안에 거주하기 위해 요구되는 조건인 인내에 대해 악한 영이 대립하고 있음을 발견한다. "인내는 대단히 달아, 꿀보다 더하며, 주님께 유용하니, 인내 안에 그분께서 거주하신다. 반대로, 성급함은 쓰고 도움이 되지 못한다."[1] "성급함 안에 마귀가 산다."[2]

---

1) Ἡμακροθυμία γλυκυτάτη ἐστὶν ὑπὲρ τό μέλι καὶ εὔχρηστός ἐστι τῷ Κ υρίῳ(*Mand.* V, 1, 6).

2) *Ibid.*, 1, 3.

어리석고 흔들리는 마음속에 "성급함의 영"이 남기는 결과에 대해 숙고하며 설명한다. 즉 일상생활의 문제, 친구, 음식 혹은 다른 무의미한 것들을 통해 인간이 고통을 겪게 한다. 분노를 격노에 이르기까지 자극하고 영혼을 더럽힌다. 그 상황이 되기 전에 "참으로 섬세한"(1, 3) 성령은 거기에서 멀리 떠나가 온화함과 평정이 있는 거처를 찾는다(2, 6). 이렇게 정의의 영이 떠난 성을 잘 내는 사람은 악한 영에 사로잡히기에 이르러 행동에 있어 불안정하며 모든 선한 생각에 대해 눈멀게 된다. 사람이 영들 가운데 가장 사악한 영인 성급함으로부터 떨어져 분노와 고통에 저항하면서 인내심을 발휘하라는 권고로 결론을 맺는다. 이렇게 하여 "그대는 주님께서 사랑하는 성덕을 만날 것이다"(2, 8).

> "인내는 크고 강하며, 견고하고 튼튼하며, 광대하고 쾌활하고 큰 기쁨이며, 걱정 없이, 모든 곤란한 때에 주님을 찬양하며, 언제나 유순하고 잔잔함을 유지하면서 비통함을 알지 못한다"(2, 3).

2. 『목자』는 영혼의 이런 감정이나 경향에 식별을 적용한다. 그리고 계속해서 인간 곁에 정의와 악의의 "**두 가지 영**"[3] 혹은 사자(使者)가 있다고 알려 준다(계명 VI). 정의의 영은 인간에게 정의, 정결, 성덕, 고행, 모든 의롭고 덕스러운 행위에 대하여 말해 준다. 반면에 악의의 영은 이를 인식해야 하니 성급하고, 비통스러우며, 무분별하기 때문이다. 다양한 활동, 많은 음식과 마실 것, 여성에 대한 욕정, 인색, 교만과 오만에 의한 허영, 그리고

---

3) 이를 δύο ἄγγελοι(duo angeloi)라고 부른다(*Mand.* VI, 2, 1).

이 방향으로 향하는 모든 것에 대한 욕망에로 흘러 들어가려는 갈망을 품게 한다(『목자』 2, 3~5).

3. 계명 XI에서, 『목자』는 한 단락 전체(7~17절)를 "**거짓 예언자들에 대한 식별**"을 논하는 데 할애한다.

> "겉보기에 영을 지닌 것같이 보이는 인간은 자기 자신을 드높이며 첫째 자리를 차지하려고 한다. 곧 파렴치하고, 뻔뻔스러우며 수다스럽고, 다른 많은 쾌락과 속임수 속에 살며, 자기가 한 예언으로 사례를 받는데, 만일 받지 못하면 예언을 하지 않는다"(12절).

> "위로부터 오는 성령을 지닌 사람은 온화하고, 평온하며, 겸손하고, 모든 악과 이 세상에 대한 모든 헛된 욕망을 삼가며, 자신을 모든 사람보다 더 낮추고 〔…〕, 하느님께서 말하기를 원하실 때 말한다"(8절).

다른 한편, 거짓 예언자는 의로운 사람들의 모임을 피한다. 어리석고 불안정한 사람들과 가까이하여, 그들이 바라는 것에 맞추어 이야기해 주면서, 으슥한 구석에서 그들을 속인다. 이 때문에 "하느님의 영을 지니고 하느님을 향해 간청하는" 의로운 사람들의 모임에 참석하면, 그 거짓 예언자는 넋을 잃고 아무 말도 할 수 없게 되며, 세속의 영은 두려움으로 가득 차 그로부터 달아난다. 그러면 빈 항아리처럼 되어 그 상태로 남는다(참조: 13~15절).

4. 계명 XII에서 헤르마스는 자신에게서 나쁜 욕구들을 뽑

아내고 선한 욕구들을 지니도록 하기 위해 "**선한 욕구들과 나쁜 욕구들**"(ἐπιθυμίαι: epithumiai)을 구별한다. "악한 욕구는 흉포하여 길들이기 어렵다. 무섭다. 광포하게 사람들을 먹어 치운다. 무엇보다도 하느님의 종이 여기에 떨어진다는 것은 어리석은 일이다"(1, 2).

악한 욕구 중에 남의 아내나 남편에 대한 욕구가 나타나며, 이어 무분별한 부요함, 풍성하지만 쓸데없는 잔치, 다른 쾌락적인 정신 나간 짓 등에 대한 욕구들이 따른다(2, 1). 이런 것들은 하느님의 종들에게 죽음을 가져다주는 것들이다. 반대로 선한 욕구들은 정의와 덕, 진리와 주님께 대한 두려움, 신앙과 온화함과 모든 다른 유사한 선들을 실천하는 가운데 길러진다. 그리고 "선한 욕구에 따를 줄 아는 사람은 하느님을 위해서 살 것이다"(3, 1).

요약

1) 『목자』에서 우리는 아직 복음의 말씀과 권고에 가까운 2세기 로마 백성의 고유한 신앙 안에서 성급함의 감정, 선한 예언자들과 거짓 예언자들, 선한 욕구와 악한 욕구 등에 적용된 식별을 접했다.

2) 각각의 특정한 경우마다, 『목자』가 삼위일체의 위격으로서의 성령에 대해서 말하는지, 혹은 인간 안에서 성령의 간접적 실현에 대해 말하는지, 혹은 인간 안에 남긴 성령의 작용의 결과에 대해서 말하는지는 쉽게 구별되지 않는다. 그러나 그 무엇도 이 하느님의 제3위에 대한 뚜렷한 신앙에 상반되지는 않는다. 분명한 것은 악한 영은 승리하지 못한다는 것이다. "그대는

하느님에게서 오는 능력을 지닌 영을 믿어라. 세속의 헛된 영을 믿지 마라. 그 영은 마귀에게서 오기에 어떠한 힘도 없다"(계명 XI, 17).

3) 인간은 그 한계를 지닌 것으로 드러난다. 그의 삶에서 일어나는 일에 대한 유일하고도 절대적인 주인은 아니다. 하느님의 진리와 생명으로 혹은 마귀의 노예 상태나 죽음으로 그를 데리고 가고자 하는 선한 영 혹은 악한 영의 영향에 종속되어 있다. 이 영들은 인간의 생각, 애정, 욕정을 근거로 삼고 있다. 그러나 한 영이나 다른 영에 자신을 비추고 이끌도록 내맡기는 것은 인간의 결심에 있다. 이 때문에 악한 영을 멀리하고 선한 영을 따르도록 권고받는다. 게다가 악한 영은 속임수를 쓰고 헛된 것이며 겉으로 보이는 그런 힘을 지니고 있지 못하다는 것을 확신해야 한다. 오직 그 영에 의해 이끌리도록 내맡기는 이들을 굴복시킬 뿐이다. 하느님에게서 오는 힘에 근거를 두는 인간은 항상 승리할 힘을 지닌다.

오리게네스(c.185~c.254)

1. 오리게네스(Orígenes)도 그리스도교 교리의 범위 안에서 특별히 집요하게, 비록 무질서한 정욕과 다양한 영들의 강력한 영향에 종속되어 있다 하더라도, 인간을 자유로운 존재로 본다. 오리게네스는 인간의 내면에서 "**두 종류의 생각**"을 구별한다. 즉 자기 자신의 생각으로서, 기억에 의해서 불러일으켜졌거나 혹은 사물들에 대한 관상에서 야기된 것이 있고,[4] 또한 밖으로부터

오는 생각이 있으니, 즉 하느님과 선한 영들에 의해서나 혹은 반대되는 영들에 의해서 암시된 것이다.[5)]

2. 오리게네스는 "**두 종류의 영들**" 혹은 천사들이 있다고 본다. 즉 선한 영들, 그리고 하느님을 거슬러 반역한 루치페르를 따른 타락한 영들이다. 그러나 그는 식별을 단지 인간 안에서 발생하는 내적인 움직임이나 생각에만 적용하지 않고, 또한 진정한 예언과 거짓 예언의 구별에도 적용한다.[6)] 그래서 교회의 사람이 적그리스도의 영[7)]에 속아 넘어가지 않도록, 그리고 마술사들과 점성술사들이 신자들을 속이지 못하도록 하려는 것이었다.

3. 오리게네스는 무엇보다도 성 바오로의 가르침에 근거하여, 적대적인 힘과 바로 그 마귀를 거슬러 지속해야 하는 "**투쟁**"**이 필요함을** 인정하였다. 이들은 악을 교사하고 선동하며, 인간의 정신에 이 세상의 것인 거짓된 지혜를 도입하고, 십자가의 지혜와 반대되는 잘못된 교리와 오류로 이끄는 데 애를 쓰고 있다.[8)] 질투와 악의로 이를 진행시킨다. 그러나 하느님의 섭리는 그 누

---

4) 인간은 스스로 마귀의 사주 없이 떨어질 수 있다는 것을 인정할 것이다. 예를 들어 먹고 마시는 데에서 무절제 혹은 근면성의 부재에 의해 자신이 끌려가게 내버려둘 수 있다. 악한 영들은 노예화하는 자신의 힘을 나약함으로 인해 이를 허용하는 사람들 안에서 행사한다(cf. 『원리론』(*De principiis*) III, 2, 2). 죄의 기회나 시작에 빌미를 주는 이들은 사람들이며, 하느님과 사람의 원수들인 영들은 사람들을 교사하고, 압력을 행사하며, 그들을 많게 하고 증가시키기 위해 모든 방법을 이용한다.

5) 참조: 『원리론』(*De principiis*) III, 2, 4.

6) 참조: 『에제키엘서 강해』(*Homiliae in Ezechielem*) II, 2(GCS Orígenes, t. VIII, 343).

7) 『마태오 복음 주석』(*In Mat.*) 24, 4, 5(GCS Orígenes, t. XI, 60).

8) 정욕을 거스른 이 투쟁에 대하여 특별히 『여호수아기 강해』(*Hom. in Iesum Nave*) 12, 2~3에서 언급하고 있다.

구도 자기 힘을 넘어 유혹받도록 허락하시지 않는다. 유혹을 허락하신다면, 그것은 저항할 힘도 또한 주시기 때문이다.[9] 악한 힘이 악으로 선동하기 시작했을 때, 우리는 그의 암시와 움직임을 따르지 않도록 물리칠 가능성을 지니고 있다. 마찬가지로 하느님의 덕이 선이나 더 나은 무엇을 향해 우리를 격려할 때 우리는 역시 그것을 따르지 않을 여지를 지니고 있으니, 우리가 자유를 갖고 있기 때문이다.[10]

4. 오리게네스는 "**선한 영과 악한 영의 활동 사이의 식별의 원리**"를 제시한다. 이에 대해서는 더 나중에 성 토마스 데 아퀴노에게서 진정한 예언의 영감과 거짓된 것에 관해 다룰 때 다시 접할 수 있을 것이다. 몇몇 사람들의 정신을, 정신이상자들이나 부마자들의 경우에서와 같이,[11] 그들의 자유의지의 사용을 방해하기에 이르기까지 빼앗는 것들이 악한 영들이다. 반대로 선에 대한 기억으로의 초대를 통해서 혹은 천상적이고 신적인 것들을

9) "Cum non possumus temptari in maioribus temptationibus quam humanis, cum dicitur de nobis quia temptatio vos non comprehendat nisi humana. Fidelis autem est Deus..."(우리는 인간적인 것들보다 더 큰 유혹들에 유혹받을 수 없으며, 우리에 대해서 인간적인 것이 아니라면 유혹이 덮치지 못하리라고 한다. 그리고 하느님은 성실하시어 […]): 『원리론』(*De principiis*) III, 2, 3, 1Cor 10, 13을 인용하면서.

10) 『원리론』(*De principiis*) III, 2, 4. 오리게네스는 뒤에 인간의 영혼이 종속된 것으로 보이는 경향들의 다양성의 원인을 탐구하고자 노력할 때, 잠시 영혼의 선재(先在)에 대한 사색에 빠진다(참조: III, 3, 5-6).

11) 이들을 자연적 원인에서 오는 정신이상이나 착란의 경우로 구별하는 것으로 보인다. 마술사, 주술사 혹은 점성술사들의 경우는 다른 방식으로 다룬다. 기원(祈願)이나 활동, 혹은 원수의 마음에 드는 연구를 통해서 원수에게 순종하며 나약한 것이 드러나며, 원수의 영감을 받아들이고, 사람들 가운데서 놀라움과 경탄을 불러일으키기 위해 원수의 가르침과 역량에 참여하며, 원수에게 봉사하는 데 굴종하는 사람들이라고 생각한다(III, 3, 3).

통해서 영감을 받은 사람은 정신착란이나 정신이상을 느끼지 않고, 받은 거룩한 영감이나 움직임을 따르거나 혹은 따르지 않기 위해서 자신의 자유를 잃지 않고 사용한다.[12] 밤낮으로 깨어 있어야 하니, 마귀에게 기회를 제공하지 않기 위해(참조: 1베드 5,8), 또한 구원을 위해 불린 모든 이에게 봉사하도록 주어진 선한 영들이(참조: 히브 1,14), 덕으로 장식된 우리의 마음, 그들을 맞아들이기에 합당하게 준비된 거처를 발견하게 하기 위해서이다.[13]

5. 『에제키엘서 강해』 II(*Homilía 2ª sobre Ezequiel*)에서 오리게네스는 신자들에게 마치 자신의 교리가 복음에서 취한 것인 것처럼 소개하지만, 실제로는 성령에게서 오는 것이 아니라, 자기 속생각을 표현하고 있는 "**거짓 스승들**", 거짓 예언자들 혹은 이단자들의 문제에 접근하고 있다. 이들은 사막의 여우들이다. 교활하고 사악한 인물들로서, "그리스도의 부재, 정의의 사막"(4절)을 만들어 내는 사악한 교리라는 독을 숨기고 있다. 다른 이들이 좋아하는 것을 말하면서 그들의 귀를 현혹하여 교회에 불화와 분열을 일으키며, 쓰인 것과 달리 성경을 읽고, 자신의 생각으로 풀어내며 진리를 거스른다. 그러나 하느님의 바위에 의지하고 있지 않으므로, 그들을 살펴보면 나약하고 위태롭다는 것을 알게 될 것이다. 진정한 스승들은 비록 위험에 처해서 불만을 품을 수 있다 하더라도(시편 74,1~2) 하느님의 확고한 바위에 의탁하며 주님의 말씀을 들을 수 있다. "그러나 너는 여기에서 나와 함께 있어라"(신명 5,31).

---

12) 『원리론』(*De principiis*) III, 3, 4.

13) 같은 책, III, 3, 6.

요약

오리게네스는 식별에 대한 그의 성찰에 있어 끝까지 성경에 의거한다. 자기 개인의 주석 방법론, 자신의 재능, 자신의 상상력과 자신의 한계를 지니고, 그는 식별이 제기하는 본성, 어려움들과 문제들에 있어서 다른 이들보다 더 깊숙이 뚫고 들어간다. 그러나 그의 성찰은 이 점에서 체계적이지는 않다. 그는 주석할 때 기회 되는 대로 식별에 접근하며, 그를 뒤따를 이들을 위해 항구한 자취를 남긴다.

수도 생활

요한 카시아노(c.360~c.435)

서언

카시아노(Juan Casiano)는 신학자라기보다 사막 교부들의 체험을 서방 수도 생활에 전달한 영적 스승이었고, 독창적인 사상가라기보다 훌륭한 전파자였다. 그의 작품들 안에서 수도 생활의 실천에 적용한 식별을 볼 수 있다. 그러나 또한 그러한 적용을 이끈 교육학이나 교리적 바탕의 몇 가지 중요한 특성도 볼 수 있다.

식별에 대한 교리

1. 수도 생활은 보이지 않는 것들과, 성경의 더욱더 신비한 의미에 대한 관상에 이르도록 정향되어 있다. 이 목표, 혹은 영적 지혜에 도달하기 위해, 악습들을 정화하고 덕을 획득하도록 이끄는, "**수덕**(*la ascesis*)의 길을 통해" 갈 필요가 있다. 이 여정에, 완전한 관상을 향해 안전하게 나아가게 하기 위해, 악습을 덕으로부터, 하느님에게서 오는 것을 악마에게서 오는 것으로부터 구별하는 영적 준비 자세인 식별이 위치하고 있다.

"식별"이라는 개념은 여기서 "사리 분별"(discreción: 정확한 중도, 중용, 신중)이라는 용어 안에 담겨 "**윤리적 의미**"를 띤다.

2. 카시아노에게 있어서 식별은 "하느님의 은총과 덕이 주는 선물"이다.[14] 수도승은 완덕의 여정에서 악마의 계략과 함정에서 벗어나기 위해 이를 필요로 한다. 카시아노는 새로이 성경 본문에 대한 대략적인 독서를 통해서 마태오 복음 6장 22~23절에 따른 "육체의 등잔, 곧 눈"과 식별을 동일시했다. 그에게 중요한 것은, 만일 인간의 판단이("cordis nostri") 틀리다면, 무지의 밤에 싸여, 그의 생각과 그에게서 나오는 행위들은 죄의 어둡에 휘감겨 버리고 말 것이라는 사실을 강조하는 것이었다.

카시아노는 이를 선과 악을 식별하기 위한 "**의견**, 지혜, 감각"이라고 부를 것이다(히브 5,14). 이 지각이 낳는 결실들은 마음의 생각과 감정을 식별하는(참조: 히브 4,12) 하느님의 말씀이 낳는

14) 자신의 주장에 근거를 제시하기 위해, 견지하고 있는 주석에 의지하기보다, 이를 코린토 1서 12장 10절에 관련시킨다.

결실들과 서로 닮는다.[15] 그러나 식별의 본성과 그것을 시행하는 능력에 대해서 심화하기보다 식별을 얻는 방법, 실천에 더 관심을 두었다.

『수도 생활 규정』(*Instituciones monásticas*)에서, 다양한 악습들의 정신적 뿌리들에 대해 심화하면서, 정의의 진정한 태양이신 그리스도께서 마지막 때에 언급하신 "**정신의 빛**"("mens, id est nous sive ratio: 정신, 그것은 nous 또는 이성이다": VIII, 10)이 있음을 밝힌다. 이 빛은 우리 내면에서 생각과 식별하는 행위를 비춰 주는데, 생생하게 유지해야 하며, 흐려진 채로 있다가, 예를 들어, 분노의 어둠으로 꺼지지 않도록 해야 한다.[16]

3. 그의 관심은 바로 수도승이 이 식별의 덕을 얻기를 원한다면, 자기의 판단을 믿지 말고, 오히려 "원로**들의 의견**"을 구할 필요가 있음을 가르치는 데 있다.

> "그 어떠한 악습으로도, 원로들의 의견을 무시하고, 자기 판단과 결심, 그리고 자신의 지식을 신뢰하도록 그를 설득할 때처럼, 그렇게 마귀가 수도자를 파멸로 가도록 하게 할 수는 없다."[17]

이렇게 모세 아빠스는 둘째 『담화』(談話)[18]에서 다음과 같은

---

15) 엄밀하게 말해, 오직 인간만이 영적 식별을 시행하는데, 그러한 작업을 행하기 위해 하느님의 말씀에 근거한다면, 하느님의 계시가 이 식별에 대해 우리에게 말해 준다는 성찰은 빠져 있다.

16) 에페소서 4장 26~27절과 관계있다. "Irascimini et nolite peccare. Sol non occidat super iracundiam vestram; nolite locum dare diabolo." 참조: 『수도 생활 규정』(*Institutiones*) VIII, c.8-9.

17) *Collationes*(담화), 2, 11, ed. E. Pichery, París, 1953, p.123 = SC, 42.

18) 같은 『담화』(*Colación*) 7장에서, 매우 자주 많은 계시들을 일으키면서 천사의

권고로 끝내면서 경고하고 있다. "원로들의 발자취를 대단히 주의를 기울여 따르고, 부끄러움을 감추고자 하는 베일을 벗기면서, 우리 마음속에서 솟아오르는 생각들을 그들에게 드러내라."[19]

사막 수도승들의 영적 교육학의 분위기는 그들에게 중용에 대한 지혜로운 충고를 말하게 하는 그런 분위기이다. 이런 충고들은 사탄의 속임수에 의해 위협받은 인간의 마음속으로 깊이 스며든다. 덕스러운 삶을 바라거나 그 삶에 헌신하는 이에게는 이 충고가 더욱 첨예하게 된다. 그러나 만일 미숙한 사람이 자신의 이기적이고 자부심이 강하거나 완고한 판단에서 벗어나지 못하면 사탄의 속임수는 그를 더욱 부끄러운 비열함으로 몰아간다.

4. 초보자가 처음에는 경험이 풍부한 사람이 제시하는 모든 도리를 분명하게 알아듣지 못할 수 있다. 그러나 "**바로 그 체험이 그를 앎으로 이끌어 줄 것이다**." "토론으로 시작하는 이는 결코 진리 안으로 들어가지 못할 것이다. 자기 자신의 판단을 믿는다면, 그 판단은 그가 그에게 매우 유익한 것을 해롭거나 쓸데없는 것으로 믿게 할 것이다. 악마는 그의 자부심에 의지하여 그를

광채를 띠고 나타난 마귀에게 속은 독수자의 예를 들어, 대담자의 마음을 움직이고자 한다. 그의 독방은 어떠한 초도 필요 없이 매일 밤 방에 가득한 빛으로 빛났다. 결국 선조 아브라함과 맞설 수 있기 위해서는 수도원 안에서 함께 지내던 자기 아들을 하느님께 희생으로 바쳐야 한다고 그를 설득하기에 이르렀다. 그리고 만일 그 아이가 아버지가 칼날을 여느 때와는 다른 방식으로 갈고 있는 것을 보고 자신을 희생으로 바치기 위해 묶을 것이라고 생각했던 밧줄을 발견하면서, 준비되고 있던 범행을 예견하고 무서워서 도망쳐 나오지 않았더라면, 그는 자신의 계획을 실행에 옮겼을 것이다.

19) "Et ideo semper seniorum summa cautione sunt sectanda vestigia atque ad eos cuncta quae in nostris cordibus oriuntur sublato confusionis velamine deferenda"〔*Collationes*(담화), ed. SC, 42, p.124〕. 드러난 악한 생각은 영혼에 대해 파괴적인 그 힘과 독을 잃는다(cf. 2, 11).

속일 것이다."[20]

교육자는 사려 분별로 이끄는 수단들을 강조하는 것에 관심을 둔다. 이 때문에 무엇보다도 "**마음의 겸손**"을 권고한다. 이 덕은 덕들의 어머니요 완덕의 견고한 기초이다. 그 자체로 사려 분별은 겸손을 내포한다. 그래서 "진정한 사려 분별의 겸손"에 내해서 말할 것이다.[21]

5. 여정은 투쟁의 여정이며 밤낮 없는 싸움의 길이다. 그런데 원수 하나가 아니라 셀 수 없고 비밀에 부쳐져 있기까지 한 원수들을 거슬러 싸운다. "마음의 순수함"을 얻어 유지할 필요가 있다. 이는 탐식과 쾌락이라는 육적인 계략에 대한 승리, 뿐만 아니라 분노의 통제까지도 포함한다. 그러나 우리 내면에서 일어나는 생각들에 대해 식별을 적용하여, 악한 생각을 그 기원에서부터 뿌리 뽑아, 그것들이 성장하여, 우리를 휘감아 원수의 힘에 우리를 넘기게 내버려두지 않도록 할 필요가 있다.

6. 복음의 권고에 따라, 훌륭한 환전상[22]이 될 필요가 있다. 우리에게 제시되는 **교리들**에서와 같이, "생각들"의 기원을 구별하기 위해 "사상들"의 식별에 있어 수련해야 하는 것은 마음의 내적인 눈이다. 비교는 환전상과 같이 돈에 대해서 하는 것으로서 다음과 같이 자문해야 하는 것이다. 이것에는 왕의 모습이 새겨져 있는가? 진짜인가 혹은 가짜인가? 이렇게 사상이나 혹은 영감 혹은 교리에 대해서도 하느님의 영으로부터 오는지 혹은 세

---

20) 『담화』(*Collationes*) 18, 3.

21) 같은 책, 24, 16.

22) 아마도 여기 서로 다른 두 본문 마태오 복음 5장 45~46절과 25장 27절이 결합되어 있는 것 같다. 참조: 『담화』(*Collationes*) 1, 20.

상의 지혜로부터 오는지 자문해야 한다. 때때로 웅변의 광채, 혹은 철학적 사고의 우아함과 예리함은 경건함과 진리와 일치할 수 있다는 첫인상을 줄 수 있고, 복음에 대한 틀린 주석에서 올 수 있다. 혹은 어떠한 덕을 실천하는 외관을 띠고서 끈질긴 악습을 통해 우리를 유인할 수도 있다.

훌륭한 환전상은 무게도 또한 검사해야 한다.

> "An plenum sit honestate communi, an timore Dei sit grave, an integrum sensu, an humana ostentatione aut aliqua novitatis praesumptione sit leve, an meriti eius pondus inanis cenodoxiae non imminuerit vel adroserit gloria."[23]

왜냐하면 만일 사상이나 교리가 그 무게에 있어 결함이 있거나 해로운 것으로 드러난다면 대단히 기민하고 지혜롭게 그것들을 물리쳐야 할 것이기 때문이다. 내용도, 유포하는 거짓된 이미지도, 은밀히 조장하는 허영심이나 다른 악한 감정들도, 우리 마음과 우리 삶에 그들의 자취를 남겨서는 안 된다. 이 면모들 중의 그 어떠한 것도 우리를 속이게 내버려두지 않기 위해 깨어서 식별해야 한다.

7. 또한 사막 교부들은 "**기적적인 일들**"의 광채와 그에 대한 감탄이 이끌어 갈 수 있는 속임수를 방지하는 데 관심을 갖는다.

---

23) "통상적인 정직함으로 가득한지, 하느님께 대한 두려움으로 가득 채워져 있는지, 뜻에 있어 온전한지, 인간적인 과시 혹은 새로운 것에 대한 어떠한 자부심은 경미한지, 혹시 쓸데없는 허영심에 찬 영광의 추구가 그의 공로의 무게를 감소시키거나 혹은 갉아 없애지는 않는지"〔『담화』(*Collationes*) 1, 21〕.

이러한 일들로 원수는 때때로 수도승의 관심을 빗나가게 하려고 시도하거나, 혹은 자신의 거짓된 암시를 신뢰하도록, 혹은 자신의 영향 아래 있는 스승들이 받아들이게끔 신용을 얻으려고 시도한다. 여기에도 식별을 적용할 필요가 있다. 그러한 기적적인 일들이 성덕을 구성하는 것들은 아니며, 반드시 그러한 일들을 행하는 사람이 지닌 성덕의 표지가 되는 것도 아니다. 때때로 주님께서는 행해진 기적의 은혜를 받는 이들의 믿음을 장려하는 뜻에서 이들의 믿음을 보상해 주시기 위해서, 또는 그 기적들을 행하는 이의 성덕을 드러내 주시기 위해서가 아니라 교회를 건설하는 데 필요하다고 판단하시어 기적들을 보이는 이들의 믿음을 보상해 주시기 위해 기적이 실현되기를 바라신다.[24] 주님께서 당신 사도들의 설교에 표지들과 기적들로써 동반하시겠다고 약속하셨고, 그렇게 다른 성인들과도 이를 이행하신 것이 사실이다. 그러나 그 경우 주님께서 기적을 청한 사람의 믿음에 대한 상으로서(참조: 마르 6,5~6; 루카 4,27) 응답하셨지, 그것을 행한 사람의 성덕에 대한 증거로서 응답하신 것이 아니다.

어쨌든 기적들을 행하는 것과 성덕을 혼동하지 말아야 한다. 마귀는 너무 기적적인 것에만 배타적으로 주의를 고정시키는 사람들을 속임수로 이끌고 그래서 신앙심을 잃게 하기 위해서 인간의 본성의 힘을 능가하는 일정한 일들을 행할 수 있다.[25] 기적

---

24) 마태오 복음 7장 22~23절의 본문에 근거한다. "그날에 많은 사람이 나에게, '주님, 주님! 저희가 주님의 이름으로 예언을 하고, 주님의 이름으로 마귀를 쫓아내고, 주님의 이름으로 많은 기적을 일으키지 않았습니까?' 하고 말할 것이다. 그때에 나는 그들에게, '나는 너희를 도무지 알지 못한다. 내게서 물러들 가라, 불법을 일삼는 자들아!' 하고 선언할 것이다."

25) 참조: 『담화』(*Collationes*) 15, 1.

의 능력을 과시하는 이들을, 그 때문에 그 능력을 자랑하는 사실로 인해서 그들을 경탄해야 하는 것이 아니라, 그들이 자신의 악습을 뿌리 뽑았는지 그리고 자신의 삶을 교정하면서 완덕에 이르렀는지를 더욱 잘 관찰해야 한다. 덕은 치유의 기적들이나 마귀들의 추방으로써 측정되어선 안 되고, 겸손과 사랑으로써 측정되어야 하는, 주님께서 그것으로 우리 모두를 초대하신 그러한 것이다.[26]

8. 체험에 기초를 둔 가르침이기 때문에, 영적 인간이 체험하는 "**영혼 상태의 교체 변화**"에 대해 경탄만 하면서 이해하기를 게을리할 수는 없다. 육(肉) 속에 사는 동안, 심지어 그의 열망 혹은 수덕적 노력을 넘어 이와 상관없이,[27] 하느님의 "방문"(visitas)[28] 혹은 슬픔, 메마름, 내버려짐[29]의 대립 상황에 노출되지 않을 수 없다. 카시아노는 다니엘 아빠스의 입을 빌려 사막 안에서 그 메

26) 참조: 같은 책, 15, 7.

27) 같은 책, 4, 2ss.

28) 이 상태에 대한 묘사는, 성 이냐시오 로욜라는 "위로"라고 부르게 되는데, 자신의 독방에 은거한 수도승에게, 말로 표현할 수 없는 기쁨과, 우리의 말과 애정의 범위를 넘어가는 넘쳐흐르는 신심의 감정과 결합된, 영혼의 대단한 열정이 갑자기 침입한 것으로 보인다. 기도는 쉽고 순수해지며, 영혼은 영적 결실들로 가득 차고, 그의 청원은 잠자는 동안에도 하느님의 현존 앞에서 효과적인 것으로 느낀다(IV, 2).

29) 성 이냐시오 로욜라가 "실망"(고독, desolación)이라고 부르게 되는 바를 묘사한다. 이유를 모르는 채로, 까닭 없는 슬픔과 고뇌로 억눌려 있음을 보게 된다. 단지 메마름을 느끼는 것만이 아니라, 독방에 대한 공포, 독서에 대한 혐오, 기도에 항구하지 못하고, 불확실하며, 마치 길을 잃어버린 듯이 느낀다. 우리는 고뇌로 신음하며, 영을 그의 옛 본래의 방향으로 끌어들이는 데 있어 무능력하다고 간주한다. 그런데 우리가 시선을 더욱 치열하게 하느님께로 돌리면 그만큼 더 격렬하게 천국에 대한 소원도 지옥에 대한 두려움도 그렇게 무거운 무기력으로부터 우리를 깨우기에는 역부족인, 모든 영적 열매가 그렇게도 없는, 우리의 혜매는 불안정한 사고 속으로 미끄러졌음을 보게 된다(cf. IV, 2).

마름이라는 시험의 원인들에 대한 전통을 서방의 문화에 건네주었다. 이 메마름을 성 이냐시오 로욜라는 고독이라고 부르게 될 것이다. 이는 우리의 나태, 혹은 마귀의 공격, 혹은 우리를 시험하려고 하시는 주님의 섭리로부터 온다.

태만이나 미지근함은 우리의 게으름이 우리의 마음에 악한 생각들을 낳게 하며, 그래서 기도는 가시들과 엉겅퀴들 때문에 시들어 버려, 모든 영적 열매를 맺지 못하며 관상을 하지 못하게 된다.

그렇지만 또한 때때로 원수는 그의 교활함을 통해서 우리의 선한 원의들까지도 사로잡는다. 혹은 경험이 없어서 본의 아니게 우리는 우리의 더 좋은 의도들로부터 벗어나게 된다.

우리가 이전의 영적 위로의 상태에서 느끼던 바를 우리 것이라고 믿으면서 교만해지지 않고, 오히려 그것이 당신께서 허락하신 것이며 우리가 다시금 은총으로서 간청해야 하는 것이라고 생각하도록 하기 위해 허락하시는 하나의 시험이다. 혹은 우리의 인내와 우리의 갈망의 강렬함을 확인하기 위해, 일단 한번 잃은 것을 회복하는 데 얼마나 큰 대가를 치러야 하는지 우리가 확인한 바를 높이 평가하고 더 주의 깊고 힘 있게 지켜 나가도록 하기 위해서 허락하신다(IV, 4).

9. "인간의 **상태를 세 가지로**", 즉 육적·동물적·영적으로 구별한다. 바오로 사도의 코린토인들에게 보낸 첫째 편지에 의거한다. 이 편지에서 더 분명하게 육적인 욕정을 이미 이겨 낸 이가 이미 완덕을 이루었다고 믿고 성경을 통해서 그렇게 단죄된 미온적인 상태에 안주하기를 피하도록 권고한다(참조: 묵시 3, 15~16). 명예 속에서 잠들지 않고 모든 덕에 이르기 위한 열정과

겸손으로 노력하면서 영적 상태로 부지런히 넘어갈 필요가 있다. 내적인 이탈에 도달하지 못하면, 부(富)로부터 떨어져 나오는 것만으로는 충분하지 않다.[30]

요약

카시아노는 어떤 이론적인 체계를 세우기에 이르지 않고, 또 시도하지도 않는다. 어떠한 교육 체계는 더욱더 아니다. 그러나 그는 후대에 그리스도교 신앙의 빛에 기초한, 영혼의 다양한 상태에 대한 영적 가르침과 체험이라는 풍성한 보화를 맡겼고, 이는 몇 가지 양상을 띠고 심화되면서 세대를 이어 수용되고 전달될 것이다.

그는 식별을 그리스도교 완덕을 향한 여정 속에서 어떤 결정적인 곳에 위치시킨다. 식별을 받아들이고 실천에 있어서 식별에 협력하기 위해 어떻게 준비를 할지 가르치고 설명할 때 은총이며 하느님의 선물이라는 식별의 성격을 분명하게 선언한다. 식별을 νοῦς(nous), "정신의 빛"이라고 부르면서 심리학에서 자신의 입장을 암시한다. 동전의 진정성을 구별하기 위한 검사와의 비교는 후에 제르송(Gerson: s. XV)이 광범위하게 발전시키게 될 영적 지도에서 시작된다. 또한 고독〔실망〕의 원인과 영혼 상태의 교체 변화에 대한 그의 가르침은 성 이냐시오 로욜라에 의해서 광범위하게 받아들여지고 더 완전한 구조와 새로운 양태로 전개될 것이다. 그의 교육학의 기본적인 권고들은 전통과 통합되어 갈

30) 참조: 『담화』(*Collationes*) 4, 19~21.

것이다. 즉 원로들의 조언을 듣고, 자기 자신의 판단을 너무 믿지 말며, 식별의 조건으로서 마음의 순수함과 겸손을 갖출 필요성 등이다. 비록 넓은 성경적 바탕을 갖고 있다고 하더라도, 영성 생활의 세 가지 상태에 주어진 명칭은 아마도 그렇게 많지는 않을 것이다. 그러나 미지근함의 위험과, 다양한 이름을 지닌 영적 여정의 실체에 대해 언급된 조언은 많다.

디아도코스(s. V)

디아도코스(Diadoco)는 영적 체험의 스승이다 — 그가 πειρά (peira: 시험, 체험, 인식, 지식)라는 단어를 많이 사용한 점을 주목하라. 그런데 게다가 아마도 영성이라는 학문에 더 유익한 요소들을 우리에게 남기기 위해 이 단어에 대해 더욱 광범위하게 성찰한 인물들 중의 하나일 것이다.

두 가지 위로와 두 가지 고독〔실망〕

1. 양쪽에 대한 서술과 영적 식별이란 학문에 제공하는 도움은 소중하다.

"**하느님에게서** 오는 위로"는 영혼을 넓게 확장하는 가운데(자기 자신으로부터 벗어나옴) 하느님께 대한 사랑을 공공연하게 일으키고자 한다. 영혼은 자신과 함께 육신도 그 말로 표현할 수 없는 사랑의 심원함 속으로 끌고 가면서, 자신의 마음이 향하는 그것 외에 다른 것을 생각할 수 없는 가운데, 하느님의 사랑에 일치하려는 마음이 생긴 것을 느낀다. 말할 수 없는 그 감미로움으로 온 영혼이 침투되어, 다른 것을 생각할 수 없으니, 왜냐하면 거부할 수 없는 기쁨에 흡수되기 때문이다.[31)]

그러나 그 거룩한 승화에 만일 깨끗하지 못하고 이미 오직 하느님의 사랑을 지향하지는 않는 생각이 섞이고 암시한다면 "**위로**는 유혹자에게서" 오는 것이며, 불확실하고 무질서한 모든 위로는 그분의 사랑을 배반하도록 영혼을 끌어가려고 시도한다. 이러한 위로는 유혹자가 주는 기쁨을 체험하게 하고, 선한 외관으로 교만하게 만들어, 그 헛되고 기분 좋은 달콤함에 의해 끌려가 그의 속임수에 떨어지게 한다.

디아도코스에게 있어서 필요한 것은 영혼이 "**하느님의 참된 감미로움**"을 맛볼 줄 알고, 이 맛을 악마의 속임수들이 지닌 쓴맛과 구별할 줄 아는 것이다. 이를 위해서는 악한 영들이 마음의 내부(동물들과 공통되는 감각적인)에 머무는 반면, 하느님의 위로가 주는 기쁨은 영혼의 깊은 곳(βάθος τοῦ νοῦ: bathos tou nou = mente: 정신, espíritu: 영)에 가라앉아 있다는 것을 아는 것이 좋다(cc.32~33).

디아도코스는 인간의 영혼 속에 불순종[32)]으로 인하여 나누어진 하나의 감성이 있다고 가르친다. 그래서 한 부분은 현세적 기쁨으로 기울어지면서 정욕의 움직임을 따르며, 다른 부분은 이성적이고 분별 있는 경향을 즐기는데, 이를 통해서, 우리가 현명하

---

31) Edouard des Places 판을 인용하겠다. *Diadoque de Photicé,* en *Oeuvres spirituels,* Cerf, París, 1966; cf. c.33.

32) 원죄를 말하는데, c.78에서 명시적으로 표현한 바와 같다. "비록 아담의 죄 이후, 단지 영혼의 특성(하느님의 모상)의 흔적들만 더럽혀진 것이 아니라, 또한 육체도 부패에 떨어졌다 하더라도… 물과 거룩하고 생기를 불어넣는 성령을 통해서 우리는 다시 태어났다."

다면, 우리의 갈망은 천상적인 부(富)를 향한다. 또한 현세적 감각이 통합되고 영적 감각에 종속되도록 하기 위해 세속적인 부를 경멸하는 데 익숙해지는 것이 필요하다. 그러나 만일 성령께서 우리의 마음을 비추지 않는다면, 완전한 마음 상태로 선을 맛볼 수 있게 하는, 이러한 우리 감성의 통합을 실현시키기에 이르지 못할 것이다.

다른 한편, 영적 감성은 활동에 있어서 육체적 감성을 닮는다.

> "육체가 현세의 기쁨을 맛볼 때 감각들의 체험에 있어 틀림이 없는 것처럼, 그렇게 영혼(νοῦς: nous = mente)도, 육의 권고들을 넘어 그 위에서 즐길 때, 성령의 위로를 오류 없이 맛볼 수 있으며 — '너희는 맛보고 눈여겨보아라, 주님께서 얼마나 좋으신지!'(시편 34,9) — 사랑의 작용을 통해서 이 맛에 대한 기억을 보존할 수 있다. 그리하여 성인이 말한 대로 더 나은 것을 틀림없이 식별할 수 있다. '내가 기도하는 것은, 여러분의 사랑이 지식과 온갖 이해로 더욱더 풍부해져 무엇이 옳은지 분별할 줄 알게 되는 것입니다'(필리 1,9~10)."[33]

완전한 건강과 순결을 지닌 영혼은 오류 없이 하느님의 위로를 맛보고, 자신을 그 반대로 끌어가도록 놔두지 않을 능력을 스스로 지니고 있다(c.29).

2. 디아도코스의 "**고독**"(la desolación: 실망)에 관한 신학은 세례 신학과 연관되어 있다.[34] 세례받기 전에는, 은총이 마치 밖

33) Cf. c.30.

에서 그러는 것처럼 사람을 권고하였고, 사탄은 영혼의 깊은 곳에 머물렀다. 반대로 세례를 받은 후에는, 다시 태어나 마귀를 밖으로 내쫓고 은총이 영혼을 다스리며 내면에서 초대한다. 마귀는 은총과 공존할 수 없어 밖에서 활동을 계속할 것이며 더욱 격렬하게 공격할 것이다.[35] 마귀는 도리에 어긋나는 쾌락으로 이끌어 가기 위해 육체의 성향을 이용한다. 이는 사람이 불과 폭풍우의 시험을 거쳐 보상이 가져다주는 즐거움에 이르도록 하느님께서 어느 정도 허락하신 바이다(참조: 시편 66,12).[36]

디아도코스는 세례받은 이의 마음에서 나오는 것에 대해서 낙관적으로 보는 경향을 띤다. 선한 생각과 악한 생각을 가질 수 있다. 그러나 악한 생각은 그의 마음에서 본성적으로 생기는 것이 아니라, 악에 대한 기억을 그에게 뿌리는 사탄의 첫째 속임수이다. 그 때문에 악한 생각들을 대부분의 경우에 악마의 작용으로 돌린다. 단지 악한 생각들이 마음에서 나온다고 우리가 느낄 뿐이다. 초보자들은 오히려 육적인 유혹 혹은 분노와 성급함의 유혹의 공격을 받는다. 은총은 비록 세례받은 이들의 영혼 안에 있지만 영혼의 응답을 기대하면서 숨어 있는 듯이 보인다. 즉 더욱 열렬한 의지와 더욱 겸손한 자세로 하느님을 찾는 모습을 기대하면서 말이다(c.85).

---

34) 참조: 각주 16. 세례는 영혼 안에서 죄를 없애면서 그 면모를 빛나게 하며, 그때부터 하느님 닮은 모습은 성령의 작용으로 점점 더 그 완성에 이르기까지 발전하기 시작한다(cf. c.89).

35) 세례수가 우리에게서 죄의 흠은 없애나 의지의 이중적 경향성을 없애지는 못한다(n.78).

36) 투쟁이 영혼을 선과 악을 식별하는 수련기를 이끌어 간다. 영혼은 악한 생각들로부터 정화되어야만 하기에 체험해야 하는 부끄러움을 통하여 더욱 겸손하게 된다(n.77).

고독은 내버려짐(παραχώρησις: parachoresis)을 지칭한다. 그런데 어떤 "**교육적 고독**"이라는 것이 있는데, 이미 언급된바, 오직 영혼의 선만을 꾀하며, 하느님의 빛을 박탈하는 것은 아니다. 하느님께서는 이렇게 마치 종종 젖먹이를 떼어놓고 숨어 지켜보면서 아이가 홀로 떨어져 주위를 살피며 자신의 나약함을 절감하고 두려움에 놀라서 울며 소리치면서 엄마 품을 찾아 안기기를 기대하는 어머니처럼 처신하신다. 이 교육적 고독을 통해서 영혼은 자신의 교만을 고치고 더 겸손하게 되며, 더 뉘우치고 하느님을 두려워하며 소중한 침묵을 사랑하는 마음을 지니게 된다(c.87). 하느님께서는 그동안 당신의 보이지 않는 도움으로 영혼을 지탱해 주신다.

반대로, 하느님을 소유하고 싶어 하지 않는 "**영혼을 하느님께서 떠나실 때**", 영혼은 교만과 분노와 절망으로 가득하게 된다. 두 종류의 고독 앞에서 어떻게 다르게 반응할지를 알아야 한다. 교육적 고독 앞에서 우리는 하느님께 감사를 드려야 하니, 당신의 위로를 중단하심으로써, 우리가 우리 의지의 어떤 무절제한 면모를 깨닫고 선과 악을 구별하는 데 도움을 주시기 때문이다. 반면에 둘째 유형의 고독 앞에서 우리는 우리 죄를 고백하고 홀로 울어야 한다. 그래서 아픔을 보탬으로써 다시금 전과 같은 마음을 보기에 합당하게 된다(c.87).

꿈과 환시

디아도코스는 또한 꿈과 환시에 대해서도 간략하게나마 언급하고 있다. 환시에 대해서는 믿지도 말고 보게 될 것을 기대하지도 말아야 한다고 가르친다. 하늘의 고향으로부터 떨어진 유배지인 이승에서 사는 동안, 환시 속에서가 아니라 신앙 안에서 살아야 하기 때문이다.[37] 어떤 이들이 본다고 말하는 이러한 빛과 불의 형상은 악한 존재의 환상이며, 이것으로써 많은 사람을 속였다(c.36).

꿈에 관한 것들에 있어서는, 하느님의 사랑 안에 있는 영혼에게 일어나는 것들은 영혼을 두려움에 떨지 않게 하며, 오히려 영적 즐거움으로 가득 채운다. 또한 꿈이 깼을 때에도 영혼은 그 기쁨을 찾는다. 그러나 악마의 환상인 것들은 반대로 변덕스럽다. 그 형태를 유지하지 않는데, 이런 종류의 환상은 오직 속이는 것에만 관심이 있기 때문이며, 때때로 큰 목소리, 위협, 고함, 공포를 가져온다. 영혼은 이것들을 꿈이 깰 때 인식하며 그 계략을 긴피했음을 기뻐한다. 슬픔이 좋은 꿈에 의한 것일 때는 온화하며 부드러운 눈물을 동반하며 겸손에 진보하게 한다(c.37).

그러나 중요한 것은 온 마음과 온 영혼으로, 그리고 온 정신을 다해서 하느님을 사랑하기에 이르는 것이라고 할 때(루카 10, 27), 사람은 환시를 보거나 특별한 꿈을 꿀 것을 바라면서 수덕생활을 시작해서는 안 된다. 디아도코스에게 있어서 가장 좋은 것은 어떠한 꿈도 환시도 믿지 않는 것이다. 만약에 하느님께서 보내셨고 우리가 그것을 거부한다고 해도, 하느님께서는 이를 개의치 않으실 것이다. 우리가 악마의 간계를 피하기 위해 그렇게 하였다는 것을 당신의 선하심으로 아시기 때문이다(c.36).

---

37) 코린토 2서 5장 7절을 인용하고 있다.

요약

디아도코스는 위로와 고독의 본성에 대한 성찰을 통해서 영성신학에서 나중에 채택된 몇 가지 결론에 도달한다. 또한 꿈과 환시로 식별의 영역을 개방하였다는 사실도 흥미롭다. 그는 자신의 성찰 안에서 이 유형의 비범한 현상과 환영(幻影)을 마땅히 거부해야 하는 문제에 대해 후세에 십자가의 성 요한이 토대를 세우고 분명하게 취한 입장[38]의 단초를 제공한다.

디아도코스는 원죄를 인정하면서도 낙관주의적 입장을 취한다. 악의적인 위로보다는 더욱 신중하고 분석적으로 선한 위로를, 부정적인 고독보다는 교육적 고독을 묘사하는 경향을 보인다. 그는 식별의 본성에 대한 신학적 성찰을 통해서 식별할 수 있는 감수성의 증대와 성화은총의 성숙과의 관계를 주로 강조한다.

성 요한 클리마코스(c.575~c.650)

여기서 우리는 『영적 계단』(*Escala espiritual*: 『천국의 사다리』)을 검토하고자 하는데, 이 작품이 식별에 대한 클리마코스의 어떤 새롭거나 전형적인 성찰을 제공할 수 있다고 보기 때문이다.

1. 『영적 계단』은 26층계에서 어떤 독창적 방식으로 하나의 전망을 제시한다. 즉 "**발전하는 식별**"에 대해 더 결정적 고찰을 제시한다. 저자는 영성 생활이 일상적으로 전개되는 여러 단

38) 참조: 『가르멜의 산길』(*Subida del Monte Carmelo*) 2, 19~21과 27, 6.

계, 즉 초보자(εισαζομένοις: eisazomenois = 도입부에 있는, 시작하는 이들), 진보하고 있는 자(μέσοις: mesois = 중간에, 가운데 있는, 여정의 반을 진행한), 완전한 이들(τελείοις: teleiois = 마지막 부분에 있는, 완성된 이들) 등의 단계에서 어떻게 "식별"(διάκρισις: diakrisis)이 전개되는지 설명한다.

1) 초보자들에게 있어서는 자기 실재("자기 자신에 대해서")에 대한 더욱 분명한 "**인식**", 더욱 깊고 완전한 통찰이다. 진보하고 있는 자들에게 있어서는 진정한 선을 선이 아닌 것, 혹은 단지 물질적인 선과 정확하게 구별하게 하는 "내적 감수성"이다. 완전한 이들에게 있어서는 다른 단계의 사람들이 지닌 어둠 속으로도 자신의 빛으로 침투할 수 있는 하느님의 조명에서부터 나오는 "지혜로운 참여"이다. 그러나 일반적으로 이 모든 것을 모든 곳, 모든 시대와 상황 안에 이루어져야 할 하느님 뜻의 실현과 관련하여 보았다. 조건으로서 요구되는 것은 마음과 입술과 몸의 순수함이다. 이를 마음과 말과 행위의 순수함으로 해석할 수 있겠다.

그러므로 영성 생활에는 마음의 눈이 영화(靈化)되는 진보가 있다. 이 진보는 내적·외적 사악한 경향에 대한 끈질긴 투쟁의 체험 안에서 은총의 도움으로 발전한다. 이 투쟁은 단지 우리 본성이 지닌 그런 경향에 대한 투쟁만이 아니라 그러한 경향을 조장하고 영혼의 빛을 흐리게 하려고 하는 악마에 대항하는 투쟁이다. 이 은총의 도움이란 어떠한 특별한 완성에 도달하기까지 성장하는 은총의 선물이다.[39)]

2) "**무엇보다도**", 죄에서 그리고 정욕의 횡포에서 벗어나는

39) *Escala espiritual*(영적 계단), XXVI, n.158~161.

것이 필요하다(n.147~148).[40] 어려움들은 마치 풍랑이 이는 바다를 항해할 때처럼 불어날 수 있다. 분노, 성급함 혹은 의기소침, 무식이나 분별력의 결여, 폭식(暴食) 또는 허영 등의 공격을 받을 수 있다. 여정은 사람에 따라 다를 것이며 방법도 경우에 따라 각자에게 맞추어야 할 것이다. 그러나 클리마코스는 순명과 육체적 그리고 무엇보다도 영적 고행, 즉 참회, 인내, 모욕을 당한 것을 용서함, 세상을 잊음, 가족에 대한 육적 사랑을 끊음, 단순함과 모욕을 당함 등을 거치는 것이 모두에게 필요할 것이라고 생각한다. 이것으로써 그의 가르침에 대해 본인이 요약한 바를 전개하고자 한다. 이 요약은, 이외의 다른 인물들에게 있어서도 그렇게 하겠지만, 식별의 관점에서 가장 의미 있게 생각되는 가르침에 대한 것이다.

3) "**진보하고 있는 이들**"은 허영과 분노를 이기고, 자신의 마음 안에 기도, 평화, 분별력, 동정(同情), 금전에 대한 경멸, 호의와 꾸짖음에 있어서의 절제 등을 닦는 데 더욱 매진해야 할 것이다.

4) "**이미 거룩하게 사는 이들**"은 애덕을 완전하게 할 것이니, 모든 일어난 감정에 대한 경멸을 증가시켜 그 모두 다 그리스도 안에 두도록 하며, 지속적인 기도, 그리스도와 결정적으로 만나고자 하는 열망, 자기 존재에 대한 통제력, 더욱 깊은 지혜, 하느님의 비밀에 대한 수호, 원수들의 영에 대한 승리, 이웃에 대한

---

40) 클리마코스는 여전히 악습에 빠져 있는 자는 무엇보다 스스로 침묵을 지킴으로써 가르치는 것이 적합하다는 것을 인정하고 있다. 그러나 만일 누가 할 수 있다고 느끼기 때문에 선을 가르쳐야 한다면, 이 가르치는 기회로써 자기 자신을 위해 유익을 얻어 낼 수 있다. 그리고 어떻게 빠져나오며 혹은 어떻게 진흙탕에 빠지지 않는지를 다른 이들에게 가르칠 때, 자기 자신에 대해 부끄러움을 느끼고 자기 생활을 바꾸기로 결심할 수 있다(n.148).

사도직 등을 계발할 것이다(n.149).

식별에 있어 진보의 바탕

2. 이 진보는 죄스러운 행동을 그 뿌리와, 덕의 외관을 진정한 덕과,[41] 거짓 평화를 진정한 평화와, 자연적 덕을 초자연적 덕과, 각각의 여건에서 더 나은 처신, 덕들의 위계질서, 일정한 영감을 실천하기 위한 좋은 기회인지 여부, 희망과 추정 등을 구별할 줄 알게 하는 어떤 새로운 감수성의 증대로써 실현되어 간다. 낙담시키는 영들과 고양시키는 영들, 선한 생각과 영감을 환상과, 본성적 감정들을 악한 존재에 의한 일탈(때때로 암시되거나 부추겨진)[42]과 구별하게 하는 감수성이 증대함으로써 구현된다.

중요한 것은 수도승은 다음과 같은 것을 늘 추구하고 사슴이 시냇물을 그리워하듯〔시편 42(41), 2〕 갈망하는 것이다. 즉 온 정성을 다해 완수하기 위해 하느님의 뜻을 아는 것이다. 그리고 이는 어려운 가운데에서도 상황에 대한 평가와 식별을 수반한다. 이는 또한 성령의 도움 없이는 완수할 수 없을 것이므로, 우리는 시편 저자가 그랬던 것처럼 성령을 자주 청해야 한다. "당신의

---

41) 덕을 닦으면서 그 덕을 훼손하는 어떠한 결점이 섞일 수 있다. 즉 폭식이 호의를 실천하는 것과 뒤섞일 수 있으며, 불순이 사랑에, 교활함이 분별력에, 사악은 신중함에, 불신은 온화함에 등등 혼재될 수 있다.

42) Cf. n.159~161, 166~171. 클리마코스는 다음과 같이 예를 제시한다. "생식 능력을 우리는 외설스럽게 변형시키고, 뱀에 대항하는 본성적 분노를 이웃에 대항하여 사용하며, 덕을 닦는 데 경쟁적이어야 하는데 악을 행하는 데 그러하다.〔…〕" (n.167).

뜻 따르도록 저를 가르치소서"〔시편 143(142),10〕, 혹은 "걸어야 할 길 제게 알려 주소서"〔시편 143(142),8〕. 또한 주님의 뜻을 배워 알려는 이는 모두 자기 자신에 대하여 죽어야 한다. 단순함과 유순함을 지니고 교부들과 그 형제들에게 묻고, 그들의 권고를 마치 하느님에게서 온 것처럼 받아들여야 한다. 다른 이들의 의견을 악의 없이 신뢰하면서 겸손하게 따르는 사람들을 주님께서는 결코 저버리지 않으실 것이다.[43)]

요약

클리마코스는 덕을 닦기를 열망하는 수도승들의 환경 안에서, 카시아노와 동일한 교육 계획을 유지한다. 그의 가르침은 서양인이라면 분명히 예상할 법한 체계적이고 논리적인 노선을 따르지 않는다. 자신의 생각으로써 형성해 가면서, 측면들과 여건들을 다양화하고 증가시켜 가고, 이미 언급된 것을 재삼 강조하면서, 기회가 주어지는 대로 혹은 떠오르는 대로, 구불구불한 길을 통해서 들어간다. 필자로서는 이것을 읽고 그의 생각을 그 본질적 요점 위주로 서방의 사고방식으로써 종합하려고 하였음을 인정한다. 이 점에서 몇 가지 특별한 통찰 외에 클리마코스가 우리가 체계화하려고 하는 가르침에 기여한 가장 중요한 점은 진보하는 식별에 관한 전망이라고 생각한다.

그리스도교적 인격이 향상되는 만큼 식별하기에 더 통찰력 있게 되고, 매 상황에서 하느님의 뜻을 발견하기 위해 새로운 영

43) Cf. n.162~164.

적 감수성을 얻어 가는 것이 바로 마음의 눈이다. 그리고 이는 성장의 여러 단계에서, 악의 영들에 의해서 부추겨지고 선동되어, 이 작업을 빗나가게 하려는 자신의 성향을 거슬러 싸우는 데서 실현되어야 한다. 그의 바람은 모든 것 안에서 하느님의 뜻을 찾고 실현하는 데로 집중되어 가야 한다. 이 하느님의 뜻은 마치 사슴이 목을 축이기 위해 샘을 그리워하듯 열렬히 갈망해야 하는 것으로서, 단순한 마음, 자기 자신 외의 다른 사람들의 권고에 자신의 주도권이나 영감을 따르게 하기 위한 겸손, 그리고 하느님께서는 그렇게 자신을 찾는 사람을 버리지 않으신다는 것을 신뢰하는 데서 나오는 인내로써 열망해야 한다.

제 2 장

중세기에서의 식별

서론

고대 그리스도교에서, 성경의 식별에 가깝고 더 광범하게 집중하기 시작한 이래, 식별은 특별히 더 완전한 그리스도교 생활을 위한 〔내적〕 투쟁 속에서 영혼에게 나타나는 "**다양한** 영들"(영감, 빛, 경향 혹은 움직임) 사이의 구별에 주의를 집중하였음을 보았다. 구체적으로, 거의 전적으로 은수자들, 혹은 그들의 "사막의 제자들", 혹은 수도승들과 관련되었었다.

꿈과 환시, 거짓된 가르침, 거짓 예언자들이나 스승들 등 특정한 주제들에 대해서도 얼마간 성찰하였다. 다양한 위로나 고독, "**인간의 자유**", 신뢰할 수 있는 도움 등 몇 가지 측면도 심층적으로 고찰하였다. 여기저기에서 다양한 기원과 원인들에 대해 설명하고자 노력하였다. 그러나 일반적으로 무엇보다도 "교의적이라기보다는 교육적인 성찰"이 전개되었다. 얻은 지식에 대한 종합이나 학문적 체계화는 보다 덜 이루어졌다.

중세에는 식별이 설교의 자료로서도 다루어지게 되며, 단지 사막의 은수자들이나 수도승들을 위한 것만은 아니었다. 그리고 또한 식별의 일정한 유형에 대한 몇몇 논문들이 나오게 된다. 여기서 우리는 더 광범위하고 학문적인 신학적 체계화를 향해 어디까지 진전되기에 이르렀는지 살펴보고자 한다.

성 베르나르도(†1153)

성 베르나르도는 통상적으로 수도 생활의 교육적인 배경 속에서 설교를 통해 그의 수도승들에게 식별을 가르쳤다. 그러나 권고라는 맥락 아래서 이러한 문학 양식에 대한 어떠한 체계적인 시도 없이 몇 가지 점에서 결정적인 가르침을 제시하면서 그의 인간적 명철함과 신적인 지혜를 유감없이 드러냈다.

영들

성 베르나르도는 훌륭한 설교가로서 청중의 현실 안으로 파고든다. "〔…〕 우리는 날마다 현재에 지나치게 몰입한다든가 혹은 과거에 대해 후회하는 유혹을 받고 있으며" 또한 기도 안에서도 마찬가지다.[44] 예수님은 당신의 자비와 기쁨의 기름을 발라주시고 위로해 주신다. 그러나 때때로 미지근함에 떨어지거나 탈진과 슬픔, 불평과 불만에 침범당한다. 하루는 무거워지고 우리

---

44) *In Cantica* 32, 3.

는 끝날 것 같지 않은 밤으로 접어든다. 그러나 주님께서는 우리를 버리지 않으신다. 그분과의 대화는 잠들고 게으른 영혼을 일깨우고 동반하는 데 있어 권태와 피곤을 가볍게 하는 데 도움이 될 것이다. 그분의 말씀은 이러한 그분 현존의 고유한 표지를 남긴다. 진리의 말씀이신지 아니면 우리의 마음에서 오는 말인지 식별하는 것이 항상 쉬운 것은 아니다. 그러나 계시되고 기록된 말씀이 우리에게 보증해 준다. "그렇다고 우리가 무슨 자격이 있어서 스스로 무엇인가 해냈다고 여긴다는 말은 아닙니다. 우리의 자격은 하느님에게서 옵니다"(2코린 3,5).

비록 마음이 말하는 것은 아닐지라도 마음이 듣는 다른 말들도 있다. 말씀(Verbum: 하느님의 말씀, 예수님)의 말과 같은 것은 아니다. 유다 이스가리옷에게 배반을 귀띔한 말 같은 것이다. 악으로 유혹을 한다. 그러나 무질서한 마음으로부터 나오는지 혹은 지옥 뱀의 입에서 나오는지 누가 식별할 수 있겠는가? 성 베르나르도는 성 바오로가 은사들을 나열하면서(1코린 12,10) 말한 영들의 식별이라는 선물이 주어지고 동시에 성령으로 비춰지지 않으면 어느 누구도 식별할 수 없다고 생각했다. 그렇지만 중요한 것은 악을 아는 것 그리고 합당하게 대응하는 것이다. "차라리 〔들려오는 말이〕 어디서 오든지 〔개의치 말고 만일 악하다면 그 유혹에〕 동의하지 않도록 깨어 기도해야 한다"(Vigilandum potius et orandum, undecumque sit, ne consentiamus).[45]

45) *Ibid.*, 32, 6.

식별(Discernimiento)과 분별(Discreción)

"분별"(discreción)이란 개념은 옛사람들로부터 물려받은 것으로 성 베르나르도가 특별히 효과적으로 사용하였다. 여기서 **어떻게** "애덕(caridad)에 대한 열렬한 사랑(amore)이 분별과 결합되어야 하는지"를 나타내는 데 특별한 효과를 보이며 널리 퍼졌다. 그렇지 않은 경우, 인간은 선한 겉모습 아래 어느 정도 쉽게 속아 넘어갈 수 있다. 육신을 파괴하고 나중에 이를 치유하는 데 매달릴 수밖에 없게끔 사람을 강제할 수 있는 열정에 할례를 줄 필요가 있다.[46]

유혹하는 영들은 정직한 마음을 가진 사람들을 창으로 꿰뚫기 위해 숨어 기다리는 경향이 있다. 빛의 천사로 변하는 이 사탄의 천사는 대낮의 빛으로 폭로되어야 한다. 오직 위로부터 오시는 분의 빛만이 잘못을 알게 할 수 있다. 악마는 이런 경우에 대단히 선한 모습으로 나타내기 때문이다.[47] 주의를 기울여 살펴보면 이러한 경우까지도 꼭 환멸과 불목을 심는 것으로 끝나는 것을 알 수 있다.[48] 반대로 하느님의 지혜는 겸손하고 평화롭

---

46) Cf. *Sermo de Circuncisione* 3, n.11. 열정에 대한 할례는 분별을 통해 이뤄진다. 아가의 한 구절 "ordinavit in me caritatem"(나를 위해 사랑을 안배하였다: 2, 4)에 근거하여, 성 베르나르도는 다음과 같이 가르치고 있다. "열정이 더 격렬하고, 의기가 더 열렬하며, 사랑이 더욱 넘쳐흐르는 그만큼 더 경쟁심(악한 열정)을 없애고, 의기를 절제하며, 사랑을 조절할 줄을 주의 깊게 아는 것이 필요하다"(*Sermo in Cantica* 49, 5). 성 이냐시오는 완덕에 대한 그의 편지(cf. *Obras*, 5ª ed., carta 36, n.5~6)와 분별 있는 사랑이라는 그의 개념(G. Bottereau, "La «discreta caridad» en S. Ignacio de Loyola", *CIS* 6(1975), pp.58~70)에서 이 가르침을 반영하고 있다.

47) *In Cantica* 33, 9. 수도자를 보다 일찍 일어나게 설득하고 나중에 장엄한 기도 중에 졸게 하여 그를 조롱하는 때를 예로 든다(n.10).

다(야고 3,17). 하느님의 생각이라 간주할 수 있기 위해서는 생각이 겸손하고 결백하게 나타나는지 또한 평화적인지, "또한 장상의 판단과 영적 형제들의 판단도 이를 시인하는지" 살펴야 할 것이다. 선한 영은 하느님 말씀의 목소리인 자신의 목소리로 영혼을 놀라게 하고 뒤흔들고, 자신의 판단에 복종시키면서, 그러나 영혼을 하느님께 대한 사랑으로 불타게 하고 되살아나게 하기 위해 말하기 시작할 수 있다. 그것은 칼이기 때문이다. 그렇다. 그러나 또한 사람에게 약이요, 음식이며, 힘이고, 쉼이며, 부활이요, 완성이기 때문이다.[49]

성 베르나르도는 부패한 본성과 세속적인 영으로부터 오는 움직임들에 특별히 민감하였다. 각각의 고유한 언어들과 그것들이 어디로 이끄는지를 대단히 명쾌하게 구별하였다. 육의 영은 사치를 말하고 세상이 주는 안락함, 허영을 주입시킨다. 악한 영은 괴로움을 주고 스캔들을 심는다. 그것들 가운데 그 무엇의 말도 들어서는 안 된다.[50] 물론 이러한 충동과 움직임들은 또한 우

48) "유별난 단식을 하도록 설득하여, 다른 사람들을 걸려 넘어지게 하는데, 단식을 높이 평가해서가 아니라 스캔들을 즐기기 때문이다"(*Sermones de diversis* 24, 1).

49) *Sermones de diversis* 24, 2. 오히려 죄인 안에서 일으키는 결과를 보고 있다. 그러나 결점과 잘못에 대한 보속과 겸손으로 초대하고자 하는 사람 안에서 비슷하게 시작하는 면도 다룬다. 성 아타나시오(s. IV)의 *Vita Antonii*, c.8, n.50에 마리아께 하신 주님 탄생 예고의 경우가 암시되었다. "Si autem incussa formido permanserit, hostis est qui videtur, quoniam nec refovere novit"(생겨난 두려움이 계속된다면, 원수의 특성으로 사료되니, 왜냐하면 다시 따뜻하게 감싸주지 않는다는 것을 알게 되었기 때문이다); 원수는 "pavorem duplicat, et usque ad profundam impietatis foveam, ut sibi homines prosternantur, impellit"(두려움을 배가시켜, 불경의 깊은 구덩이까지 계속하여, 사람들이 자기 자신에게 엎드리게 하기 위해, 몰아간다).

50) "...iugiter studeatis, ut nec spiritum carnis loquentem mollia, nec spiritum

리의 영으로부터 우리 자신의 주도권에 의해서 나올 수 있다. 그리고 성인은 마찬가지로 명쾌하게 자기 식별의 한계를 인정한다. "말하는 것이 우리의 영인지 혹은 다른 셋 중에 어떤 영의 말을 듣고 있는 것인지 식별하는 것은 쉽지 않습니다. 그러나 누가 말하는 것인지 확인하는 것이 뭐 그리 중요하겠습니까, 모두 같은 것을 말하는데?"[51]

요약

성 베르나르도의 권고는 우리의 내적 인격적 삶에 대한 의식에 더 비중을 두는 데 익숙한 현대의 우리 사고방식 안에서 반향을 얻는다. 그러나 자신의 한계를 조명하고 자신의 의식을 신앙의 영역과, 영들 및 성령의 선물과 카리스마와 함께 성령의 활동도 포함하는, 성경이 제시하는 것과 같은 투쟁으로 개방한다. 성

---

mundi vana suggerentem, nec spiritum nequitiae audiatis immitentem amaritudines et scandala seminantem"(편한 것들을 수작 부리는 육의 영도, 헛된 것들을 속살거리는 세속의 영도, 악한 본보기들을 심고 고통을 주는 악의 영도 듣지 말기를 끊임없이 힘써야 할 것이다: *Sermones de diversis* 24, 1). 성 베르나르도는 사치란 말로 단지 성에 애착을 갖도록 하는 유혹만이 아니라, 먹을 것, 마실 것, 잠, 그리고 육체적 건강과 관련된 모든 것에 대한 생각과 함께 격렬히 일어나는 자극을 의미하고자 하였다. 허영이라는 말로 세속적 야망에 대한 무익한 생각들, 자만, 오만과 그와 유사한 것들을 뜻하고자 했다. 반면에 악의 영에 돌리는 것은 분노, 흥분, 성급, 질투, 고통 등으로서, 모든 몸짓과 행동 속에서 의심할 동기와 화를 낼 동기를 찾아내게 하면서, 우리를 존중하지도 사랑으로 대하지도 않는다는 것을 우리에게 암시하고자 노력하였다(cf. *Sermones de diversis* 23, 3).

51) *Sermones de diversis* 23, 4. 중요한 것은 의당히 그래야 하는 대로 반응하는 것이다. 원수 앞에서 용감하게 저항하는 것이다. 그리고 자기 자신의 영이라면 그를 꾸짖어야 하며 그러한 비참한 처지와 탄식할 만한 노예 상태에 이른 불행에 울어야 한다.

베르나르도가 식별과 영적 분별에 기여한 바는 후대의 저술가들 안에 족적을 남겼으며 교회의 영적 전통 안에서 지속되고 있다.

성 토마스 데 아퀴노(†1274)

토마스 데 아퀴노는 식별에 대해서 특별히 저술을 낸 바는 없다. 그럼에도 불구하고 그의 지고한 재능으로 약간의 가르침을 남겼으며, 이는 식별에 대한 신학적 가르침을 성찰하고 체계화하고자 하는 이에게 대단히 유익할 것이다.

영들의 식별의 카리스마

성 토마스는 카리스마로서의 영들의 식별과 덕으로서의 식별을 구별한다. 그는 첫째 것에 대해서 코린토 1서 12장 10절의 주석에서 다루고 있으며, 이를 "어떤 이가 어떤 영에 의하여 말하고 행하게 되었는지, 예를 들어, 사랑으로 움직이는지 혹은 질투로 움직이는지를 구별할 줄 아는 능력"(lect. 2)과 동일시한다. 자신의 인식의 빛으로써 자신의 영이나 다른 이들의 영 안으로 침투할 수 있다. 이 능력은 "무상으로 주어진"(gratis data) 은총으로서 교회의 공동의 유익을 위해 주어졌다. 이 경우 마음속에 숨겨진 것을 드러내면서 이성이라는 유일한 빛을 능가하는 수단을 통해, 다른 이들이 하느님께로 향하는 방식을 확인하기 위해 허락되었다(2-1, q.111, a.4).

만일 이 식별의 "**본성과 행사**"에 대해 통찰하고자 한다면, 이와 예언의 행사 혹은 예언적 인식과의 관계를 염두에 두어야 한다. 왜냐하면 "인식에 관계되는 모든 것은 예언 아래 〔…〕"〔omnia quae ad cognitionem pertinent, sub prophetia...: 『신학대전』(*Summa Th.*), 2-2, q.173, a.1〕 파악될 수 있기 때문이다. 예언은 예언자가 받은 "조명"을 통하여 발생한다. 이 조명은, 그의 정신 안에 "예지에 있어서 하느님의 진리의 유사성"(similitudo veritatis divinae praescientiae)을 형성하여, "지나가는 정동(情動)이나 인상(印象)이라는 방식으로"(per modum passionis vel impressionis transcendentis) 영향을 미친다.[52] 영들의 분별에는 우리를 선이나 악으로 이끄는 영적 실체들("spirituales substantias")에 관한 어떤 "인식론적 표지"(식별하는 이를 위한) 같은 것도 있다(같은 곳).

사람은 한편 다른 이를 가르칠 수 있는데, 말하는 것에 상응하는 표지들과 이미지들을 일정한 방식으로 정리하여 그의 생각에 제시함으로써 그렇게 할 수 있다. 그러나 판단하게 할 내적 조명을 줄 수는 없다. 인간의 지성을 넘어가는 진리들을 나타내 보이기 위해 인간이 지닌 본성적 이미지들을 정리하거나 새로운 것들을 주시면서 예언자[53]를 비추어 주시는 분은 하느님이시다.

식별의 덕

덕으로서의 식별은 지혜의 범주에 들어간다. 해야 할 것과 하지 말아야 할 것을 규정하기 위해 무엇보다 미래를 바라본다.

---

52) 『신학대전』(*Summa Th.*) 2-2, q.173, a.1. 여기서 성 토마스는 이 환시를 거울 속에 비춰진 모습을 통해 얻어진 것과 비교한다.

53) 혹은 성 토마스가 제시한 교리 지침을 따르면, 식별하는 이를 비추신다.

그리고 의지 앞에 다양한 대상들이 나타날 때 이를 시행한다. 지혜로서의 식별은 의지가 올바른 원의를 지니도록 하기 위한 실천적 지성에 영향을 미친다. 그러나 우리가 앞에서 말한 대로 인식과 판단의 행위이기 때문에 근본적으로 지성과 연관이 있다.[54)]

수련으로 이 덕을 숙련할 수 있다. 그렇게 히브리서 5장 14절의 주해(lect. 2)에서 설명하고 있다. 수련하지 않은 사람은 훌륭하게 판단할 수 없다. 반면에 행동을 반복하면 습관이 만들어진다. 그러나 여기서는 "얻으려고 노력해야 하고 행해야 하는 것들에 관하여"(de appetendis et agendis) 판단하는, 말하자면, 하느님의 빛에 따라 판단된 어떤 특별한 것과 관련된 지성의 수련을 말한다.[55)] 따라서 영적 식별을 말한다. 수련을 통해서 선과 악, 좋은 것과 더 좋은 것, 나쁜 것과 더 나쁜 것들에 대한 완전한 식별을 열매로 얻게 될 것이다.[56)] 그러나 식별에 대한 전망이 오직 지성적이기만 한 행위에 상응하는 것은 아니다. 『신학 대전』 2-2, q.45, a.2, 5에서 가르치기를, 지혜의 행사에 있어 올바른 판단은 때때로 "이성을 완벽하게 사용함으로써가 아니라"(non secundum perfectum usum rationis), 오히려 "판단의 대상이 되는 것들과의 어떠한 공동 본성으로 인하여"(propter connaturalitatem quamdam ad ea, de quibus est iudicium) 이루어지기 때문이다. 그리고 "(하느님의 것들과의) 어떠한 공동 본성에 따른" 올바른 판단은 "성령의

---

54) 참조: 『신학대전』(*Summa Th.*) 2-2, q.47, a.1-2.

55) 성 토마스는 지적된 구절(lect.2, 마지막 부분에서)에 대한 주해에서 "Qui ergo sentit quae Dei sunt, perfectus est"(그래서 하느님의 것들을 느끼는 사람은, 완전하다)라고 단언하고 필리피서 3장 15절, "Quicumque perfecti sumus hoc sentiamus"(성숙한 사람인 우리는 모두 이러한 생각을 지닙시다)를 언급한다.

56) *Ibid.* 마지막 부분에서 다룬다.

선물인 지혜에 속하며 〔…〕, '주님과 결합하는 이는 그분과 한 영이 됩니다'라고 한 바로 코린토 1서 6장 17절의 구절에 따라서, 우리를 하느님께 참으로 결합시키는 사랑을 통해 이루어진다"〔secundum quamdam connaturalitatem (ad res divinas), pertinet ad sapientiam secundum quod donum est Spiritus Sancti..., fit per caritatem, quae quidem unit nos Deo, secundum illud 1 Cor 6, 17: 'Qui adhaeret Deo, unus spiritus efficitur': a.2〕. 이 언급으로써 이 책의 제1부에서 말하는 신적인 협력(시너지)을 지칭하면서, 우리가 선물로서 받은 "그리스도의 마음"(sensum Christi)에 따라, 사랑의 "**성숙**"(하느님과의 일상적 일치)에의 도달과 식별 활동(습관이 된 현재의 관계 및 일치)으로 지평을 연다. 따라서 로마서 12장을 주해하면서, 사물들을 맛보고 행동함에 있어 인간적 사고방식이나 습관에 의해 부패된 맛과 애호를 변화시키고자 노력함으로써 이러한 공조(共助)를 확보할 필요가 있다고 주장한다.[57]

또한 사람이 홀로 짧은 시간 안에 고려할 수 없는 거의 무한히 다양한 양태를 지닌 구체적 행위에 지혜를 행사할 수 있도록, 성 토마스는 이러한 식별의 덕의 요소들 속에, 다른 이들의 가르

---

57) 다음과 같이 서술하고 있다. "Qui habet gustum infectum, non habet rectum iudicium de saporibus; sed ea quae sunt suavia interdum abominatur; ea quae abominalia, appetit... Qui habet corruptum affectum, quasi conformatum rebus saecularibus, non habet rectum iudicium de bono; sed ille qui habet sanum affectum, sensu eius innovato per gratiam, rectum iudicium habet de bono"(미완의 미각을 가진 이는, 맛에 대해 올바른 판단을 하지 못한다; 그래서 때때로 단 것들을 역겨워하고; 역겨운 것들을 탐닉한다. 〔…〕 거의 세속의 사정들로 형성된, 더럽혀진 정서를 지닌 이는, 선에 대해 올바른 판단을 하지 못한다; 하지만 건전한 정서를 지닌 사람은, 은총을 통해서 새로워진 그의 감각으로, 선에 대해 올바른 판단을 한다: lect.1).

침, 무엇보다 원로들의 가르침에 대한 순종을 포함시킨다.[58]

예언에의 적용

예언적 인식에 대한 가르침은 참되거나 거짓된 예언적 조명에 대한 식별에 이정표를 제시한다. 예언자는 하느님의 명백한 계시나 혹은 예언적 직감을 통해 예언적 조명을 받는다.[59] 이 예언적 직감을 통하는 경우 이에 대해 의식하지 못하는 가운데 예언하는 일이 있을 수 있다. 하느님께서는 이 예언을 하시기 위해 예언자를 마치 도구처럼 사용하신다(카야파의 경우: 요한 11,49~52).[60] 예언자는 예언적 조명을 수동적으로 받고, 자신을 조명한 계시를 알아볼 때 능동적이 되며 그 계시를 전한다.[61]

예언적 계시는 때때로 단지 예언적 조명에 의해서 실현되며, 다른 경우에는 자기 영혼 속에 하느님께서 새겨 주셨거나(밖에서

---

58) 참조: 『신학대전』(*Summa Th.*) 2-2, q.49, a.3.

59) 성 토마스는 다음과 같이 단언한다. 예언적 계시는 때때로 "per solam luminis influentiam"(단지 조명을 통해서), 그리고 다른 경우에는 예언자의 지성 안에 "per species de novo impressas, vel aliter ordinatas"(새로이 새겨졌거나 그렇지 않으면 정리된 형상들을 통해서) 이뤄진다(cf. 2-2, q.173, a.2c). 이 견해는 앞선 이유 없는 위로와 이 체험에 있어 알려진 대상의 존재 여부에 관해 더 앞에서 보게 될 약간의 이론들을 이해하는 데 도움이 될 수 있다. 알려진 대상의 존재 여부의 경우에서, 예언적 계시가 예언자의 마음속에 이미 존재하는 "형상들(especies)"을 다른 방식으로 정리하면서 이루어질 때, 성인은 다음과 같이 주의를 주고 있다. "...conversatio praecedens aliquid operatur ad ipsas similitudines: non autem quando totaliter ab extrinseco imprimuntur"(그런데 전적으로 외부에서 새겨 넣어지는 것이 아니라면, 선행하는 교제는 다소간 바로 그 유사성에 영향을 준다: cf. *ibid.*, a.2 ad 1).

60) 참조: 『신학대전』(*Summa Th.*) 2-2, q.171, a.5.

61) 참조: 같은 책, 2-2, q.173, a.3-5.

부터 들어오는 것처럼), 혹은 하느님께서 원하시는 것을 뜻하기 위해, 예언자 안에 이미 존재하고 있던 것을 사용한다든가 하는 다른 방식에 의해서 정리된 "형상들"(especies)을 매개로 하여 구현된다.[62] 그러나 이것들(이미지, 환시 혹은 감각적 말씀)을 매개로 하여 악한 영들도 사람들에게 자신들의 속임수를 전파할 수 있다.[63]

하느님께서 황홀경에서처럼 신적 조명을 받도록 하기 위해 예언자를 자기 자신에게서 나오게 할 필요는 없다. 일상적 삶의 여건 속에서 예언자에게 작용할 수 있다. 그러나 예언자를 자기 자신으로부터 끌어낼 때에도 예언적 황홀경은 광적으로나 정신 이상의 형태로가 아니라 꿈, 열정적 관상, 하느님의 특별한 힘 등으로 질서 안에서 일어난다.[64]

다른 한편, 격렬한 열정이나, 혹은 외부의 것들에 대한 무질서한 집착은 영적 사정에 대한 합당한 관상에 요구되는 정신의 고양을 방해할 수 있다.[65] 여기서 성 토마스는 조명받았다고 자처하는 사람들 앞에 주의하는 데 도움이 될 수 있는 원리를 제공한다.

그러나 그렇다고 하느님께서 어떤 경우 식별하는 주체 안에 기대하는 영적 결과 및 적합한 본성적 성향을 동시에 주실 수 있음을 부정하는 것은 아니다.[66] 예언은 예언자의 성덕을 필연적으로 요구하는 것은 아니다.[67] 하느님께서는 사람들의 유익을

62) 참조: 같은 책, 2-2, q.173, a.2c.
63) 참조: 같은 책, 2-2, q.172, a.5.
64) 참조: 같은 책, 2-2, q.173, a.3.
65) 참조: 같은 책, 2-2, q.172, a.4.
66) 참조: 같은 책, 2-2, q.172, a.3.
67) 참조: 같은 책, 2-2, q.6, a.2 ad 3; q.8, a.5.

위해 외부의 도구들을 사용하실 수 있다(참조: 민수 22~24장, 발라암의 경우). 이 견해가 지닌 진실성과 진정한 유익함에 대해서는 이 견해의 수용을 지지하는 내용으로 한 장을 할애할 것이다.

게다가 진정한 예언자라고 해도 성령께서 당신의 환시, 말씀, 예언적 업적들을 통해서 의도하시는 바를 늘 전부 아는 것은 아니다.[68] 그리고 예언자라도 예언적 조명을 받는 그의 통상적인 성향과 예언하는 습관을 참조하는데, 예언적 직감을 통해 받는 것과 자신의 직감을 통해 말하는 것을 표현할 때 혼동할 수 있다.[69] 만일 그가 선하다면 그렇다는 것을 발견하자마자 고칠 것이다. 진정한 예언자는 확실히 선한 예언자라고 선포되며, 업적(예언의 성취)으로 증명되고, 하느님께서 거룩함을 드러내시기 위해 그를 사용하신다.[70]

예언적 인식에 대해 이렇게 깊이 있게 관찰하게 되면 자칭 예언자들의 예언을 경계하는 데 도움이 될 뿐만 아니라 거짓 예언자들을 구별하기 위한 어떠한 표지들도 알게 된다. 또한 영혼 속의 하느님의 다른 영감이나 활동에도 적용할 수 있다. 더 나중에 성 이냐시오가 앞선 이유 없는 위로를 다룰 때 모종의 방식으로 이를 적용하게 될 것이다.[71]

---

68) 참조: 같은 책, 2-2, q.173, a.4.

69) 참조: 같은 책, 2-2, q.171, a.5.

70) 참조: 같은 책, 1, q.43, a.2 ad 4.

71) 『영신 수련』 330항의 마지막 부분에서, 자필 원고의 다음과 같은 내용의 한 줄을 지웠다. "Hoc probat B. Thomas p. 2ª, q.9, art. 6° et q.10, art. 4°." 이는 자신의 다음과 같은 단언을 지지하기 위해서였다. "앞선 이유 없이 영혼에게 위로를 주시는 분은 오직 우리 주 하느님뿐이시다. […] 이유 없이라고 하는 말은, 지성과 의지의 행위를 통해 그러한 위로가 오게 하는, 어떠한 대상에 대한 어떠한 앞선 감정이나 인식 없이라는 말이다."

사탄이 빛의 천사로 변함

이 모든 것에도 불구하고, 성 토마스가 식별에 대해 가장 분명하게 언급한 구절은 그의 코린토 2서 11장 14절에 대한 주해(lect. 3) 안에 들어 있다. 영의 분별은 사탄이 빛의 천사로 변할 때 이를 구별하기 위해 요청된다. 구별의 원칙은 시간을 두고 체험을 관찰하는 데 있다. "선한 천사는 처음에 선을 권고하고 이를 지속한다. 반대로 악한 천사는 처음에는 선을 향해 움직이게 하지만, 나중에 바라던 바와 의도하는 바를 실행하는 문제에 이르면, 악으로 이끌고 충동한다."[72] 또한 즈카르야와 마리아(참조: 루카 1,30.39)에게 일어난 것처럼, 선한 천사는 비록 처음에 두려움을 일으킬지라도 다음에는 위로하고 안심을 시킨다. 반면에 악한 천사는 아연히여 어리둥절한 인간을 더욱 쉽게 속이고 설득하기 위해서 놀라게 하고 절망 속에 내버려둔다. 다만 때때로 그 변화가 보이지 않는다. 인간의 감각을 타락시키고 욕정을 부추기면서 나쁜 것을 선하게 나타나 보이게 하는 데 있다.[73]

---

72) 성 이냐시오는 또한 이 가르침을 그의 규범들 속에 남기게 된다. "우리 생각의 흐름에 매우 주의를 기울여야 한다. 그리고 처음, 중간, 끝이 모두 선하며, 온전한 선으로 기울어져 있으면, 선한 천사의 표지이다. 그러나 생각의 흐름에 있어서 어떠한 악한 것이나 분심을 일으키는 것으로, 혹은 영혼이 전에 하려고 결심한 것보다 덜 선한 것으로, 또는 〔…〕 영혼을 약하게 하거나 불안하게 하거나 당황스럽게 하는 것으로 끝나게 한다면, 우리의 영적 유익과 영원한 구원의 원수인 악한 영으로부터 온다는 명백한 표지이다"(『영신 수련』 333항).

73) 이와 관련하여, 깨어 하느님의 도우심에 호소할 필요성을 강조하기 위해, 자기 독방에서 결코 나오지 않기로 한 어떤 수도승의 경우를 이야기한다. 마귀는 그에게 성체를 영하기 위해 성당에 가도록 나올 것을 제안했고 그는 그 제안에 동의했다. 나중에 그것을 제안한 자가 마귀였음을 깨달았지만, 어떤 선으로 자신을 이끌었기 때문에, 자신을 속일 수는 없었다는 것에 자만하였다. 그러나 마귀

시에나의 성녀 카타리나(1347~1380)

성녀 카타리나의 가르침은 학문 연구를 통한 열매라기보다, 성녀의 영적 체험 안에 통교된 하느님의 빛의 열매로서, 하느님 뜻을 따르는 길에 진보하려는 누구에게나 영적으로 유익하도록 지향된 가르침이다. 이미 수도승의 생활 또는 가정을 가진 그리스도인의 삶과 다른 특별한 여건 속에서의 식별에 적용된 소재는 더 이상 아니다.

분별

성녀 카타리나는 그리스도교 완덕의 체계를 애덕, 겸손, 분별의 세 가지 "덕"[74]으로 요약한다. 애덕은 자기 자신과 하느님에 대한 인식의 영역 안에 뿌리를 둔다(진정한 겸손이라는 땅). 겸손 옆에서 성장하는 겸손의 자식인 분별의 나무로써 맛이 든 열매들을 내기 위해 이 겸손으로부터 영양을 섭취한다.

> "분별은 끝없이 갖은 방법으로 내게 이 사랑을 바친다. 그런데 나는 영원하고 지고한 진리이기 때문에, 분별은 나를 사랑하는 그 사

는 이미 독방에 머물겠다는 수도승의 의도로부터 그를 멀어지게 하였다. 더 나중에 그의 아버지가 운명하였고 가난한 이들에게 나눠 줄 많은 돈을 그에게 남겼으니, 도시로 나가 보도록 암시할 것이다. 속임수에 떨어져 그는 도시로 나갔고, 다시는 돌아오지 않았다(「2코린 11, 14에 대한 주해」(*Com. in 2Cor 11, 14*), lect.3).

74) 『대화』(*Il dialogo*), a cura di G. Cavallini(Cateriniane, Roma, 1968). cf. c.X~XI, pp.24~31.

랑에는 규범도 한계도 두지 않지만, 자신의 이웃을 향해서는 질서 있는 애덕과 방법으로써 훌륭하게 사랑한다."[75]

성녀가 직접적으로 지적할 한계는 "이웃에게 유익이 되기 위해 자기 자신에게 죄라는 해를 끼치지 않는 것"이다. 만일 그렇다면 질서 있는 사랑이 아니고 무분별한 사랑이겠다(혹은 겉으로만 그럴듯한 사랑이라고 말해야 할 것이다). 왜냐하면 죄를 통해서 이웃에게 유익하게 되는 일은 정당하지 않기 때문이다.

적용에 대한 언급

애덕의 열매들에 대해 식별을 적용하는 것은 여러 기회에 성녀의 가르침이 언급하는 대상이다. 이웃에 대한 책망, 혹은 권장해야 하는 고행과 관련하여, 공동으로나 개별적으로나 그 누구도 판단하지 말고, 하느님의 심판에 맡겨야 한다고 권고한다. 형제적 교정을 포함하여, 결점이 분명하게 보이면, 복음에서 언급된 순서에 따라서(마태 18,15 이하), 악을 견책하는 일은 통상적으로 행해져야 한다.

특기할 만한 다른 경우들로서, 하느님의 방문(las visitas), 하느님에게서 받는 위로와 눈물 등이 있다.

---

75) "E questo amore la discrezione el dà senza fine e senza modo verso di Me: però che so'somma ed eterna Verità, non pone lege né termine all'amore col quale egli ama me, ma bene el pone con modo e con carità ordinata verso il prossimo suo"(*ibid.*, p.28).

위로

위로해 주시는 하느님 자신보다도 하느님의 위로를 바라는 이들은 쉽게 속을 수 있다. 왜냐하면 그러한 기쁨이 때때로 마귀에게서 올 수 있다는 사실을 깨닫지 못한 채 받는 기쁨에 만족하기 때문이다. 이를 구별하기 위해 덕을 향한 사랑이라는 기준을 제공한다. 만일 영혼이 지니고 있는 기쁨이 덕을 향한 열렬한 열망을 동반하지 않는다면, 그리고 하느님 사랑의 난로 속에서 불타면서 겸손으로 기름 부음 받지 않으면, 그런 기쁨을 낳는 방문(환시 혹은 위로)은 비록 영혼이 행복을 느낀다 해도 하느님에 의한 것이 아니라 마귀에게서 오는 것이다. 그 기쁨이 덕을 향한 애정을 동반하고 있는지 지혜로써 살펴야 할 것이다.[76)]

눈물

눈물에 대해서는 더욱 풍성한 가르침을 제공한다. 눈물은 마음의 고통에서 나온다. 만일 눈물이 무질서한 사랑에서부터 나온다면 그 눈물은 죽음의 눈물이지 생명의 눈물은 아니다.[77)] 생명의 눈물은 여러 단계가 있다. 자신의 죄를 인정하고 영벌을 두려워하는 사람 안에서 나오는 눈물은 생명을 향한 여정의 시작이

---

76) Cf. c.CV~CVI.

77) 그렇다고 모든 무질서가 중죄라고 말하려는 것은 아니다. "È vero che la gravezza della colpa e del pianto è più o meno, secondo la misura del disordinato amore"(실제로 죄와 눈물의 중함은 대략 무질서한 사랑의 정도에 따른다: c.LXXXIX: *ibid.*, p.201).

다. 마음의 감성적인 눈물은 하느님께 행한 모욕인 죄에 대한 완전한 증오에 아직 도달하지 못했다. 영혼은 아직 자신이 종과 같은 마음이 되어 느끼는 두려움에 만족하지 말아야 한다.

두려움에서 사랑으로 넘어가면 "**영혼은 자기 자신과 선하신 하느님께 대한 인식으로 자신을 개방한다.**" 죄의 고통에 하느님의 자비에 대한 희망이 섞인다. 이러한 희망으로 눈물은 마음에 기쁨을 가져온다. 그러나 자주 이기주의적 영적 열정에서 나오며 감각적 눈물이다. 왜냐하면 아직도 자기 자신의 의지를 완전히 버리지 않았기 때문에, 유혹과 인간적 박해가 덮쳐 오면 영혼은 자기 연민에 빠지면서 고통과 괴로움을 느낀다.[78] 영혼은 자신의 미지근한 사랑에 만족해서는 안 된다.

"**하느님의 뜻에 따르고 일치를 이루기 시작하는**" 사람의 눈물은 더욱 완전하다. 그는 자기 자신의 괴로움에 대해서가 아니라, 오직 하느님 마음을 상하게 해 드린 것과 이웃에게 해를 끼친 것에 대해서만 고통을 느낀다. 왜냐하면 벌써 오직 하느님께 영광을 드릴 수 있는 것에 대해서만 생각하고, 구원을 가져다주신 그리스도의 십자가 안에서 기뻐하기 때문이다. 단지 고통과 박해를 인내로써 참는 것만이 아니라, 그것에 대해 기뻐하며 그분을 위해 고통받을 수 있음에 영광스러워한다.

영혼은 앞으로 진보하면서 그리스도의 인간성을 통해 그분의 신성으로 침투해 들어간다. 그리고 평화롭고 평온한 사랑으로 그분과 일치를 이루면서 자신을 진정한 인내로 양육하는 달콤한 눈물을 흘린다. 그 영혼 안에서 고통과 행복이 동시에 혼합된다.

---

78) *Ibid.*, pp.202~203.

영혼은 하느님의 선하심과 위대하심에 대해 아직도 자행되고 있는 것을 보는 모독 때문에 고통받지만, 하느님과의 일치 속에서 그분의 사랑을 맛보기에 행복하다. 우는 사람들과 함께 울고 기뻐하는 이들과 함께 기뻐한다. 이런 영혼에게 마귀는 해를 끼칠 수 없다. 그 영혼이 지닌 사랑의 뜨거움을 견딜 수 없어 그로부터 도망가기 때문이다.[79]

그러나 모든 이에게 눈물이 허락되는 것은 아니다. "불의 눈물"도 있다. 몸부림치며 눈물을 바라지만 울 수 없는 이들의 눈물이다. 때때로 하느님께서는 이를 허락하시지 않는데, 이는 영혼이 지속적인 기도와 하느님 자신을 바라는 열망을 품고 당신의 현존 앞에서 겸손하게 엎드려 있도록 하시기 위해서이다. 그분께서는 각자의 영적 유익을 위해 적당하다고 생각하시는 대로 당신의 섭리에 따라 그렇게 하신다. 이 거룩한 열망 또한 사랑의 열정 안에서 성취될 수 있다.[80]

장 샤를리에(제르송, 1363~1429)

서언

파리 대학의 총장 장 제르송은 당시의 그리스도교 영성의 환경에 깊은 관심을 가지고 있었다. 신학의 퇴조, 서구 이교(離教)

---

79) *Ibid.*, c.XC, pp.208~210.

80) *Ibid.*, c.XCI, pp.210~212.

로 인한 위기, 설교가들, 예언들, 환시를 본다는 사람들, 떠도는 여러 가지 의심스러운 교리들이 세속적, 영적 질서를 위협하고 있었다. 그는 학문적 권위와 사목적 열정을 지니고 이러한 문제들에 개입할 수밖에 없었고, 이러한 일은 그에게 자칭 예언자들과 환시자들의 이론들에 대해, 그리고 영성 생활에 있어서의 비범한 현상들과 은총들에 대해 자신의 그리스도교적 식별에 관한 교리를 제시할 기회를 제공했다.

카리스마적 현상에 적용된 식별에 관한 장에서 동전 감정(鑑定)의 비유에 대한 내용을 설명하겠다. 일단은 여기서 그의 저작 『영들의 감정(鑑定)』(*De probatione spirituum*)[81]에 의거하여 그러한 현상들의 식별에 대한 그의 관점을 알아보고, 특히 교리들에 대해 식별을 어떻게 적용했는지 살펴보겠다.

카리스마적 현상들의 식별

영적 분별은 식별해야 할 사람이 영성적일 것, 혹은 영의 분별에 대한 은총(카리스마)을 지닐 것을 요구한다. 성경 연구를 통해 얻은 교리와 학문들로 인한 학식에 의해서 식별할 수 있거나, 혹은 자신 안에서 모든 의문을 해소하는 어떤 내적 영감(영적인 맛이나 조명)을 체험하는 사람에 의해서,[82] 혹은 해당 은총(카리스마)의

[81] 콘스탄츠 공의회를 계기로, 거기에서 성녀 비르지타의 계시들에 대해 다루어야 했기 때문에, 1415년 저술하였다. 요한 1서 4장 1절의 본문 "Probate spiritus si ex Deo sint"(그 영이 하느님께 속한 것인지 시험해 보십시오)에 근거하고 있다.

[82] 제르송의 단언과 성 이냐시오가 선택을 위한 첫째 시기로서 제시한 하느님 뜻과의 만남에 대한 서술 사이에 유사성을 찾을 수 있다. "우리 주 하느님께서 그

행사를 통해서나, 다른 이들에 대해 식별할 교계적 역할을 맡음으로써 하게 되는 영의 분별을 통해서 식별할 수 있기 때문이다.

때때로, 비록 어렵다 해도, 교회 당국 쪽에서 개입할 필요가 생긴다. 왜냐하면 문제가 공적인 것이 되고, 현상들을 (혹은 널리 퍼진 교리들을, 그릇된 것이라면) 인정하는 것이 옳지 않을 수 있으며, 그런 것들을 비판하는 것이 그것들을 진정한 것으로 벌써 믿고 있는 많은 사람에게 혹시 두려움과 스캔들을 일으킬 수도 있기 때문이다. 박식한 사람에게 의뢰할 수 있다. 그러나 제르송에 의하면 완벽하게 식별을 시행하기 위해서는 학문만으로는 부족하다. 영적 체험이 필요하다. 그래서 신학자이어야 하고 동시에 기도하는 사람이어야 할 것이다.[83]

식별의 기준들

다른 이들의 마음을 자세히 조사하거나 볼 가능성이 없기 때문에, 그들의 열매들, 즉 행실들을 살펴볼 필요가 있다. 이 행실들은 그 징후들을 전반적으로 함께 살펴보고 식별을 진행해야 할 표지들이다. 일반적인 문제들을 고려할 필요가 있을 것이다. "누가, 무엇을, 왜, 누구에게, 어떻게, 어디로부터."[84]

"그 사람"이 정신은 건강한지 혹은 어떠한 약점이나 병으로

토록 의지를 움직이시고 끌어당기실 때, 그러한 열심한 영혼은, 의심 없이 또한 의심할 수도 없이, 자신에게 드러나 보인 바를 따른다"(『영신 수련』 175항).

83) *Oeuvres*, ed. Glorieux, t. 9, Desclée, París, 1973, p.180.

84) "Fallit tamen unum vel alterum signum vel pauca, si non in unum plura conglobaverimus"〔만일 여러 (표지들)을 하나로 종합해 보지 않는다면, 하나 혹은 다른, 또는 몇몇 표지들을 간과하게 될 것이다: *ibid.*〕.

인해 영향을 받고 있는지, 즉 그의 판단이 신중한지 혹은 경박한지, 왜곡되었는지 혹은 허황된 것인지 살펴야 할 것이다. 후자의 경우는 계속 살필 필요가 없다. 왜냐하면 그러한 사람들은 실수하기가 쉽기 때문이다. 그러나 또한 열정적인 형인지, 화를 잘 내는지, 질투심이 많은지 혹은 인색한지에 주의를 기울일 필요가 있다. 왜냐하면 열정은 눈멀게 하거나 잘못 파악하도록 하기 때문이다. 초심자인지(특히 젊은 청년이거나 여성일 경우) 혹은 성숙한지 살필 필요가 있다. 누구와 어떤 문제에 대해 다루는 경향이 있는지, 관련 문제에 있어 교육을 받았는지, 전문가인지 혹은 무지한 자인지를 살필 필요가 있다. 부자인지 가난한지도 살핀다. 부자는 야망과 교만의 위험 때문에, 가난한 자는 이익과 존경을 얻기 위해 가장할 수 있기 때문이다.

카리스마적이라고 주장하는 "**내용이나 교리**"가 부분적으로만이 아니라 모두 온전히 진실인지 주의를 기울일 필요가 있다. 진리의 영에는 허위가 끼어들지 못한다. 반면 거짓의 영 안에는 단 하나의 숨겨진 거짓으로 속여 넘기기 위해 언제나 수많은 진리가 드러난다.[85] 게다가 하느님에게서 오는 진리는 지혜의 특성을 지니고 있다. "먼저 순수하고, 그다음으로 평화롭고 관대하고 유순하며, 자비와 좋은 열매가 가득하고, 편견과 위선이 없습니다"(야고 3,17). 만일 계시되었다고 주장하는 내용이 그것 없이도 알 수 있는 바를 능가하지 못하기 때문에 무익하거나 불필요하다면, 하느님께서는 무익한 일들은 하지 않으신다는 사실을 생각

85) "In spiritu mendacii mille quandoque sunt veritates apertae, ut in unica latenti falsitate decipiat"(*ibid.*, p.181).

할 필요가 있다. 만일 내용이 좋다면, 예를 들어 꿈에서 받은 어떤 좋은 충고같이 좋다면, 선을 행하고 악을 멀리하기 위한 선물처럼 간주되어야 할 것이다.

고려해야 할 또 다른 측면은 그 사람이 그러한 표현을 하게 만드는 "**동기**"와, 어떤 사람들에게 그것을 전하는가 하는 것이다. 제르송에 의하면, 단지 가깝고 드러난 목적에만 주의할 것이 아니라, 멀고 감춰진 목적에도 주의를 기울여야 한다. 인정하지는 않는다 해도, 자랑하려는, 자신에게로 주의를 끌려고 하거나, 다른 이들에 대한 우월함이나 높은 평판 등을 이끌어 내려는 바람을 숨길 수 있다. 그러므로 드러내는 동기가 교훈을 청하는 진정한 바람인지 혹은 필요성인지를 살펴볼 필요가 있다. 만일 이러한 비범한 종류들의 것에 큰 중요성을 부여하기 때문에 그리고 그러한 것들에 매력을 느꼈기 때문에 말을 한다면 이는 악한 표지이다. 그래서 만일 자신을 속이지 않거나 속지 않기 위한 겸손한 경계심 때문이라면, 권위 또는 경험으로 보아 의당 그래야 하는 사람에게 상의하는지, 그리고 듣고 복종할 자세를 갖고 그렇게 하는지를 아는 것이 좋다. 제르송은 자칭 은총 받은 사람을 우선 꾸짖기를, 그리고 스스로를 낮추는 자세가 되어 있는지를 보라고 권고한다.

만일 체험한 사람이 그 현상이 진정한 것이라고 확신한다면 어떻게 반대의 의견을 받아들일 수 있겠느냐고 반론을 제기할 수 있다. 제르송은 다음과 같이 대답한다. 만일 하느님의 선물이라면, 그것을 받은 사람이 하느님께 대한 사랑으로 자신을 낮추었다고 해서 흩어져 없어지지는 않을 것이다. 오히려 더욱 힘을 얻을 것이고 승리로 끝날 것이다.[86)]

주의를 기울여 살펴볼 또 다른 부분은 현상이 일어난 방법과 자칭 환시(幻視) 혹은 계시를 표현할 때 그 인물이 어떻게 드러내는가 하는 것이다. 즉 관상 중에 받았는가? 비밀리에 혹은 공개적으로 받았는가? 옷을 입음에 있어서, 처신에 있어서 겸손한가? 보통 사람들처럼 사는가? 자기 스승들이나 고해신부들에게 말하는가? 과묵한 사람인가 혹은 수다쟁이인가? 호기심이 많은가? 등이다.

교리들의 식별

제르송은 교리들에 적용된 식별에 대해 관찰한 바를 자신의 논문 『교리들의 심사』(*De examinatione doctrinarum*)에서 특별히 종합한다. 여기서 옳은 교리를 세속적 또는 영적 영역에서 떠돌고 있는 의심이 가거나 유해한 교리들과 구별하고 있다. 제르송이 검토한 바는 신학적이며, 무엇보다도 교리적 내용에 있어 결정권을 지니고 있는 권위에 대해 언급하려고 한다. 여기서 제르송은, 그의 훌륭한 인품에도 불구하고, 당시의 여건에 의한 한계들을 드러낸다. 그가 보기에 서방 교회의 분열은 교황의 권위를 떨어뜨렸고, 때문에 일부 공의회주의적 교리들의 영향에서 자신을 벗어나게 했을지도 모르는 충분히 독립적이고 독창적인 판단을 할 수 없었다. 더 이후에 정의될, 교황의 무류성에 대한 진정한 내용을 알지 못했다.

---

86) "Si visio ex Deo est, non dissipabitur in humiliante se sub alieno iudicio propter Deum, sed vigorabitur amplius et vincet"(*ibid.*, p.183).

제기되는 문제는 무엇보다, 마귀가 하느님을 두려워하는 사람들, 의로운 사람들, 단순한 사람들을 속이지 못하게 하는 것이었다. 교리들을 식별하기 위해 적용된 방법으로부터 일반적으로 카리스마적 현상들에 대해 이미 발표된 몇몇 기준들이 나온다.

a) 전제들

1. 그 누구도 하느님의 명령에 따라 인간의 판단에 순명할 자세가 되어 있지 않으면, 교리의 내용에 있어서 사적(私的)인 빛[87]에 의해 인도되도록 불렸다고 생각해서는 안 된다. 게다가 마땅히 그래야 하는 대로 겸손하게 의견을 청한다면 오류를 두려워해선 안 된다. 성령은 선의로 행하는 사람을 내버리지 않으실 것이다. "Qui ambulat simpliciter, ambulat confidenter"〔단순한 마음으로 걷는 이는 신뢰 속에 걷는 이다(잠언 28,18): 새 불가타 역본 및 우리말 성경에 의하면 "Qui ambulat simpliciter, salvus erit"(온전하게 걷는 이는 구원을 받고)〕.

그러나 단순함이 유치함, 무지 혹은 어리석음 등으로 이해되어선 안 된다. 오히려 비참한 이중성, 은밀한 교활함, 호기심 또는 교만 등의 부재로서 이해되어야 한다.[88] 그러므로 어떠한 교리도 결정적으로 판단하여 받아들이지 말도록 권고한다. 오직 있는 그대로 승인된 것만을 받아들이도록 권고한다. 비록 도덕적이

---

87) 확실한 묘사와 함께 어떤 내적 맛으로 진리를 알게 하는 것은 바로 영감받은 빛의 작용이다: "Est autem operatio sua facere quodam intimo sapore cum illustratione certa cognitam esse veritatem"(*Oeuvres* IX, p.464).

88) *Oeuvres* IX, p.466.

거나 철학적인 진지한 견해처럼 보이더라도, 그 내용이나 방법이 교회 박사들의 공통 의견과 다른 어떠한 교리도 받아들여선 안 된다. 새로운 교리에 관해서는, 성경의(1티모 6,20) 권고에 따라, 그것을 확실한 교리와 비교하라. 만일 출처가 터무니없거나, 점성술가의 것이라거나, 악마적인 것으로 보인다면, 성경의 신학적 해석으로 보이는 것조차도 받아들이지 말아야 한다.[89]

2. 교리들을 검사하는 이들을 향해 지혜롭게 처신하라는 권고는 특히 성인들로 그리고 스승들로 자처하는 이들의 이상한 말들을 쉽게 믿지 말라는 것이다.[90] 만일, 우리의 예상 밖으로, 그러나 항상 당신 자신에게 모순됨 없이 원하시는 대로 영감을 주시는 성령께 대한 존중 어린 겸손 속에 있다면, 이것이 진정한 새 소식에의 개방을 중단시키는 것이어선 안 된다.

b) 기준들

1. 교리는 무엇보다도 첫째 조건으로서 성경과 일치하여야 한다.

2. 그렇지만 더 나아가 교리를 가르치는 스승의 자격을 고려해야 한다. 지식이 있는가 혹은 없는가(최소한 그 주제에 관하여), 늙었는가 젊었는가, 덕이 있는가 퇴폐적인가, 판단력이 좋은가

89) 이 근거로서 사막에서 받은 예수님의 유혹을 인용한다. 여기서 악마는 성경의 본문(마태 4,6 이하)을 사용하여 토론을 벌이면서 자신을 드러낸다.

90) 비록 그 인물이 순교자나 시성된 성녀라고 할지라도, 이 사실이 그가 제안했다는 이유로 무슨 교리든지 동의해야 함을 내포하는 것은 아니다. 인물이 이상하거나 미심쩍게 보인다면 더욱 그렇다. 교회에서 권위 있는 판관들이나 스승들의 판단을 기다려야 한다.

혹은 어떤 병에 걸렸는가 혹은 머리가 둔한가, 지혜로운가 혹은 지각이 없는가, 남자인가 여자인가를 살펴야 한다. 그리고 그 스승이 의지하는 출처들도 고려해 보아야 한다. 즉 검증된 학자들인가 혹은 의심스러운 이들인가를 보아야 한다.

3. 교리를 전하는 이 혹은 그것을 전하기 위해 받아들이는 이는 어떤가를 보아야 한다. 즉 아첨꾼인가 혹은 아첨 받기를 좋아하는가? 계시, 환시, 기적 등과 같은 비범한 것들을 찾는 데 몰두하는가? 그러한 교리들을 어떤 목적으로 전하고자 하는가? 어떤 현실적 이득, 자기 자신의 이익 혹은 즐거움, 허영, 명성 혹은 영예를 구하기 위해서인가? 혹은 애덕에 의해서 움직이는가? 반대의 경우를 고려함으로써 검증할 수 있다. 즉 알려지지 않는 가운데 있을 수 있는가? 교정이나 경멸을 받아들일 수 있는가? 반항하고 참을성이 없는가? 교회가 의견을 말하도록 필요한 유예를 받아들이지 않고, 교회의 판단에 복종하지도 않는가?

충동들

『100가지 충동에 대한 논고』(*Centiloquium de impulsis*)[91]는 이 빼어난 지성인이요 열정에 찬 목자 제르송이 영적 식별에 관한 성찰에 부여한 중요성을 잘 입증하고 있다. 제르송은 이 저서를 아마도 1424~1429년 사이에 리옹에서 저술하였을 것이다. 이것은 충동에 관해 10개씩 한 묶음으로 100개의 견해 혹은 고찰을

91) J. Gerson, *Oeuvres complète*, ed. Glorieux, vol. VIII, Desclée, París 1971, n.414, pp.134~149.

모은 전집이다. 우리가 영적 식별에 관해 의도하는 바에 유익한 그의 가르침 중 몇 가지를 여기 모아 보았다.

1. 제르송은 "충동"을 조용하던 상태에서 움직임의 상태로 옮겨가게 하는 모든 종류의 운동으로 이해하였다. 비록 물질적 영역에 용어의 기원이 있지만 영적 영역에 적용되었다. 그리고 이 영역 안에 자연적 운동뿐만 아니라, 의지적, 과(過)자연적(preter-natural), 초자연적 운동도 포함한다.

그러나 하느님의 충동에 의해 발생된 움직임은, 제르송이 특별히 관심을 두었는데, 질서를 안정시키는 방향으로 이끄는 경향이 있다. 평화를 이루는 정돈된 성향은 피조물들 안의, 각각 나름의 방식에 따른, 하느님의 충동(영향 혹은 쇄도) 없이는 얻을 수 없다. 그러므로 피조물들의 평화는 하느님의 영향에 온순하게 복종하는 데 있다.

한편 책임 있고 이성적인 피조물에 대해서는 충동들의 자연적, 형이상학적 혹은 이성적 동기보다는 더욱더 그것들의 윤리적 선이라는 형상적 동기에 유의하는 것이 필요할 것이다.

2. 다른 한편으로, 사람이 느끼는 그 다양한 윤리적 충동들에 대한 확실한 지식은 단지 인간의 힘으로만은 얻을 수 없다. 그러나 제르송에 의하면, 각 사람의 고유한 처지에 따라서, 가능한 지식을 모색할 수 있고 또 해야 한다. 그렇지 않으면, 태만으로 인하여 무지에 떨어진다. 악을 알지 못한다면 훌륭하게 피하지도 못한다.[92]

3. 이 지식에 도달하기 위한 여정은 본성적인 육체적 충동

---

92) Cf. *Cent.* 20.

을 통한 것이 아니다. 그러한 길은 미신, 전조(前兆), 점, 강신술, 혹은 악마와의 접촉 등으로 전락될 것이다. 그리고 또한 있는 그대로의 인간 마음의 감각적 움직임을 통하는 것은 더욱더 아니다. 그러한 것은 많은 열심한 사람들이 범하는 오류이다. 그들은 자기 마음에 일어나는 모든 종류의 충동을 어떠한 저항도 하지 말아야 하는 성령의 확실한 영감과 혼동하면서, 무엇보다 자신이 보기에 선을 향하고 있는 것 같이 보인다면, 자기 마음의 충동을 항상 또는 자주 따라야 한다고 단언한다.[93]

4. 충동이 더욱더 격렬하고 급작스럽게 "더구나 매우 훌륭한 동기 아래"(etiam sub ratione laudabilis: *Cent.* 25) 나타날수록, 그것에 대한 지식은 더욱 의심스러운 것이 된다. 이렇게 초심자의 열성 속에서, 혹은 일정한 쾌락에 젖어 버린 이들 속에서, 긴급하고 저항할 수 없게 보이는 충동이 맹렬하게 나타난다는 것이 확인된다.[94]

5. 역시 마음의 본성적 감정, 열정, 습관 혹은 습득된 본성적 성향을 통해서는 윤리적 충동에 대한 어떠한 그럴듯한 지식도 얻지 못한다. 본성적 체질(다혈질이거나, 화를 잘 내는, 점액질의 체

93) 제르송은 이런 사람들은 더구나 자기 마음의 충동을 마치 확실하게 하느님의 충동인 듯이 생각하고 그에 따라 감히 다른 이들에게 조언과 해답을 주려고 시도할 때 멸망의 도구가 된다고 덧붙인다; "Addunt ad perniciem dare ceteris consilia vel responsa, iuxta proprii cordis impulsum tamquam divinum et certum"(*Cent.* 24).

94) 제르송은 애정이란 그것을 지닌 사람을 배신한다는 것을 고려하게 한다("qui amant sibi somnia fingunt: 사랑하는 사람들은 자기들에게 꿈을 빚는다"). 우리가 애호하는 것에 맞는 환상을 꾸며 내는 것은 쉽다. 특히 여성에게는 기질적으로 충동적이고 불안정하게 되려는 열망과 경향 때문에 자기 마음의 충동들을 쉽게 신뢰하는 특별한 위험이 있다는 것이다(*Cent.* 25).

질 또는 우울한 체질)을 통해서도, 환경이라는 수단, 여건, 혹은 윤리적으로 책임이 없고 지성이 없는 존재들도 느끼는 효과를 지닌 음식을 통해서도 얻지 못한다. 한마디로 그것들을 윤리적으로 이용하는 사람의 조건에 따르며, 그 자체로는 선이나 악에 무관한 그 어떤 것을 통해서도 얻지 못한다.

6. 진정으로 알고 싶은 것은 하느님의 충동들이며 이것들을 사탄의 것들과 구별하는 것이다. 하느님의 충동들은 덕이 있고, 비추임을 받았으며, 자비로운(혹은 온유한) 사람들에게 나타나며, 반면에 사탄의 충동들은 사람에게 있는 성미가 급한 측면, 이성적인 부분 혹은 탐욕적인 부분을 움직이느냐의 여부에 따라서, 폭력적이고, 속이거나 혹은 악의로 가득한 사람들에게서 나타난다.

7. 영혼 안에서 움직이는 하느님의 충동은 그 활동 방식에 있어서 악마적인 충동들과 구분된다. 하느님께서는 이성적 영혼 안으로 돌입하며, 영혼은 그분으로부터 본성 및 은총과 영광을 즉각적으로 받는다. 오직 하느님만이 영혼을 당신이 원하는 곳으로 향하도록 하기 위해 영혼에 대해 내적·외적으로 전적인 주권을 지니신다. 악마는 물론 어떠한 다른 피조물도 그런 주권을 지니지 못한다(*Cent.* 32). 그렇다고 하느님께서 자유의지를 침해한다고 말하려는 것은 아니다. 자유로운 존재인데, 모순이 된다고 하겠다. 오히려 영혼이 뜻하고 있지 않던 것을 영혼 안에서 자발적으로 하게 되기까지, 당신의 마음에 드는 것을 자유로이 설득할 수 있다는 것을 말한다.[95]

95) 성 바오로의 회개를 예로 든다(*Cent.* 33).

영혼 안으로의 하느님의 돌입은 "하느님의 영의 인도를 받는"(참조: 로마 8,14) 사람들을 당신의 법에 따르게 한다. 만일 그들이 율법에 지배를 받지 않는다고 말한다면, 그것은 그들의 행위가 벌에 대한 두려움이나 상에 의한 것이 아니기 때문이며, 오직 하느님의 법을 완성하는 데 있어 하느님의 충동에 따른 때문이다. 그리고 영혼 안으로의 이 하느님의 복된 돌입은 하늘에 속한 인간의 자유의지를 선(善) 안에 확고하게 있도록 한다.

그러나 성화은총, 그리고 또한 초자연적으로 영감받은 모든 은총을 통한 하느님의 충동은 여기서 특별한 계시를 통해서가 아니라면 명확히 알 수 없다.[96)]

8. 사탄의 "격렬한 충동"은 특히 욥의 예(욥 1,21)에서 언급되었다. 또한 대조적으로 하느님의 개입의 권능이 그의 찬미 속에서 나타났다.

9. 우리에게 더욱 흥미로운 것은 사탄의 "**거짓된 충동**"에 대해 제르송이 기울인 관심이다. 이 충동은 자신을 더욱 감추기에 대단히 위험하다. 이 때문에 아마도, 연습을 통하여 습득된 분별의 습관을 이미 지니고 있는 사람이 그러한 것처럼(참조: 히브 5,1), 하느님과 그분의 천사들에게 자신을 마귀에게서 해방시켜 주시도록 청하기 위해 매우 자주 대단한 겸손으로 매달리는 사

---

96) 본성적 명백함을 언급하는 것으로 보인다. 그 때문에 다음과 같이 부언한다. "Non enim videtur certitudo maior possibilis *hic naturaliter haberi* quod homo sit in caritate quam si sentiat quod diligit Deum super omnia, paratus mori pro se..."(즉, 자기를 위해 죽을 각오가 된 채, 모든 것 위에 하느님을 사랑하고 있다고 여기는 것보다 사람이 사랑 안에 있음이 '본성적으로 간직되고 있다는 이 점에' 더 큰 가능한 확실성이 있다고는 사료되지 않는다: *Cent.* 40. 이탤릭체는 필자의 의도이다). 그리고 사랑 없이도 몸을 불 속에 내던질 수 있음을 전제하고 있는, 사랑에 관한 성 바오로의 구절(1코린 13,3)을 언급한다.

람은 아무도 없는 것 같다.

만일 그러한 충동이 단지 총괄적으로만 알려진다면, 그 충동을 피하는 데 아무런 도움이 되지 못한다고 제르송은 단언한다. 그리고 부분적으로만 알려진다면 그것을 이기는 데 인간의 힘만으로는 충분치 못하다(*Cent.* 58).[97] 헛되이 자신을 자랑하며 이 점에서 다른 이들보다 더 낫다고 여기는 이들, 혹은 현명치 못한 호기심으로 다른 이들을 가르치려 하는 이들, 혹은 기도에 미지근한 이들, 혹은 스스로 이미 해를 입을 수 없는 존재가 되었다고 믿는 이들은 마귀의 속임수에 넘어간다(*Cent.* 54).

10. 사탄의 기만적 충동은 심지어 자기가 승리할 때에도 비이성적인 격노와 어리석은 탐욕으로 나타난다. "그 안에서 이성을 찾아보아라, 평화를 찾아보아라, 찾을 수 없을 것이다"(*Cent.* 56).[98]

사탄은 하느님의 확실한 계명까지도 의심스럽게 만들기 위해 신학자 흉내를 낸다(참조: 창세 3,1). 그러나 결국 조장하는 것은 인간적, 지상적, 동물적, 악마적 지혜이다. 즉 부, 쾌락, 명예, 세속적 허영 등이다(*Cent.* 68). 자신의 생각들을 헛된, 혹시 대단한, 그러나 꿈속에서처럼, 지혜가 있다며 거만하고, 위로와 활기를 주는 저 내면의 의미가 결여되어 있으며, 아니 더 나아가 영혼에게 무거움과 괴로움을 던지는 말들로 포장하면서, 달변으로 화려

---

97) 이를 피하기 위해 무엇보다 청원 "et ne nos inducas in tentationem"(저희를 유혹에 빠지지 않게 하시고)을 지향한다. 반면에 격렬하고 악한 충동을 거슬러서는 더욱 "sed libera nos a malo"("악에서 구하소서" 혹은 "악한 충동에서")라는 구절로 향한다.

98) "Quaere in eo rationem, quaere pacem et non invenies"(*Cent.* 56).

하게 자신을 드러낸다(*Cent.* 70).

11. "**악의적 충동**"은 상상적 자유와 교만을 고유한 목적으로 지니고 있다. 벌받지 않고 무사히 저주하는 맛으로 하는 이유 없는 저주, 어떠한 유익도 없는데 거룩한 곳과 거룩한 축제를 모독하는 것, 부모에 대한 모욕 혹은 짐승 같은 죄악들, 어리석게도 하느님을 부정함, 못생겼는데도 단지 처녀이기에 처녀들을 범함, 범죄자가 공범자를 찾는 것을 기뻐함 등으로 나타난다. 그의 기쁨은 무죄한 사람의 넘어짐이요 죄질의 엄청남이다. 혹시 죄인이 회개할 때 회복할 길이 없도록 죄가 문제를 일으키면 일으킬수록 더욱 좋다. 악의적 충동의 특징은 알려진 진리를 부정하는 것, 오만, 질투, 속죄하지 않음, 절망 등이다.[99]

12. 악의적 충동이 지닌 악의의 또 다른 면모는 "하느님의 선물을 모방"하는 데서 드러난다. 대체적으로 학문적 혹은 지혜의 모습을 띤 말들, 거짓 신앙, 거짓 특전들(병의 쾌유, 예언, 분별, 말씀, 해석 등), 가짜 사도들, 가짜 박사들, 가짜 순교자들과 또한 가짜 동정녀들, 가짜 수도자들과 은수자들, 자신의 약함을 잊고 자신을 경배하게 하는 불쌍한 사람(*Cent.* 81~85) 등으로 나타난다.

13. 악마는 관상가들을 속이는 것을 즐거워한다. 만일 그리스도인이 감히 신앙으로부터 떨어져 나오려 하지 않으면, 육(肉)과 세상에 그를 얽어매려 노력한다. 그리고 만일 성공하지 못하면, 교만해지도록 그리고 자신의 이웃보다 더 훌륭하다고 믿도록 하기 위해서, 성경 봉독 또는 신비들을 이해하는 데 있어 거짓된 달콤함으로 그를 채우면서, "**영적 음식**을 사용하여" 그를 속이려

---

99) Cf. *Cent.* 71~80.

한다(*Cent.* 85~90).

14. 반면에, "**하느님의 섭리**"는 시련과 원수의 공격에 들어, 더욱 하느님을 두려워하고 영적으로 가난하며, 다른 이들에 대해 더욱 자비롭고, 더 이해심 많고, 자신을 구원하는 유일한 존재이신 하느님을 더욱 강렬하게 열망하고, 영원한 재물에 비해 흘러갈 허영을 더욱 무시하며, 주님의 법과 더욱 분별력 있게 일치하고, 자기 마음의 빛에 더욱 건전하게 개방적이 되고, 평화와 영적 지식을 더 지니고, 믿음, 희망, 사랑의 덕에 더욱 성장하게 될 때, 당신의 권능으로 이 겸손한 이를 높이심으로 드러난다.[100]

디오니시오 리켈(카르투시오회 수도승, †1471)

서언

디오니시오는 이전 시대에 축적된 식별에 대한 모든 지식을 명쾌하게 종합한다. 앞선 인물들의 가르침에 대해 깊이 있게 성찰하고 필요하다고 판단되면 비평도 하는 영적 체험을 지닌 인물이면서도, 독창적이라기보다는 다른 이들이 이미 발표한 교리들의 부지런하고 빛나는 편저자요 해설자였다. 그러나 로에르몽의 카르투시오 수도원의 고독으로부터 탄생한, 훌륭한 전달자로서의 거대한 일 때문에 뛰어난 그만큼 식별에 대한 새로운 심화나 혹은 응용을 제공하는 데 있어서는 빼어나지 않다.

[100] Cf. *Cent.* 91~100.

그의 소품 「영들의 심사와 분별」(*De discretione et examnatione spirituum*)[101]은 이미 경건하게 운명했지만, 수도원의 형제들 사이에서 그의 행실과 글들이 경탄과 당혹감을 일으킨, 한 성실했던 수도자에 대하여 의뢰받은 자문을 계기로 세상에 나오게 되었다. 해당 경우에 대한 적용이 먼저 나오고 이어서 교리적 해설이 "부록"으로 따라 나온다. 주제에 대해 본질에 이르기까지 성찰하고자 하는 어떤 원의를 지니고 평온하고 질서 있게 전개하고 있다. 그는 성경과 앞선 시대의 신학자들과 영성가들의 가르침을 원천으로 삼고 있는데, 분명 그의 박학함은 헤아릴 길이 없다.

사람으로서 짐작할 수 있는 어려움을 가늠하고, 다음으로 계산에 넣는 수단들과 이를 실현하기 위해 적합한 조건들을 나열하기 위해, 식별이 어떤 영과 관계가 있는지를 밝히는 것으로 시작한다. 그를 움직이는 다양한 영들의 출처를 인식하는 데 도움이 될 수 있는 표지들을 구별하며, 특별히 의뢰받은 자문이 구체적으로 관련된 주제들인, 계시, 환시, 내적 움직임 등을 식별하는 방법에 관심을 둔다. 그러나 아마도 그의 본래의 신학적 관심사를 드러내 주는 더 독창적 논점은 어디까지 그리고 어떤 종류의 확신으로써 사람이 자신을 움직이는 영이 성령인지 알 수 있느냐를 조사하는 문제일 것이다. 그렇지 않고서는 사람 안에 성령께서 안정적으로 현존하시게 하는 은총 속에 있는지를 절대적으로 확실하게(어떤 특별한 계시 없이) 알 수 없기 때문이다.

---

101) Dionysii Cartusiani, *Opera omnia*, t. XI, Cartusiae Tornaci, 1911; *Opera minora*, VIII, pp.261~319.

디오니시오의 주요한 교리적 입장

1. "영"이란 용어는 천사, 은총(유다 1,19), 이성적 영혼, 의향(루카 9,55), 정서적 움직임, 살아 있는 영(히브 4,12) 등을 아우르면서, 성령에서부터 바람에 이르기까지 포함하는 다양한 의미로 적용된다. 디오니시오는 하인리히 폰 랑게슈타인〔Enrique de Langestein ("de Hassia")〕이 정한 구분을 받아들인다. 즉 다섯 가지 내부의 영〔성향, 습관, "정욕"(fomes), 끌어들이는 경향, 열정(pasión)〕, 여섯 가지 외부의 비본질적 영(보이는 아름다움, 들리는 즐거움, 냄새, 부드러운 맛, 만질 수 있는 것에 대한 사랑, 유익한 것에 대한 애호), 그리고 네 가지 외부의 본질적 영(성령, 이성적 영혼, 천사와 악마) 등이다.[102]

2. 비록 일반적으로 이것들이 서로 다르다는 것을 우리가 알고 있다고 해도, 특별히 이를 알고자 애쓸 때, 우리를 움직이는 영들을 구별하는 것은 힘든 일이 된다. 왜냐하면 악한 영은 예를 들어 하느님의 부르심을 받지 않은 어떤 이를 선한 일로 움직이게 하면서, 수도회에 들어가게 하거나 서원을 하게 하고, 나중에 그의 불안정한 품행이나 퇴회로써 문제를 일으키도록, 변장을 하기 때문이다. 혹은 진실한 것들을 광고하여, 그다음에 그것들을 믿은 이들을 속이거나, 혹은 악한 영 자신이 어떤 가시적이거나 비가시적인 표현을 드러내어 이들을 속인다.

3. 우리는 하느님의 도우심과 우리에게 허락하시는 식별의 가능성에 의지한다. 그분은 성화은총이라는 영속적 방식으로가

---

102) 참조: 『영들의 심사와 분별』(*De discretione et examinatione spirituum*), en *Opera omnia*, t. 40, Tournai, 1911, art. 2, p.268.

아니라 우연적이고 일시적인 감흥과 열정(받은 선물)의 방식으로 ("per modum passionis et impressionis transeuntis")[103] 영혼 안에 있는 영의 식별의 카리스마를 부여하심으로써만이 아니라, 또한 성경에 대한 폭넓은 지식으로써, 혹은 내부의 영감, 조명, 그리고 위에서 우리에게 내려오는 경험에 의한 맛을 통해서 가능하게 하신다. 이 때문에 영성 생활에 더 경험이 있는 이들은 자기 자신과 다른 이들에 대해 더욱 틀림없이 확실하게 식별할 수 있다.[104]

4. 우리가 말할 때 갖고 있는 판단은 이성을 올바르게 사용함으로써 올바로 형성되지만, 또한 언급되는 그 문제와 판단하는 사람의 공동 본성을 통해서도 그렇게 된다. 그리고 하느님의 일에 있어서도 비슷하게, 올바른 판단은 지성의 습관으로서의 지혜와, 지혜의 선물을 영혼에게 선사하는, 신적인 것들과의 공동 본성에 상응한다.[105]

5. 다양한 영들을 구별하기 위한 표지들은 그 영들이 맺는

103) *Ibid.*, p.269.

104) *Ibid.*, art. 5, p.271. 이 구절의 성경적 관련 근거는 코린토 1서 2장 14~15절이다.

105) *Ibid.*, p.272. 더 나중에, 관상 안에서 실현되며, 완전한 이들이 애덕 안에서 그리로 승화되는 지혜의 선물과, 신앙의 문제들을 선언하고, 설득하며, 방어하기 위해 도움이 되며, 그것을 지니고 있고 행사하는 사람이 더 낫거나 더 완전한지는 상관이 없는 카리스마적 은총("gratis data: 무상으로 주어진")인 선물, 즉 "sermo sapientiae"(지혜의 말씀)를 구별하게 될 것이다(p.280). 루카복음 5장에 대한 주해에서 다음과 같이 말할 것이다. "Carnalibus quoque non statim spiritualia dulciter sapiunt, quamvis in se dulcissima comprobentur. Unde ea quae Dei sunt, in principio difficulter adimplent, quae habituati in bonis delectabiliter prosequuntur"(아무리 자신 안에서 가장 감미로운 것들이 확인된다고 하더라도, 육적인 것들로도 또한 영적인 것들을 즉시 문제없이 매끄럽게 아는 것은 아니다. 그런 이유로 하느님께 속한 것들을, 처음에는 어렵게 이행하지만, 선한 것들 안에서 덕을 지니게 된 사람들은 그것들을 즐겁게 뒤따른다): art. XIII, p.501.

열매들에 상응하며, 하느님 말씀(참조: 마태 7,17; 루카 11,15~23)으로 우리는 그 열매들에 유의하도록 불렸다.

선한 영의 표지

하느님으로부터 오는 움직임이나 영감은 그 열매로써 알 것이며, 성령의 열매들일 것이다. 즉 그리스도와 성인들의 면모와 모범을 따르게 하는 것, 겸손, 선을 행함에 있어서 용기와 위로, 마음의 덕에 힘을 증진시키는 것 등이다. 천사들에게서 직접 나오는 영감은 사람을 격려하면서 이 같은 방향으로 간다. 그러나 이 카르투시오 수도승은 죄인들이나 초보자들, 그리고 진보하고 있는 사람들과 완전한 사람들 안에서 어떻게 작용하는지 그 방식을 구분한다. 죄인들에게는 그들을 악으로부터 빼내며(참조: 민수 22,22~26; 히브 10,31), 악의 길에 있는 그들에게 장애물들을 놓고 양심의 가책을 일으킨다(유다 1,22~23). 그리고 그들에 대한 악한 영의 공격을 제지하기도 한다(묵시 2,1~2). 초보자들에게는 그들이 길을 가는 것을 도우며(창세 19,16~17), 그들을 속죄와 생활의 변화로 이끌고(참조: 즈카 3,4; 이사 6,6~7), 선을 교육하며, 건전한 교리로 이끈다(다니 9,22 이하; 사도 9,17; 10,5). 그리고 완전한 사람들에게는 관상을 하도록 그들을 조명하며, 하느님의 비밀을 밝히는 데 도움을 주고(토빗 12,6; 다니 2장), 그들을 보호하고 지키며(시편 91,11~12), 사랑에 대한 열정으로 나아가게 한다(묵시 3,18).

황홀경(éxtasis), 탈혼(rapto), 뜨거운 열(ardor), 방문(visita), 조명이나 계시 등은, 진실한 참회, 악에 대한 혐오, 덕에 대한 사랑, 순수하고 열정적이며 마음에서 나오는 애정, 깊은 겸손, 자기애로부터 벗어남, 감각에 대한 주의, 장엄하신 하느님께 대한 흠숭, 그분의 계명(요한 15,10.14) 및 신분과 개인 성소에 따르는 의무의 준수 등으로 고무하고 이끌어 간다면, 하느님 또는 선한 영에 의한 것으로 간주될 것이다.[106] 또한 만일 우리가 순종적이고, 모범적이며, 잘 따르고, 항구하며, 선에 확고히 머물고, 하느님을 두려워하며, 참된 지혜의 특징을 지니게 된다고 할 때도 그렇다(참조: 갈라 5,22~23; 야고 3,17).

그러나 이 카르투시오 수도승은 무엇보다도 하느님에게서 직접 오는 움직임과 선한 영으로부터 오는 움직임을 구별하는 데 심혈을 기울였다. 마지막에 가서는 선한 천사가 은총을 통해 우리에게 행하는 것을 하느님께 돌려야 하는 것이라면 이 구별에 그렇게 세심할 필요는 없다고 단언해야 할 것이지만 말이다.[107]

그렇지만 그의 지성적 노력이 아무 쓸모 없는 것은 아니었다. 성 토마스의 『대이교도대전』(*Summa contra gentes*, lib.III, c.88)에 의거하여, 이 카르투시오 수도승은 오직 하느님만이 창조주로서 인간의 의지에 직접 영향을 미쳐 당신이 원하시는 곳으로 향할 마음을 일으키실 수 있다고 가르친다.[108] 그리고 다른 것들

---

106) Cf. art. 6, p.273. 그리고 다음을 인용하면서 부언할 것이다. Ricardo de San Victor, 『관상에 대하여』(*De contemplatione*): "Divinus procul dubio nuntius est, per quem divinae beneplacitum voluntatis agnoscimus, per quem ad aeternorum illuminationem illuminamur, per quem ad divinorum desideria inflammamur"〔확실히 신적인 명령이 있는데, 그것을 통해서 (우리는) 신적 의지의 은혜를 알고, 그것을 통해서 영원한 빛들을 향해 조명되며, 그것을 통해서 신적인 갈망들로 불타오른다: art. 7, p.276〕.

107) *Obras*, t. 40, p.305.

108) 인용한 곳에서 성 토마스가 잠언 21장 1절, 필리피서 2장 13절에 대하여 언급한

(영이나 사람)은 피조물이며, 오직 인식과 감각적·상상적 매력, 또는 이것들에 의해서 창조된 본성에 따라 유발된 사전의 지적 행위를 통해 "의지를 설득하는 방식으로"(per modum suadentis) 의지 안에서 활동할 수 있다는 것이다. 이 사실 때문에 그는 하느님 사랑의 뜨거운 열기, 진정한 신앙에 대한 조명은 성령의 도래와 함께 영혼 안에 들어온다고 단언하기에 이를 것이다.[109] 그 때문에 영혼에 일으키는 후회와 통회의 영감은, 특히 급격히 일어나고 진심으로부터 우러나온다면, 하느님의 것으로 간주할 것이다. 또한 그 어떠한 세속적 형벌이나 악으로 인해 슬퍼하는 것 이상으로 악을 저질러 비할 데 없이 사랑하는 하느님께 죄를 지었기 때문에 슬퍼하기에 이르기까지 하느님께 영혼을 개방하면서 죄에 대한 증오와 이를 고백하려는 뜻도 하느님에게서 오는 고유한 것으로 여길 것이다. 혹은 태만, 소심함, 우유부단함, 비겁함 등을 없애 버리고, 활기, 기민함, 내적 즐거움을 주면서, 특히 급격하고 효과적으로, 의지가 사랑에 타오르는 것도 마찬가지이다. 또는 성령의 일곱 가지 선물의 행사에 대한 관상도 하느님에 의한 것으로 여길 것이다.[110]

바와 같다.

109) Cf. art. 7, p.276: "하느님 이외에는 그 어떠한 것도 바라지 않고, 그분 안에서 네 자신을 전부 온전히 불사른다면, 성령께서 너와 함께 있음을 의심하지 마라. 홀로 나만이 이것을 행할 수 있으며, 악마에게는 불가능하다. [⋯] 나는 네게 하느님을 영광스럽게 하며, 올바른 신앙을 보존하고, 절제를 사랑하도록 명했다. 그 때문에 세상은 인간을 위해, 필요에 따라 사용하도록 만들어졌다. 그러나 악한 영은 네가 자기 자신에 대한 찬사를 추구하고, 하느님의 은혜를 갖고 우쭐대며, 모든 수족의 무절제를 찾아다니도록 너를 설득하는 자이다."

110) "...Contemplatio mysticae theologiae affectus et signum est divini instinctus"(신비신학의 관상은 신적 충동의 정서와 표징이다). Cf. *De examinatione...*(교리들의 심사), art. 23, pp.304~305.

선한 천사나 또는 사람은 다른 이를 "직접 효과적으로 그에게 〔사랑을〕 새김으로써가 아니라"[111] 그를 조명하거나 준비시키면서 사랑으로 나아가도록 격려할 수 있다. 그 때문에 사랑할 준비를 하게 하는(사랑을 실현하거나 낳는 것이 아니라) 조명, 유혹을 극복하고 태만이나 선을 행하는 데 대한 무관심에서 벗어나기 위한 도움, 부지런해지고 악이나 위험으로부터 해방되어 떨어져 나와 덕을 향해 가는 움직임 등은 선한 영의 것으로 돌려야 한다.[112]

---

111) "...non tamen inmediate efficienter imprimendo"(*ibid.*, p.304). 다음은 바로 하느님에 의한 것이다. 즉 "inmediate agere in vim affectivam superiorem, utpote voluntatem, praesertim in apicem voluntatis"(보다 상위의 정서적 역량에, 의지와 같은, 특히 의지의 정점에 직접 작용하는 것: p.273). 천사들은 다음과 같이 할 수 있다. 즉 "inmediate agere, imprimere et influere... in vim intellectivam, daemones vero, in vim imaginativam sensitivasque vires interiores et exteriores, atque in appetitum sensitivum"(지성적 역량에 즉각적으로 작용하고 새기고 침투하는데, 마귀들은 그러나 상상력과 감각의 역량, 또한 감각적 욕구에 내적-외적 힘을 그렇게 한다: pp.273~274). 성 아우구스티노의 예를 들고 있는데, 그는 그 자신이 경험한 사실에 비추어, 그가 꾼 꿈을 하느님의 계시로 돌렸다는 것이다. 그가 경험한 사실이란, 잠에서 깰 때 그 자신 안에 이전까지는 결코 없었던 크나큰 사랑의 열정을 느꼈다는 것이다. 결코 더는 질투나 교만에 대한 생각이나 맛을 느끼지 않았다. 이후로는 자기 자신의 선보다는 다른 사람의 선에 대해 더욱 즐거워하였다. 다른 이들을 따르는 것을 그들 위에 군림하는 것보다 더 기뻐했다: "Quod dixerim ne quis putet somnia vana fuisse quae vidi"〔누군가가 내가 보았던 꿈들이 헛된 것들이었다고 여기지 않도록 내가 말했던 그 사실: *ibid.*, *Epist. de obitu gloriosi Hieronymi*(빛나는 예로니모의 죽음에 대한 편지)에서 인용〕.

112) Cf. art. 6, p.273과 art. 23, p.305. Art. 6에서 움직임들이 다음과 같다면 악에서 오는 것이 아니라는 것이 확실하다고 선언할 것이다. 즉 움직임들이 "inmediate, improvise, aut subito incipiunt et causantur in apice affectivae aut vertice intellectivae potentiae..., certum est a spiritu malo non esse"(즉각적으로, 갑자기, 정서적 정점에서나 혹은 지성적 역량의 정섬에서 일어나고 발생되면 〔…〕, 악한 영에 의한 것이 아님이 확실하다: p.274). 그런 움직임들과 함께 인간의 능력은 놀랍게 자극받고, 빛나며, 불타오르고 통합되었음을 느낀다.

또한 인간은 특히 은총 속에 있고 은총에 의해 움직이도록 자신을 내맡길 때 자연적 본능으로 선에 협력하고 악으로부터 떨어져 나올 수 있다. 그리고 이 점에 있어서 이 카르투시오 수도승 디오니시오는 프리마르(Enrique de Friemar)보다 더 낙천주의적이며, 그에 동의하지 않는다.

자연적 본능

이 카르투시오 수도승에 따르면, 프리마르는 그의 『본능론』(*De instinctibus*)에서 인간의 본능을 덕의 반대라고 보아, 악한 영의 작용인 선동이나 성향을 염두에 둔다. 악한 영에 의한 선동은 고귀하고 희귀하거나 세련된 말들로써 다른 이들을 찬양하며, 존경과 자신의 만족, 분산 혹은 탕진을 조장하며, 하느님의 사랑에 대해 미지근하게 하고, 인간을 자기 자신 안에 가두고 하느님에게서 멀어지게 한다. 이 때문에 자연적 본능을 "극도로 애를 써서 피해야 할"(summopere vitandus) 것으로 간주한다.

반면에, 이 카르투시오 수도승은 자연적 본능은 있는 그대로 선과 진리로 기운다는 사실을 증명하기 위해 광범위하게 성찰한다. 즉 자연적 본능은 "어떤 창조되지 않은 지혜의 각인이자 영원법의 분여(分與)"(quaedam sapientiae increatae impressio ac participatio legis aeternae. 참조: 로마 2,14~15; 요한 1,19)이므로, 선과 은총의 선물을 행하고 받을 준비가 되어 있다는 것이다. 그렇지만 죄와, 진리와 선으로부터 떼어놓는 "**정욕**"(fomes) 때문에 변형되고 불완전하게 되었기 때문에, 지식 안에 호기심을 뒤섞어 넣고, 때때로 이성을 초월하는 일에 저항한다. 때문에 은총에 의해서 인도되고, 하느님의 법에 의해서 장려될 필요가 있다. 본성적 열정(pasiones naturales)은 그 자체로 이성에 의해서 지배되고 조종되도록 내맡겨지거나 또는 그렇지 않을 때를 제외하고는 선하지도 악하지도 않다. 이성에 의해 지배되도록 내맡겨지지 않을 때는 비난받을 만한 것으로 바뀌며 덕에서 떨어져 나간다. 신심이나 주입된 영감이 실제로 하느님에게서 온 것인지 아니면 오히려 우리 자신의 내면에서 온 것인지 호기심을 갖고 조사하거나, 혹은 기도나 예배 중에 때때로 선이나 더 큰 선의 겉모습을 띠고, 그러나 실제로는 우리 자신 안에 허영이나 어리석은 자만을 일으키기 위해 건방진 태도를 암시하면서 장애물을 만들 수 있다. 한마디로, "Nisi sollerter frenetur, cito ad commoda sua propriumque honorem inflectitur."[113]

그러나 이성과 하느님의 법에 의해 지배되고 조종된 본능적 욕구는 가치가 높은 것이 된다.[114]

악한 영의 표지

허영으로 충동질하여, 단지 우리 힘만을 믿게 하고, 무모하고, 우쭐하며, 거만하고, 유별나며, 육적이고, 부주의하거나 게으르며, 우리 자신에게만 집중하게 한다. 일반적으로 모두 선한 영과는 반대된다. 뿐만 아니라 때때로 선이나 혹은 더 큰 선의 겉

113) "만일 노련하게 억제하지 않으면, 손쉽게 자기 이익과 영광으로 빗나가게 된다"(art. 20, p.299).

114) 단지 우리의 본능이나 본성적 활동의 결실일 뿐인 것을 하느님께 돌리지 않도록 고려해야 할 것이며, 이에 대해서는 앞으로 환시에서 언급할 것이다.

모습을 하고 나타나 악으로 이끌거나 선을 행하는 것을 방해하거나 늦춘다.

그리고 여기서 또다시 항상 선한 영은 당황하게 하면서 시작하여 나중에 위로를 하고, 악마의 영은 위로하면서 시작하여 나중에 동요시키는 것은 아니라는 사실을 분명히 하면서 프리마르에 반대한다.[115]

예언과 환시에 대한 적용

계시와 환시에 있어서 식별에 관계되는 것에서는 대체적으로 제르송의 교리를 따른다. 그리고 이 교리에 빈틈없이 대단히 주의를 기울여 "부록" 안의 올바른 교리에 적용할 것이다.[116] 무

115) 창세 22,11~14; 여호 1,9~15; 창세 32,1~2에 의거한다. 루카 1장에 대한 주해에서, 즈카르야와 마리아에게 한 천사의 통보에 대해, 성 요한 크리소스토모를 인용하면서 주해한다. "Non potest homo quantumcumque sit justus, absque timore cernere angelum"(인간은 얼마나 의롭든지 간에, 두려움 없이는 천사를 알아볼 수 없다: *Obras*, t. 11, p.376). 그리고 이어서 성 아타나시오의 *Vita Antonii*를 인용하면서 계속한다. 즉 두려움 뒤에 이어서 즐거움이 따른다면, 우리는 그 도움이 주님에게서 나온다는 것을 알게 되는데, 왜냐하면 영혼이 느끼는 안심이 장엄하신 하느님의 현존의 표지이기 때문이다. 그러나 만일 주입된 두려움이 계속된다면 원수에 의한 것이라는 표지이다. 베다(Beda)에 따르면 자신의 현존으로 놀란 사람을 위로하는 것은 바로 천사의 권위에 의한 것이기 때문이다. 그리고 반대로 악마들은 자신의 현존으로 이미 공포를 느끼는 이들을 여전히 더 전율케 한다. 왜냐하면 이미 생긴 공포를 증대시키는 것은 이성의 올바른 판단을 방해하기 위해 행하는 악마의 냉혹함의 전형적 행위이기 때문이다 (*ibid*., p.377. Cf. "Expositio in Luc 1, 12-13", en *Opera*, Turnholt 1960 = CC, 120, pars II, p.24).

116) Cf. pp.306~318. 우리가 다루는 영적 인물이 몇몇 경우에 어디까지 과장하고 있었는지 설명하고자 할 것이다. 그래서 그의 어떤 모호한 표현이나 혹은 비범한 것으로 드러나는 어떠한 행위의 의미를 이해할 수 있고, 또 다른 이들을 위한 모범으로서 어떠한 의미에서 따를 수 있는지 여부를 알 수 있을 것이다.

엇보다도 그 교리의 저자에게 있어 계시와 환시가 가지는 의미를 항상 파악하려고 시도하면서, 그리고 계시와 환시를 받는 사람에 대한 선입견에 의한 입장이나 혹은 있을 수 있는 좋지 않은 몰이해로부터 나온 악의적 해석을 피하고자 애쓰면서 그렇게 할 것이다.[117)]

특히 환시에 대해 랑게슈타인(Enrique de Langestein, †1397)에 따라, 뚜렷한 표지 네 가지를 구별한다. 이 표지들을 통해서 누가 하느님에게서 나오는 환시를 체험했는가에 대한 개연성을 얻는다. 즉 1) 사랑(la caridad), 2) 공동선과 이웃의 회개를 위한 열정, 3) 권위나 혹은 공동선을 위해 맡고 있는 책임, 4) 육적이고 물질적인 것들로부터 떨어져 나가기 위한 기민함과 순수함 등이다.

과거에 많은 이들이 떨어진 속임수들에 대하여, 그리고 계시들을 식별에 부치지 않는다면 차라리 듣지 않는 것이 얼마나 유익한지에 관하여 알려 줄 것이다. 환시 속에서 그리스도께서 당신을 경배하기를 요구하면서 나타나거나 천사가 자신을 공경하기를 요구하며 나타나는 경우가 제시되며, 매우 다양한 양상을 지닌 입장을 취한다. 아직 영들에 대해서 충분히 분별하지 않았다면, 곧바로 경배하지도 거부하지도 말아야 하며, 오히려 이 순간에 우리가 해야 할 바에 대해 영감을 주시도록 하느님을 부르라는 것이다. 물론 경배하거나 공경하면서, 그러나 그 존재에 대해 다음과 같이 생각하면서 응답할 수 있는 여지를 물리치지는

117) 이 카르투시오 수도승은 그러한 수도자들의 행위와 말이 많은 사람의 주의를 끌며 적절한 정도 이상으로 과장되는 것을 지켜본다. 때문에 그것들을 나쁜 측면에서 판단하고, 가장 나쁜 의미에서 그것들을 해석하는 것은 위험하다. "오히려 문제를 하느님께 맡겨야 한다. 물론 그의 글이 언급하는 것 전부가 받아들여지거나 지지받을 수 있는 것은 아니라 할지라도"(p.318).

않는다. "만일 당신이 그리스도라면 당신을 경배합니다."[118)]

식별에 있어서 확신

디오니시오는 우리가 식별할 때 도달할 수 있는 확신에 대한 성찰에 특별히 관심을 기울였다. 아마도 그가 한 가장 독창적인 기여 중의 하나일 것이다. 이 동일한 문제와 관련하여, 더 나중에 칼 라너는 하느님 뜻의 식별이라는 주제에 대해 체계적으로 구성하게 될 것이다.

이 카르투시오 수도승은 사적 계시에 의해서가 아니라면, 아무도 자신이 은총 상태(따라서, 사랑을 소유한 상태)에 있는지에 대해서 절대적 확신을 지닐 수 없다는 성 토마스의 확언으로부터 출발한다.[119)] 그리고 성경의 다양한 많은 말씀들(1코린 2,12; 로마 8,16; 2코린 13,5; 요한 14,21; 1요한 2,5; 2베드 1,10)에 의해 움직여, 굴리

118) Cf. art. 14.

119) "Nemo certitudinaliter scire potest se esse in caritate; sed potest ex aliquibus signis probabiliter conjicere"〔누구도 자신이 사랑 속에 있다는 것을 확실하게 알 수는 없다: 하지만 어떤 표지들로부터 개연성 있게 추측할 수 있다: 『신학명제(론)집』, 1권, dist. 17, 1문제 4절(*I lib. Sent.*, dist. XVII, q.1, art. 4 c)〕. 다음의 성경 본문에 근거한다. 즉 코헬 9,1; 1코린 4,4: "Nihil enim mihi conscius sum; sed non in hoc justificatus sum: qui autem judicat me, Dominus est"(나는 잘못한 것이 없음을 압니다. 그렇다고 내가 무죄 선고를 받았다는 말은 아닙니다. 나를 심판하시는 분은 주님이십니다). 트렌토 공의회는 제6차 회기 "De justificatione"(의화에 관한 교령), 9장에서 그 누구도 그가 "오류가 있을 수 없는"(cui non potest subesse falsum) 신앙의 확신을 가지고 하느님의 은총을 얻었다는 사실을 알 수 없음을 분명히 인정하였다(cf. DZ-SCH., 1534). 그리고 같은 제6차 회기의 법규 16조에서 그 누구도 특별한 계시를 통해서 알지 않는 한 그가 끝까지 참아 내게 하는 은총의 선물을 받을 것이라고 절대적으로 틀릴 수 없는 확신을 가지고 단언할 수 없다고 규정하였다(*ibid.*, 1566).

엘모 알티시오도로(Guillermo Altisiodoro)의 명제로 기운다. 즉 이를 모종의 방법으로 세 가지 동기에 의해서 알게 된다. 그 세 가지 동기란 곧 1) 이 세상의 불행 한가운데서 어떤 위로를 얻기 위해서, 2) 이에 대해 하느님께 감사드리기 위해서, 3) 우리가 더욱 나아지도록 격려받았음을 느끼기 위해서이다. 그러나 또한 우리가 더욱 신중하고 겸손하게 되도록, 그리고 우리의 구원을 얻고자 애쓰는 데 있어 더욱 부지런해지도록 모종의 방법으로 이를 무시하기도 한다.[120)]

카르투시오 수도승 디오니시오에 따르면, 우리가 사랑 안에 있다는 것을 막연하게나마 알게 하는 일련의 자료들이 있다. 즉 하느님을 흠숭하고자 결심한 기민한 마음, 계명의 완수, 하느님께 대한 찬미, 그리고 죄를 피하고자 애쓰는 마음을 동반한 죄에 대한 증오 등이다. 또한 유혹과의 힘찬 싸움과, 자기 죄뿐만 아니라 다른 이들이 범한 죄 때문에도 하느님의 마음을 상하게 한 탓으로 오는 극도로 격심한 고통, 모든 이들의 구원에 대한 열렬한 열망, 하느님께서 말씀하시는 바를 기꺼이 듣는 것, 하느님의 집에 머무는 즐거움을 느끼는 것, 다른 이들의 회개를 위한 열정적 노고, 매일의 양심 성찰, 모든 것을 하느님의 영광으로 돌리

---

120) 참조: 『신학명제(론)집』(*libros Sententiarum*), 4권의 *Summa aurea*, lib.III, tract. 5(v. reimpr. Frankfurt 1964, fol. CL, col. 2~4 y fol. CLI, col. 1): Dionysius Cartusianus, *Opera*, t. 40, p.288. 헤일스의 알렉산데르(Alejandro de Hales)에 따르면, "caritatem esse in te et Spiritum Sanctum in te esse nescis, cum hoc non sit scibile, sed credibile: ergo non scis caritatem in te esse"〔네 안에 사랑이 있음을 그리고 네 안에 성령이 있음을 (너는) 모른다. 비록 이 사실을 알 수 없다고 해도 믿을 수는 있다: 그러므로 (너는) 네 안에 사랑이 있음을 모른다. Cf. Al. Hales, *Summa*, pars III, inq. 1, tract. 1, q.7, c.3, art. 1〕.

는 것, 하느님의 사랑에 힘입어 이웃에 대한 자선사업에 헌신하는 것 등이다. 이 동일한 애덕의 표지들로서, 사랑하는 분의 현존에 즐거워하고 그분의 부재에 슬퍼하는 것, 그분의 영광을 기뻐하는 것, 그분이 사랑하시는 것을 받아들이고 그분이 비난하는 것을 비난하는 것, 항상 그분을 기쁘게 하기 위해 노력하고 그분을 언짢게 하는 것을 두려워하는 것, 기꺼이 그분과 교류하는 것 등이 있다.[121)]

디오니시오는 더 나아가 결합시키는 지혜 혹은 신비신학(관상가들의 황홀한 사랑)의 방법으로, 사랑 안에 있는 것에 대한, 절대적이지 않기 때문에 이를 "추정에 의한" 확신이라고 부르는, 어떠한 확신에 도달할 수 있다고 단언한다.[122)] 그는 성 베르나르도를 인용한다. "Non dubites illum spiritualiter vivere, quem jucundum et promptum videris in religiosa conversatione."[123)] 성인들과 영성가들의 지고한 체험들은 모종의 방법으로 사적 계시에 상당(相當)한다. 그들 안에서 그들이 하느님의 사랑을 받는 이들이라고 증언하는 이는 성령이시다. 때문에 특히 지속적으로 고양되어 있는 동안에는 이를 의심할 수 없다. 그러나 이를 인간

121) *Obras*, t. 40, p.289.

122) 그의 논증은 사람에게 급격히 일어나는 예기치 못한 그리고 그렇게 자주 일어나는 강력한 탈혼들을 설명하는 데 획득된 자연적 습관으로는 충분하지 않다는 사실에 근거한다. 왜냐하면 습관은 어떤 제2의 본성처럼 되기에 이르므로, 각자 이것들을 원할 때 재빠르게 사용할 수 있기 때문이다(*ibid.*, p.291).

123) "누가 수도 생활 태도에 있어 즐겁고 기꺼운 모습을 한 것을 보게 되면, 그가 영적으로 살아가고 있음을 의심치 말아야 한다"(p.291). 그리고 계속해서 클리마코스의 한 본문을 덧붙인다. "향기를 내뿜는 사람은 원하지 않아도 냄새 때문에 드러나는 것처럼, 그렇게 하느님의 성령을 지닌 사람도 그의 말과 겸손 때문에 눈에 띈다"(*Escala epiritual*, grad. 26).

적 잣대로 잴 수는 없다. 오직 이 선물을 받는 사람만이 그것을 알기 때문이다. 말할 수 있는 것은, 이 카르투시오 수도승에 따르면, 누가 더 신실하고, 다정하게 그리고 완전하게 하느님과 하나가 되는 그만큼 더 자신의 은총 상태에 대한 뛰어나고 비밀스런 확신을 갖는 경향이 있다는 것이다.[124]

요약

이 카르투시오 수도승 디오니시오 리켈(Dionisio Rijkel)은 어떠한 말투와 색조를 지니고 있지만 식별에 대한 자신의 교리와 언어 속에서 우리를 이냐시오 로욜라의 언어와 교리에 접근시킨다. 그는 명료하고 깊은 학식으로 15세기 말엽 식별에 대한 교리의 사정을 우리에게 제공한다. 이 가방을 갖고 근대로 들어갈 것이다. 고대의 고유한, 몇몇 천재적 예외들 이외에는, 어떤 실천적이고 체험적인 지혜를 통한 수도승들에 대한 적용에서부터, 중세에서의 점점 더 엄격한 신학적 성찰로 넘어갔다. 그래서 카리스마적 현상들 혹은 통상적인 것을 벗어나는 교리들에 대해 교회 안에서 식별해야 했던 교회의 현자들에 의해 축적된 풍부한 가르침을 얻었다.

---

124) Cf. p.292. 관상의 효과들을 묘사하는 것으로 만족하지 않고 독자에게 여정을 가리켜 주고 그 길을 달려가도록 권고한다. 즉 겸손과 하느님께 대한 두려움을 바탕으로 놓고, 윤리덕들을 강화하기 위해 정화의 길을 시작하고, 주님의 수난을 관상하고, 고행하고, 자기 육신과 감각들을 절제하고 경계하며, 역경을 기뻐하고, 알려지지 않은 채 지나는 것과 중요하지 않은 사람으로 간주되는 것을 사랑하며, 지혜, 사랑, 그리고 삶에 대한 용감함의 선물을 실천에 옮기고, 삼위일체를 관상하기에 이르러야 한다는 것이다(art. 19).

근대에서 계속해서 살펴보려는 바와 같이 영적 지도와 신분의 선택에 대한 더욱 통상적 실천 속에서 이 전체적 조망은 보편화될 것이다.

제 3 장

근대에서의 식별

스페인의 황금시대

“**스페인의 황금시대**”에 식별은 몇몇 위대한 성인들의 영적 체험 안에서, 주제와 관련되는 것에 있어 미래에 지속적인 기준점들이 될 정도의, 그러한 수준에 이른다. 여기에 제시하는 세 인물은 그들이 지니고 있는 교리를 허심탄회하게 전하고자 기본적 바탕으로서 읽은 책들보다는 더욱더 자신들의 체험에서 출발한다. 그러나 그들이 특별히 효과적으로 표현할 수 있도록 하는데, 하느님의 선물에 더하여, 그들의 문화·역사적 위치가 도움이 되는 것은 의심의 여지가 없다. 그들이 지닌 자기 자신의 내면에 대한 심리적 성찰 역량은 이전 시대에 일반적으로 우리가 접한 광채를 훨씬 능가한다. 그리고 하느님의 특별한 선물들은 하느님의 섭리가 후대의 영적 스승들이 되도록 그들을 인도하던 운명과 관계되어 있었음을 생각할 수 있다.

성 이냐시오 로욜라(1491~1556)

성인은 자신이 겪었던 체험에 동참하기 시작하는 모든 유형의 사람들을 위해 자신의 『영신 수련』의 식별 규범들을 작성하기에 이른다. 그리고 그의 체험은 평신도들에게도, 사제들이나 수도자들에게도 제한된 것은 아니다. 특별히 수도승들을 위해서가 아니라, 오히려 진지하게 영성 생활에 접어들기로 결심한 모든 사람을 위해 고려되었다. "수련들"이 진행되는 시기 안에 압축된 체험은 생활 속에서 실천되어야 하는 바를 위한 어떠한 집중 훈련과 같다. 그리고 이 똑같은 보편적 정신으로 영적 식별에 대해 언급한 그의 편지들 안에 담긴 교리를 읽을 수 있다.

그의 교리에 대해 다룬 여러 장은 이 책의 제3부에서, 특히 영성 생활에 있어 영혼의 일상적 움직임과, "교회에 관하여 우리가 지녀야 할 진정한 감각"에 대한 식별의 적용에 대해 차근차근 다뤄질 것이므로, 지금으로서는 불필요한 반복을 피하기 위해 이것들을 설명하고자 머무르지는 않으려 한다.[125]

성녀 예수의 데레사(1515~1582)

성녀는 저술하던 때에 특별히 가르멜 수녀들을 대상으로 하였으며, 식별에 대한 가르침을 특별히 기도 생활 중에 일어날 수

125) 우리는 이미 제1부의 해당되는 장에서 착각에 대한 그의 교리에 대해 역시 얼마간 다루었다.

있는 비범한 현상들에 적용하였다. 그러나 성녀의 영적 교리가 지닌 보편적 가치는, 자신의 독특한 체험에 기반을 두고 있다고 하더라도, 교회에 의해서 보편 교회의 박사로 선포되면서 공식적으로 인정되었다.

성녀의 가르침은 특히 제3부에서, 카리스마적이며 비범한 현상들에 대한 식별의 적용에 해당하는 장에서 다루겠다. 그러나 성녀로만 국한되지는 않는다. 예수회원들인 성녀의 고해신부들이나 혹은 영적 지도자들의 이냐시오적 식별에 대한 가르침과 십자가의 성 요한의 영적 체험이 스며들어 있다.

십자가의 성 요한(1542~1591)

십자가의 성 요한은 비록 무엇보다도 남녀 가르멜 수도자들을 대상으로 하지만, 그의 가르침은 영성 생활을 하면서 하느님과의 합일의 최고 경지까지 진보하기를 바라는 모든 사람에게 해당된다. 성인 역시 그의 가르침의 확실성과 광채로 인하여 교회의 박사로 선포되었다.

그의 작품 목록에서 "식별"이란 말을 쉽게 찾을 수는 없다.[126] 그러나 비록 전적으로 같지도 않고 많이 등장하지도 않지만 "분별"이라는 말은 있다. 성인은 물론 분별력이 있었고, 실제로 식별의 스승이었다.[127] 특별히 성인의 「빛과 사랑의 말씀」

---

126) 참조: 『가르멜의 산길』(*Subida*) 2, 16, 14과 17, 7: 확실하게 여기서 초자연적 환시들을 식별할 필요가 부정된다. 왜냐하면, 영혼이 행해야 하는 바는 그 환시들로부터 멀리 떨어져 관심을 두지 않는 것이기 때문이다.

(*Dichos de luz y amor*)으로써 "길을 걷는 이를 위한 분별, 길을 가기 위한 빛, 그리고 걸어가는 동안의 사랑에 대하여"[128] 주의를 주고자 하였다. 부분적으로는, 성녀 데레사가 명시적으로 자기 고유의 용어들로써 우리에게 제공하는 내용 속에서 그것을 접하게 된다. 그러나 여기서는 성인에 의해서 특별히 강조된 몇몇 고유한 요점들을 제시하겠다.

환시와 계시에 대하여

성인의 입장은 분명하고 집요하다. 즉 이러한 것들을 받는 사람은 마치 매우 위험한 유혹을 받는 것처럼 그 정도로 강하게 그것들에 대해 저항해야 한다는 것이다. 하느님과 "사랑의 합일에 도달하기 위해서는 그것들을 원하기보다 오히려 원하지 않는 것이 필요하다."[129] 누가 이제 어떤 환시나 특별한 계시를 원한다면, 십자가의 성 요한에 따르면, 단지 어리석은 짓을 하는 것일 뿐만 아니라, 하느님께 도전하는 것이 될 것이다. 하느님께서는 당신의 성자 예수 그리스도 안에서 이미 모든 것을 우리에게 계시하셨는데, 그분 안에서 당신의 계시가 완성에 도달하였다(히브 1,1).

---

127) 이에 대한 언급은 Instituto de Espiritualidad de la Pontificia Faculdad Teológica "Theresianum"(Roma)에서 1988년 발표된 박사학위 논문, Juan Segarra, S.I., *El discernimiento espiritual en san Juan de la Cruz(Subida)* 에 의한 것이다.

128) Cf. Prólogo de *Dichos*..., en *Obras completas de san Juan de la Cruz*, BAC, Madrid, 「2002, p.153.

129) 『가르멜의 산길』(*Subida*) 2, c.27, 6.

"저 방법으로 내게 묻고 내가 그에게 말하거나 혹은 무엇을 그에게 드러내라 한다는 것은, 모종의 방법으로 다시 한번 내게 그리스도를 청하는 것이며, 내게 보다 더한 신앙을 청하는 것이요, 이미 그리스도 안에 주어져 있는 신앙이 그 안에 부족하다는 것이다. 그리고 이렇게 내 사랑하는 아들에게 심한 모욕을 끼치는 것이리라. 왜냐하면 단지 그 안에 신앙이 부족하다는 것일 뿐만 아니라, 다시 한번 강생하여 처음의 삶과 죽음을 거치라고 내 아들에게 강요하는 것이기 때문이다."[130]

계시할, 그리고 교회에 이미 계시하지 않은, 신앙의 본질에 대한 그 어떠한 조항도 없기 때문에 새로이 영혼에게 계시되는 것을 받아들여서는 안된다. 비록 이미 계시된 것과 아무것도 다르지 않은 것을 계시한다고 하더라도, 교회의 신앙 안에 이미 계시되었기 때문에 믿는 이외에는 그런 것을 믿지 않도록 해야 할 것이다. 악마는 진리들과 그와 유사한 것들을 미끼로 던지고, 나중에는 점차 속이고 거짓을 암시한다.[131] 그리고 만일 계시된 것이 새로운 것이거나 혹은 신앙 안에 이미 담겨 있는 바와 다르다면, 절대로 동의해선 안 될 것이다. "비록 그것을 말한 그가 하늘의 천사였다는 증거를 가지고 있다 해도 말이다. 왜냐하면 성 바오로가 이렇게 그것을 언급하기 때문이다. '*Licet nos, aut angelus de coelo evangelizet vobis praeterquam quod evangelizavimus vobis, anathema sit*'(우리는 물론이고 하늘에서 온 천사라

130) 같은 책, 2, c.22, 5.
131) 같은 책, 2, c.27, 4.

도 우리가 여러분에게 전한 것과 다른 복음을 전한다면, 저주를 받아 마땅합니다)"(갈라 1,8).[132)]

인간은 이유들을 만들고 표현들을 형성하며 자기 것을 넣거나 제거하는 지성을 지니고 있기 때문에, 진정한 하느님의 통교의 경우에 있어서까지도 속을 수 있으니, "그것들을"(그 모든 알게 된 것들을) "그 자체로 거부하는 것"을 넘어, 그것을 모두 알리고, 자신의 고해신부나 영적 지도자를 통해서 교회의 신앙과 그것을 비교하는 겸손을 지니는 것이 필요하다. 그리고 영적 지도자는 "영혼이 일치의 여정에 하찮은 것을 중요하게 여기지 않도록 하면서 그것을 대단히 서둘러서 지나치도록 해야 한다. 영혼에게 수동적으로 주어지는 이런 것들이 내는 하느님께서 원하시는 효과는, 영혼이 그것에 정성을 들이지 않아도, 영혼 안에 남을 것이나."[133)]

이런 것들에 대해서 상당히 억제하지 않고, 영적 지도자가 이런 유형의 이야기들에 대해 반대하지 않는다면, 해를 끼치게 될 것이다. 왜냐하면 이런 이야기들로부터는 대체적으로 겸손과 고행보다는 오히려 영혼의 불순함과 "잡담"을 더 이끌어 내기 때문이다. "그리고 겸손과 사랑과 고행과 거룩한 단순함과 침묵 등을 낳지 못하는 것이 도대체 무엇일 수 있겠는가?"[134)]

---

132) 같은 책, 2, c.27, 3.

133) 같은 책, 2, c.26, 18.

134) 같은 책, 2, c.29, 5. 그 모든 것들은, 천상의 계시들과 환시들이라 하더라도, 십자가의 성 요한에 따르면, "겸손의 가장 작은 행위만큼도 가치가 없다. 겸손은 사랑의 효과들을 내는데, 자신의 것들을 높이 평가하지 않고 그것들을 마련하지도 않는다. 또한 자기 자신만을 나쁘게 생각하며, 자신의 선이 아니라 오직 다른 이들의 선만을 생각한다(1코린 13,4 이하)"(같은 책, 3, c.9, 4).

관상으로의 이행

식별이라는 주제에 대해 십자가의 성 요한이 한 가장 괄목할 만하고 특징적인 기여들 중의 하나가 바로 표지들에 관한 것이다. 이 표지들은 하느님께서 사람에게 묵상을 그만두고 "관상의 상태로 넘어가도록" 부르고 계신다는 사실을 알기 위해 영적 지도자와 지도받는 사람이 염두에 두어야 하는 것들이다.

문제는 이 이행을 앞당기지도 늦추지도 않으면서 하느님의 일을 방해하지 않는 것이다. 이 관상으로의 이행은 십자가의 성 요한에게는 (상상, 형태, 모습을 통한) 추리적 묵상을 그만두는 것으로 이루어지며, 그래서 일반적이며 사랑 가득한 소식이 주는 저 평화가 침투하도록 놔두는 것이다. 비록 묵상에 의한 추리를 가능하게 하는 상상에 의한 감각적 이해는 "진보한 사람들에게 합일의 밀접한 수단"으로서 도움이 되지 못한다 하더라도, 영을 "초보자들에게 준비시키기에 먼" 수단으로서, 그리고 영에게서 다른 형상들과 일시적이고 낮은 단계의 이미지들을 비우기 위한 먼 수단으로서 도움이 된다.[135]

관상으로 넘어가라는 부르심을 발견하기 위해 주의를 기울여야 하는 "**표지들**"은 셋으로서, 그렇게 할 시간이 다가왔다고 간주하기 위해서는 이 세 표지를 하나로 여겨 함께 있는지 살펴보아야 한다. 첫째 표지는 주체가 이전에 그래 왔던 것처럼 기꺼이 묵상할 능력을 잃었다는 것이다. 이전에는 대체적으로 영적 유익을 위한 열매와 맛있는 즙을 얻으면서 머물렀던 곳에서 메마름

135) 『가르멜의 산길』(*Subida*) 2, c.13, 1.

만을 느낀다. 이 표지에 둘째 표지가 합쳐져야 한다. 즉 그에게 얼마간 세속적인 맛을 제공해 왔을지도 모르는, 그 어떠한 다른 내적·외적 사물들 속에 머무는 것에서도 맛을 느끼지 못한다. 그렇다고 이것이 그에게 괴로움을 끼치는, 상상력의 본의 아닌 방황을 체험할 수 없다는 뜻은 아니다.

그의 영혼 사정 속에서 자신의 능력들을 행사하거나 활동을 하지 않으면서, 오직 일반적으로 사랑 가득한 가운데 하느님께 주의를 기울이며 홀로 머무는 것만을 좋아하기 때문이다. 이것이 넘어감의 순간이 왔다는, 앞의 표지들과 연결된, 더 확실한 셋째 표지이다.[136] 이 사랑 가득한 전반적 앎으로써 그는 평화, 고요, 주님 안에서의 휴식으로 가득 찬다.

이미 영혼이 묵상을 통해 추구하는 것의 본질과 상태에 이르렀다는 것이 제시된 이유이다. 묵상과 하느님 사정에 대한 추리의 행위들이 추구하는 바는 하느님의 사랑과 하느님께 대한 지식을 얼마간 발견하는 것이며, 이는 하느님께서 이런 행위들 없이도 역시 영혼에게 행하실 수 있는 것이다. 그리고 이런 행위들의 수련은 이미 영혼 안에 습관이 되었다. 때문에 이전에 영혼이 이미 습관이 된, 구체적 지식들에 대한 추리와 묵상으로써 얻어 내던 것을 이제는 그렇게 힘들여 얻어 낼 필요가 없다. 기도 안에서 하느님의 현존으로 들어가면서, 평화적이고 차분한, 전반적이며 사랑 가득한 앎에 도달한다. 영혼이 평화롭고 부드럽게 마실 수 있게 흘러넘치는 것을 두레박으로 퍼낼 필요는 없다. 이 때문에 영혼은 구체적 지식에 대한 묵상을 통해서 수고를 들이

136) 같은 책, 2, c.13, 1~5; c.14, 1~6.

라고 한다면 어려움과 무미건조함을 느낀다.[137]

『사랑의 산 불꽃』(*Llama de amore viva*)에 대한 주해에서 신비가인 성인은 영성가들에 대해서 그들의 무경험 혹은 무지 때문에 하느님께서 그 영혼들에게 하고자 하시는 선이 저지되거나 장애물로 방해를 받는 것을 한탄할 것이다. 이곳에서 아가서의 한 구절(3,5)을 적용한다. "예루살렘 아가씨들이여, 노루나 들사슴을 걸고 그대들에게 애원하니 우리 사랑을 방해하지도 깨우지도 말아 주오, 그 사랑이 원할 때까지."[138]

프란시스코 수아레스(1548~1617)

서언

수아레스 신부는 그의 논문 『수도회 예수회론』(*De Religione S.I.*)에서 몇몇 신학자들의 부당한 공격과 몰이해로부터 방어하기 위해 성 이냐시오의 『영신 수련』(*Ejercicios espirituales*)의 신학적 기초를 제공하고자 하는 중에 식별이라는 주제에 접근한다. 체험이 없어서가 아니라 이것이 그가 받은 임무의 정황이었기 때문에 이 안에서 성찰을 전개한다. 그는 무엇보다도 이냐시오의 식별 규범들의 가장 중요한 점인 앞선 이유 없는 위로와 선택의 세 시기에 기여한다.[139]

---

137) 같은 책, 2, c.14, 2.

138) 참조: 『사랑의 산 불꽃』(*Llama*) 3, 53~55.

139) 앞선 이유 없는 위로에 관한 수아레스의 특별한 견해에 대해서는 제3부에서 다

제기된 문제는 움직임, 하느님의 영감 등에 대해서 그렇게 잦은 빈도로 다루는 것이 몇몇 신학자들에게는 『영신 수련』이 일종의 "조명주의"를 장려하는 인상을 주고 있었다는 것이다. 또 식별 규범들로써 어떤 내적 움직임이 하느님, 선한 영 혹은 악한 영에서 오는지, 따라서 하느님의 승인을 언제 확실히 알게 되는지 분명히 알기 위한 수단을 제공한다고 자처했다는 것이다.

다양한 영들

수아레스는 어려움에서 몸을 피하지 않는다. 인간은 지성이나 의지로 하느님께서 무상으로 주신 그러한 움직임들("ex speciali Dei motione gratis praevenientis: 무상으로 미리 베푸신 하느님의 특별한 움직임들로부터")[140]을 체험할 수 있다는, 트렌토 공의회에서 최종적으로 인정된, 교회 안의 전통은 어떠한가를 밝힌다. 그리고 그러한 전통은 하느님의 말씀에 근거하고 있다는 것을 증명한다.[141] 이 전통을 통해서 때로는 영혼을 움직이는 분이 하느님이시며, 다른 때에는 사탄이 빛의 천사로 변장할 수 있다는 사실을 우리는 알게 된다. 천사들도 그 어떠한 순전한 피조물도 지성과 의지를 매개 없이 직접 움직일 수는 없으며, 오직 그의 창조주 하느

를 것이다. 여기서는 선택의 세 시기에 대한 그의 시도를 얼마간 더 앞으로 설명할 것이다.

140) 제6회기 "De iustificatione"(cf. DZ-SCH., 1525~1526, 그리고 can. 2~4)를 인용한다. 그리고 또한 그의 논문 *De gratia, Proleg. III*, c.6, n.9 이하. 그리고 더 광범위하게 lib.III에서 참조한다.

141) 시편 119편과 로마서 8장 14절을 인용한다. 그러나 더 앞에서 요한 1서 4장 1절, 코린토 2서 11장 14절 등에 대한 언급이 반복될 것이다.

님만이 그렇게 하실 수 있다는 (교부들과 성 토마스에게 있어서) 신학적으로 확실한 교의와도 또한 같다.[142] 그 어떠한 창조된 영이라도.

> "...solum potest excitare voluntatem, medio intellectu et appetitu sensitivo, et utrumque horum mediis phantasmatibus seu objectis sensibilibus et imaginariis: Deus autem inmediate potest movere ipsum intellectum et voluntatem...: Ipse enim solus habet infinitam efficaciam, et solus etiam est auctor harum potentiarum, quae sicut ab ipso solo inmediate pendent in esse, ita etiam ab ipso solo inmediate possunt moveri et excitari."[143]

인간이 그 다양한 움직임들이나 내적 영감들을 식별하기에 이를 수 있도록, 하느님께서 인간에게 식별하도록 권고하신 바로 그 사실로부터 추정한다. 적어도 당신 은총의 도움을 통해서, 게다가 또한 식별하지 않는 것의 위험에 대해서 주의를 주시면서(1요한 4,1; 2코린 11,14 이하; 1테살 5) 권하시지, 할 수 없는 것을 하도록 권하시지는 않을 것이다. 주님께서는 당신 교회 안의 몇몇에

---

142) 여기서는 성 토마스의 『신학대전』(*Summa Theologiae*) parte III, q.8, a.8 ad 1; q.64, a.1에 근거한다.

143) F. Suárez(수아레스), *De Religione S.I.*(수도회 예수회론) lib.IX, c.5, 31: "〔…〕 단지 지성과 감각적 욕구를 통해서 의지를 자극할 수 있는데, 이 두 능력은 각각 환상들을 통해서 혹은 감각적이며 상상적인 사물들을 통해서 그렇게 한다. 반면에 하느님께서는 바로 이 지성과 의지를 매개체 없이 움직일 수 있으시다. 〔…〕 실로 그분 홀로 무한한 효력을 지니고 계시며, 오직 그분만이 이 능력들의 창조자이시니, 존재에 있어 오직 그분께만 직접적으로 의존하는 것같이 또한 그렇게 오직 그분에 의해서만 직접적으로 움직이고 자극받는다."

게 분별의 은사(1코린 12,10)를 특별한 선물로서, 또한 다른 은사들(치유, 해석 등)에 대한 도움으로서 선사하신다. 그리고 같은 방식으로 그 밖의 다른 은사들에 상응하는 작용들이 통상적 방식으로 또한 행사될 수 있으며, 인간이 자신의 연구, 수덕, 그리고 기도로써 더 이를 잘할 수 있도록 준비시킬 수 있고, 또한 더 잘 식별하도록 하게 할 수 있으며, 그렇게 하기 위해 교회 전통의 지혜에 따라서 "**수련들**"(*los Ejercicios*)과 그 규범들(Reglas)이 정리된다.

구별의 원리

성 이냐시오가 그의 규범에서 설정한 구별의 원리는 셋이다. 즉 그 움직임들의 내용 혹은 대상, 목적 혹은 결과, 그리고 움직임이 실현되는 방식 등이다. 사물들의 본성과 일치하고 있다. 악은 선이 될 수 없고, 선한 영도 악의 장본(張本)이 될 수 없기 때문이다. 확실히 일어날 수 있는 것은 선이 악하게 되는 것이다. 그리고 이 때문에 악마는 때때로 선을 암시할 수 있지만, 잘되라고 선을 암시하지는 않는다. 영들은 그 열매들 혹은 결과들을 통해서 알아야 하는 것 역시 분명하다. 그리고 지향에 있어서 첫째가는 것인 목적은 그것을 향해 질서 지어지는 움직임의 결과이며, 그것을 통해서 움직임의 결과를 알 수 있기 때문이다.[144] 방식에 관해서는 외적 혹은 내적("환상"), 혹은 순전히 내적이며 영적인 감수성을 통해서 있을 수 있다. 첫째 경우에 단지 그 자체

144) 이렇다고 해서, 대상, 방법, 그리고 여건들을 또한 지켜보지 않는다면, 목적의 선함으로 충분하지 않다는 사실을 파기하는 것은 아니라고 덧붙인다.

로는 움직임이 하느님 혹은 다른 피조물에서 오는지에 대해 전혀 아무런 과오도 없는 확신을 지닐 수는 없다. 그러나 그 움직임을 받는 사람의 조건과 비교함으로써, 확실히 그것의 출처에 대한 어떤 매우 근접한 추정에 이를 수는 있다.[145] 더 큰 어려움은 하느님에게서 직접적으로 오는 움직임들을, 비록 그 가능성이 증명되고 있다 하더라도, 인식하는 데 있다. 수아레스는 앞선 이유 없는 위로의 본성과 성질에 대한 자신의 견해를 계속해서 설명한다. 이에 대해서는 이 책의 제3부에서 다룰 것이다.

결론

그는 결론으로서 다음의 사항들을 확언한다.

1) 인간이 기도 안에서나 그 밖에서 자극받았다고 느끼게 하는 바로 그 움직임들이나, 혹은 그것들을 일으키는 실체들이나 영적 존재들이 이냐시오의 규범들 안에서 "영들"(1코린 4,21; 1요한 4,1에서와 같은 것)이라고 불릴 수 있다.

2) 또한 그러한 영들을 식별하는 방법이 우리에게 주어졌음은 주지의 사실이다. 왜냐하면 비록 이 문제에 있어, 하느님의 계시 없이 확고한 신앙으로 어떤 확실한 판단을 내릴 수는 없다 하더라도, 그러한 영들의 기원에 대해서 어떤 매우 그럴듯한, 그리고 때로는 윤리적으로 확실한 추정을 하기에 이를 수 있다.[146]

---

145) 이를 위해 제2주간에 더욱 합당한 규범 7(『영신 수련』 335항)을 인용한다. 그러나 또한 329항과 첫째 계열의 항목들(314~315)도 암시하고 있다.

146) "Nam licet evidenter, aut cum certitudine fidei dijudicari non possit sine Dei revelatione; nihilominus valde probabili conjectura, et interdum moral-

이를 위해 성 이냐시오가 그의 『영신 수련』에서 제공한 규범들이 도움이 된다.

3) 게다가 이 식별에 능숙하게 되기 위해 준비할 필요가 있다. 성경이 우리에게 한편으로 "아무 영이나 다 믿지 말도록" (참조: 1요한 4,1) 명하고 있고, 다른 한편으로는, 받아들여야 하는 영들을 무모하게 거부하지 않도록 강력히 권고하고 있기 때문이다(1테살 5,19~21).

선택의 시기에 대하여

수아레스는 『영신 수련』에 대해 반박해 오던 이중의 비판의 핵심에 관한 문제를 제기한다. 즉 한편으로는 인간의 가능성을 과도한 낙관주의로써 바라보며 너무도 인간의 의지에 의지하는 주의주의적(主意主義的)이라는 비판을 받고, 다른 한편으로는 너무나도 은총의 충동, 움직임과 영감에 대한 신뢰와 주의를 장려하고, 이성을 훼손하는 조명주의라고 비판받는 문제였다.

이 문제에 대해 어떻게 성 이냐시오는 처신을 했고 있을 수 있는 오류들 앞에서 자유와 은총의 올바른 화합에 대해 가르치길 원했는지 논고를 통해서 증명한 뒤에, 하느님의 활동에 대한 식별 및 순종에 대한 이냐시오적 종합과, 선택의 시기에 있어 인

---

iter certa, potest de illis judicium ferri, ut in lib.IX de gratia, a cap. 9 disseruimus: 확실히 하느님의 계시 없이는 분명히 혹은 신앙의 확실성과 함께 판별될 수는 없을지라도, 그럼에도 불구하고 대단히 큰 개연성과 때때로 도덕적 확실성을 담보한 추측으로, 9권 은총에 관하여 9장에서 우리가 논술한 것처럼, 다음과 같은 것들에 대한 판단력을 얻게 될 수 있다"〔*De Religione S.I.*(수도회 예수회론) lib.IX, c.5, 41〕.

간의 자유로운 활동에 대한 매우 유익한 신학적 성찰을 우리에게 남겼다.[147]

수아레스는 『영신 수련』의 불가타(Vulgata) 본에 근거하여 성찰하고 있다. 그러나 우리는 또한 더 "친필본"에도 근거하여 성찰할 수 있을 것이다. 결국 모든 것은 이중의 방법을 인정하는 것으로 귀결된다. 그 방법은 신학자들이 다음과 같이 단언하는 바와 같은 것으로서, 인간은 성령께서 자신을 움직이게 놔둘 수 있다는 것이다. 즉 인간이 스스로 움직이기보다는 성령의 선물이 자신을 움직이게 놔두는 것이며("in quo homo magis agitur, quam se agat: 그 안에서 인간은 스스로 움직이기보다는 보다 더 움직여지게 한다"),[148] 다른 방법으로는 덕들이 움직이게 놔두는 것이다.

성 이냐시오가 "선택의 첫째 시기"에 대해 말하는 것이 첫째 방법에 관계된다. 즉, 이 하느님의 움직임은 어떠한 지성의 필요성을 동반하는데, 어떠한 것으로 불렸고 따라야 함을 의심할 수 없게 하는(의견의 선물이나 일종의 계시에 의해서) 그런 것이다(참조: 『영신 수련』 175항). 그러나 수아레스에 따르면 이렇다고 해서 의지가 자유로운 채로 남아 있는 것을 방해하는 것은 아니다. 하느님의

147) 이미 "세 가지 유형의 사람들"에 대한 묵상에서 이 종합이 암시된다고 단언한다. 아마도 우리가 이 묵상의 152, 155, 그리고 157항을 비교한다면 우리 스스로 살펴볼 수 있다는 것에 대해 말하는 것이리라. 이 항들에서 "선택을 하도록 은총을 구한다"(152). 그리고 셋째 유형의 사람은 "우리 주 하느님께서 그의 의지에 일러 주시는 대로" 사물을 원하거나 원하지 않는 것을 원하며, "오직 하느님께 대한 봉사에 의해서 움직이지" 않는다면, 그것이나 다른 어떠한 것도 원하지 않기로 힘쓴다(155). 그리고 "오직 선하신 하느님께 봉사와 찬미가 되도록, 원하고 청하며 간구하는 것"을 확고히 하면서, 무질서한 애정을 없애기 위해서 "주님께서 실제적 가난으로 그를 선택해 주시도록" 청할 것이 권고된다(157).

148) F. Suárez(수아레스), *De Religione S.I.*(수도회 예수회론) lib.IX, c.5, n.44~45, p.513.

움직임은 자유를 없애지 않는다. 행위의 결과와 공로를 없애기를 원하지 않기 때문이다. 그리스도 안에서도 자유를 없애지 않았던 것과 같다. 행해야 했던 바가 필연적으로 선한 것이라고 판단했지만, 그럼에도 불구하고 자유로이 선택했다. 이 방법은 초자연적으로 행동하기 위해 필요한 것도, 통상적인 것도 아니며, 다만 하느님께서 원하실 때 특별한 은총으로 허락하신다.

둘째 시기는, 성 이냐시오에 따르면, 식별의 시행이 전제되기 때문에, 성령의 영감이나 움직임과 인간의 자유로운 협력의 행사 사이의 조정에 어려움이 없다. 아마도 이 때문에 우리는 수아레스가 이 장들에 대해 더 변증적으로 초점을 맞추는 데 어떤 특별한 노력을 기울인 점을 찾지 못하는지도 모른다.[149] 그리고 영적 움직임들과 식별에 관련된 것은 이미 앞에서 다루었기 때문이기도 하다.

성령의 직접적이며 즉각적인 활동이 아니라 덕들의 실천을 다룰 때, 인간은 자신의 사고력과 이성의 판단을 행사한다. 그러나 이때 초자연적 은총과 빛에 의한 도움을 받지 않는 것은 아니다. 이냐시오의 선택의 셋째 시기에 수련자에게 하느님의 뜻을 알기 위해 자신의 지성으로써 "충분히 잘" 숙고하도록(불가타본에서는 "pio fidelique intellectus mei ratiocinio: 경건하고 충실한 내 지성의 추론을 통해")[150] 제안하는 것과 같다. 이 시기에 하느님의 은총과

---

149) *Ibid.*, n.42~45. 참조: 『영신 수련』 176항: "둘째 시기는 위로와 고독의 체험, 그리고 다양한 영들의 분별 체험을 통해서 상당한 명쾌함과 인식을 얻는 때이다."

150) Cf. *Exercitia Spiritualia*(영신 수련) ed. crítica en MHSI, 100, Roma, 1969, n.180, p.270.

빛은 배제되지 않고, 오히려 전제된다.[151] 비록 선택이 늘 초자연적 선에 대해서만 이뤄져야 하는 것이 아니고, 윤리적으로 올바른 모든 선에 대해서 이뤄진다고 하더라도 말이다.

디에고 알바레스 데 파스(1560~1620)

알바레스 데 파스(Diego Alvarez de Paz)는 근본적으로 이냐시오의 교리에 기초하고 있다. 그러나 비범한 학식의 소유자로, 교직을 수행했으며, 깊은 체험을 지녔다. 그의 교리는 내용을 다양하게 나누어 조직하는 데서 더 나아가, 몇몇 실천적·사목적 세목과, 구체적 유용성에 관심을 기울였다.[152] 단지 그의 더욱 특징적인 주해, 해석에 있어서 새로움이나 더욱 큰 명쾌함을 얼마간 드러낼 수 있는 세목들을 제공하고자 시도할 것이다.

1. 주의를 분산시키기보다는, 천사의 영은 하느님 편에 있고, 하느님께서 원하시는 것을 향해 움직인다는 사실을 지적하면서, 다른 저자들이 한 "**구분들을 집중시킨다**." 세상과 육(肉)은 악

---

151) 이 심사숙고하는 행위는 "내 의지를 움직이고 내가 해야 할 바를 알려 주시기를 원하는"(n.180) 청원을 하느님께 바치고 나서 이뤄진다. 그리고 "충실히 잘"이란 수식어는 모든 "올바른" 선택을 위한 규범과 연결해야 하며, 이 규범은 하느님의 계획(우리가 창조된 초자연적 목적, 그리고 교회 안에서의 구원과 그 구원이 요구하는 수단들과 함께: cf. n.169~170)을 눈앞에 두고, 오직 "더욱 우리 주 하느님께 영광과 찬미가 되고 내 영혼의 구원이 되는"(n.179) 것을 바라는 것이다.

152) 이에 대해서는 그의 논문 *De inquisitione pacis sive studio orationis*(평화에 관한 탐구 혹은 기도에 대한 연구론), Lyon, 1617과 1623의 제5권 마지막 부분(제IV부)에서 명시적으로 다루고 있다. 여기서는 파리 판본(1876)을 인용하겠다.

마, 악한 영이 매우 자주 이용하는 도구들이다. 하지만 인간의 본성적 영은 천사의 영과 악한 영 가운데 하나에 의해서나 혹은 자기 자신에 의해서 움직인다. 그러므로 영들에 대한 구분들은 그들 원래의 기원에 따라 세 부분으로 축소된다.

2. **"어떻게 영들을 인식할 것인가?"** 영들의 식별이라는 카리스마적 선물을 받은 사람은 자기 자신이나 또는 그 밖의 다른 이들 안에서 그들이 진심으로 꾸밈없이 드러낸다면 영들을 식별할 수 있다. 이외의 사람들은 통상적 은총으로써 빛을 청하면서 식별할 수 있고, 더 성숙한 체험이나 혹은 상응하는 카리스마적 선물을 지니고 있는 사람들에게 도움을 청할 수 있다. 이를 위해서 성경에 담겨 있는 규범들과 판단 기준들에 대한 숙고 및 자신의 체험에 대한 성찰이 도움이 될 것이다. 성찰에는 일어난 결과들과 움직임들의 목적들, 그리고 이 움직임들의 기원을 밝히는 데 기여할 수 있는 그 외의 다른 여건들을 염두에 두어야 한다.[153]

알바레스 데 파스는 따로 다양한 영들의 표지들을 연구하였다. 주체의 체험 내면에 있는 몇몇 표지들을 가리키고, 객관적이거나 혹은 외부의 표지들로 더 연장된다고 말할 수 있겠다. 그러나 먼저 자신의 관심을 일상생활의 체험들에 기울이고(cap. 2~4), 다음으로 비범하거나 신비적인 현상들에 기울인다(cap. 5).

3. **"다양한 영들: 따라야 하는 행위."** 아마도 그의 구분에서 보게 되는 가장 독창적인 것[154]은 "**소위 인간의 영**"을 묘사하는 정확성일 것이다. 이 "인간의 영"은 이미 원죄에 물든 본성으로

---

153) *De inquisitione pacis sive studio orationis*(평화에 관한 탐구 혹은 기도에 대한 연구론) lib.V, pars IV, cap. 1, "Industria" 5와 6.

154) 비록 『준주성범』(*Imitación de Cristo*) lib.III, c.54에 많이 의거한다 하더라도.

부터 나오는 것이다. 은총이나 혹은 원수들에 의해 움직여지지 않을 때에도 본성은 그 자체로 욕구와 성향을 낳고, 이것들을 통해서 인간은 육체에 맞고 기쁨이 되는 것을 향해 움직인다. 하느님의 영광과 완덕에의 열망을 구실로, 자신이 안락과 이기주의를 추구하는 것을 감추는 데 매우 교활하다. 사실 자기애로써 모든 것을 자기 자신을 향하게 한다. 여기서 자신을 이기고 자기 자신을 부정하는 것의 중요성이 나온다.[155] 이렇게 우리는 알바레스 데 파스가 자신의 학문을 지향시키던 사목적 방향으로 들어서게 된다.

때때로 "**본성**"은 육체가 자신의 올바른 기능들을 행사하기 위해 필요한 것을 청하는데, 이 경우 하느님의 영광을 위해 그 요구들을 겸손과 겸양으로 들어야 한다. 인간은 육체의 힘을 합당하게 회복시키지 않고 영으로 일할 수는 없다. 그리고 이 규범은 자기 육체를 지나치게 돌보는 경향이 없고, 오히려 과다하기보다는 절제하는 경향이 있는 사람이 특별히 따를 필요가 있다.[156] 다른 경우들에서는, 나쁘거나 금지된 것을 청하지 않고, 자연히 육체의 성향을 따를 수 있을 것이다. 그러나 그 성향을 따르지 않거나 혹은 반대하는 것은 — 이 경우 고행을 통해서 — 더 완전할 수 있다. 예를 들어, 안락함이나 휴식은 건강에 필요하지 않은데, 유별나게 의식하지 않고 이러한 건강은 포기할 수 있다.

그러나 "**인간의 영이나 본능**"은 안락하고, 온화하며, 부드러운

---

155) *De inquisitione pacis sive studio orationis*(평화에 관한 탐구 혹은 기도에 대한 연구론) lib.5, pars IV, c.1, "Industria" 9.

156) *Ibid.*, lib.V, c.1, "Industria" 12.

것으로 기운다. 비록 이것이 때때로 이성과 하느님의 법에 반하거나 혹은 그리스도교적 완덕을 거스르는 결함들이라고 할지라도 말이다. 이러한 경우 그런 것을 따라서는 안 된다. 한편 그것을 매우 기민하게 검토해야 한다.[157] 때때로 선으로 기울어 선한 영과 혼동될 수 있기 때문이다. 하느님의 영광과 영혼의 결실을 위해서라기보다는 더욱 호기심과 자기의 영광과 갈채를 받기 위해서 지식의 욕구에 뒤섞인다. 인간이 자기 자신의 제한된 힘만큼 하느님께서 당신의 은총으로 약속하시는 효과와 힘에 비중을 두지 못하게 하기 위해, 그래서 세속의 지혜로써 영웅적 덕을 어리석은 짓으로, 애덕의 열정을 무분별함으로 간주하도록 하면서, 평범함이나 미지근함으로 만족하고 말게 하기 위해 덕과 완덕의 열망에 뒤섞인다. "덜 엄격한" 다른 길로 걷도록 설득하면서, 애정과 감각의 고행과 극기에 두려움을 갖게 한다. 모든 장애물과 어려움을 놓아, 인간이 하느님과의 합일을 갈망하게 하는 기도에 깊어질 수 없게 하며, 선한 영이 우리에게 지니도록 초대하는 지향의 통일성과 단순성을 잃게 하면서 수많은 걱정거리로 마음을 분산시킨다. 또한 선행과 사도적 열정에 따른 행위에 섞여 들어, 인간이 은총 안에서 더 많은 선행을 하고 진정한 사도적 결실을 얻는 대신에 자기 자신을(안락, 기호, 찬사, 직책 등) 찾게 한다.[158]

"**하느님에 의한 움직임**"은 바람직하고 또 청해야 한다. 우리의 모든 힘이 주님에게서 오기 때문이다. 영혼은 이 움직임을 받아들이기 위해서 아직도 더 준비되어야 한다. 즉 1) 주님께 주의를

[157] *Ibid.*, c.1, "Industria" 12.
[158] *Ibid.*, c.4.

기울여 우리와 통교하고자 하실 때 우리가 방황하고 산만해져 있지 않도록 하며, 2) 감각과 애정에 대해 금욕하고 덕을 부지런하게 실천함으로써 준비해야 한다. 하느님에 의한 움직임을 겸손하게 받아야 하며, 성실하게 협력하고, 감사드려야 한다. 마지막으로, 위로를 자신의 극기를 강화하고 모든 덕에 있어 더욱 부지런하고 열렬하게 되게 하는 도구로 사용해야 할 것이다.[159]

"**악한 영에 의한 움직임**"은 우리에게 단지 악마들을 통해서만 오는 것이 아니라 우리의 고유한 인간 본성, 이미 육적이며 세속적이고 교만한 우리 자신들을 이용하기도 하며, 또는 우리 인간 본성에서 직접 오기도 한다. 그러한 충동들에 대해 굳건하게 저항하고, 그것들이 하는 암시를 듣지 말고 오히려 반대로 그 암시를 영적 지도자에게 알리라는 권고는 전통과 일치하며 하느님의 말씀에 근거하는 것이다(야고 4,7; 요한 3,20).

"**비범한 현상들**"에 대한 식별의 적용에서는 스페인의 황금시대에 그를 앞선 저자들에 의해서 풍요로워진 전통적 가르침을 따른다. 또한 이 경우에도 그의 사목적 조언들은 특별히 유익하고 현명한 것으로 드러난다. 다음과 같이 권고하고 있다.

1) 그러한 현상들은 오류로 이끌 수 있기 때문에 매우 주의하는 가운데 받아야 하며, 그것들을 체험하는 사람들에게 있어 더 큰 성덕의 표지들이 아니기 때문에 그것들에 특별한 중요성을 부여하지 말아야 한다. 오히려 계시들이나 환시들에 대해 특별히 열중할 것이 아니라 내용의 진실과 영혼 안에 남기는 덕에 대한 애정에 유의해야 한다.

159) *Ibid.*, c.1, "Industria" 10.

2) 영적 지도자에게가 아니라면 그런 것들을 말하지 말아야 한다. 바로 영적 지도자에게 알려야 한다. 그리고 받은 것에 너무 집착하지 말고 지도를 받을 필요가 있다. 그리고 어떤 다른 것을 알려야 하는 경우, 항상 서두름 없이 침착하게, 적합한지 생각하고,[160] 하느님께서 원하시는지 알기 위해서 기도하고 난 다음에, 온전히 겸손하게 할 것이다.

3) 영의 스승으로서 신뢰를 받는 사람은 조언이 필요해서 아주 신중한 사람에게가 아니라면 그러한 일들을 말하지 말아야 하며, 그런 일 때문에 제자를 칭찬하거나 존경을 표해서도 안 된다. 굳건한 덕과 순수한 마음의 길로 그를 인도하는 쪽으로 주의를 기울여야 한다.[161]

18~19세기

마누엘 데 라 레게라(1668~1747)

우리가 지금 다루는 시대에서 앞선 세기의 식별에 대한 가르침을 관찰하고, 연구하며, 체계적으로 분석하고자 한다. 본 문제에 대해 교육학적으로 초점을 맞추려고 하는데, 이는 무엇보다

---

160) 가치가 있을 수 있다고 간주하는 이유들은, 예를 들어, 어떤 죄인의 회개나, 빗나갈 위험에 처해 있는 어떤 이에 대한 교정, 혹은 거의 확실한 개연성을 가지고 뒤따를 수 있을, 하느님께 대한 어떤 큰 영광 등이다(*ibid.*, lib.V, part. 4, c.5, "Industria" 3).

161) *Ibid.*, c.5, "Industria" 4.

도 영적 지도에 도움이 되도록 하기 위함이다. 영적 지도는 점점 더 사람들 사이에 더욱 팽배해진 현상이 되어 왔다. 대체로 특별히 새로운 사실이나 심화의 측면에서 기여한 것은 없다.

마누엘 데 라 레게라(Manuel I. de la Reguera)는 신비신학에 대해 다룬 여러 권의 두터운 책들로 이루어진, 그의 『신비신학 실제』(*Praxis theologiae mysticae*)[162]를 볼 때, 영성 생활과 관련한 내용에 대해서 걸어 다니는 "백과사전"이라 부를 만한 인물이다. 식별에 관해 다룬 제9권 "영들의 심사"(*Examen spiritus*)와 제10권 "계시와 탈혼에 대하여"(*De revelationibus et raptibus*) 등을 볼 때도 같은 말을 할 수 있겠다. 제기되는 어떤 경우 어떠한 교리적 기준점을 발견하지 못할 수 있다거나, 장·절들과, 논점들, 주석들이나 혹은 파생적 명제들 안에서 어떤 식으로든 고찰되지 않은 일이 거의 없다. 그의 학식은 매우 광범위하지만, 그의 해설과 편집 순서는 복잡하다. D. 슈람(D. Schramm, 1722~1797)은 라틴어로 된 이 작품의 가장 낫고 가장 유익한 부분을 모아, 구조와 순서를 새롭게 하여 이러한 어려움을 해결한다. 그의 작품은 사제나 신학생들을 위한 영성신학의 교본이 되기에 이른다.

"**어떠한 새로운 점**"을 강조하고자 한다면, 라 레게라는 영들을 넷으로 구분하고 있다는 사실을 지적할 수 있으니, "세속적 영"이라고 부르는 영을 특별히 부각하고 있기 때문이다. 이 영을 다음과 같이 묘사하고 있다. "자기 자신을 숨기지 않을 때는, 불경스럽고, 무익하며, 쾌락과 나태에 빠져 있다. 자신을 감추고 선

162) 1740년과 1745년에 로마에서 출판되었다. 그에게 출발점으로 사용된 독창적인 소책자, Manuel Godínez S.I.의 *Praxis theologiae mysticae*(신비신학 실제)를 분량으로 가려 버린 작품이다.

한 영인 척하려고 할 때에는, 겉모습을 겸손하게 나타낸다. 다른 이들이 그를 칭찬하도록 스스로를 책망하고, 세상에 대한 체면에 집착하여 남들이 그에 대해 뭐라고 말할지에 대해 과도하게 걱정하며, 우유부단하고 소극적이며 덕행을 실천하는 데 있어 무력하지만, 반면에 영적인 면모를 외부로 드러내는 데 있어서는 용의주도하며, 다른 사람들의 존경을 얻으려고 신중하게 처신한다. 완전히 허영 자체이며 겸손이 없다."[163] 그렇지만 이 묘사를 읽을 때, 왜 이 영을 단순히 죄로 인하여 부패된 본성의 "본성적" 충동, 혹은 영이라고 생각하지 않는지는 납득이 가지 않는다.

적용해야 할 실천적 규범들에 관해서는 일반적으로 가장 훌륭한 저자들을 따른다. 개인의 영감이라는 구실 아래 개인적 결정이 그 시대의 통상적 유형 혹은 통상적 규범들에서 나오는 것으로 보이는 쉽지 않은 경우와 같은 몇몇 경우에 있어서는 심화시켜 거의 정밀하게 다루려는 시도를 하고 있다. 반신비주의, 옛 사람들이 그 규범들을 실천했던 그 수준에 이르는 엄격함에 대한 거부, 잦은 성사 참여에 대한 장려, 성인들에 대한 의탁 등을 그의 시대의 특징들로 받아들인다. 때때로 하느님께서 원하시는, 그리고 알칸타라의 성 베드로의 고행에 대한 규범을 그의 시대에 인용하는 예외들을 고려할 필요가 있다. 그리고 누가 그 자체로 선한 영감에 대하여 자신의 문제에 있어 이 영감을 따를지 주저하는 예를 든다. 이야기하기를, 주님께서 이 사람을 진정시키기 위해서 다음과 같은 질문을 하셨다는 것이다. 즉 "만일 네가 굶주려 있는데 사람들이 많은 열매가 달린 나뭇가지 하나를 네

163) *Praxis theologiae mysticae*(신비신학 실제), lib.IX, c.1, pp.501~502.

게 준다면 어떻게 하겠느냐?"—"열매는 먹고 나뭇가지는 버리겠습니다." "그렇다면 네가 느끼는 내적 영감에 대한 너의 의심에 대해서도 마찬가지로 행해야 한다. 즉 열매처럼, 네 마음속에 떠오르는 분명히 선한 일을 행하면서, 마치 네가 잘못을 범할 수 없는 것처럼 여기며 걱정하지 마라."

그 영감을 따르기 위해 성령의 영감인지 혹은 덕의 모습을 띤 악한 영의 속임수들인지를 아는 데 온통 관심을 두어야 하는 것이 사실이다. 특히 움직임이 어느 정도 분명히 선한 것에 대한 것이 아닐 때 그렇게 해야 한다. 그러나 누가 분명하게 하느님에게서 오는 영감들에 순종하기 위해 겸손하게 노력하며, 마귀의 암시들에 재빠르게 저항한다면, 하느님께서는 그 밖의 다른 영감들에 속아 넘어가도록 내버려두지 않으실 것이다. 하느님께서는 선하다고 알고 있는 것을 행하는 이를 도와 아직은 알지 못하는 것에 도달하도록 하실 것이며, 원수의 것이라고 알고 있는 것에 항상 저항하는 이가 속아 넘어가는 것을 용납하지 않으실 것이기 때문이다.[164)]

실행

라 레게라는 위대한 학자요 가장 신빙성 있는 전통에 대한 교리의 편집자일 뿐만 아니라, 식별에 관한 문제들에는 꼭 개입해야 했던 인물이기도 하다. 개입하도록 요청받은 사람으로서 자신의 고유한 체험에 대해서 몇 가지 흥미 있는 사례들을 따라야

164) *Ibid.*, lib.IX, q.1, n.129~133, p.533~534.

하는 판단 기준과 함께 우리에게 전해 주고 있다. 그중에 특별한 몇 가지를 소개한다.

1. 나는 어떤 사람을 만났는데, 그는 자주 바닥 위로 들려져 탈혼 상태에 들어갔으며, 먹지도 않았지만, 순명 정신이 있고, 많은 눈물을 흘렸으며, 잠심 중에 있기를 좋아하였다. 그러나 비록 그 사람이 그 누구에게도 아무런 해악을 끼치지 않았지만, 그의 영에 대하여 어떤 이들은 호의적이고 다른 이들은 반대하는 등 공동체를 분열시키고 있는 것을 알았다. 이 하나만이 내가 악한 영을 탐지해 내는 데 도움이 되었다. 사탄과 의기 투합되어 있던 것으로 드러나, 자신의 성소를 포기했으며, 비극적인 결말로 인해서 비극적으로 유명해졌다. 그의 성격은 허영심이 많고 그의 판단력은 우둔하였다.[165]

2. 다른 한 사람은 자신의 영적 사정들에 관하여 나와 상담을 하고는 했는데 신비적 주제들을 깊이 있게 말하곤 하였다. 탈혼, 환시 혹은 다른 은혜 등에 대해선 그 이름조차 들먹이지 않았고, 고행, 겸손, 순명, 굳건한 덕행 등을 이야기하였다. 그러나 나는 그와 교류를 하는 가운데 나의 내면에서 어떠한 역겨움과 내부에서의 혐오감이 일어나는 것을 알아차렸고, 이 때문에 그 영 전체를 승인할 수 없었다. 결국에 가서는 그가 허풍쟁이요 사기꾼임을 밝혀냈다.

3. 나는 발에 성흔(聖痕)을 지니고, 금요일마다, 십 년 동안을 무서운 고통에 시달리고 있던 다른 사람을 도와주어야만 했었다. 자주 허공으로 떠오름을 느꼈고 찬사의 후광을 맛보기 시

165) *Ibid.*, c.11, p.559.

작했다. 그러나 자신이 곧바로 자신을 반성하게 한 박해, 거짓 증언, 경멸, 불의 등의 대상이 됨을 보았다. 마치 좋은 씨앗과 섞인 가라지 같은 몇몇 환시를 때때로 고통스럽고 심란한 가운데 겪었다. 그렇지만 영적 지도의 도움으로 피해가 크지는 않았으며 일들은 의당한 위치로 적절하게 돌아갔고 그 영혼은 평화를 되찾았다.[166)]

탈혼에 대한 식별

거짓된 탈혼을 진정한 탈혼에서 구별하기 위해, 적어도 소극적으로, 생각해 봐도 아무것도 떠오르지 않을 때, 그 외에 다른 느낌이나 효과로서 어떤 것들이 있는지 그것들을 최선의 표지로서 제공하고 있다. 탈혼이 본성적인지, 악마적인지 혹은 꾸민 것인지 조사하는 것이 될 것이다. 이는 다른 표지들로부터 추정될 수 있을 것이다. 그러나 탈혼의 원인을 본성에 돌릴 수 있다면, 그것을 악마에게 돌려야 할 이유는 없다. 그리고 사람의 협력 없이 사탄의 행위에 의해 일어난다면, 성덕의 명성을 사들이기 위한 사람의 교활함이나 거짓에 돌려야 할 이유는 없다.[167)]

그렇지만 탈혼 중에 정신이 움직이고 있는지 아는 것으로는 충분하지 않다. 무엇에 관여하는지를 알아야 한다. 즉 헛되고, 거짓되며, 매우 나쁜 것과 관련되어 있는지, 또는 진실하며 성덕을 고무하는 것과 연관이 되어 있는지 등을 알아야 한다. 계시들을

---

166) *Ibid.*, p.560.

167) *Ibid.*, lib.X, q.8, n.1029.

식별하는 경우에 있어서, 내용에 관계되거나 사람들 및 그러한 현상들의 효과 혹은 결과들과 관련된 것에 대해, 이미 알려진 기준들을 적용한다.

신심 깊은 사람과 영성가의 차이

제9권 “영들의 심사”(*Examen spiritu*)의 “부록”(Appendix)에서, 라 레게라는 단순히 신심 깊은 사람과 영성가를 구별하고 있다.

> “신심가는 열정적이며, 경건함과 사랑을 지니고 있고, 모든 덕을 지향한다. 그러나 그의 지성에 있어서 명석함이 부족한 경우가 잦다. 따라서 그에게 영의 고유한 무엇이 부족하다. 영은 영혼 전체를 선으로 향하게 하는 이성적이며 신앙적인 정감과 결합된, 판단력이라는 어떠한 상위의 빛으로 이루어져 있기 때문이다. 판단에 있어 명석함과 마찬가지로 의지에 있어 정감이 가득하여, 분별, 지혜, 지성에 있어서 빼어나고, 모든 경우에, 항상 그 자체로 덕에 있어서 더 완전한 것은 아니라 할지라도 더 적합한 것을 행하는 사람은 완전하게 영적이라고 할 것이다. 단지 신심이 깊고 경건하기만 한 사람은 그 자체로 선한 많은 일을 그의 경솔함 때문에 잘못 처리한다. 반면에 영성가는 본성에 의한 같은 행동에서도 거기에 초자연적 목적을 부여함으로써 유익함을 얻어 낸다. 엘리사처럼 이중의 영을 지니고 있다. 즉 내적이며, 감추어져 있으며, 온화하고, 지성적인 삶을 살며, 논쟁과 소문, 유언비어, 덕의 외관, 사람들의 찬사를 피하는 생활을 하는 사람이다. 그는 매우 많이 알지만, 적게 말한다. 시끄럽지 않게 기도하며, 교활하게 꾸미지 않고

고행한다. 그의 신심은 합리적이며, 그의 애덕은 자비이다. 그가 지닌 지향은 올바르고, 양심은 순수하다. 깊은 정감을 지녔지만 명석함이 적은 신심가는 다른 한쪽보다 짧은 다리를 한 사람과 비슷하니, 이 때문에 절름거리며, 어렵게 움직이고 앞으로 잘 나아가지를 못한다. 그의 삶에 불균형이 생긴다. 신심이 넘칠 때는 열정적이며 항구하지만, 부족할 때는 시들해지고 미온적이 된다. 반면에 영성가는 늘 항구하다. 순경에서나 역경에서나, 신심이 넘칠 때나 메마를 때나, 하느님을 향해 변함없이 나아가며 자신의 의무에 소홀하지 않는다."[168]

조반니 바티스타 스카라멜리(1687~1752)

스카라멜리(Juan Bautista Scaramelli)는 모든 계층의 사람들을 돕기 위해 그의 작품 『영들의 식별』(*Il discernimento degli spiriti*)을 저술하였다. 그렇지만 특히 사람들이 지도를 받고 식별하는 가운데 확인을 받기 위해 찾아야만 하는 영적 지도자들을 위해서 썼다. 그를 고전이 되게 한 무엇이 있다면 그것은 분명하고 질서 있게 전개하고, 문제를 다룰 때 자기 이전의 저작가들이 지녔던 그리스도교적 지혜를 예로 들어서 조명한 호소력 있는 그의 방식에 있다고 하겠다. 취급한 주제들과 전개한 교리는 이전 작가들과 거의 다름없이 동일하다. 순서는 분명하다. "영들"이란 무엇을 의미하는지 그리고 이 영들의 본성; 영들의 분별이란 무엇

---

168) *Ibid.*, lib.IX, 부록(Appendix), c.2, p.565.

인지 그리고 카리스마로서 어떻게 실행할 수 있는지 혹은 준비가 있어야 하는지, 그리고 어떻게 얻을 수 있는지; 판단과 의지에 그 영들이 미치는 영향을 통해 그것들을 구별하기 위해 필요한 그 다양한 영들(하느님의 영과 악마적 영)의 특징; 그 다양한 영들이 움직이는 방식; 기도와 덕의 실천 생활에서 있을 수 있는 착각들; "인간적" 영의 특징들을 요약한 설명으로 끝난다. 아마도 선한 영과 악한 영의 특징들을 설명한 뒤에, 의심스럽고 불확실한 영들을 다루는 데 한 장을 할애했다는 것을 고유한 것으로 부각하는 것이 적당하겠다.

개괄적인 종합이 지니는 가치를 고려해서, 여기에 다양한 영들의 특징들에 대한 틀을 제시한다. 이 특징들은 영혼에 미치는 효과들이며 이 효과들을 구별하게 한다. J. 데 기베르(J. de Guibert)가 사신의 『영성신학 강좌』(*Lecciones de teología espiritual*)[169]에서 채택한 것과 유사한 방식으로 전개할 것이다.

하느님의 영	악마의 영
	판단에 있어서
진실한 것들을 드러내 보임	－거짓된 것들을 제시함
유익한 것들을 드러내 보임	－무익하고, 헛되고, 경박한 것들을 제시함
빛, 분별	－모호함, 무분별
유연성	－집착
겸손에 대한 생각	－교만과 허영
	의지에 있어서

169) Cf. Lec. 25.

평화	– 불안, 혼란
진실한 겸손	– 교만
자기 자신에 대한 두려움과 함께	– 절망, 하느님께 대한 불신, 자부심

하느님께 대한 확고한 신뢰

유순함과 순명	– 불순명, 완고함과 비이성적인 강박관념
지향의 순수함과 올바름	– 왜곡된 지향
인내와 또한 십자가에 대한 열망	– 성급함과 불평
의지적 극기	– 정욕의 자극, 방탕 또는 퇴폐
진실함과 단순함	– 위선과 두 마음
영의 자유	– 애착, 속박
그리스도를 본받으려는 열망	– 그리스도와 그분의 생활양식에 대한 냉담
관대하고 사심 없는 애덕	– 괴롭고 초조해하는 거짓 열의

의심스럽거나 불확실한 영이라고 부르는 영들은 영적 지도자가 이를 발견할 때 의문을 품고 경계해야 하는 표지들이다. 왜냐하면 이것들은 일반적으로 악한 영의 표지들이거나 혹은 악한 영이 다음의 경우에 개입하는 본성적 경향들이기 때문이다.

의심하게 하는 징후들

– 한 신분을 선택한 뒤에, 다른 신분으로 옮아가고자 하는 것
– 자기의 신분에 비추어 유별난 것들이나 부적당한 것들로 기우는 경향
– 비범한 것들이나 대단히 힘든 외적 고행에 열중하는 것
– 감각적 위로에 대한 애착
– 영적 위로와 즐거움이 항구한 상태
– 눈물

-환시와 사적 계시에 대한 열망

식별할 줄 알도록 준비하기 위한 방법들

스카라멜리가 제시하는 첫째 방법은 하느님께 청원하는 것이다. 이는 야고보 서간(1,5)의 가르침에 따른 것이다. "여러분 가운데에 누구든지 지혜가 모자라면 하느님께 청하십시오. 하느님은 모든 사람에게 너그럽게 베푸시고 나무라지 않으시는 분이십니다. 그러면 받을 것입니다." 단지 일반적으로, 항구하게, 확고한 신뢰를 가지고 청할 뿐만 아니라, 또한 특별히 문제를 대할 때마다 역시 그렇게 하라는 것이다.

그리고 하느님의 말씀과 교회 학자들의 가르침을 읽고 묵상하면서 규범들을 연구하고 소화해야 할 것이다. 그러나 덕의 실천과, 무엇보다도 어려운 문제들을 다룰 때, 자기 자신을 믿지 않도록 깊은 겸손이 그의 기도에 동반되어야 한다. 진실한 사정을 인식하는 데 본연의 초연함을 지니고 자유로이 임하기 위해, 자기의 고해자나 영적 제자들에 대해 과도하게 애착을 품지 말아야 한다.

판단력이 계발되고 다양한 영들의 특징들을 아는 것이 좋다. 그러나 사려 분별에 의한 판단이 분명해야 하는 것은 아니며, 오히려 합리적이고 인간적일 필요가 있다는 것을, 말하자면, 합리적 동기들에 근거할 필요가 있다는 것을 염두에 두면서, 너무 세밀하게 다루지는 말아야 한다.[170] 보이는 것으로부터 보이지 않

170) "Ricordandosi, che il giudizio della discrezione non ha da essere evidente, ma umano, ma ragionevole, cioè appoggiato a motivi ragionevoli: 사리 분

는 것으로 진행하면서, 문제를 잘 조사하고 판단을 내리기 전에 이를 곰곰이 생각해야 할 것이다.[171]

오귀스탱 프랑수아 풀랭(1836~1919)

풀랭(Augustín-François Poulain)에 와서 신앙적 혹은 영적 체험에 대한 조사의 측면에서는, 경험주의적 학문의 고유한 실험적 방법론과 유사한 형태가 됨으로써, 거의 악화되기에 이른다. 풀랭으로서는 신학적 성찰과 판단으로부터 독립하고자 하는 것은 아니었다. 그렇지만 그의 방법론은,[172] 비록 몇몇 전제들의 신학적 해석과 인용된 많은 체험의 진정성은 아마도 더욱 진지한 비평의 대상이 되어야 하겠지만, 가능한 한 온통 자료들에 기초하고 집중하고 있다. 그는 신비체험의 이차적 현상들이 지닌 중요성에 특별히 주의를 기울였다. 이러한 관찰에도 불구하고 여기서 우리는 여전히 환시나 계시를 받았다고 여기는 사람과 이를 조사하는 영적 지도자가 지녀야 할 태도에 대해 풀랭이 언급한 몇 가지 규범들을 객관적 자료로서 고려하고 강조할 수 있다. 그는 이들을 위해 자신의 작품을 저술하였다. 이는 19세기에 시도된 식별의

별에 의한 판단은 분명하지 않아도 되며, 오히려 인간적이며 합리적인, 즉 합리적인 동기들에 근거할 필요가 있음을 기억하면서"[G. B. Scaramelli, 『십자가의 성 요한의 가르침과 영들의 식별』(*Dottrina di san Giovanni della Croce e Discernimento degli spiriti*) Pia Società di S. Paolo, Roma, 1946, p.281].

171) *Ibid.*, p.288.

172) 그의 가장 훌륭한 작품, 『기도의 은혜』(*Des grâces d'oraison*)에 대해서 언급하고 있다.

적용이라 하겠다. 풀랭의 저술의 초판인 『기도의 은혜』(*Des Grâces d'oraison*)가 1901년 파리에서 출판되었다.

환시와 계시를 받았다고 믿는 이들을 위해서

일반적으로 첫째 규범은 거부감을 극복해 가면서 훌륭한 지도자에게 마음을 여는 것이다. 또한 이러한 현상들을 믿지 않는 것을 일반적 규범으로 여겨야 한다. 왜냐하면 하느님에 의한 현상들이라 할지라도 이를 해석하는 데 실수할 수 있기 때문이다. 그리고 이 특별한 길은 원수의 환영(幻影)들과 속임수들에 대단히 많이 노출되어 있다고 여겨야 한다. 그러므로 이러한 선물들을 청하지도 바라지도 말아야 한다. 오히려 이러한 것들을 물리치고 생각하지 않도록 최선을 다해야 한다. 성화를 그린 이가 사악한 사람이라고 해서 그림 자체를 무시하고 경멸할 필요가 없는 것과 마찬가지로, 비록 환시들을 경멸하거나 부정적으로 평가할 필요는 없다고 하더라도 말이다.[173] 그런데 만일 이 모든 것에도 불구하고 이러한 현상 중에 어떤 것을 받는다면 덕의 증진에 도움이 되는 결과를 내는지에 관심을 기울인다. 중요한 것은 바로 이것이다. 만일 하느님에게서 온 것들이라면 그들이 원하는 바가 바로 덕의 증진에 기여하는 그것이겠고, 하느님에게서 온 것들이 아니라면, 그렇게까지 해를 입히지는 못할 것이기 때문이다. 그리고 만일 장상들이 하느님의 영감이라고 여겨지는 바를 실행하

173) 성 필립보 네리는 이와는 반대되는 교리를 따랐다고 할 수 있다. 그러나 이 경우에도 경멸과 부정적 평가의 표지는 성인이나 환시의 이미지로 향하지 않고 그 안에 자신의 현존을 숨기고 있다고 의심되는 악마에게로 향한다.

도록 허락하지 않는다면 인내심을 가져라. 만일 하느님께서 실현되기를 원하신다면 결국은 실현될 것이다. 비록 더 나중에 혹은 어쩌면 다른 사람들을 통해서 실현될지라도.[174)]

영적 지도자와 스승들을 위해서

진정성 여부에 대해 선언하기 전에 일반적으로 시간을 둔다. 비록 진정한 것으로 보이는 경우라도 하느님과의 일치와 덕의 행사에 더욱 중요성을 부여하면서 이러한 현상들에 대해서 경탄을 표하지 말아야 한다. 비록 의심스럽다 하더라도 이러한 것들을 이야기하는 사람을 부드럽게 대해야 한다. 지혜롭게 그 사람의 주의를 일깨우고 있을 수 있는 환영(幻影)에 대해 깨치게 해야 한다. 엄격하거나 냉소적이지 말아야 한다. 무엇보다도 그러한 환시들 혹은 계시들이 지향하는 목적을 염두에 두어야 한다. 결과들이 중차대할수록 더욱더 단단히 경계하면서 그래야 한다. 항상 지향이 사람의 성화를 향하게 하는 데 관심을 두어야 한다. 늘 다음과 같이 자문해야 하겠다. "보았거나 들었다고 여기는 그런 것들로부터 어떤 결과를 얻었는가?" 이것이 진정으로 그의 진정한 관심사라는 것을 볼 때, 시간을 허비하거나 낭비하는 사람은 지치게 될 것이다. 그리고 수련자나 지도자는 기울여야 할 곳에 자신의 관심을 두게 될 것이다. 수련자나 혹은 본다고 자처하는 사람이 때때로 지도자에게 권위를 행사하고자 할 수 있는데, 지도자는 그 권위가 자신을 지배하거나 좌우하도록 내버려두는

174) A. Poulain, *Des grâces d'oraison*(기도의 은혜), Paris, [10]1922, pp.411~418.

함정을 피해야 한다. 애정이나 보호라는 그들의 충동적 필요들에 연루되도록 내버려두는 함정도 마찬가지로 피해야 할 것이다. 그리고 큰 겸손으로 하느님께 청하며 필요한 빛과 현명함을 얻기 위해 의견을 청하는 사람들이 기도할 수 있게끔 해야 한다.

제 4 장

우리 시대에 있어서의 식별

장 무루(1901~1973)

그리스도교적 체험에 있어서 영적으로 느끼기

무루(Jean Mouroux)가 영적 식별에 관한 책을 쓴 것은 아니다. 그렇지만 그리스도교의 체험에 대한 책을 저술하였다. 그리고 그리스도교 생활이 우리에게 있어서 하느님의 선물, 그리스도 안에서의 새로운 실존이라는 선물이기에, 어떤 새로운 정감을 내포하고 있음을 지적하였다. 그리스도는 당신 성령의 선물 덕분에 다시 태어난 사람 안에 "본성적 정감을 완전하게 하고, 자기 자신을 성령께 순종하는 데 있어 발전하도록, 죄를 저지르게 하는 감정을 근절하는 경향을 띠는 근본적으로 새로운 정감"[175]을 넣

175) J. Mouroux(무루), *L'expérience chrétienne*(그리스도교적 체험), Aubier, Paris, 1954, p.277.

어 주신다. 그리고 정감은 그 자체의 대상에 대한 욕구의 반응이기에, 새로운 정감은 신앙 세계의 새 소식, 즉 삼위일체, 그리스도, 교회, 은총, 구원, 지복(至福), 십자가의 모순들(자기 자신과 세상의 관점에 대한 죽음), 성장하기 위한 포기 등을 향한다.

이러한 경향성은 향주덕에서 나오며 하느님께서 자신을 계시하신 대로 하느님을 향한 사랑을 성장시키도록 이끈다. 그렇지만 더 나아가 인간적 동력을 향주적 동력 안에 통합하는 경향이 있는 주입된 윤리덕들에 의해서, 그리고 성령의 선물들로부터, 하느님의 움직임들이나 영감들을 받아 모시는 새로운 역량들을 지니고 생겨난다.

바로 이 새로운 정감이라는 환경 안에서 그리스도교 생활이 발전될 것이다. 그리고 그 때문에 이 새로운 생활은 조건 지워질 것이며, 최종적이고 종말론적인 새로운 시야를 갖고, 새로운 전망 속에서, 사람의 모든 생명의 활동을 인도하기 위해, 모든 노예 상태로부터 사람을 해방하려는 영적 정감을 거슬러 투쟁하면서 사람을 노예로 만들려는, 육적 정감의 개선과 탈바꿈을 내포할 것이다. 이 새로운 정감의 고유한 반응들이 "영적으로 느끼기"라고 불리는 바로 그것이다.

다양한 방식의 느끼기 혹은 움직임들

그리스도인이 하느님을 향해 움직이기 위해 그분의 특별한 영감이나 감정을 기다릴 필요가 없는 것이 사실이다. 그에게 신앙으로 충분하니, 격려하고 예비하는 은총의 도움을 전제하여, 이미 계명 안에 나타난 하느님의 뜻, 그리스도와 성인들의 모범을 알려 준다. 그러나 하느님은 당신이 원하실 때에는 영혼에게 당신의 활동을 느끼게 하시고, 다른 때에는 느끼지 못하게 하시거나 당신의 부재라는 감정을 체험하게 하신다. 열정과 메마름, 위로와 실망(고독), 유혹과 평온함의 교체는 이 생활에서 정상적인 것이다.

그리스도인은 하느님과 더욱 깊은 결합을 이룰 내적 자세를 갖추고 하느님의 영의 암시들을 더욱 섬세하게 파악할 수 있기 위해 자신을 정화할 필요가 있다. 그러나 그의 개인적 체험은 그리스도의 삶이 이루어 놓은 자취를 따라야 한다. 즉 세상의 구원을 위해 그분과 일치되어, 내어 맡김과 십자가에 못 박힘을 거치기에 이르기까지, 그분처럼 그분과 함께 십자가를 져야 한다. 그러나 이 여정에서 하느님께서 당신 계획에 따라 합당하다고 여겨질 때, 그에게 주시는 기쁨과 용기가 부족하지 않을 것이다. 그 기쁨은 모든 감정을 초월하는데, 때때로 영은 그 기쁨으로 사는 반면에 그의 감각적 존재의 열등한 부분과는 그 기쁨이 공유되지 않는다.

그리스도교적 삶의 체험에 영적 감수성을 통합할 필요가 있다. 무루는 "**느끼기 그 자체**" "유발된 혹은 체험적(*experimental*) 느끼기" "영적·경험적(*experiencial*) 참된 느끼기"를 구별한다. 첫째 것은 경험 수준에서, 그 실상에서 체득된 것으로서, 하느님의 특별한 계시는 아니다. 유발된 혹은 체험적 수준에서 느끼기는 그리스도교적 체험 안에서 일어나지 말아야 한다. 왜냐하면 유발된 심리적 상태들을 마치 하느님의 통교인 것처럼 해석하도록 이끌 수 있기 때문이다. 사람은 이 은총의 영역에서는 하느님께서 원하실 때 그에게 맛보게 하시는 것을 겸손과 속죄와 생활의 깨끗함으로써 기다리고 준비하는 것 외에 다른 것을 할 수 없다. 그리고 참된 영적 느끼기는 말하자면 경험적인 수준에서 그리스도교적 체험을 형성하는 영적 관계들의 그물 안에 착생한다. 여기서 한 요소는 처해 있는 구조의 총체 안에서 그 의미와 그 진정성에 대한 보증을 얻는다.

이 구조는 향주덕의 '내적 활동들', 특히 애덕의 내적 활동들로 이뤄지는데, 이것들은 우리가 하느님과 통교를 이루게 하는 것들이다. 또한 비록 외적이긴 하지만, 그 애덕에 의해 격려되고 인도된 윤리덕들과 향주덕의 '시행'으로도 이뤄진다. 이 덕들 안에서 초자연적으로 느끼기가 보증된다. 그리고 이 모든 것은 자연히 하느님 말씀과 교회 안에서의 적법한 권위에 대한 순명 속에서 시행된다. 여기서 "느끼기"는 실제로 필요한 자기의 정상적 역할을 찾아 얻으며, 영적이고, 그리스도를 닮는 신비 안으로 들어간다.

이런 분위기 안에서 영들의 식별이라는 문제는 이 영향과 규범에 초점이 맞춰져야 한다. 여기에 다음의 두 가지 사이에 세워져야 하는 판단의 차이가 있다. 즉 영혼 안에 사람을 교만하게 하거나, 혹은 애덕을 어기고 자기 의무들을 소홀히 하면서, 하느님을 기쁘게 해 드리기 위해서가 아니라 자기의 욕구를 위해 기도를 남용하도록 이끌 수 있는, 감각적 위로나 다정함을 일으킬 수 있는 "**이기주의적 경향과 마귀**" 그리고 "참된 위로"가 그것인데, 이 "참된 위로"는 하느님의 진리들에 대한 인식, 그리고 참된 덕들에 대한 깊은 애정, 하느님 뜻에 대한 전적인 굴복과 어우러져, 사람을 더욱 자신의 주인이 되게 하고 하느님께 더욱 순종하게 한다. 그리하여 모든 덕스러운 것들을 행하게 하고 가장 작은 잘

못도 피하게 한다. "달리 말해, 비추어진 신앙, 올바른 뜻, 행위에 있어서 관대함과 힘의 증대, 바로 이것들이 참된 위로의 표지들이다. 그리고 언제나 그런 것처럼 '구조가 요소를 판결한다.'"[176)]

무루는 검토가 필요하다고 보는, 그리고 동시대 사람들이 이해할 수 있는 말로 모든 시대에 전달될 수 있는 하느님의 승낙이라는 다른 주제를 암시한다. 하느님께서 당신을 느끼게 하시는 방식으로 염두에 두신, 역사의 흐름에 따른 일종의 영적 감수성의 진화로 본다.

결론

우리가 생각하기에, 무루는 영적 식별에 대한 훌륭한 그리스도교적 이론이 구성되어야 할 바탕이 되는 신학적 기초를 확장했다고 본다. 움직임들을 체험하는 사람의 전반적인 그리스도교적 성숙이나 총체적 구조에 따른, 그 움직임들이 가지고 있는 의미의 바탕이 되는 신학적 기초를 깨닫게 한다. 그리고 영적 식별을 행할 수 있기 위해 영적인 사람이 되어야 할 필요성과, 동시에 은총의 활동과의 동질성과 그 반대되는 활동과의 "이상"(異常, distonía)이 생겨나는 이 그리스도교적 성숙을 돕는 근본적 중요성을 암시한다. 본질적으로 식별의 신학적-성경적 기초를 요구한다. 때문에 이 주제에 대해 특히 우리 시대에 장 구베르네르와 제라르 테리앵이 특별한 관심을 기울여 연구하게 된다.

176) *Ibid.*, p.307: "Autrement dit, foi éclairée, volonté droite, accroissement de force et de générosité dans l'agir, voilà les signes de la consolation authentique. Et comme toujours, *la structure juge l'élément.*"

주요한 차이는 각각의 강조점과 관심사에 있겠다.

제라르 테리앵(Gérard Therrien)은 자신의 논문에서 여러 바오로 서간에 나오는 δοκιμάζειν(dokimazein)을 연구하였다. 그렇지만 그의 관심사는 엄밀하게 말해 영적인 면보다는 윤리적인 면에 있다. 언어학 연구의 한계는 내가 보기에 다음의 중요성을 충분히 고려하지 못하게 하였다. 즉 δοκιμάζειν(dokimazein)을 코린토 1서 2장 12절의 εἰδῶμεν(eidomen: 알다), 코린토 1서 2장 13~15절의 ἀνακρίνειν(anakrinein: 판단하다), 그리고 같은 장의 πνεῦμα τὸ ἐκ τοῦ Θεοῦ(pneuma to ek tou Theou: 하느님에게서 오시는 영)와 νοῦν Χριστοῦ(noun Christou), 혹은 같은 서간(1코린 4,7)과 로마서 14장 23절의 διακρίνω(diakrino: 낫게 여기다, 의심하다), 코린토 1서 12장 10절과 히브리서 5장 14절의 διακρίσεις(diakriseis: 식별 역량, 나눔, 분류, 판단) 등과의 관계 위에서 이해하는 데 있어서의 중요성이다.

아무튼 δοκιμάζω(dokimazo) 안에서, 최후의 심판에 비추어 본 하느님 계획 안에서의 인간의 종말론적 차원에서이든 교회 안에서 현세의 삶에 있어서든(사도들의 판단), 그 신앙적 가치, 그리스도교적 진정성에 대한 판단을 인정한다. 구세사와 긴밀하게 연결되어 나타난다. 윤리적 관점에서 지혜를 윤리덕으로서 받아들이는 것을 용인한다. 왜냐하면 하느님의 뜻을, 하느님의 영광과 형제들의 성화(聖化)와 구원을 바라보면서, 처한 상황 속에서 인간적이고 신적인 행동을 하는 가운데 고려하기 때문이다. 우리가 본 바와 같이 테리앵의 주된 입장은 윤리적이며, 그의 관심사는 이를 δοκιμάζω(dokimazo)를 통해서 변화하는 역사적 상황에 대한 성찰로 개방하는 것이다.[177)]

반면에 **장 구베르네르**(Jean Gouvernaire)는 자기 자신의 삶 안에서의 하느님 뜻의 완전한 실행과 관련된 영들의 식별에 대한 이냐시오의 영역과 가르침으로부터 출발한다. 거기서부터 성 바오로의 서간들을 통해 깨달음을 얻기 위해 성 바오로에 대한 연구로 접근하였다.[178)]

영적 식별의 수준과 조건들

이렇게 구베르네르는 영적 식별은 신앙 안에 접목된, 새로운 사고방식을 받아들인 영적인 인간(은총으로 변화된 새 인간)의 것임을 밝혔다.[179)] 이 새로운 사고방식이 바로 이미 육적인 것도 순전히 이성적인 인간의 것도 아닌, 새로운 유형의 식별에 접근하도록 용인한다.

이를 하느님 사정에 있어 새로운 감정과 새로운 통찰로 받아들이는 사람에게 전달하는 이는 바로 성령이시다. 성령의 인도 아래 이뤄지는 일은 사랑을 낳고, 평화와 기쁨을 가져다준다(갈라 5,22). 그리고 사랑의 성숙과 진보를 통해서 식별의 능력(필리 1,9),

177) 여기서 이 논문은 진정한 그리스도교적 식별은 진실한 법과 보편적 의무, 또는 합법적인 권위를 반대할 수 없다는 것을 분명하게 밝히지 않고 있음에 주의하자. 성령께서는 당신 자신이 원한 매개물들에 대한 진정한 순명을 보장하는 가운데 영감을 주시기 때문이다.

178) J. Gouvernaire(구베르네르), *Le discernement chez saint Paul*(성 바오로에 있어 식별), Vie Chrétienne, Paris, 1983.

179) Cf., *Ibid.*, I, 1, 4, 5.

영적인 사정에 대한 새로운 이해가 증진되어 간다. 하느님과 그분의 뜻에 대한 인식이 그리스도의 신비와 우리 개인 생활에 대한 그 신비의 적용에 관한 통찰에 있어 증대되어 가, 우리의 모든 결정에 있어 당신의 뜻을 행함으로써 그분을 기쁘게 해 드릴 수 있다(콜로 1,9~10. 참조: 에페 4,13). 그렇지만 우리의 느끼기와 행하기의 지속적인 쇄신 속에서 이를 바라고 청하며 구해야 할 필요가 있다.

하느님의 뜻은 선한 것이라는 범위 안에서, 교회의 일치 안에서, 주님의 이름으로 전해진 가르침들의 노선 안에서가 아니라면 만날 수 없다.[180] 그러나 그리스도인은 단지 선한 것과 악한 것, 세속적이고 육적이고 영적인 것을 구별해야 할 뿐만 아니라, 또한 하느님의 눈에 더욱 낫고 더 마음에 들며 더 완전한 것을 더 쉽게 동질감을 갖고 항상 식별할 줄 알아야 한다.

영적 식별을 위한 지침들

고려해야 할 첫째가는 주요한 지침은 하느님께서는 그리스도 안에서 계시된 당신 계획에 우리 자신과 우리가 행하는 모든 것을 통해서 참여하기를 원하신다는 것이다. 무슨 선택이든 어떤 특정한 때에 우리에 대한 하느님의 뜻이기 위해서는 이 하느님의 계획과 일치하여 조화를 이루어야 한다. 이 하느님의 계획에 대한 우리의 충만한 일치가 더욱 증진될수록, 우리의 탐구와 결정들에 있어 우리가 하느님의 뜻에 더욱 일치를 이루는 데 능력

---

180) 참조: 1코린 4,16 이하; 7,17; 11,16.

있게 된다. 이런 방향으로의 진보를 가리키는 모든 표지들은 긍정적인 것들이다. 즉 신앙의 증대, "옛 인간"의 노예 상태로부터의 해방, 변함없는 희망, 그리고 무엇보다도 그리스도 안에서 공동체를 건설하는, 형제적 사랑으로 나타난 사랑의 증대 등이다.

그런데 또한 근본적인 특징들을 동반하는 일련의 표지들 — 구베르네르가 조화를 이루고 있다고 말하는 — 즉 기쁨, 평화, 호의, 진실 등이 있다. 중요하게 보는 것은 고립된 단 하나의 표지에만 의거하지 않는 것이니, 거짓된 것일 수 있기에, 오히려 사람 안에서 전후 연관 관계를 관찰하는 것이다. 이는 어떤 특정 인물 안에, 표지 하나가 교회의 개인적이고 집단적인, 전체적 체험과의 복음적 일관성이라는 의미와 뜻을 띠고 있거나 그렇지 못한 바로 이 총체 안에 있다. 마치 한 문장(혹은 말)이, 속해 있는 이야기의 총체 안에서가 아니라, 고립되어 있다면 그 참된 의미를 얻을 수 없는 것과 같다. 이 일관성 여부를 정당하게 평가하기 위해서는 어떤 결정이 교회 안에서 한 사람에 대한 하느님 계획의 총체와 갖는 조화를 감지하는 그 감수성과 마음의 이해력이 요구된다.[181] 필리피 신자들을 위한 성 바오로의 기도에 바탕을 두고 있다. 여기서 성 바오로 사도는 그들이 사랑 안에서 성장하도록 기도할 때, 참된 지혜와 지식의 증진을 북돋운다. 이것들이 무엇이 하느님을 기쁘게 해 드리는지를 식별하게 하여, 그들이 그리스도의 날에 나무랄 데 없는 사람들이 되어, 성덕의 열매들을 맺어, 하느님께 영광과 찬양을 드릴 수 있게 되기를 바란

181) J. Gouvernaire(구베르네르), *Le discernement chez saint Paul*(성 바오로에 있어 식별), II, 1, 1과 4~5.

다(필리 1,9~10).

성 바오로에 따르면 "느끼기"는 지성의 빛에 종속되어 있어야 한다. 진리에 대한 열망과 자신의 이기주의, 개인적인 사상이나 관심사를 버림은 모든 식별의 기본적인 조건들이다.

가장 하느님 마음에 드는 것을 행하기로 결정했을 때, 사람에게 스며들어 오는 평화의 감정은 하느님과 인간 존재 사이의 조화에서 생긴다. 만일 무슨 대가를 치르더라도 오직 하느님 마음에 드는 것만을 추구한다는 완전한 뜻이 자기 마음속에 이미 정해져 있다면, 서로 맞지 않는 무엇이 있을 때, 부조화, 불안과 혼란을 느끼게 될 것이다. 신앙의 쇠퇴, 애덕을 실천함에 있어서의 미온적인 태도와 냉담에 영향을 미치는 모든 것, 하느님을 향한 자신의 결정적인 방침을 혼란하게 하거나 평화를 빼앗는 것, 방향을 어둡게 하고 헛된 두려움을 일게 하는 것 등은 부정적 요소가 개입되고 있다는 표지일 것이다. 하느님 계획의 실현이 방해받는 것을 피하기 위해 행동해야 한다. 구베르네르는 자주 더 듣거려야 할 것이고, 그리스도교의 전통은 점점 더 방법론적으로 하느님 뜻의 식별을 이해하게 되어야 할 것임을 인정한다.[182]

결론적으로, 우리는 구베르네르가 의도적으로 성 바오로에 따른 식별을 연구하는 데 노력한 것과 윤리적 측면을 영적인 측면만큼 비중을 두지 않은 것에 감사해야 한다. 이 문제에 있어 모든 참된 진보는 하느님 말씀의 지침이 되는 자료들과의 일관성과 조화 속에서 일치를 이룰 줄 알아야 할 것이다. 그리고 이 자료들은 자주 고려되어 왔듯이 하나씩 따로 지켜져서는 안 되고, 오히

182) *Ibid.*, III, 1 & 5~7.

려 그리스도교적 성장이라는 영적 여정의 총체 안에서, 바오로의 가르침에 내포된 일종의 영적 체계로서 준수되어야 한다.

칼 라너(1904~1984)

출발점

라너(Karl Rahner)도 마찬가지로 성 이냐시오의 『영신 수련』에서 출발하며, 사람과 구체적으로 자기 자신에 대한 하느님의 뜻과의 만남이라는 핵심에 관심을 둔다. 어떻게 이루어지는가?

이 문제와 관련하여, 그 신학적 기반에 초점을 맞춰, 영적 식별에 대한 체계적 구성이라는 가장 대담한 계획을 실행에 옮길 것이다.

『영신 수련』이 마련하는 자기 삶에 대한 하느님의 뜻과의 만남은 묵상을 통해 심화하고 거기서 자기 생활 속에서의 실천적인 적용들을 끌어내려는 목적으로 이는 이미 모든 사람에게 드러난 하느님의 일반적인 법에 개인을 개방하는 것과는 똑같은 것이 아니다. 어떤 것이 일반적인 법에 따라 윤리적으로 선하다는 것만으로는 개인이 자신의 구체적인 생활 속에서 실천할 하느님의 뜻을 그 안에서 알아보기에 충분하지 않다. 여기까지 문제는 분명하다. 즉 하느님께서 "**지금 여기서**"(*hic et nunc*) 내가 완수하기를 원치 않으시는 덕행들, 많은 선한 일들이 있다. 왜냐하면 나는 나름 그분이 내게 원하시고 역시 선한 다른 덕행들을 수행해야 하기 때문이다. 내 신분의 의무에 따른 것이거나 혹은 내

의무를 거스르지 않으면서 그분의 내게 대한 현재의 영감에 따른 것들이 있기 때문이다.

성 이냐시오는 그런 움직임들이나 영감들이 존재하고 있으며 인식할 수 있음을 전제한다. 그러므로 그것들을 구별하는 특성들을 확인할 필요가 있다. 어떤 이들은 주체에 대한 하느님의 직접적인 표명이 아니라 이차적인 원인들에만 주의를 기울인다. 그렇지만 하느님께서는 당신의 섭리로써, 특별한 경우들이 아니라면 어떤 특별한 직접적인 개입 없이 원하시는 바를 하신다. 다른 이들은, 비록 초자연적 은총이 그 자체로 의식의 직접적 대상은 아니라 해도, 그 작용들은 의식의 수준에서도 일어나며 그 작용들을 고려해야 함을 인정한다. 오늘날의 인간은, 삶의 본성적이고 자연적인 의미만으로 한정할 때, 자기 자신의 의식 안에서 발견하는 것을 호르몬의 효과들, 생물학적 유형이나 무의식이라는 다른 조건들, 혹은 그 무엇이든 다른 원인 때문이라고 생각하려고 하지, 하느님이나 천사 또는 악마를 그 원인으로 보려 하지는 않는다. 신학자는 하느님께서 자유로이 행동하시며 당신의 이성적인 피조물들과 의식적으로 자신을 통교하기를 원하심을 알고 있다.

한편 많은 신학자는, 하느님 은총의 현존이 갖는 무의식적인 특성을 생각할 때, 움직임은 모든 것이 선하고 하느님에게서 오는 구원에 유익하다는 보편적 원리에 의거해서만 하느님에게서 오는 것이라고 인정할 수 있음을 받아들이는 듯하다. 이것은 라너에게 있어 영적 실재를 해석하기에 충분하지 않다. 마찬가지로 비록 순전히 자연적 행위를 통해서는 아니라 할지라도, 성 토마스에 따르면 인식되어야만 하는, 초자연적으로 승화된 행위들의 형상적 대상에 대한 가르침에 기대는 것도 충분하지 않다.

속이지 않는 근본적인 체험

라너는 그러한 행위들에 대한 의식의 형상적 대상 외에도, 하느님께서 확실하게 당신 자신을 나타내 보이시고 다른 것들에 그 원인을 돌릴 수 없는, 그 자체로 본연의 증거를 갖고 있는 체험이 있을 수 있음을 고려한다. 이 체험은 모든 의구심을 극복하면서, 다른 인식들에 있어 존재론과 논리학의 첫째 원리들의 기능을 모종의 방식으로 실현하는 그런 것이 될 것이다. 이 체험에 대한 언급을 통해서 다른 체험들의 진정성을 검증할 수 있을 것이다. 그래서 다른 충동들이나 움직임들에 대한 식별의 적용을 통해, 그것들이 하느님에게서 오는지 여부를 인식할 수 있게 할 일종의 초자연적 논리학에 도달하게 될 것이다.

라너는 그런 체험은 성 이냐시오가 "앞선 이유 없는 위로"[183]라고 부른 것 안에서 동일성을 확인할 수 있다고 믿는다. 이냐시오의 본문에 대한 독서에서 라너는 앞선 이유 없는 위로와 일으키는 대상 없는 위로를 같은 것이라고 보았다. 그의 해석이 옳은지 여부는 더 나중에 이 특별한 주제를 다룰 때 차근차근 살펴보겠다. 그런데 라너는 의식 안에 의미 있는 (주제화된) 내용이 전혀 없다고 생각하지는 않았다. 위로가 그 위로를 일으키는 대상과 같은 것이 되지 않음은 분명하다. 그 위로 안에서 인격 전체가 하느님의 초월성에 대한 개방과 그분 뜻에 대한 전적

183) 『영신 수련』 330항.

인 수용 자세를 갖추고, 그것이 무엇이든 특정의 측정할 수 있는 (의식의 지칭할 수 있고 한정할 수 있는) 모든 대상을 넘어, 하느님의 사랑 안에 이끌렸다고 느끼는 일이 일어난다. 그런 체험 속에서 하느님께서는 어떤 대상에 대한 특별한 지식처럼 파악되는 것이 아니라, 본질적으로 어떤 다른 유형의 개념상 통교로 환원될 수 없는 특성을 지닌 하느님의 선물로 이해된다. 그런 체험은 여러 단계일 수 있으나, 그 체험을 하느님의 것으로 인정하게 하는 자료들 사이에 본질적인 동등성에 해를 끼치지 않는 범위에서 그렇다.

이 체험에서 존재론적 의미의 직관적 환시나 지복 직관을 다루는 것은 아니다. 무엇보다도 체험 주체에게 있는 바 그대로 그리고 초자연적이고, 모든 진리의 기초이며, 보증과 위로가 되는 초월성이 주제가 되는 것이다. 그 체험 안에서 하느님께서는 얼굴을 맞대고 보듯 보이는 것이 아니라, 이 움직임의 목적으로 현존하신다. 여기서 묘사된 체험은 단지 지식처럼 파악된 주제 의식만이 아니라, 자유, 사랑, 평화[184] 그리고 하느님께 대한 수용 자세의 심화 등으로 감지된 주제 의식이기도 하다.

선택에의 적용

라너는 거기서, 하느님께 대한 순수한 개방이라는, 앞에서 묘사된, 무상의 체험과 취해야 할 선택의 비교를 통한, 개인에

---

[184] K. Rahner(라너), *Das Dynamische in der Kirche*(교회의 역동성), Herder, Basel-Freiburg-Wien, ^{2}1960, pp.130~131 = Questiones disputate 5.

대한 하느님의 뜻을 확인하기 위한 원리 혹은 판단 기준을 발견할 것이다. 이 기준은, 라너가 주장하는바, 본질들이라는 단 하나의 도덕률만으로 전달될 수 있는 것이 아니다. 삼단논법의 논리로 행해지는 어떤 추론이 아니다.

소위 "선택의 첫째 시기" 또는 첫째 시기의 선택에서, 위로의 중심이 되는 경험적인 이 사건의 결말처럼, 막연하게나마, 언급된 체험과 선택의 대상의 종합이 일어나며 하느님에게서 직접 전달된다.[185)]

성 이냐시오가 언급한 "둘째 시기"에 선택의 대상과 위로 및 실망(고독)들과의 비교를 통해서 선택에 도달한다. 이 위로와 실망들은 선택하려고 하는 피조물 앞에서 사람이 반응하는 방식과 하느님의 본래의 위로의 결합에서 생긴다. 하느님의 초월성에 대한 개방이 계획된 선택에 의해서 확인되고 강화되거나, 혹은 약화되거나 모호하게 된다면, 이것이 참된 하느님의 위로 체험과 선택의 대상과의 종합을 이루기까지, 식별을 통해 관찰해야 할 요점이다. 이것은 평화, 온유함, 참된 신심과 영적 기쁨 안에서 나타날 것이다. 때때로 충분히 분명하고 확실하게 이 종합에 도달하는 데 얼마간의 기간이 걸릴 것이다. 이 경우 참된 체험이 생긴다. 그렇지만 "순수한" 하느님의 위로가 항상 영들의 식별을 위한, 때문에 하느님 뜻의 선택을 위한 유일한 기준점이며 근본원리가 된다. 그러므로 라너에게 있어 위로가 참된 것인지 거짓된 것인지, 또는 실망이 본성에서 오는지, 선한 영으로부터 또는 악한 영으로부터 오는지 분명하게 살피는 일은 결정적인 중요성

185) Cf. *Ibid.*, p.138, nota 56.

을 갖지 못한다. 중요한 것은 속이지 않는 위로의 체험을 통해 얻은 종합이다.[186)]

보통 사람은, 그의 실존적 선택에 있어, 유사한 구조나 방식을 따르는 경향이 있다. 즉 가능한 선택과 자기 자신이 지닌 근본 체험을, 그 체험과 조화를 이루는지 여부를 가리기 위해 비교하는 것이다. 그리고 그런 조화는 뒤따르는 기쁨, 평화, 만족으로 나타난다. 이냐시오의 "셋째 시기"에 따른 선택도 본질적으로 다른 구조를 보이는 것은 아니다. 사람이 자신의 결정으로 이 "시기"에 임하는 것이 아니다. 소위 이 평온한 시기, 이 하느님의 침묵 안에서의 위로들이나 실망들의 부재 또한 하느님의 응답이다. 사람을 자신의 능력에 의한 자유롭고 평화로운 수련에 맡기는 것이다. 선택의 대상은 초연하게 나타나 보이며, 사람은 하느님의 뜻을 향한 자신의 평화로운 내적 준비 속에서, 깊이 있고 분명하게, 어떤 무질서한 경향에 의한 흔들림 없이 한 성찰을 통해서, 올바른 것을 만나기를 희망하고, 만난 뒤에 평가한다. "셋째 시기"는 라너에 따르면, 보조적이며, 부족한 것이고, 모종의 방식으로 둘째 시기의 구조 안에 통합되기를 겨냥하는 무엇을 지향하며 제시한다.[187)]

결론

라너는 실존적 인식이라는 자신의 논리에 근거하면서, 이제

---

186) Cf. *Ibid.*, pp.142~143.

187) Cf. *Ibid.*, pp.90~91 & 146~147.

결말까지 이끌어 온 전망 속에서 가장 야심 찬 신학적 종합을 시도했다고 말할 수 있겠다. 어쩌면 인간에게 있어 향주덕과 사추덕을 실천하는 방법과 은총에 대한 스콜라 신학 안에서 선택의 시기들과 앞선 이유 없는 위로를 통합하면서 수아레스가 확실하게 전개한 바와 오직 비교할 수 있을 것이다.

더 나중에 라너가 설명을 시도한 이냐시오의 본문과 일관성이 있는지 여부를 검토하겠다.

제 3 부

식별의 적용

이 책의 제1부에서 우리는 모든 종류의 식별에 공통적으로 해당되는, 식별에 일반적으로 영향을 미치는 문제들을 살펴보았다. 그리고 거기서 그리스도인들에게 매우 다양한 분야에 식별을 적용하라는 성경의 권고를 보았다. 제2부에서 우리는 실제로 어떻게 다양한 시대에 걸쳐 영적 식별이 적용되었는지, 그리고 거기서 성경의 가르침으로부터 출발하여 교회의 품 안에서 발전되어 온 교의적 전통을 풍성하게 하고자 어떤 결실들이 따랐는지를 관찰하기 위해 역사를 대충 훑어보았다.

이제 제1부에서 지적된, 영적 식별의 모든 분야를 구체적으로 그리고 체계적으로 조명해 보고자 한다. 체험하는 주체의 가장 외면적인 분야들로부터 시작하고, 이어서 가장 내적인 현상들을 계속 다루겠다. 여기서 적어도 기초적인 신학적-영성적 성찰 및 지침들과 함께 하느님의 말씀이 영적 식별을 하도록 권고하기 위해 우리에게 열어 보여 주는 파노라마를 담아 보도록 하겠다. 혹시 여기서 교의 영역에 대해 특별히 다루지 않는다면, 이를 덜 중요하게 간주하기 때문이 아니라, 이 책의 제2부에서, 특별히 예언들이나 교리에 대한 성 토마스, 제르송 그리고 디오니시오의 가르침들을 숙고하면서, 이미 충분히 다뤘다고 생각하기 때문이다. 교회의 카리스마적 단체들에 대한 식별과 갖는 필수적인 관계 때문에, 이 제3부에서도 교리들에 대한 식별에 적용할 수 있는 몇 가지 판단 기준들이 등장할 것이고 확인될 것이다.

이런 계획에 따라 무엇보다도 먼저 시대의 징표들에 대한 영적 식별에 대해 살펴보겠다. 이 징표들은 체험 주체의 외적 현상들로서, 식별하는 사람이 행한 조사나 관찰을 통해서, 역사 안에서 발견해야 할 사고방식이나 사실들이다. 다음에는 있는 그대로의 교회 운동들이나 단체들로 넘어가겠다. 오늘날 흔한 공동으로 행하는 식별이라는 현상을 다루기 위해서이다. 이는 적어도 많은 부분에 있어서 식별하는 주체의 외부에 있는 주제에 대한 적용을 일반적으로 전제하는 것이다. 이어서 카리스마적이라고 추정된 인물의 내적 현상에 대한 주의를 요하는 사적 계시, 환시, 예언 등과 같은, 교회 안에서의 카리스마적 현상들에 적용된 식별을 교회 "감각"에 대한 식별과 함께 검토하겠다. 그리고 뒤에 영적인 사람의 생활에 있어 일반적인 현상인 내적 움직임과 영감에 관심을 두겠다. 성소 및 영적 지도에 대한 식별이라는 주제는 일반적으로 말하자면 어떤 식으로든 다른 모든 주제를 포함하는데, 때문에 이 주제들을 마지막으로 남겨 두었다.

제 1 장

시대의 징표

주제 설정

제2차 바티칸 공의회 직전까지 "시대의 징표"라는 주제는 영성 작품들 안에서는 거의 찾아볼 수 없다. 이 σημεῖα τῶν καιρῶν(semeia ton kairon: 시대의 징표)이라는 표현은 신약성경(마태 16, 3)에서 ἅπαξ λέγομενον〔hapax legomenon:단 한 번 언급된 (것)〕이다. 아마도 이런 이유로 이 표현에 대해 충분히 고찰하지 못했을 것이다. 게다가 주석가들에 따르면 그리스도의 역사(歷史)를 자기 시대의 하느님의 징표로 알지도 못했고 인정하려고도 하지 않았던 그리스도의 대화 상대자들(바리사이들과 사두가이들)과 연관되었다.[1] 그러나 하느님의 세상 역사 안에 개입하심에 대한 온전한 인식과 일종의 역사신학을 낳기에 이르기까지 이러한 개입의 흔

[1] Cf. F. Zorell, *Lexicon Graecum Novi Testamenti*, voce «semeion»; *La Sagrada Biblia*, ed. Montaner y Simón, Barcelona, 1962; 앞에 인용된 구절에 대한 Instituto Bíblico de Roma의 각주들.

적들을 발견하고자 하는 의도는 매우 오래전부터 있었다. 가장 빛나는 시도들 가운데 하나로 성 아우구스티노의 『신국론』을 들 수 있다.

인류 역사에서 우리 문화와 문명의 새로운 특성, 우리 시대에 종교적 문제에 접근하는 새로운 방식에 대한 제2차 바티칸 공의회의 성찰은 교회가 "시대의 징표"라는 표현의 의미를 지금껏 거의 사용되지 않던 범위와 양상으로 인식할 필요를 더욱 깨닫게 하고, 최근의 신학적이고 영성적인 작품에 일반적으로 사용하도록 하기에 이르렀다. 교황 바오로 6세는 회칙 「민족들의 발전」(*Populorum progressio*)[2]에서 「사목 헌장」(*Gaudium et spes*) 4항을 인용하면서 "모든 시대에 걸쳐 교회는 '시대의 징표'를 탐구하고 이를 복음의 빛으로 해석하여야 할 의무를 지니고 있다"라고 재천명하였다.

이는 모든 하느님 백성의 의무이다. 비록 안내자들인 목자들(교황들)[3]에게 특히, 그리고 전문 신학자들에게 긴급한 책무이지만 역시 모든 이들에게로 확대된다. 더 나아가 사제의 생활과 교역에 관한 교령 「사제품」(*Praesbyterorum ordinis*)에서 사제들은 평신도들의 말을 기꺼이 들을 자세가 되어 있어야 한다고 권고한다. 그래서 "그들의 소망을 형제애로 숙고하며, 인간 활동의 여러 분야에서 그들의 경험과 역량을 인정하여야 한다. 그럼으로써

---

2) 「민족들의 발전」(*Populorum progressio*), 13항.

3) 「사목 헌장」(*Gaudium et spes*) 11항. 참조: 44항: "하느님의 백성 전체, 특히 사목자들과 신학자들의 소임은 성령의 도우심으로 현대의 다양한 말을 경청하고 식별하고 해석하며 이를 하느님의 말씀에 비추어 판단하는 것이다. 이렇게 하여 계시 진리가 언제나 더 깊이 받아들여지고 더 잘 이해되고 더욱 적절히 제시될 수 있다."

사제들은 평신도와 함께 시대의 징표를 인식할 수 있다"(9항)는 것이다.

목적은 공의회가 제시하고 있는바 "각 세대에 알맞은 방법으로 〔…〕 현세와 내세의 삶의 의미 그리고 그 상호관계에 대한 인간의 끊임없는 물음에 대답해 줄 수"[4] 있기 위함이다. 고유한 문화와 문명을 지닌, 그리고 때때로 기술, 발명, 사회 여건 등의 분명히 새로운 상황에 의해 야기된 독특한 문제들을 지닌 구체적인 특정인들, 문제들을 이해하고 대응하는 데 있어 고유한 방식을 지닌 사람들에 대한 봉사의 문제다. 그런데 이 문제들은 마찬가지로 성직자와 교계제도가 취해야 하는 입장에도 영향을 준다. 이 모든 것은 특정한 수단과 언어, 아마도 복음화되어야 하는 주체를 이해할 수 있기 위한 어쩌면 새로운 수단을 요구한다.

표징으로서의 시대

예수님이 시대의 징표와 관련된 구절[5]에서 "**역사 내의 사건들과 가시적 표현들**"을 암시하셨음을 기억할 수 있다. 이것들에 대해서 율법 학자들과 바리사이들은 그 안에 담겨 있는 하느님의 부르심의 의미를 인식하기 위해 주의를 기울였어야만 했다. 이런 의미에서 공의회는 "우리가 살고 있는 세상, 세상의 갈망, 희망", 그리고 종종 이런 세상을 특징짓는 뚜렷한 성질 등을 알

4) 「사목 헌장」 4항.

5) 이에 대해서는 이미 제1부에서 살펴보았다.

고 이해할 필요가 있음을 언급하고 있다.[6] 그리스도인이 성령의 인도하심을 믿게 하는 신앙에 감도되어 하느님의 계획안에서 인간의 성소 전체를 파악하기 위해 이 동일한 성령께 자신을 개방해야 함을 전제한다. 그리고 동일한 성령에 의해서 비추어지도록 놓아둘 준비가 되어 있다면 자신의 동시대인들과 함께 이러한 바람, 열망, 그리고 요구들에 일반적으로 참여하면서 자신이 속한 시대에서 더욱 높게 평가되고 존중받는 것들 가운데 진정한 가치들을 지닌 것을 발견해 낼 수 있고 또 그래야만 할 것이다. 그것들은 어떤 특정 시대에 일반화되고 빈번한 것으로 평가되어 관심을 불러일으킨다. 그것들의 신앙적 의미를 해석하려면 그것들이 진정으로 하느님께 그 기원을 두고 있는지를 보고 그러한 관점에서 판단해야 한다.

그리하여 인간의 역사적 사건들은 하느님의 뜻을 나타내는 표지가 되어 그리스도인이 어떤 특정한 방향으로 행동하게 한다. 왜냐하면 그런 가치들은 하느님께서 인간에게 주신 본성으로부터 오기 때문에 그 자체로 소중하지만 "인간 마음의 타락의 결과로"[7] 종종 그것들이 향해야 할 올바른 방향으로부터의 일탈을 겪기 때문이다.

"표지"는 뭘 의미하기에, 말하려고 하기에 "표지"이다. 가리키는 것과 본성적으로 연결되어 있는 자연적 표지들이 있다. 즉 불의 표지인 연기, 화산의 표지인 용암, 영원의 상징이 되는 늘 푸른 잎 등이 있다. 그러나 다른 표지들은 만들어진 것들인데,

---

6) 「사목 헌장」 4항.

7) 「사목 헌장」 11항.

왜냐하면 관례, 주된 경향 혹은 문화가 그렇게 정했기 때문이다. 즉 조국의 상징인 국기, 희망의 표지인 녹색, 세상의 어떤 곳에선 애도의 표지로 사용되는 검은색 등이 있다. 그러나 누가 자신의 이전 체험에 비추어 표지들을 읽고 표지 그 자체 안에 지니고 있지는 않지만 암시를 받거나 환기되어 의미를 부여하거나, 혹은 표지를 해석하는 열쇠를 알고 이를 사용할 줄 아는 관계로 그 의미를 해석해 낼 줄 아는 사람에게만 의미가 드러나는 표지들이 있다.

따라서 다음과 같이 자문해 볼 수 있게 된다. "시대"의 징표들은 어떤 의미에서 표지가 된다는 말인가? 그리고 어떻게 이 징표들을 해석하고, 이것들 안에서 우리에 대한 하느님의 뜻, 이것들 안에서 읽게 될 하느님께서 원하시는 뜻을 읽을 줄 알게 될 것인가? 본래 역사의 사건들은 자연적·사회적 실재, 열정, 이상, 의지, 자유 등과 인간들의 조건 간에 끼친 영향에 의해 생긴 인간적 사건들이다. 우리가 무슨 권리로 이것들을 하느님의 뜻과 연결시킬 수 있다는 말인가? 역사적 사건들을 보면 때때로 하느님을 전혀 의식하지 않고 그분의 계획을 완전히 무시하는 가장 폭력적이고 또는 가장 힘 있는 자들이 성공적으로 두각을 나타내고 있음을 본다. 어떤 나라들이나 시대, 또는 유행을 지배하는 사고방식은 성령께서 명하시는 바에 따르기는커녕 때때로 인간에 대한 하느님의 계획과는 정반대인 경우도 많다. 주님께서는 예언자 이사야를 통해서 다음과 같이 말씀하신다. "내 생각은 너희 생각과 같지 않고 너희 길은 내 길과 같지 않다. 〔…〕 하늘이 땅 위에 드높이 있듯이 내 길은 너희 길 위에, 내 생각은 너희 생각 위에 드높이 있다"(이사 55,8~9).

이렇다고 해서 하느님께서 당신의 섭리로 당신의 선택받은 백성의 선을 위해 역사적 사건들과 백성들의 운명을 다스리신다는 사실을 부인할 수는 없다. 하느님의 섭리는 인간들의 자유로운 활동을 억압하지 않고 오히려 "하느님을 사랑하는 이들, 그분의 계획에 따라 부르심을 받은 이들에게는 모든 것이 함께 작용하여 선을 이룬다"(로마 8,28).[8] 마찬가지로 성령의 활동이 인간들의 역사에서 인간들에게 영감을 주고 선을 향해 움직이게 하면서 의심 없이 당신 자신을 느끼게 하는 것을 방해하지도 않는다. 비록 많은 이들은 그러한 영감이나 내적 움직임에 순종하지 않는다 해도 말이다.[9]

만일 모든 인간이 성령의 영감에 순종한다면, 인간 역사를 살펴볼 때 그 어떤 시대라 해도 그 시대를 지배하는 충동, 저변에 있는 영감, 사고방식 등 안에 성령의 영감, 어떤 종교적 표지가 있음을 반드시 보게 될 것이 분명하다. 그렇지만 실제로 대부분은 성령께 관심을 두지 않고, 그분이 자신을 움직이시도록 허락하지도, 또 그렇게 하시기를 바라지도 않음을 우리는 알고 있다. 자신의 욕구만을 따르거나, 하느님의 말씀과 하느님의 원의와 항상 맞는 것은 아닌 통교의 수단, 자신의 문화 혹은 자신의

8) Cf. Concilio Vaticano I, ses. III, c.1(*DS*, n.3003).

9) 참조: 「교회 헌장」(*Lumen gentium*) 4항; 「선교 교령」(*Ad gentes*) 4항; 레오 13세의 회칙 「성령에 대한 회칙」(*Divinum illud Munus*). 이 회칙에서 세례성사를 통해서 그리스도의 지체가 된 이들에 관해 언급하면서 이들 안에 그러한 "저 신비스러운 권고와 초대"(...arcanae illae admonitiones invitationesque)가 있으며, "만일 없다면, 선한 길로 접어들 수도, 진보할 수도, 영원한 구원을 얻지도 못한다"[si desint, neque initium viae bonae habetur, neque progressiones, neque exitus salutis aeternae: *AAS* 29(1897), pp.653~654]는 것을 선언하고 있다.

열정이 요구하는 바를 따른다. 그러므로 "시대"가 인간들에 대한 하느님 뜻의 표지가 될 수 있도록 하기 위해서는 그 사건들을 읽는 방식(그 느끼는 일반화된 방식들)을 그 자체로 변화하기 쉽고 유동적인 상황과 인간에 대한 하느님의 원의와 계획을 연관시키는 가운데 발견해야 할 것이다. 식별하는 이는 오직 그렇게 함으로써만 사건들 안에서 하느님의 뜻을 찾아 일정한 방향으로 행동할 수 있을 것이다. 그렇지 않으면 자신의 삶과 그 방향을 당시 팽배해 있거나 유행하고 있는 방향과 혼동하면서 거의 모든 동시대인이 그런 것처럼 하느님의 뜻과는 반대로 치달을 위험에 처할 것이다. 오직 "**인간에 대한 하느님의 계획과 조화를 이루는 깊은 신앙적 통찰**"만이 역사와 유행에 따른 움직임들이 표면적으로 보여 주는 바를 넘어 또는 이것들이 지닌 하루살이 같은 일시성을 넘어 실로 필요한 것들을 발견해 낼 수 있을 것이다. 이것들은 인간들의 마음 저변에서 성령의 활동이 요구하고 있지만 사욕, 편견, 그리고 하느님께서 원하시는 바와는 거리가 먼 길, 생각이나 계획을 지향하는 다양한 시대나 문화가 지닌 의식 등에 의해서 빗나간 것들이다.

해석의 문제

표지가 의미하는 것이 자연적인 것도, 협정된 것도 아닐 때에는, 이 표지를 해석할 필요가 생기는데, 이는 표지의 본성을 통해서 의미하는 것 자체가 아닌 다른 무엇을 가리키기 때문이다. 표지가 지닌 의미는 무엇을 나타내고자 하는 의도로 그 표지를 사용하는 사람의 뜻에 좌우되며 그 의미를 이해하는 문제는 그 표지를 받아들이는 사람이 지닌 표지를 해석하는 능력에 따른다. 같은 사물과 상황이 이를 포착하고 해석하는 사람의 사고 방식에 따라 매우 달리 해석된다. 체험을 처음으로 포착하는 자체가 이미 "형태"(Gestalt)의 의미를 띠고 있다(단지 이를 마치 나뉘어 있는 것처럼 통합하는 요소들이 아니라 하나의 총체로 감지한다). 감지하는 과정은 감지하는 사람이 갖고 있는 체험과 문화에 따라 선택적으로 이루어지며 의미를 부여한다. 똑같은 해변도 어부, 예술가, 시인, 의사, 신비가 등에 따라서 매우 다른 방식과 의미를 띠고 감지될 수 있을 것이다.

세상의 사건들과 경향들을 읽을 때, 이것들에 대해 어떻게 응답하고 어떻게 처신할지를 결정해야 한다면 앞에 언급한 문제가 얼마나 더 발생하겠는가! 이런 경우 각자가 할 해석은 그 사람이 갖고 있는 일반적 견해, 그의 바람과 욕망, 정치적 성향 등에 대단히 좌우된다. 그 사람이 비록 그리스도인이라 해도 그가 그 표지들을 읽고 해석하여 자신의 판단과 의견을 밝힐 때 이러한 영향들로부터 자유로워지기는 어려울 것이다.[10] 자기 자신에

10) 1992년의 사도적 권고 「현대의 사제 양성」(*Pastores dabo vobis*)에서, 사제 양성과 관련하여 오늘날 세상에서 발견할 수 있는 긍정적이고 부정적인 표지들에 대한 전망을 제시한 후, 다음과 같이 언급하고 있다. "상황을 잘 아는 것은 중요한 일입니다. 하지만 그저 자료를 제시하는 것만으로는 충분하지가 않습니다. 필요한 것은 오늘날의 사회 문화적인 상황과 교회의 상황을 정확하고도 구체적으로 그려 낼 수 있는 **과학적인** 연구 조사입니다. 하지만 그보다 훨씬 더 중요한 것은 상황을 해석하는 일입니다. 왜냐하면 오늘날의 상황은 양면성 내지는 모순성을 지니고 있기 때문입니다. […] 온갖 어려움과 가능성, 부정적인 요소와 희망을 주는 요인들, 장애물과 돌파구들이 서로 뗄 수 없을 정도로 얽혀 있습니다"(10항).

대한 하느님의 뜻보다는 더욱더 자기 자신의 이익과 부합하는 의미를 부여할 위험이 상존할 것이다. 어느 날 예수 그리스도께서 바리사이들에게 말씀하셨다. "너희는 사람의 기준으로 심판하지만 나는 아무도 심판하지 않는다. 그리고 내가 심판을 하여도 내 심판은 유효하다. 나 혼자가 아니라, 나와 나를 보내신 아버지께서 함께 심판하시기 때문이다"(요한 8,15~16). 성 바오로는 그리스도인들에게 육에 따른 판단에서 떠나 성령에 따른 판단으로 옮아가야 한다고 훈계하고 있다(로마 8,5 이하).

그 시대에 가장 널리 퍼져 있는 열망이나 사건들이 하느님의 계획과 맺는 긍정적이거나 부정적 관계는 오직 하느님의 계획을 알고 있는 사람만이 이해할 수 있을 것이다. 하느님께서 당신의 행동으로 세우신 표지의 의미 혹은 그러한 역사적 사실이 일어나도록 그분이 허락하셨는지 여부는 바로 그 하느님과 일치하고 있거나 혹은 하느님께서 당신의 계획에 대해 드러내 주신 사람이 알 수 있을 것이다. 이 경우 두 가지 조건이 있다. 첫째, 오직 하느님만이 우리에게 드러내 보여 주실 수 있는 당신의 내면과 선물들을 알 수 있도록 우리에게 베풀어 주시는 성령의 선물을 통해서 가능하다. 둘째, 모든 것을 그리스도 안에서 재건하시려는 하느님의 뜻에 대해 그리스도 안에서 드러난 계시를 통해서 가능하다.[11] 중요한 것은 성령께서 가르쳐 주시고 인도해 주시도록 내어 맡겨 드리기 위해 성령의 이러한 선물에 순종하는 태도로 열려 있어야 한다는 것이다. 또한 세속적 사고방식을 "새 인간"("진리의 의로움과 거룩함 속에서 하느님의 모습에 따라 창조된":

11) 에페 1,10. 참조: 「사목 헌장」 45항.

에페 4,24)의 사고방식으로 바꾸어 영적으로 식별할 수 있도록, 그리고 역사 안에서 접하는 상황과 순간을 맞아 하느님의 뜻, 그분 마음에 드는 것을 식별할 수 있도록 "영적인 사람들"(참조: 1코린 2,15~16)이 되어야 한다.

이를 위해 다음의 두 가지가 필요할 것이다. 즉 그 시대의 가장 깊은 곳에 팽배해 있는 정신을 꿰뚫는 통찰력을 지니고 역사의 상황과 움직임에 대하여 열려 있는 역량이 필요하다. 그리고 무엇보다도 하느님의 성령과의 일치, 사건들과 인간들의 깊은 곳에 있는 갈망을 하느님의 말씀과 그분의 성령의 빛으로 비추어 그런 희망과 갈망이 어떤 방향으로 향하는지 볼 줄 알고, 동시대의 사람들에게서 그들이 어떤 특정한 방향으로, 즉 하느님의 때(καιρός: kairos)를 향해 걸어가기를 바라는 하느님의 원의에 따라야 함을 알 수 있어야 한다.[12] 그리고 이때는 만일 하느님에게서 온다면, 격화되어 통렬한 인격주의와는 아주 다르게, 교회 감각과 함께 오롯한 순명과 교회적 사랑 안에서 구현될 것이다. 비록 개인적 예언이 때때로 침묵과 희망 속에서 익어 가야 할지라도 말이다.

시대의 징표의 양면성

그리스도교 신앙에 비추어 보면, 세상과 역사는 그 다양한

12) 일반적으로 신약성경에서 때(καιρός)에 대한 이런 의미를 찾아볼 수 있다. 즉 합당한 때, 하느님께서 사람이 자신에 대한 당신의 뜻을 받아들이도록 베풀어 주시는 때. 참조: 루카 21,24; 마태 26,18; 2테살 2,6.

상황 속에서 항상 어둠의 힘과 격렬한 투쟁을 벌이고 있다 하겠다. 인간에게 가장 유익하고 좋은 진보들이라 할지라도 가치들의 질서를 뒤집고 이 가치들을 이기주의의 대상이요 잘못된 자유주의의 도구들[13]로 전락시키려는 유혹에 떨어진다.

이미 바오로 6세도 「민족들의 발전」(*Populorum progressio*)에서 인류 발전에 대한 정당한 염려를 하는 가운데, 사람들 사이의 형제애 함양이라는 하느님 계획과 복음적 이탈 및 그리스도교적 헌신(generosidad)을 향한 하느님 계획의 실현이 아니라, "물질주의로 이끄는 소유에 대한 무절제한 갈망과 권력에 대한 끝없는 의지"[14]가 섞여 있음을 간파하였다. 그리고 사도적 권고 「현대의 사제 양성」(*Pastores dabo vobis*)에서도 다음과 같은 사실을 인정하고 있다. 즉 긍정적 요소들을 수집하고 이것들을 부정적 요소들과 정면으로 대치시켜야 할 뿐만 아니라, 이 긍정적 요소들이 각각 따로 절대화되고 서로 대치되어 논쟁으로 비화되지 않도록 긍정적 요소들 자체를 식별해야 하는데, 이는 부정적인 듯이 보이는 요소들이라고 해서 분별없이 통째로 거부하지 말아야 하는 것과 같다. "왜냐하면 그 속에는 저마다 우리가 미처 발견

---

13) "곧 하느님과 인간에게 봉사하도록 안배된 인간 활동을 죄의 도구로 변질시키는 저 허영과 악의에 찬 정신을 따르지 말라는 것이다"(「사목 헌장」 37항).

같은 「사목 헌장」에서 "인간이 지닌 고귀한 존엄성에 대한 의식이 커지고 있다. 인간은 만물에 앞서고 또 인간의 권리와 의무는 그 누구도 침해할 수 없는 보편적인 것이기 때문이다"(「사목 헌장」 26항)라고 인정하고 있다. 그렇지만 동시에 우리 시대의 현실에서 마찬가지로 다음과 같은 사실들도 있음을 발견하고 있다. "온갖 살인 〔…〕 지체의 상해, 육체와 정신을 해치는 고문, 심리적 억압과 같이 인간의 온전함에 폭력을 자행하는 모든 행위; 인간 이하의 생활 조건 〔…〕 부녀자와 연소자의 인신매매와 같이 인간의 존엄성을 침해하는 모든 행위; 굴욕적인 노동조건 〔…〕"(「사목 헌장」 27항).

14) 「민족들의 발전」 18항.

하지 못한 어떤 가치, 즉 누군가 자신을 그 어두운 곳에서 꺼내서 본래의 진정한 가치를 완전히 되찾아 주기를 학수고대하고 있을 그 어떤 가치가 들어 있는지도 모르기 때문이다."[15)]

이 모든 것이 우리가 보는 바와 같이 모든 시대의 징표들과 이 각각의 징표들이 드러내는 다양한 표현들은 양면적 측면을 지니고 있으며, 하느님의 말씀 안에서 전해지고 성령의 비추임을 받은 하느님의 계획에 따라 구별해야 한다는 것을 말해 준다. 이 때문에 「사목 헌장」(*Gaudium et spes*, 4항)에서 "교회는 시대의 징표를 탐구하고 이를 복음의 빛으로 해석해야 할 의무를 지니고 있다"[16)]고 말한다.

이렇게 하여 바오로 6세는 어떻게 노동의 신비가 사람들에게 의무감과 연대감을 촉진하였으며 애덕을 증진시키는지를, 또한 그 반대의 요소인 과도한 권리 주장과 폭력적 소요와 함께 식별할 수 있었다.[17)] 기술과 전달 매체의 발전은 때로 매우 멀리 떨어져 있는 사람들 사이의 관계를 정립하는 데 도움을 주었다. 그러나 일부일처제 가정의 안정성에 심대한 위협과 해이를 조장하는 위험도 증가하고 있다.[18)]

요한 바오로 2세는 「현대의 사제 양성」(*Pastores dabo vobis*)에서 잠재적 사제 성소와 관련하여 오늘날 젊은이들 사이에 널리

15) 「현대의 사제 양성」 10항.

16) 또한 공의회는 예수께서 원하신 그리스도인들의 완전한 일치에 다가서기 위해 기도와 말과 활동으로 이루어지던 많은 노력이 성령의 은총에 의한 움직임이라는 것을 발견하고, 이 안에서 시대의 징표들을 읽어 내면서, 그리스도인들에게 이러한 방향으로 협력할 것을 권고하였다(「일치 교령」 4항).

17) 「민족들의 발전」 28항.

18) 「민족들의 발전」 36항.

퍼져 있는 가치들이라 말할 수 있는 긍정적 요소들을 재삼 나열하고 있다. 즉 자유 추구, 인간이 지닌 보다 높은 품위에 대한 인식, 진정성과 분명함 추구, 남녀 관계에 있어 새로운 상호 개념, 더욱 정의로운 세상을 연대성 속에서 열렬히 추구함, 모든 사람과의 열린 대화, 평화를 이루기 위한 노력 등이다(9항). 그렇지만 이 요소들 또한 다음의 부정적 표지들과 뒤섞여 있다. 즉 본능적인 힘과 개인의 지배욕을 맹목적으로 따르는 잘못 이해된 자유 체험의 확산과 그에 따른 윤리적·심리적 퇴행, 사람들이 서로 통교하고 선사하는 데 사용되어야 할 품위는 잃고 한낱 소모품으로 전락된 성(性)에 대한 의식, "존재"의 수위성을 "무시하고" 오직 소유에만 집착함 〔…〕(8항).

이와 유사하게 오늘날 환경오염이라는 막대한 위험에 맞서는 자연보호라는 가치가 확산됨으로써 자연에 대한 존중, 사람과 생명 아래 기술을 종속시키는 가치 기준, 경제적 이익을 다른 모든 가치보다 우선시하는 행태에 대한 저항 등이 일어나고 있음을 발견할 수 있다. 그러나 동시에 이 동일한 경향들 안에 인간 생명의 초기 과정에 대한 존중심의 결여, 노인들, 병자들, 혹은 "장애인"들의 소외나 행방불명 등이 호소되고 있는 가운데 자체로 건강한 사람들과 젊은이들을 위해 안락함을 무조건적으로 추구하는 이기주의 등이 있음도 알고 있지 않는가?

식별의 결과

인간에 대한 하느님의 계획은 늘 변함없이 지속되기 때문에,

다양한 상황과 인간들의 변화하기 쉬운 열망은 이 계획과 일치되어야 한다. 이를 위해 교계제도 안에서나 신자들 가운데서 식별을 시행할 때, 특별히, 관찰된 상황과 조화를 이루거나 혹은 그렇지 못한 하느님 계획의 특정한 몇 가지 측면을 통찰하기 위한 어떤 빛이나 자극이 그 "시대의 징표들"을 식별하는 사람 안에 생겨날 것이다. 이는 어떠한 개인적이거나 사회적인 요소들을 하느님 계획에 더 잘 순응시키기 위해 교회나 세상의 생활 안에서 정화하는 반응을 촉발시킬 수 있다. 그래서 시대는 식별하는 사람과 그가 메시지를 표현하는 방식이 회개를 향해, 어떤 일정한 방향 혹은 그를 둘러싸고 있는 세상의 변화를 향해 움직이도록 초대하시는 하느님 부르심의 "표지들"이 된다. 식별하는 이는 자신이 속한 세상에 가까이 다가가 자기 시대에 가장 민감한 측면들에 대해 개인적으로 어떤 일정한 입장을 일관성 있게 취하면서 구원에 도움이 되는 방식으로 또는 상황이 요구하는 진정한 필요에 응답하기 위해 자신의 메시지를 표시하는 특별한 방식으로 통교하도록 불렀다고 느낄 것이다.

"시대의 징표들"은 이렇게 개인적 차원에서나 사회 혹은 교회 차원에서 하느님 부르심의 도구요 기회가 된다(καιροί: kairoi). 마찬가지로 사람은 저마다 바로 역사와 그 사건들 및 저변에 있는 열망 안에서 특정한 복음적 자세를 취하거나 삶에서 특별한 입장을 취하기 위한 하느님의 부르심을 느낄 수도 있다. 이런 식으로 교회사에서 천주의 성 요한의 경우처럼 소외된 병자들, 가난한 사람들 혹은 정신이상자들을 보살피는 부르심 혹은 성소, 혹은 성 바오로 빈첸시오가 그랬던 것처럼 대중 선교나, 혹은 복자 야고보 알베리오네 신부가 했던 것 같은 사회 전달 매체에 투신하는 성소 등이 탄생되었다. “시대의 징표들”을 읽고 해석하는 방식은 모든 그리스도인의 개별적인 경우에 적용할 때에도 이미 살펴보았던 바와 유사할 것이며 앞에서 서술한 과정을 따르게 될 것이다.[19)]

매일의 양심 성찰 역시 이 표지들을 영적으로 식별할 훌륭한 장(場)이 될 수 있을 것이다. 그렇게 되려면 우리 전 존재와 우리의 하루를 진정으로 하느님 앞에 펼쳐 놓아야 한다. 그리고 은총과 함께 우리가 처한 환경 속에서 우리를 통해 매일 실현되기를 기다리는 하느님 계획에 대해 우리 자신이 어떻게 인격적으로 응답하고 협력하는지를 관찰하면서, 구원과 성화(聖化)라는 하느님의 계획에 비추어 읽을(보고, 해석하고, 인정하고, 자신을 정화되고 쇄신되도록 내어 맡길) 수 있어야 한다.

결론

1. 시대의 징표들이 그 자체로 구원을 가져오는 것은 아니다. 오히려 그 징표들이 의미하는 하느님의 뜻을 오류 없이 영적으로 파악하고 그 진정한 의미대로 실천할 때 구원을 얻는다. 고작해야 하느님의 섭리가 요구하는 특정한 수용성(受容性)을 인간

19) 제2차 바티칸 공의회는 사제들에게 만일 신자들을 성숙한 그리스도인이 되도록 교육하는 데 기여하지 못한다면 활발히 움직인다고 해도 어떤 모임들이나 혹은 아름답다고 해도 의전들을 높이 평가하지 말도록 권고하고 있다. 신자들을 성숙한 그리스도인들이 되게 하려면 사제들은 신자들을 도와 “스스로 크고 작은 모든 일에서 그 일이 무엇을 요구하고 또 하느님의 뜻이 무엇인지 깨달을 수 있게 하여야 할 것이다”(「사제 생활 교령」 6항).

내면에 조성하기 위한 도구들일 뿐이라고 말할 수 있겠다.

2. 시대의 징표들을 식별할 줄 몰랐다는 비난을 받지 않으려면 주변 여건과 역사의 상황에 대한 열린 자세를 취해야 할 것이다. 그래서 그 안에서 심오한 그리스도교적 통찰을 통해, 우리의 구체적인 역사적 상황에서 하느님 나라의 건설에 더욱 기여하는 데 실제로 필요한 것들에 마음을 쓰기 위해 우리가 태도와 말을 바꾸도록 하느님께서 초대하실 수 있는 부르심을 발견해 낼 줄 알아야겠다. 즉 "시대의 징표들"을 알아볼 수 있어야 하겠다.

3. 더 중요한 것은 우리가 발견할 수 있는 징표들의 의미를 해석할 줄 아는 것이겠다. 이를 위해 하느님의 계획과 가능한 최대한으로 일치되어 조화를 이루어야 한다. 이러한 일치와 조화는 우리의 사고방식이 "새 인간"의 사고방식으로 변화되기에 이르기까지, 또한 우리 안에 "그리스도의 마음"(sensum Christi: 1코린 2,16)을 지니고 이 마음이 무르익기까지 성령의 감도하심에 순명하면서 그리고 기도 안에서 하느님과 친숙한 관계를 이루면서 얻게 된다.

4. 한편 우리는 영적 제자직을 위한 도움과 수련을 통해서(히브 5,14) "그리스도의 마음"을 점점 더 온전히 지니도록 해야 한다. 왜냐하면 사랑의 증진은 이 사랑이 성숙하는 만큼 영적 식별 능력의 증진을 가져오기 때문이다(참조: 필리 1,9~10).

참고 문헌

- D. Valentini, "Discorso teologico sui segni dei tempi", en *Spirito Santo e Storia*, AVE, Roma, 1977, pp.113~210.
- J. Esquerda Bifet, "Magisterio y 'signos de los tiempos' ", *Burgense* 10(1969), pp.239~271.
- J. P. Jossua, "Discerner les signes des temps", *La vie spirituelle* 114(1966), pp.546~569.
- M. D. Chenu, "I segni dei tempi", en *La Chiesa nel mondo contemporaneo*, Queriniana, Brescia, 1966.
- M. Ruiz Jurado, "Los signos de los tiempos", *Manresa* 40(1968), pp.5~18.
- P. Valadier, "Signes des temps, signes de Dieu?", *Etudes* (ag.-sept. 1971), pp.261~280.
- Pablo VI, *encíclica Ecclesiam suam*(6 agosto 1964).
- ———, *Segni dei tempi e impegno della comunità ecclesiale*: Centro di orientamento pastorale, Roma, 1974.

제 2 장

교회 운동과 단체들의 식별

식별의 대상인 단체

최근 교회 내에 매우 다양한 운동과 단체들이 나름으로 고유한 특징을 지니고 등장하고 있다. 우리 시대에 이 단체들과 공동체 현상이 지니는 중요성을 고려해 볼 때 이 주제는 각별한 시의성(時宜性)을 띠고 있다고 하겠다. 어떤 것들은 교계제도와 더 연관이 있고, 다른 것들은 교계제도 변두리에서 혹은 소외되어 때때로 전통적 그리스도교 사상이 복음에 어긋난다고 고발하는 어느 정도 잠재되고 총체적인 주장을 한다. 또 어떤 때에는 전혀 종교적이지 않은 사회-정치적 이념이나 혹은 심지어 종교와 대치되는 철학에 매우 밀착된 배경을 지니고 그러한 주장을 하기도 한다.

근래에 들어 이러한 주장에 대해 그들의 정당성을 교회의 카리스마적 본성(1코린 12,12~30)에 두고, 초기 그리스도교 사상에서 그 뿌리를 찾는 가운데, 그 존재를 정당화하고 통합을 모색한 이들의 연구도 나왔다. 초기 그리스도교 사상은 "절대적으로 단일하지" 않고 "오히려 매우 복합적이다. 왜냐하면 매우 다양하고 역동적인 맥락 속에서 발전하는 매우 생생한 현실에 부응하기 때문이다"라고 주장한다. 그렇지만 그들은 당연히 다음의 사실도 인정하고 있으니, "이러한 운동은 공통 기준과 서로를 연결하는 관계를 유지시키는 어떤 통일성을 지니고 있으며, 원시 교회가 지닌 복합성과 그 통일성이라는 이중의 측면을 드러내지 않고서 원시 교회를 말할 수는 없다"[20]는 것이다.

기존 현실과의 대립, 새로운 단체들의 역동성을 지지하는 힘, 본당 및 관례 혹은 기존 단체들 내에 일으킨 문제들, 새로운 단체들의 탈선, 교리 측면에서의 불완전함 혹은 부정확함 등은 교회의 교계제도의 주의를 끌어, 오늘날에도[21] 이 복잡한 역사적 상황에 대한 영적 식별을 시행하고 교회의 단체에 그 앞날을 제시하게 하지 않을 수 없었다.

---

20) R. Aguirre, "Iglesia e iglesias en el Nuevo Testamento", en *Ser cristianos en comunidad*, Verbo Divino, Estella, 1993, pp.37~38.

21) 성 바오로가 테살로니카 신자들에게 한 말씀과 권고를 기억하라. "형제 여러분, 우리는 우리 주 예수 그리스도의 이름으로 여러분에게 지시합니다. 무질서하게 살아가면서 우리에게서 받은 전통을 따르지 않는 형제는 누구든지 멀리하십시오"(2테살 3,6. 참조: 1테살 5,12~19).

식별의 기준들

A) 교의적 전제들

1. 제2차 바티칸 공의회는 성경에 근거하여 성령께서는 교계제도의 직무와 성사들을 통해서 교회를 인도하실 뿐만 아니라 덕들로써 교회를 풍요롭게 하시며 여러 가지 카리스마 같은 특별하고도 매우 다양한 은총을 신자들에게 분배하시어 이 은총을 통해 교회가 세상을 여행하는 가운데 대두되는 어려움과 필요에 맞서도록 준비시키신다고 가르치고 있다.[22]

2. 그러한 카리스마들의 진정성을 증명하기 위해 검토하는 일은 교회 당국의 일이다. 성령을 억압해서는 안 되지만 선한 것을 받아들이기 위해 식별을 통해서 성령을 분별해 내야 한다(참조: 1테살 5,12.19~21).

B) 기준점들

1. 이러한 카리스마들 혹은 특별한 은총들은 성령에 의한 운동과 단체들의 초기에 충만한데 교회의 공동선을 위해 허락된 선물인 만큼 모든 신자를 위해 "**교회가 가르치는 윤리와 신앙에 부합하는지 여부**"를 검토해야 할 것이다. 교회의 보편적 가르침과 충실하고 온전하게 일치하려는 뜻 없이 등장하는 단체는 그 태도를 바꾸지 않는 한 교회 단체라는 이름에 걸맞지 않은 조직이

---

22) 「교회 헌장」(*Lumen gentium*) 12항.

될 것이다.

2. 검토해야 할 또 다른 요소는 신자들을 이끌도록 세워진 교회 "**목자들의 권위를 그들의 통치의 정당성과 함께 받아들이는지 여부**"일 것이다. 반항, 독자성이나 조직적 불복종을 주장하는 것은[23] 성령의 역사(役事)가 아니다. 조직적 반대, 비판을 위한 비판, 분열을 조장하는 정신(참조: 요한 17,20~21; 갈라 5,20~24) 등은 부정적 표지들이라 하겠다. 만일 그러한 결점들이 단체 내에서 변화에 적응하지 않고 고집스런 특색을 드러낸다면, 이는 그 모임을 움직이는 영감에 따르는 데 있어 성령께 대한 순명의 부재 혹은 거부를 가리키는 것이겠다. 긍정적으로, 모임, 단체 혹은 운동은 교회의 일치를 증진시켜야 한다.

3. 살펴보는 것이 마땅한 또 다른 요소는 그러한 모임, 단체 혹은 운동이 "**주장하는 목적 혹은 목표**"이다. 비록 통상적으로 교회의 종교적인 특별한 목적과 정확하게 일치하지 않는다 해도, 단체이기 때문에, 그 회원들이 그리스도인으로서 다양한 성소에 따라 받아들여야 하는 인간 생활의 측면 중의 하나를 성화시키거나 그 본모습을 함양시키기 위해 받아들일 수 있다. 예를 들어, 사회적, 문화적 혹은 정치적 측면 등이 그것이다. 그렇지만 그 목표가 교회의 목적과 통합될 수 있어야 할 것이며, 신앙, 윤리

23) 여기서 어떠한 특별한 경우에 보다 상위의 권위에 정당하게 호소할 가능성이나 필요성을 제외하고자 하는 것은 아니다. 바오로 6세는 "공통의 약점들에 관대한 기본적 원리들에 근거하고 공동의 협력이 늘 필요한 그리스도교적 우정보다는 위험하고 잘못된 호감을 선호할 때, […] 종종 그리스도교적 다원주의 혹은 양심의 자유의 탈을 쓴, 결국 임의적이고 이기주의적인 자치권을 추구하는 데 있어 다른 그 무엇보다 열정적인" 어떤 모임들 안에 있는 교회의 분열이라는 현상들에 주의를 일깨웠다〔「성목요일 강론」, *AAS* 61(1969), p.241〕.

그리고 교회의 규범의 원리들에 의해 비춰지도록 내맡길 자세가 되어 있어야 할 것이다.

추구할 상호작용과 참여가 — 글쎄 — 그리스도인으로서는 받아들일 수 없는 목표들 혹은 그 어떤 종류의 변화와 결정이라도 따라야 하느냐 여부를 둘러싼 단순한 패거리 짓기나 혹은 공유하는 목적과 동일시될 수는 없다.

4. "**그들의 성향**"에 주의를 기울여야 한다. 스스로 교회의 한 부분이나 지체로 간주하는지 혹은 스스로 "교회"로, 일종의 전체 교회 제도의 대체물처럼 드러내려고 하는지를 살펴야 한다. 그렇다면 마치 꼭 이 특별한 운동에 의해 조장된 정신에 가담해야만 교회를 온전히 실현할 수 있으리라고 여기는 것처럼, 그 안에 교회 공동체의 모든 구성 요소를 포함시키려 할 것이다.

이와 같은 성향은 비록 겉으로는 보편적 일치의 모습을 띤다고 해도 분파주의적이고 배타적이다. 그들은 교회 안에 있을 수 있는 모든 다원성을 거부하면서, 자신들의 운동과 같지 않은 모든 것은 복음에 맞지 않고 자신들만이 유일하게 복음에 충실하다고 간주하는 자세가 통공 중의 교회 안에서 그들 고유의 특성을 드러내는 출발점이다.

5. 조직과 개인 사이에 설정되는 관계도 중요한 측면이다. 구성원들의 개인적 성소를 소홀히 다루고, 상위의 권위에 호소할 여지도 주지 않고 개인을 조직의 도구로 전락시키는 폭압적인 모든 시도, 하느님과 관련되지 않은 것을 절대화하는 모든 시도는 악한 표지일 것이다. 한 사람이 자신의 거부할 수 없는 의무들을 수행하는 데 방해받고 있는 사실이 포착된다면, 그 단체는 하느님의 영감에 의한 조직으로 인정받을 수 없다.

6. 모든 영적 식별에서와 마찬가지로 그 열매들을 관찰해야 한다. 이 열매들은 바오로 사도가 육이 아니라 성령의 열매들이라고 지칭한 것들에 포함될 수 있어야 한다. "성령의 열매는 사랑, 기쁨, 평화, 인내, 호의, 선의, 성실, 온유, 절제입니다"(갈라 5,22~23). 그 단체들의 원리나 실천이 이 노선을 따르지 않고, 방탕으로, 적개심, 분열, 시기, 다양한 무질서와 그 비슷한 것들 같은 당대의 우상을 섬기는 쪽으로 이끌어 간다면, 그 결실들이 사람들의 탈선으로 연결되는지, 혹은 그 단체들의 규칙 안에서 교정(矯正)이라는 겉모습 속에 감추어져 있는 실재인지 살펴보아야 할 것이다. 그렇다면 분명히 악한 영이 그들을 통해 활동하고 있다는 표지들이 될 것이다.

구체적 성찰

1. 단체들의 식별에서 개인 한 사람 한 사람이나 분파들의 결점들이나 덕행들을 그들이 참여하고 있는 단체와 혼동하여 이것들을 해당 단체나 운동에 돌려서는 안 된다. 개인적인 문제이지 모임이나 단체가 조장한 것이 아닐 수 있다.

2. 우리가 실제로는 양성, 성장, 어려움, 일탈이나 일시적 갈등 등을 겪는 한 단체의 과도기라는 비본질적인 상황을 접하고 있는 것은 아닌지 구별할 줄 알아야 한다. 그 단체의 목적과 목표 혹은 제시된 제도적 수단들과 항구한 연관성을 유지하는 지속적인 경향을 띤 것들과 혼동해서는 안 된다.

3. 또한 그 단체의 이상 및 인간적 약점의 결과들인 그 실

현과, 공식 문헌들 속에 공언된 바와는 다른 무엇을 증진시키기 위해 투쟁하겠다는 의지를 숨기고 있는 본래의 위선 사이에 있는 통상적인 차이를 염두에 두는 것이 좋다. 계속적으로 관찰되는 끈질기게 은폐하려는 태도와 경향은 우리의 의심이 근거가 있음을 확인해 줄 수 있는 표지들이 될 것이다.

적용

모임은 단지 그 모임을 식별해야 하는 책임자를 고려할 뿐만 아니라, 모임들의 현상을 마주 대하고 있는, 구체적으로는 자신에게 제시되는 운동이나 단체에 대해 자신의 태도를 분명히 해야 하는 그리스도인에게도 관심을 가져야 한다. 그런데 모임에 관해 언급하는 가운데 드러난 영적 식별의 기준들은 그 같은 모임들과 운동들의 내부에 적용할 때에도 유익할 수 있다. 어떤 운동들에 있어서는 형성되는 과정에 있기 때문에 그렇고, 다른 모임들에 있어서는 건전하게 성장하고 발전하는지 혹은 결실을 많이 내는 방식으로 실천하고 점진적으로 완성도를 높이는지 살펴 위험한 일탈이나 퇴행을 피하기 위해서 그렇다.

이 분야에서 몇 가지 질문을 할 수 있다.

— 그 모임이 교회에 속한다는 의식이 있고, 모든 구성원이 이 의식을 공유하고 있는가?
— 교회적이라고 인정된 목적에 충실한가?
— 그리스도교적 목적의 달성에 필요한 동기와 초자연적 힘

을 낳고 또다시 낳는 유일한 역량인 기도라는 관상적 요소에 마땅한 중요성을 부여하고 있는가?

— 시간이 흐르면서 모임을 탄생시킨 그리스도교적 역동성은 줄어들고 자신의 염려 거리와 내적 문제들에 사로잡히면서 보수화-중산층화하였는가?

— 세속화된 다원주의 사회의 어려움 앞에서 두려워하고 주저하는 태도를 취하면서 당신의 교회와 함께하시면서 도와주시는 그리스도의 영이 지닌 승리의 힘을 신뢰하는 활력이 줄어들었는가?

— 교회 내부의 어려움 앞에서, 공동 사목 차원에서 다른 그리스도교 기구들과 올바르고 착실하게 협력하는 데 있어 대화하고 겸허하게 인내하는 역량이 줄어들고 있는가?

한 모임의 실재를 영적으로 식별하는 것이 얼마나 효과적인지를 증명하는 데 이와 유사한 질문들이 표본으로 사용될 수 있을 것이다.

참고 문헌

• A. Barruffo, "Carismatici", in S. De Fiores / T. Goffi(a cura di), Nuovo dizionario di spiritualità, Edizioni Paoline, Roma, 1979, pp.120~137.

• A. Favale, *Movimenti ecclesiali contemporanei*, LAS, Roma 1980.

- *Criteri di ecclesialità dei gruppi, movimenti e associazioni nella Chiesa*, CEI, Roma, 1981.
- J. O. Mateo López, *Los movimientos eclesiales y su relación con la Iglesia particular*, Roma, 2000.
- *Los cristianos laicos. Iglesia en el mundo. Corresponsabilidad y participación de los laicos en la Iglesia y en el sociedad civil*: Instrucción de la Comisión Permanente de la Conferencia Episcopal Española, Madrid, 1991.
- Mons. J. Capmany, *Presencia del cristiano en el mundo*, Madrid, 1976.
- P. Pingault, *Renouveau de l'Eglise: Les communautés nouvelles*, Paris, 1989.
- *Ser cristianos en comunidad*: III Semana de Estudios de Teología Pastoral, Verbo Divino, Estella, 1993.
- *Unité et diversité dans l'Ecriture*: texto oficial de la Comisión Bíblica Pontificia y trabajos personales de sus miembros, Città del Vaticano, 1989.

제 3 장

"공동체적" 영적 식별인가, "공동으로 하는" 영적 식별인가?

용어들의 정리

이는 불필요한 연구인 것처럼 보일 수 있겠다. 그러나 사실 "공동체적"이란 실행하려는 영적 식별의 형태를 평가하는 형용사로서, 식별하고 그 결과에 책임을 지는 주체가 공동체요 집단이라는 사실을 가정할 수 있다. 반면에 "공동으로 하는"이란 말은 영적 식별을 실행할 수 있는 조건들이나 혹은 환경을 지칭하며, 행위의 본성에 대해서도, 식별하는 책임의 주체(개인 혹은 집단)에 대해서도 정해진 바가 없다.

문제점

오늘날, 통상적인 표현에서, 공동체적 영적 식별이란 대개 구성원들이 모두 성령께서 움직이시는 방향을 가리키는 표지들을 발견하기 위한 성찰에 참여하여 하느님의 뜻을 찾는 것으로 이해되고 있다.

이 문제는 약간 새로운 문제다. 식별에 대한 역사적, 신학적 원천 자료들에서는 어떤 모임 혹은 공동체의 체험에 적용된 "영적 식별"이라는 표현을 찾아볼 수 없다. 사도단에서 유다의 자리를 채울 사람을 뽑기 위해 성 베드로가 초대교회 공동체를 소집하였을 때, 공동체는 선발될 인물이 갖추어야 할 조건들을 듣고, 주님께 기도한 뒤, 지적된 두 이름을 놓고 제비를 뽑았다(사도 1, 15~26). 그때는 오늘날 공동체적 식별로 불리는 어떠한 방법이나 표현도 등장하지 않았다. 후에 부제로서 봉사에 헌신할 일곱 인물을 선출할 때에도 열두 사도는 선출된 사람들이 갖추어야 할 자질을 알려 주었고 공동체가 선택하였다. 그때도 특별한 방법이 있었다는 어떠한 암시도 없다. 단지 기도와 선발된 인물들에 대한 안수만 언급되었다(사도 6,1~6).

사도행전 15장 6~29절에서 사도들과 원로들의 모임은 논란에서 제기된 문제들을 들은 뒤에 성령께서도 허락하셨다고 보는 결정의 책임 주체로서 다른 민족들로 이루어진 그리스도교 공동체에 보낼 문서를 작성한다. 예루살렘 공의회라고 불리는 모임에서 한 결정을 말하고 있는 것이다. 교회는 그러한 중요성을 띤 결정을 할 때, 이후에 개최된 공의회들에서도 계속 그렇게 하게 되겠지만, 권위 있게 처신하면서 그리스도께서 약속하신 성령의 도우심 아래 있다고 스스로 간주하게 된다.[24] 비록 때때로 이 교

24) 제2차 바티칸 공의회는 주 그리스도께서 사도들에게 성령을 약속하시고 보내주시어 그들의 사명을 완수하도록 하셨다고 가르치고 있다(「교회 헌장」 24항). 그리고 각각의 주교들이 스스로 무류성의 특권을 누리는 것은 아니라 할지라도

회적 행위를 오늘날 공동체적 영적 식별이라 제시된 방법의 모형으로 채택하려 한다고 해도 그 차이는 금방 알 수 있다. 사도행전에 언급된 이 모임의 결정에 성령이 기여한 바는 식별하고자 하는 모임들 안에는 없는 이유들에 그 바탕을 두고 있다. 그리고 교회 당국자의 공식적 결정에 따라 행해진 자유로운 토론 방법은 이런 다른 모임 형태들에 제안된 오늘날 공동체적 영적 식별이라 불리는 방법과는 다르다.

소위 "공동체적 영적 식별"의 이론과 실제는 무엇보다 제2차 바티칸 공의회 이후 형성되고 확산되었다. 재발견된 단체성이라는 가치는 교회 설립처럼 오래됐지만 이 식별의 착상과 실제에 영향을 줄 수 있었다. 그러나 저변에는 형이상학적 사고의 위기가 확산되는 세계적인 역사적 상황과, 서로 상반된 방향과 다른 해석을 제시하는 절대적 우위를 차지한 자본주의와 공산주의 같은 정치적, 사상적인 두 체계의 영향으로 더 정당한 생각이나 혹은 형이상학적이며 윤리적인 진리보다는 국민의 의견을 더 참작하면서 "민주주의"에 호소하게 되었는데, 마찬가지로 그리스도교의 사고와 실천에 공동체나 모임의 생각을 더 중요시하는 식별 방법을 제시하도록 자극을 줄 수 있었다는 인상을 준다.

진리 자체로부터 이렇게 떨어져 나옴으로써 교회와 사회 안에 발생한 문제들과, 그리스도교는 하느님께 이르기 위해 마치 구원을 가져다줄 것같이 처신하는 인간의 생각에서 출발하는 것

주교들이 로마 교황과의 일치를 유지하면서 신앙과 도덕의 사항들과 관련하여 확정적으로 고수해야 할 하나의 동일한 가르침을 가르칠 때에 그리스도의 가르침을 오류 없이 선포하는 것이라고 선언하고 있다. 이것은 주교들이 세계 공의회에 모여서 보편 교회를 위한 신앙과 도덕의 스승으로서 처신할 때에 한층 더 분명해진다(「교회 헌장」 25항).

이 아니라 창조자요, 계시자이며, 그리스도 안에서 인간의 구원자로서 역사 안에 개입하시는 하느님의 주도권에서부터 출발한다는 것을 충분히 고려하지 않는 문제는 간과할 수 없는 눈에 띄는 요소다. 뒤이은 성찰을 통해 그리스도교 원천 자료 속에서 식별 방법을 정당화하고자 했고, 교회 및 교회 단체들의 각 구성원 안에서 그리스도교적 행위와 교회 책임자의 고유한 특성들을 고려하여 식별 방법이 균형을 이루도록 시도하였다. 그리스도 안에 계시된 생활 규범들이 들어 있는 인류 구원을 위한 계획을 통해 섭리하시는 하느님을 받아들이지 못하는 사람들이 가능한 정치적 공존 문제에 합의를 이루기 위한 방법을 찾게 되는 것과, 하느님의 계획에 따라 그리스도인으로서 살아가려고 하거나 혹은 그리스도교 생활을 완전하게 살아가고 하느님께서 원하신 책임자 및 성령의 영감과 움직임에 자신을 온전히 순명에 내어 맡기기를 원하는 모임이나 공동체 안에서 하느님의 뜻을 발견하게 되는 것은 같은 것이 아니다.

구성된 방법과 이를 지지하는 이론은 나중에 하나의 모범으로서 로마에서 있었던 성 이냐시오와 그 동료들의 모임(1539)에 굳건하게 근거하였다. 이 모임에서 예수회라는 새로운 수도회를 만들고자 하는 결정이 나왔다. 그렇지만 원천 자료들에서 성 이냐시오는 이를 공동체적 영적 식별이라 부르지 않고, "초기 회원들의 결정"(*la deliberación de los primeros Padres*)[25]이라고 하였다.

---

[25] Cf. MHSI, *Constitutiones S.I.* I, 1 nota 1. 결정(Deliberación)은 그야말로 미리 심사숙고한 뒤에 내린 결정이나, 혹은 동기나 그런 결정이 초래하는 이익이나 손해 등에 대해 미리 한 심사숙고이다. 그 자체로 한 개인이 하는지 혹은 단체로 하는지를 가리키지는 않는다. 이 경우 성 이냐시오와 함께 예수회를 창설하고자 했던 초기 회원들이 결정을 하였다.

사실은 이렇다. 즉 이 모임의 기록에서 언급하듯이 단체로서 해야 할 바에 대한 하느님의 뜻을 찾아 얻고자 하는 열망으로 며칠 동안 모두 매일의 일과와 개인기도 후에 회합을 하였다. 그들이 그저 단순히 훌륭한 친구들로 남을 것인지 혹은 교회 안에서 한 장상에 대한 순명 서원과 그 모든 결과를 동반하는 새로운 수도회를 창설함으로써 그들을 묶어 주던 유대를 더욱 강하게 할 것인지에 대해 하느님께서 어떻게 생각하시는지를 알고자 하였다. 그런데 설정된 조건 중에 다음과 같은 것들이 있었다. 1) 하느님 앞에서 더욱더 기도, 묵상, 희생(무엇보다 미사성제와 함께)에 열렬히 매진하여, 2) 각자 하느님께 마찬가지로 영광을 드리게 된다면 본성적으로 더욱 힘이 드는 것에서 (명령하기보다는 순명하기에 더욱 마음을 기울이도록) 영의 평화와 기쁨을 찾도록 노력하며, 3) 아무도 영향을 미치거나 다른 이를 자신의 취지로 끌어들이려고 하지 말고, 이를 위해서 문제에 관해 다른 이들과 말하지 말고, 오히려 기도 안에서 앞으로 내릴 결심에 긍정적이거나 반대되는 동기들을 순수한 지향으로 살펴볼 수 있도록 할 것이다. 4) 이 자유를 얻기 위해 각자 앞으로 단체에서 어떠한 역할도 하지 않을 것처럼 간주해야 할 것이다. 5) 토론은 하지 않겠으나, 각자 자유로이 다른 회원들 앞에서 자신이 기도 중에 얻은 바를 드러낼 것이다. 어느 한 저녁에 긍정적 이유를, 다른 저녁에는 반대 이유를 개진할 것이다. 결국 그들이 보기에 하느님께 가장 마음에 드는 것처럼 여겨지는 바에 대해 다수결이 아니라 만장일치로 결론에 도달하였다.[26] 도달한 결론을 오직 사도좌가 승인하

26) *Ibid*., 4~7, n.6~9.

고 확인한 뒤 이미 의결한 대로 실행에 옮길 것이다.[27]

이 방법에 따르는 일은 공식적으로 인정된 단체의 회헌 이전의 상황에서 채택되었으며, 따라서 아직 하느님의 이름으로 결정하기 위한 법률상의 책임자가 없었던 때였다.[28] 채택된 행동 방식은 단순하지 않으며, 모든 것 안에서 하느님을 찾고 자신의 계획이나 이념을 앞세우지 않겠다는 바람을 넘어, 영적 준비와 사전에 많은 점에서 의견의 일치가 전제된다. 채택된 규범과 주의들은, 앞으로 살펴보겠지만, 『영신 수련』에서 선택을 위해 성 이냐시오가 지적한 것들과 일맥상통한다.[29] 식별에 관련된 것은 마음에 떠오른 생각에 관하여 성령 안에서 평화와 기쁨을 찾기 위한, 기도 안에서 이뤄지는 각자의 개인적 수련에만 유보된 것처럼 보인다.[30] 각자 하느님 마음에 합당하다고 믿던 것에 대한 객관적 정보는, 성인의 견해에 따르면, 다음날에 다른 이들이 하느님 앞에서 하는 개인적 성찰에 단지 정보라는 요소로서만 사용할 수 있을 것이다. 각자가 책임 있게 내리고 만장일치로 받아들여진 최종 결정은 실행에 옮기기 전에 혹은 최종적인 것으로 간주하기 전에 사도좌의 허가와 승인을 얻어야 한다.

---

27) *Ibid.*, 3~4, n.3.

28) 공동체가 수도 생활을 하는 수도 공동체가 될 때, 그 수도회의 「회헌」에서 설정된 한계 내에서, 순명하는 이는 장상이 하느님께서 당신 뜻을 이루기 위해 원하신 중재자임을 인정해야 한다.

29) 특히 169~189항.

30) Cf. MHSI, *Constitutiones S.I.* I, 4~5, n.6.

주제에 대한 성찰

식별이란 하나의 판단, 즉 신앙의 계획과 성령의 인도에 따르는 한 인격적 존재의 지성 작용이기 때문에, 그 책임을 오직 그 자신의 의식에만 물을 수 있을 것이다. 모임이나 공동체를 구성하는 여러 지성이 결정한 판단의 책임을 맡길, 아베로이즘적 의미의, 공통의 지성이란 없기 때문이다. 통상 그 누구도 그리스도 안에서 하느님의 계획에 순종하는지 않는지 확실하게 알 수 없으며, 구성원들 각자가 식별에 의한 판단을 내리는 데 근거로 삼은, 단체가 강조해야 할 복음적 가치들과 일치를 이루고 있는지 여부도 알 수 없다. 만일 그 사람이 영적이며 판단을 내릴 때 영적인 인간으로서 행동했다면 그가 한 식별은 영적 식별이 될 것이다. 혹시 그렇지 못했다면, 영적 식별은 아닐 것이며, 아마도 바오로 사도의 의미에 따르면 육적인 식별이 되었을 것이다. 실행된 식별의 전반적 결과를 영적이라고 평가하려 하는 것은 잘못이 아닐까? 결국 그 단체의 영적인 사람들이 행한 식별을 받아들일 것인가? 아니면 반대로 단체들을 조종하고 지휘하는 기술에 능통한 전문가들이 교묘하게 도입하고 부과한 식별을 받아들일 것인가?

그리고 먼저 함께 기도한다고 할 때 예수님의 다음과 같은 말씀에 근거할 수는 없을까? "내가 또 진실로 너희에게 말한다. 너희 가운데 두 사람이 이 땅에서 마음을 모아 무엇이든 청하면, 하늘에 계신 내 아버지께서 이루어 주실 것이다. 두 사람이나 세 사람이라도 내 이름으로 모인 곳에는 나도 함께 있기 때문이다" (마태 18,19~20).

그리스도께서 하신 말씀을 성찰해 보면 그 안에 어떤 조건이 들어 있다는 것을 알 수 있을 듯하다. 즉 여러 사람이 단지 함께 모이는 것뿐 아니라 무엇을 청할지와 관련해서도 동의하는 것이다. 그리스도께서는 "내 이름으로" 모이는 여건도 덧붙여 제시하신다. 그리스도께서 하신 이 약속에 합당하게 의탁하기 위해 우리의 경우 두 조건을 다 채우고 있는지 살펴보아야 할 것이다. 모인다는 주제는 일반적으로 합의보다는 논란의 요소가 된다. 그리고 비추임이 필요할 때 누가 "예수님의 이름"으로 청하는가? 모든 면에서 하느님의 뜻과 하나 되기를 바라는 사람, "예수님께 대한 믿음과 사랑이 담긴 일치와 우정 안에서"[31] 청하는 사람이다. 여기서 예수님께 대한 사랑은 성 요한에 의하면 계명을 지키고(참조: 요한 15,10), 예수님처럼 성부의 뜻에 온전히 순종하기를 원하며, 자기의 생각이나 계획을 추구하지 않는 사람 안에 있다.

여기서 우리는 또다시 단체 구성원들의 영적 성숙 여부의 문제를 대하게 된다. 비록 구성원들이 그저 듣기 좋은 말만 하는 사람들이라 할지라도 손쉬운 민주주의적인 수단을 채택해서는 안 된다. 하느님께서 그들의 청원을 받아들이시는 조건인 예수님께 대한 믿음과 사랑이 보증한다. 단체나 공동체의 장상은 공동체의 선을 위해 하느님과 교회가 그에게 맡긴 결정하고 다스리는 소임에 따른 책임을 편의주의와 선동 등의 이유로 회피해서는 안 된다. 수하의 회원들도 순명 서원을 통해 하느님 손에 맡긴 자율권을 다시 자기 손아귀에 넣으려고 해서는 안 된다.

---

31) Cf. J. Caba, "Jn 7, 37-39 en la teología del IV Evangelio sobre la oración de petición", *Gregorianum* 63(1982), p.666; Id., "La oración de petición", *Manresa* 47(1975), p.333.

어쩌면 이러한 식별 방법에 대한 성찰들은 선례가 부족하여 전통에 충분히 근거를 두지 못했기에, 사람들이 우리의 주장을 참조하여 더욱 신중하게 식별에 임하도록 하는 데 도움이 되지 못할 수도 있겠다. 그렇지만 전통 안에서 공동으로 바치는 기도의 가치와 영적 교류가 단체에 미치는 좋은 영향을 인정하고 있었다. 이미 사막 교부들과 그 외에 다른 영성적 단체들이, 특히 중세에, "collationes"라는 하나의 같은 그리스도교적 이상을 공유하고 있거나 혹은 서로 도와 가면서 그리스도 안에서 성장하기를 바라는 형제들 간의 영적 교류를 위한 집회에 관해 언급하였다. 어떤 그리스도교 회합에 참가하려는 개인이 미리 자신을 정화하고 다룰 주제에 대한 기도를 바치는 준비를 할 때, 이러한 준비가 전혀 없이 혹은 몇몇이 생각해 낸 어쩌면 그 단체나 회의 사람들을 하나로 묶는 거룩한 이상이나 그리스도의 영과는 거리가 먼 계획이나 개혁을 어떻게 이끌어 가는지나 보려고 회합에 참석할 때보다 더욱 큰 결실을 맺으리라는 것을 누가 의심할 수 있겠는가?

적용

실제로 어떤 이들은 자기 회의 「회헌」이 제시하는 범위를 무시하고 거의 무제한의 권한과 맘대로 그 권한을 이용할 능력 있는 장상들의 오남용을 방지하려고 했지만, 소위 "공동체적 식별"이란 것이 합법적인 책임자의 인준이 없는 인물들과 교활한 중간 책임자들이나 자신들의 계획이나 생각을 관철시키려는 목표를 지니고 압력을 행사하는 그룹들의 도구로 전락하는 것을 보았다.

다른 이들에게 자신들의 말을 전하고자 했던 이들은 이러한 회합에서 목소리를 더 높이거나 혹은 자신의 의견을 더 잘 표현할 줄 아는 이들의 말밖에는 들을 수 없다는 사실을 너무 자주 확인하였다. 그렇지만 이들이 항상 성령께 가장 충실한 이들이라 할 수는 없었고, 오히려 많은 경우 가장 대담하고, 단호하거나 야심 있는 자들이었다. 하느님께서 원하신 상황 속에서 합법적인 책임자들을 통해 그분의 인도하심 아래 있는 신앙의 범위를 벗어나면 오히려 인간적으로 합법화되지도 하느님의 공인도 받지 못한 인간들의 손아귀에 떨어지고 마는 것 외에 다른 길은 없으며, 그 때문에 더 상위의 구제나 보호도 받지 못하게 되는 것이다.

설령 선의로 이 공동체적 식별 방법이 뜻과 마음들의 통합 수단이라고 믿었어도, 상호 간의 애덕의 성숙과 존중, 성령께 대한 순종과 하느님께서 원하신 합법성 등이 지배적이지 않을 때, 결과는 본질적인 그리스도교적 가치들에 있어 이전에는 가장 일치를 이루었던 단체나 공동체들에서조차 견해와 마음들이 크게 갈라지고 만다는 사실을 충분히 확인할 수 있었다.

하느님께서 거룩하게 하지 않으신 것이나 그분께서 계획하신 한계를 벗어난 것을 거룩하게 만들지 않게 하기 위한 분별의 지혜가 회복되고 있다고 믿는다. 인물이나 단체 각각의 한계를 받아들이면서, 하느님께서 원하신 책임자와 각 사람과 단체에 부여해 주신 존엄성을 존중하고, 전달하는 재능이 가장 보잘것없고 평범한 이들에 대한 우선적 사랑과 개인적 겸손을 갖춘다면, 하느님의 사랑이 단체와 공동체들의 일치에 가장 좋은 수단이라는 것을 더 잘 알 수 있게 된다.

이런 전제들과 함께, 다 같이 기도하고, 다른 이들에게 귀 기울이며, 공동의 이상을 추구하는 데 있어 서로를 돕기 위해 자신이 무엇을 할 수 있는지, 그리고 하느님께서 공동체의 선익을 위해 각자에게 통교하시는 영감과 내적 움직임 등을 생각하는 것이 유익한데, 이는 바로 하느님께서 원하신 선이며, 자신의 성소와 하느님께서 승인하신 수도회에 따라 각 단체나 공동체 안에서 실현될 수 있고 또 그래야 한다는 것을 더욱 잘 이해하게 되었다. 그렇지만 식별 방법에다 우리의 청원을 들어주시도록 하느님께서 원하신 마음 자세를 서로 도와 갖추는 것, 즉 당신 뜻에 대한 전적인 수용 태도와 통치를 위한 더욱 책임 있는 결정(장상 개인의 것이든 참사 회의의 것이든)을 돕는 것 외에 다른 가치를 부여하려고 하지 말고 잘 준비하여 올바르게 이행하여야 한다.

단체나 해당 책임자(구체적인 결정을 내려야 하는 경우)를 도울 수 있기를 바라면서, 영적 식별(그 본성상 개인적인)을 실시하는 이러한 형태의 회합이 결실을 맺도록 하기 위해 "**지켜야 할 조건들**"에는 최소한 다음과 같은 것들이 있다.

1. 어떤 형태의 회합에 참석하는지를 알 것이다. 영적 집회의 형식을 띤 "**상호 통교**"를 말하는 것으로서, 공동체의 건설과 일치를 증진시키는 데 기여하려는 회합이다. "자문 회의"나 혹은 "심의회"(심의의 법률적 가치를 지녔고, 거기서 각자는 모든 이들에게 부과될 결정을 표결하는 책임을 진 인물들이다)를 말한다.

2. "**주제에 대해 확실하고 아주 분명하게**" 하고, 대략적으로 폭넓게 이를 다룰 한계에 대해 제시하며, 주제에 대해 필요한 정보를 참석자들에게 의당하게 미리 제공하여야 한다.

3. 필요하다면 각 참석자가 자신들이 갖고 있는 정보를 합당하게 보완할 수 있도록, 그리고 기도 중에 회합의 주제와 대상을 성찰하여 하느님께 의탁하고 결심(결정할 문제라면), 혹은 기여할 바나 제안을 단체에 대한 하느님의 전체적 계획에 어떤 관점에서 곁들일 수 있는지를 발견할 적합한 시간을 준다. 이 계획은 통상적으로 그 수도회의 카리스마나 「회헌」에 의해 분명해진다. 본성상 변할 수 없고 그러한 결정을 내려야 하는 책임자에게 유보되지 않은 "**이미 결정적으로 표현된 하느님의 바로 그 뜻에 반대되는 것**"을 마치 단체에 대한 하느님의 뜻이 될 수 있는 것처럼 "식별에 부칠 수는 없다."[32]

"**초연한 마음의 담담함**(*indiferencia positiva*)**과 영의 자유**", 심리적이고 영적인 성숙이라는 내면의 자세가 성찰에 앞서 전제되어야 한다. 이러한 내적 자세에 도달하는 그만큼 각자 가장 효과적으로 기여하리라고 확실히 기대할 수 있으며, 다른 이들의 의견들도 기꺼이 수용하여 스스로 영적 식별을 하는 데 도움을 얻을 수 있을 것이다.

4. "**회합을 이끌어 갈**" 책임을 지는 누군가가 지명을 통해서든 있어야 한다. 그는 각자의 의견들을 주의 깊게 존중하는 자세로 수용하며, 회합에 진정한 영적 의미를 부여하고, 모든 것 안에서 하느님의 뜻을 추구하는 분위기, 질서와 상호 존중을 보장하며, 제시된 의견들 안에 사랑이 있음을 발견해 내고, 분명하게 진행하며 적합한 시간에 종결을 짓거나 혹은 다음 기회로 종료를 미룰 줄 알아야 하겠다.

---

32) 참조: 『영신 수련』 170~174항.

5. "**기도의 분위기**", 영적 자유, 가장 약한 이들이나 곤궁에 처한 이들에 대한 특별한 형제적 환대, 상급자와 책임자에 대한 "**존중**", 책임감, 의견 개진 때 동반되어야 할 "**겸손과 단순함**", 협력의 의지, 하느님께서 이 세상의 지혜로운 사람들과 현명한 사람들에게가 아니라 겸손하고 단순한 사람들에게 당신의 신비들을 베푸시는 계시에 대한 존중 등을 함양시키는 모든 것들이 이러한 회합의 결실에 긍정적으로 영향을 미치는 요소들이 될 것이다.

6. 자신의 견해나 위치를 다른 이들과의 상관관계 속에서 보는 능력이 없는 사람들, 완고한 개인주의자들, 비참해지거나 실패하는 것을 과도히 염려하거나 겁내는 사람들, 다른 이들에 대해 폭력적이거나 빈정거리는 사람들, 참을성이 없는 사람들, 상급자에 대해 존경심이 없는 사람들과 인간적으로 평범한 이들을 존중할 줄 모르는 사람들, 자기 본위의 욕심이나 다른 이들의 찬사를 찾는 사람들이 있다. 이러한 유형들은 이러한 형태의 회합을 효과 있게 실행할 가능성을 줄이거나 방해하는 인격적 성향들이다. 이러한 성향의 사람들 때문에 그리스도교적 평화와 일치와 상호 간에 도움을 주는 결실을 얻기는커녕 그 반대가 될 위험이 있다면 이를 피하고자, "**특정한 환경 속에서 회합을 여는 것이 바람직하지 못하게**" 되거나, 혹은 더 적당한 때까지 연기하게 될 수 있다.

7. 실제로 다른 영역에서도 발생하는 것처럼, 이상적인 조건들은 결코 완전히 주어지지 않을 것이기 때문에, 매 경우 적당한 한계들 내에서 가능하다면, 점차적으로 단체나 공동체 구성원들을 인간적으로 영적으로 개선해 나가게 하는 "**집단적인 교육적**

조치"를 시작하는 것을 고려해야 할 것이다. 그 구성원들의 교육학적 조건들이 최소한 효과적인 회합이 이뤄지는 데 권장할 만한 최소한의 수준에 이르기 전까지는 잠정적으로 회합을 갖지 말아야 할 것이다.

결론

1. 이 3장의 도입부에서 제기한 질문에 대하여, 이런 회합을 "공동체적 영적 식별"이라 부르는 대신 단체나 혹은 공동체의 다양한 회합들을 할 경우에 도움이 될 개인적 영적 식별의 시행이라 부르는 것이 더 나을 것이다.

2. 그 유익함은 그 구성원들의 영적, 인간적 성숙과 준비와 그 수도회 본성의 한계들을 넘어서려 하지 않는 데 상응할 것이다. 즉 상호 통교, 그 수도회와 개인의 성소에 따른 자문 혹은 표결에 의한 심의된 결정 등에 따른다.

3. 앞에서 언급한 필요 불가결한 조건들과 한계들 안에서, 일치를 더욱 돈독히 하고, 구성원들을 영적으로 성숙시키며, 책임자와 해당 단체나 공동체의 인물들의 책임감을 증진시키는 데 도움을 줄 수 있으리라 믿는다.

참고 문헌

• C. Palmés, *Del discernimiento a la obediencia ignaciana,*

CIS, Roma, 1988.

- F. Rossi de Gasperis / I. De la Potterie, *Il discernimento spirituale del cristiano oggi*, FIES, Roma, 1988.
- G. Cusson, "Le discernement communautaire des esprits: le «processus» de formation d'une communauté chrétienne", *CIS*(1979), pp.83~99.
- ———, "Obediencia y autoridad en el contexto del discernimiento espiritual", *Manresa* 47(1977), pp.5~21.
- G. Dumeige, "Communal Discernment of Spirits and the Ignatian Method of Deliberation in General Congregation", *The Way. Supplement* 20(1973), pp.55~71.
- J. Bots, "La discreción espiritual comunitaria", *Boletín de espiritualidad* 40(1975), pp.7~28; 이탈리아어 역: "Il discernimento comunitario", *Notizie dei Gesuiti d'Italia* 8(1975), pp. 225~237.
- L. González, "La deliberación de los primeros compañeros", *Manresa* 61(1989), pp.231~248.
- P. Arrupe, "De spirituali discretione", *Acta Romana S.I.* 15(1971), pp.767~773.
- P. H. Kolvenbach, "Sobre el discernimiento apostólico en común", *Acta Romana S.I.* 19(1986), pp.700~715.
- R. Cantin, "Le discernment spirituel personnel et communautaire", *Cahiers de spiritualité ignatienne.* Suppléments n. 12/13(1983).

제 4 장

카리스마 현상들의 식별: 예언, 계시 및 다른 표현들

서론

이러한 현상들을 식별할 필요성으로부터 시작해 보자. 무엇보다도 예수님이 원하셨기 때문이다. “너희는 거짓 예언자들을 조심하여라. 그들은 양의 옷차림을 하고 너희에게 오지만 속은 게걸 든 이리들이다. 너희는 그들이 맺은 열매를 보고 그들을 알아볼 수 있다”(마태 7,15~16). 성 바오로는 테살로니카의 그리스도인들에게 권고하고 있다. “성령의 불을 끄지 마십시오. 예언을 업신여기지 마십시오. 모든 것을 분별하여, 좋은 것은 간직하고 악한 것은 무엇이든지 멀리하십시오”(1테살 5,19~22). 그리고 성 요한도 자신의 서간에서 다음과 같이 권한다. “아무 영이나 다 믿지 말고 그 영이 하느님께 속한 것인지 시험해 보십시오”(1요한 4,1. 참조: 2코린 11,13~15).

예언, 비범한 신비적 은총, 기적적 사실들 같은 카리스마적 표현들은 교회의 모든 시대에 걸쳐 나타난다. 그리고 특별히 후대에 백성들을 속이는 거짓 예언자들이 알려졌다(참조: 마태 24,4~6; 1티모 4,1~5). 이러한 현상들을 검증하여 선한 것을 받아들이고 악마와 그의 추종자들의 것들을 물리치기 위해서는, 단순히 인간 과학의 범주에 한정된 논증으로써는 충분치 않고, 그리스도교 윤리와 신앙의 영역으로 들어가야 한다. 더 나아가, 그 현상들의 신적인 기원 여부를 보증하기 위해 현상과 함께 나타나는 표지들을 검토할 필요가 있다.

문제는 이러한 현상들 또는 표현들을 겪는 수동적 주체로서 스스로 현상들을 식별해야 하는 사람이나, 혹은 다른 이들에게 일어나는 일들을 식별하는 소명을 받아 외부에서 관찰하는 사람에게 생길 수 있다. 이제까지 관찰한 순서에 따라, 즉 외부에서 내부로 연구를 진행하겠다. 외부의 관찰자들이 고려해야 할 표지들을 다루고, 다음에 언급된 카리스마적 표현들을 받게 되거나 겪는 주체 안에 남는 이 현상들의 고유한 자취들을 다루겠다.

외부의 관찰자를 위한 표지들

여기서 우리는 제르송의 논문, 「거짓 계시와 진정한 계시의 구별론」(*De distinctione verarum revelationum a falsis*)을 참조하겠다. 제르송은 카리스마의 은총을 받았다고 간주된 몇몇 인물들이 주창하여 백성들 사이에 널리 퍼진 계시들을 식별하라는 소명을 받고, 동전 검사의 비유에 기초하여 설명하는데, 이는 특별히 외부에서 관찰하는 사람에게 도움이 될 수 있다. 값지게 보이는 동전에서 과연 빛나는 것이 전부 금인지 알기 위해서 검사를 할 필요가 있다. 일반적으로 비범하고 초자연적인 것처럼 보이는 사실들에 적용할 수 있다. 동전의 무게(겸손), 유연성(신중), 단단함(인내), 모습(진리) 그리고 색깔(사랑) 등을 확인하는 것이 필요할 것이다.

1. "**겸손**" 이러한 현상들을 허영, 교만 때문에 드러내는 사람이나, 혹은 그 스스로 흔치 않은 사실 혹은 계시에 대해 호기심에 차 안달하면서 드러내고 일상적으로 하느님에게서 받은 은총이 사람 안에 남기는 겸손의 무게를 드러내지 않는 사람은 신뢰성이 없이 보인다. 그러나 그러한 사실들을 합당하게 조언해 줄 수 있는 사람에게 비밀리에 드러내는 사람이나, 혹은 오직 그러한 사실을 듣는 사람들에게 진정한 유익을 주기 위해 드러내는 사람과 과시욕이나 허영심으로 자기 자신에게 관심이 집중될 수 있게 하기 위해 드러내는 이를 구별해야 한다. 때때로 구별하는 것이 쉽지 않을 것이다. 그러나 일상적인 태도를 시험에 사용할 수 있다. 체험한 현상들이 진실일 때, 그는 스스로 그러한 은총을 받기에 부당하다고 생각하며 부끄러움으로 그런 은총을 물리치는데, 이는 합당한 내적 자세를 지니고 있다는 표시이다. 『교부들의 생애』(*Vitae Patrum*)에서 어떤 사람의 경우를 언급하는데, 그는 그리스도의 발현 앞에서 두려움과 겸손을 띠고 말하였다. "저는 이승에서 그리스도를 뵙고 싶지 않습니다. 천국에서 뵙는 것으로 만족하겠습니다."[33] 어쨌든 겉에 드러나는 겸손은 다음의 표지들을 통해 검증될 수 있을 것이다.

---

33) "Nolo videre Christum in terris, Illum In coelis videre contentabor"(*PL* 73, 965).

2. "**신중**" 무엇보다 자신이 책임지는 것들에 관해, 자기 자신의 판단과 의견을 너무 믿는 사람은 보통 실제 그대로의 자기 자신보다 어느 정도 더 훌륭하다고 믿는다. 이것이 벌써 그 자신을 속기 쉽게 한다. 진정으로 겸손한 사람은 판단에 있어서 융통성이 있고, 자기 체면에 관계되는 것에 있어서는 더욱더 유연하다. 판단의 융통성이야말로 바로 신중한 사람의 특징이다.

제르송은 신중의 덕이 얼마나 필요한지 강조했다. "Quam parit, nutrit et salvat humilitas verae oboedientiae copulata."[34] 클리마코스는 『천국의 사다리』(*Scala Paradisi*, grad. 23)에서 다음과 같이 단언하였다. "스스로 자기 자신의 지도자가 되는 교만한 자는 유혹하는 악마가 필요 없다. 왜냐하면 자기 자신이 이미 스스로에게 악마이기 때문이다."[35]

3. "**굳셈**"(인내) 진정한 카리스마는 시험, 어려움, 빈정거림, 조롱, 불의와 박해 등을 통해 인내로 이끈다. 거짓 영웅주의도, 괴로움도 없이, 또한 희생자로 자처함 없이, 주님께서 당신을 따르는 사람들에게 약속하신 행복에 참여할 수 있음에, 이 때문에 교만해짐 없이, 행복하다(마태 5,10). 그의 인내는 겸손하여 실망시키지 않는 희망에(로마 5,5) 뿌리를 내리고 있으며, 자기 자신의 힘에 근거하지 않고, 그를 위로하시는 주님의 힘에 근거하고 있다(필리 4,13).

4. "**진리**" 신앙과 윤리에 거스르는 것은 선한 영으로부터 올 수 없다. 유익하지 않거나 헛된 것도 마찬가지다. 하느님께서

---

[34] 신중의 덕은 "진정한 순명과 결합된 겸손이 낳고, 기르며, 보존한다"(J. Gerson, *Oeuvres complètes*, ed. Glorieux, III, p.45).

[35] *PG* 88, 970.

는 구원하시려는 의향이 없이 그리고 진정한 유익을 기대하지 않으면서 당신의 선물을 주시지는 않기 때문이다. 받은 선물은, 진정한 것이라면, 이미 계시된 하느님의 말씀과 교회가 내린 권위 있는 해석과 대조하는 과정을 기꺼이 수용해야 하며, 반대해선 안 된다.[36]

진리는 가능성의 조건이다. 그러나 진정한 것이고 거짓이 아닌 어떤 것이라 해서 반드시 하느님께서 그것을 지금 선택하거나 혹은 똑같이 진정한 다른 것보다 우선적으로 행하기를 원하신다고 볼 수는 없다. 하느님 뜻의 표현이거나 혹은 하느님에게서 나왔다는 것을 증명하기 위해서는 다른 표지들에도 유의해야 한다.

5. "**사랑**" 여기서는 진정한 초자연적 사랑을 말하는 것이지 "하느님께 대한 사랑과 이웃에 대한 사랑"이라 불리는 이러저러한 형태의 구체적 행위를 말하는 것이 아니다. 성령의 값진 열매이다. 하느님에게서 당신 뜻이라고 드러난 모든 종류의 뜻에 대한 실제적인 내적 태도의 성장을 전제하는 사랑의 성장은 계명들을 완수하기 위한 순종의 표지이며(참조: 요한 15,10.14) 진정한 사랑의 표지이다.

제르송은 영적 동기로 덧씌워진 인간적 친밀함으로 시작하여 점차적으로 육적인 것으로 변해 가는 사랑이 뒤섞인 표지들에 대해 경계를 늦추지 않는다.[37]

---

36) 더 나아가 예언이 실제로 성취되는지를 살펴보아야 한다(예레 28,9; 신명 18, 22).

37) 때때로 카리스마적이라고 추정되는 인물들에게 일어나는 바와 같이, 감수성이 아주 예민한 사람들의 예에서 특별히 체험된 지혜이다: "Quia potest fieri, ut

성녀 대 데레사는 우선 경박하고, 빈약한 상상력을 지닌, 너무 내성적이고 어두운 사람과 관련하여 주의를 준다. 엄격함으로 그들을 심란하게 하지 말아야 한다고 권고하였다. 왜냐하면 그렇게 되면 그들은 더욱더 어둡게 되고 불안을 느끼며 자신감을 상실하게 되기 때문이며, 그들에게 엄격함은 아무 유익함도 없이 그들의 좋지 않은 상태를 더 악화시키기 때문이라는 것이다. 오히려 신경을 너무 쓰지 말기를 권고한다. 거짓 속으로 숨어들기가 매우 쉽기 때문이다. 어쩌면 이들은 병자로서, 사랑 어린 현명함과 인내로 그들을 다루어야 한다. 그러나 다른 이들에게 미칠 해를 주의하면서 대해야 한다. 혹시 이 일이 하느님에게서 오는 것이 아닌지 두려워하지 말 것이다. 이 경우 또한 영에 있어 진보하도록 도와준다. 그리고 "시험에 부쳐질 때 성장하는 것이다."[38]

제르송이 제시한 표지들 중에 하나의 표지만으로는 대개의 경우 충분치 않다. 다른 표지들과 함께 보아야 하며 단지 그 카리스마적 인물 안에 생기는 반향들뿐만 아니라 다른 이들에게 미치는 예상되는 영향들도 살펴보아야 한다. 왜냐하면, 카리스마적 선물들은 공동체의 선을 위해 주어지는 것이기 때문이다.[39]

리스본의 수도승, 방문의 마리아(Maria de la Visitación) 수녀의 유명한 예가 판단을 내리기 전에 극도로 주의를 기울여야 한다

---

amor a spiritu incipiat, sed vehementer formidandum est ne per blanditias sensim carne consumatur"(왜냐하면, 사랑이 영에 의해서 시작되어도, 유혹을 통해 육에 의해 점차 쇠약해지지 않도록 깊이 두려워해야 할 일이 있을 수 있기 때문이다: J. Gerson, *Oeuvres* III, p.51).

38) 『영혼의 성』 VI, 3, 3.

39) 참조: 1코린 12,7; 14,26.

는 경고가 될 수 있다. 마리아 수녀의 추정된 카리스마는 당시의 많은 인물과, 이런 문제들에 좀처럼 속아 넘어가는 일이 없던 종교 재판관들까지도 속이기에 이르렀다. 그녀는 몸은 병약했지만 훌륭한 가정교육에 따른 매력과 천부적인 상냥한 성품이 빼어났다. 1583년 원장에 선출되었다. 이듬해 33살이 되었을 때 그리스도께서 당신 수난의 상처들을 선사하신 것처럼 가장하였다. 그녀의 카리스마(환시나 메시지들)에 대한 소문은 당시로서는 예외적으로 퍼져 나갔다. 필립 2세와 교황 그레고리오 13세에게까지 그 카리스마에 대한 소식이 닿았다. 그렇지만 공동체에 분열이 일어났다. 단지 늘 있게 마련인 질투에 젖은 회원들뿐만 아니라 한두 사람도 아닌 많은 수도자가 그녀를 사기꾼으로 여겼다. 비밀리에 그녀를 살폈고 거짓으로 꾸미고 있다고 확신하였다. 그러나 그녀를 옹호하는 그룹에서 그녀를 다시 선출하는 데 충분한 다수를 확보하였다.

도미니코회 총장 식스토 파브리까지도 이 문제에 개입하여 그녀에게 일련의 규정들을 제시하였고, 그녀는 이 규정들을 존중하고 잘 지키겠다는 자세를 보였다. 단지 그녀가 장상으로 있던 수도원 수녀들의 분열과 이를 해결하기 위한 정치 책략에 개입한 것이 실패할 바로 그 시점까지는 잘 참아 내었다. 종교재판법정에서 조사를 받게 되었다. 대야에 담긴 뜨거운 물에 비누로 반 시간가량 씻고 거친 천으로 문질러 닦았다. 그녀는 수치와 혼란 속에 고백하지 않을 수 없었으니, 그간의 상처는 씻겨 나가고 손은 깨끗해졌기 때문이었다. 1588년 10월 15일 그녀의 속임수였음이 선포되었다. 모든 것이 그녀의 교묘한 생각과 거짓 꾸밈의 결과였고 악마와의 연결성은 없었다. 허영이 그녀에게 오상을

위장하게 하였고 백성들의 해방자로 자처하게 하였다.[40]

체험된 현상에 대한 내적 표지들

시현(示顯, visio)들과 말씀(locutio)들의 체험 주체는 이것들을 자기의 내적 혹은 외적인 차원에서 체험할 수 있다. 그러나 이것들이 큰 중요성을 띠는 것은 아니다. 중요한 것은 그런 체험된 현상들이 어디에서 오는가에 따라 그 현상들을 특징짓는 표지들을 염두에 두는 것이다. 이 문제에 있어서는 주로 성녀 대 데레사의 가르침을 참조하겠다.[41] 이와 함께 십자가의 성 요한의 일반적 규칙도 참조하겠다. "순수하고, 현명하며, 단순하고, 겸손한 영혼은 시현들과 말씀들에 대해서 마치 위험한 유혹처럼 주의를 기울이고 힘을 다해 저항하여야 한다. 왜냐하면 그런 것들을 바랄 필요가 없기 때문이다. 아니, 오히려 사랑의 일치를 향해 진보하기 위해 그러한 것들을 바라지 말아야 한다."[42] 여기서 제시된 것은 식별을 해야 하는 이들이 꼭 사용하기를 바라니, 비록

---

40) Cf. A. Huerga, *Fray Luis de Granada. Una vida al servicio de la Iglesia*, BAC, Madrid, 1988, pp.290~311; e *Historia de sor María de la Visitación*, Flors, Barcelona, 1962, pp.6~112 = Espirituales españoles 9.

41) 참조: 『영혼의 성』 VI, 3, 5.

42) 『가르멜의 산길』 2, 27장, 6. 같은 책 19장에서는 비록 그러한 계시들과 시현들이 설령 진정하고 확실하다 하더라도, "하느님께서 그것들에 부여하신 의미와 목적들을 본질적으로 높은 차원에서 이해할 줄 모르기 때문에"(14항), 영혼이 얼마나 쉽사리 오류를 범할 수 있는지를 일깨워 주고 있다. 때문에 영혼들이 "일치의 수단인 어두운 신앙 안에서의 영의 순수함"(같은 곳)에 길들여지는 가운데, 이러한 초자연적 현상들로부터 지혜롭게 도피하는 것이 가장 확실하고 안전하다고 간주한다.

원하지 않는다 해도 이런 현상이 그에게나 또는 다른 사람에게 일어날 수 있기 때문이다. 교회의 신비적 박사 성녀 데레사가 이 표지들을 제시한 목적의 범위들을, 학문적-영성적 관심 밖으로, 넘어가지 않기를 기대한다.

시현들(visiones)이나 계시들(revelationes)을 다룰 때, 통상 감각적(sensibiles) 혹은 유형적(corporales)인 것과, 상상적(imaginariae)인 것 그리고 지성적(intellectuales)인 것 등 셋으로 나눈다. 첫째 것들은 가장 위험한 것들로 간주된다. 이런 것들은 사탄의 속임수에 가장 많이 노출되어 있기 때문이다. 상상적인 것들은 큰 지혜를 필요로 한다. 왜냐하면 환상과 환각(착각) 혹은 단순히 마귀의 속임수의 장난일 수 있기 때문이다. 지성적인 것들은 가장 높은 차원의 것으로서 영혼에게 어떠한 상상적, 유형적 표상의 개입도 없이 수동적, 영적 방법으로 통교되기 때문이다.[43]

영혼에게 하신 "말씀들"의 문제는, 하느님의 말씀일 수 있기 위해서, 외부로부터 오는지 혹은 위로부터 또는 내면으로부터 오는지를 간파하는 것이 중요한 것이 아니다. 성녀에게 중요한 것은 이런 유형의 은총을 약간 받았다는 사실 때문에 어느 누구도 스스로 나아졌다고 여겨서는 안 되며, 오히려 받은 통교들에서 어떻게 이익을 이끌어 낼 수 있는지를 살피는 것이다. "〔하느님

---

43) 참조: 아빌라의 성녀 데레사, 『자서전』 27, 2~6; 『영혼의 성』 8~9장. 성녀는 "거의 두 가지 방식의 시현들이 함께 일어난다"(『자서전』 28, 9)고 단언한다. 왜냐하면 그렇게 하여 영혼이 눈으로 장엄하고 아름다운 그리스도의 인성을 보는 한편, 그 다른 가장 높은 방식으로 어떻게 하느님께서 전능하신지 깨우치게 하기 때문이다. 몇 차례 악마가 거짓된 환상들을 동원하여 진정한 시현을 망가뜨리려고 했다. 그렇지만 전부를 위조할 수는 없고, 그 때문에 영혼은 그것을 물리치고, 혼란을 느껴 불안해지며 "이전에 지니고 있던 맛과 신심을 잃고 아무런 기도도 하지 않게 된다"(같은 책, 28, 10).

께서〕 얼마나 많은 말씀을 바리사이들에게 하셨는가? 그러나 제일 좋은 것은 이 말씀들로부터 어떻게 유익함을 이끌어 내느냐 하는 데 있다. 그리고 무슨 말이든지 성경과 전혀 일치하지 않는다면 설령 악마에게서 들은 말보다도 더욱 개의치 말아야 할 것이다."[44]

a) 하느님에게서 올 때

— 하느님의 위엄과 권능의 표식이 당신의 능력으로 주어진다. 하느님께서는 주의를 흐트러뜨리지 않고 오히려 품어 주시고 위로해 주시며 오직 당신께로 완전히 끌어들여 사람은 그것을 듣고 생각하지 않을 수 없게 된다.

— 비록 사람이 앞서 분심 중이었다고 하더라도, 당신의 통교는 명백하고 뚜렷하다.

— 본질적인 말씀들이 그 말하는 바를 실현할 때, 예를 들어 "두려워하지 마라"고 말씀하실 때, 두려움은 사라지고 영혼은 이전에 없던 힘을 느낀다.

— 영혼 안에 어떤 확신을 남긴다. 그래서 비록 모든 것이 이해했던 것과는 반대로 흘러가는 것처럼 보일지라도, 지성에 싹트는 의심들이나 혹은 시간이 감에 따라 나타나는 어려움에 의해서 깨지지 않는다.

— 마치 누가 생각하고 구성하는 것처럼 연이어서 형성되지 않는다. 우리의 노력과 시간을 형성하는 데 들이지 않았는데도

44) 『영혼의 성』 VI, 3, 4.

한순간에 이미 형성되어 나타난다.

— 이 말씀들 안에서, 사용된 용어들이 단지 그 자체로 뜻하는 것보다 훨씬 더 많은 것을 자주 깨닫게 된다. 그리고 이 말씀들은 영혼이 결코 스스로 도달하지 못했을 심오함을 내포하고 있는데, 단 한 번에 깨닫게 한다.

— 마치 하느님께 대한 봉사를 방해하고 있던 것에서 벗어난 것처럼, 영혼은 커다란 고요와 평화, 감미로운 잠심에 잠기고 온 마음으로 하느님을 찬미한다. 동시에 영혼은 자신의 죄와 아무것도 아님〔無〕에 더욱 확신과 당혹감을 느끼며, 하느님의 영광을 증진시키거나 그분의 뜻이 아니라면 그 무엇도 하지 않으려는 마음 자세를 더욱 굳게 한다.

— 게다가 영혼은 모든 것을 순명에 내어 맡기지 않고, 교회의 책임자에게 모든 것을 밝히고 그의 결정을 따르지 않는다면, 오류에 떨어지리라는 두려움을 지닌다.[45]

b) 자기 자신의 정신 혹은 상상의 열매일 때

— 사람이 지성으로 그 말들을 나누고, 자르고 구성할 수 있다. 만들어 낼 수 있다.

— 말들이 명백함과 보다 상위의 빛을 지니고 있지 못하다. 무엇보다 모호하고, 기형이거나, 혹은 복잡하여 알기 어렵고, 근본적으로 "키메라"나 혹은 조작된 환상과 같다. 매력적이기는 하나 내적인 힘도 평화도 주지 못한다.

45) 참조: 『자서전』 25, 1~11; 『영혼의 성』 VI, 3, 5~18.

— 말들이 그 수준에서 의미하는 것 이상은 주지 못하고, 평온함을 주지 못하거나, 혹은 그것들을 상상하는 사람을 자만에 빠지게 한다.

— 때때로 자유를 박탈하는 충동적인 고착된 생각과 비슷하다. 그렇지 않으면, 일반적으로 "지나가고 잊어버리게 되는 생각의 첫 움직임과 같은 것"[46]들이다.

c) 악한 영에게서 오는 경우

— 일반적으로 이미 있던 이미지들(imagines, 心象)이나 경험의 자료들로 구성되어 있다. 만일 생소한 말들이라면, 실재에 무난하게 부합되기는 어렵다.

— 본질적인 내용들이 의지에 의해 전반적으로 재생산될 수 있고 나뉠 수 있다.

— 마치 영혼이 어둠의 힘 또는 자기 자신의 힘과 자만심에 내어 맡겨진 것처럼, 두려움과 종속성을 일으킨다.[47]

— 비록 때때로 첫 단계에서 드러나는 선에 대한 매력과 함께 시작하더라도, 종국에는 사람을 자신의 한계 속에 내버려두며, 혼돈에 빠지게 하고, 불안하게 하거나 문제들로 가득 채운다.

46) 『자서전』 25, 7.

47) 여기서 어떤 영적인 겉모습을 띨 수 있는 현상들이나 혹은 어떤 좋은 목적으로 이끄는 문제를 다룬다. 그렇지만 겉으로 선한 모습조차 띠지 않을 때, 비록 현상이 불가사의하다고 하더라도, 하느님과는 어떤 상관도 없음은 분명하다. 우리 시대에 이런 형태의 저주들이나 부마(付魔)들에 대한 증거들은 많이 있다. Cf. R. Salvucci, *Indicazioni pastorali di un esorcista*, Ancora, Milano, 1992. 특히 "Lettera aperta a sua Eccellenza il Segretario generale della Conferenza Episcopale Italiana", pp.267~270.

더 이상 하느님께 보다 결정적이고 완전한 자기 증여 및 신뢰로 자신을 열지 못하게 한다.[48]

—하느님의 활동이 내는 효과를 전부 모방하지는 못한다. 왜냐하면 오직 상상과 감각을 통해서만 사람에게 들어올 수 있기 때문이다. 더 나아가 왜냐하면, 결국, 더 크고 결정적인 선으로 이끌려 하지 않고 오히려 악으로 이끌려 하기 때문이다. 혹은 하느님께 대한 봉사에 싫증을 느끼게 하고 힘을 약하게 하기 때문이다. 그렇지 않으면, 더욱 이기주의적이고 거만하고, 더욱 자기 자신의 취향이나 뜻에 집착하게 한다. 동정과 평판을 자신에게로 끌어들이려 하거나, 하느님께 대한 봉사에 위축되게 하고, 하느님의 은총에 대한 신뢰의 부족으로 이끌거나, 절망으로 이끄는 거짓된 겸손이 아니라면, 결코 더 이상 겸손하지 않다.

실제적인 조언들

a) 초자연적인 것 같은 비범한 현상들을 체험했다고 느끼는 사람

1. 자기 자신 속으로 움츠러들지 말아야 한다. 그렇다고 아무에게나 입을 열지도 말아야 한다. 자신을 믿지 않도록 노력하고, 신중하고 영성적이며 신학에 정통한 사제에게 그 사실들을 말하도록 한다. 현명한 처신을 한다고 하다가 하느님의 것일 수

48) "그러나 영혼이 겸손하고, 내가 말한 대로 무엇을 들었다 하더라도 그것을 행동으로 옮기지만 않는다면, 〔원수는〕 큰 해를 입힐 수 없거나 전혀 해를 주지 못할 것이다"(『영혼의 성』 VI, 3, 16).

도 있는 것을 거절한다거나 또는 하느님께서 원하시는 것을 하지 않는 것에 대해 두려워하지 마라. 왜냐하면 하느님께서는 다른 무엇보다도 당신 피조물의 겸손과 순명을 원하시기 때문이다. 그분이 실현하고자 하시는 것은 우리 개인의 구체적인 활동 없이 하실 수 있다. 왜냐하면, 많은 방법으로 그것을 완성하실 수 있기 때문이다. 그런데 우리가 선을 행하기 위해 악을 행하기를 원하시지 않는다. 원수가 오히려, 항상 우리 자신이 뭐나 되는 것처럼 그리고 꼭 필요한 존재인 것처럼 믿게 하면서, 속이려 하고 악을 행하기를 원한다.

2. 하느님에게서 약간의 비범한 은총을 받았다는 단순한 사실을 갖고 자신이 더 우월하다고 믿어서는 안 된다. 오히려 더욱 의무감을 느껴야 한다. 하느님께서는 "많이 주신 사람에게는 많이 요구하시고, 많이 맡기신 사람에게는 그만큼 더 청구하신다"(루카 12,48).

3. 어쨌든, 있을 수 있는 속임수들로 인한 해악을 피하기 위해, 자신을 낮추고, 그러한 선물들을 받기에 합당치 못함을 스스로 인정하며, 기도와 고해성사에 부지런하고, 자기 의무를 수행할 때 교회의 권위에 순명하고 주님께 충실하도록 노력할 것이다.

b) 영적 지도자 혹은 상담자

1. 사람을 놀라게 하지 말아야 한다. 알려야 할 사람에게 내면에서 일어나고 있는 바를 말할 수 있도록 신뢰를 잃지 않게 해야 한다. 그러나 이러한 현상들을 너무 중요하게 생각하지 말고, 이 현상들이 초래할 수 있는 속임수의 위험과 이 현상들을

체험했기 때문에 자신이 더 훌륭한 사람이 된 것은 아니라는 것을 이해하도록 강조한다. "이 문제에 있어 인정해 주지도 단죄하지도 말고, 다만 덕들을 볼 것이며, 그가 우리 주님께 봉사하는 데 있어 더욱더 극기와 겸손 그리고 깨끗한 양심으로 하는지를 볼 것이다. [...]"[49]

2. 그에게 한 권고를 그가 행실로 옮기는지를 확인할 것이며, 이런 현상들 때문에 그에 대해 훌륭한 평가를 하지도, 호기심을 보이지도, 특별한 경탄의 모습을 보이지도 말아야 한다. 성덕은 이런 현상들로 이루어지는 것이 아니기 때문이다. 오히려 덕들을 굳건하게 하는 데 관심을 기울이고, 그 자신과 그가 말하는 내용에서 읽히는 표지들을 관찰해야 한다.

3. 그런 현상을 체험했다고 자처하는 그 사람과 관련된 사실들을 퍼뜨리지 말고 그의 주변에 경탄하는 분위기가 조성되지 않도록 해야 한다. 그 사람과, 다른 이들의 속임수나 험담에 대해 자신의 책임을 분명하게 의식하여, 올바른 가르침을 담고 있는 책들이나 혹은 합당한 조언을 해 줄 수 있는 사람들로부터 의견을 구해 관련 문제에 대해 더 알도록 노력해야 한다.

신비주의에 대한 부언

많은 나라, 서구 유럽까지도 이상한 현상들, 비교(秘敎)들, 강령술, 유사 심리학과 다른 유사 현상들의 체험을 통해서는 얻을

---

49) 『영혼의 성』(*Moradas*) VI, 8, 10.

수 없는 신앙의 대체물을 찾는 사람들이나 분위기가 있는 것은 분명하다. 이런 형태의 현상들을 "영적"으로 식별하는 데 일반적으로 큰 어려움은 없으니, 그런 어둠의 세계와 신앙의 세계 사이의 차이는 마치 밤에서 낮으로 넘어가는 것과 같기 때문이다. 신앙인은 신앙의 빛에 비추어 믿음으로 교회 교도권의 가르침에 따라 신비들에 대한 건전한 이해를 추구한다.

이 신비주의(ocultismo)의 세계로 깊이 들어가는 이는 어느 정도 과학적인, 그러나 늘 유사 과학적인 모습으로 등장하는 수법들을 통해 그 비밀들을 지배하려고 하거나, 혹은 비밀스런 힘과 수단들에 빠져들면서 자연적 비밀 혹은 자신을 능가하는 초자연적 비밀들 속으로 침투하려는 열망에 휩쓸린다.

그리스도 신앙은 그리스도 안에서 "**그분의 교회를 통하여**" 드러난 계시에 따른다. 우리가 믿는 그리스도께 내어 맡김을 내포한다. 왜냐하면 그분께 온전히 결합되어야 하기 때문이다. 자신의 고유한 방법과 지성의 빛에 따른 자신의 길을 지니고 있는 진정한 과학을 통해 진행되는 자연적 비밀에 대한 인간적 통찰의 점진성과 본성에 의한 한계들을 받아들인다. 그리스도교 계시는 우주에 대한 인간의 본성적 호기심을 만족시키는 데 있지 않고 본질적으로 인류 구원이 그 목적이다. 따라서 인간에 대한 하느님의 계획을 우리에게 드러낸다. 이러한 계시의 계획은 그리스도 안에서 결정적으로 완성되었다. 그리스도 신자는 그리스도 안에서 이미 실현된 계시 안에 포함되지 않은 어떠한 새로운 공적인 계시를 기대할 수 없다. 그분은 인간에게 "**길**"이요 "**진리**"요 "**생명**"이다. 그밖에 다른 것은 있을 수도 없고 바랄 수도 없다.

모든 신비주의적 의도에는 거의 지배에 대한 숨겨진 열망이

섞인 약간의 호기심이 있다. 하느님의 계시의 무상성(無償性)을 받아들이지 않는다. 사도전승과 교회는 — 하느님께서 설립하신 이상 — 인간의 자유의지에서 벗어나 있으므로, 그리스도께서 은총의 통교를 위해 성사적 수단을 선택해 주셨는데, 이를 받아들이지 않는다.

미신적 또는 신비주의적 태도는 그리스도께 대한 신앙과, 신앙 안에 포함된 이성적 내어 맡김에 의지하지 않고, 오히려 자신의 취향과 나름의 방법 혹은 자신들의 감상적 충동에 의지한 채, 실존적 확실성을 찾는 것이 그 특성이다. 하느님께서 선택하신 수단들이 자신을 이끌도록 내맡기지 않고, 하느님께서 제시하신 요구들에 따르지도 않는다. 그렇게 하여 하느님 품 안에서 성장하는 빛과 평화에 도달하지 못하고, 무지를 이용하거나 악령의 힘에 의지하는 자의 속임수나 파멸로 점점 더 깊이 떨어지게 하는 끝없는 불안한 호기심에 봉착하고 만다.

참고 문헌

- C. Ouellet, "Discernement et visions", *Cahiers de spiritualité ignatienne* 9(1985), pp.103~117.
- G. B. Guzzetti, *Inchiesta sull'occultismo e il paranormale*, Piemme, Casale Monferrato, 1993.
- J. de Guibert, *Leçons de théologie spirituelle*, lec.24.
- *Lo spiritismo*, a cura di M. Introvigne, Elle di ci, Leumann-Torino, 1989.

- M. Fiori, *Il maleficio: indigini sulle pratiche del male*, Città Nuova, Roma, 2005.
- R. Salvucci, *Indicazioni pastorali di un esorcista*, Ancona, Milano, 1992.
- San Juan de la Cruz, *Subida del Monte Carmelo*(가르멜의 산길), lib.2, c.1, 19~21, 27.
- Santa Teresa de Jesús, *Vida*(자서전), c.25~30; *Moradas*(영혼의 성), VI, c.3, 6, 8, 9.
- V. Marcozzi, *Fenomeni paranormali e doni mistici*, Torino, 1990.
- W. S. Kurz, "Test Every Prophecy: Ignatian Helps for Pauline Discernment", *Review for Religious* 40(1981), pp.689~707.

제 5 장

진정한 교회적 태도에 대한 식별

문제

범세계적인 교류가 지속적으로 이루어지는 세상에서, 믿지 않는 사람들이나 다른 신앙을 지닌 사람들 또는 다른 신앙을 고백하는 그리스도인들 가운데서 살아가는 오늘날 상황 속에서 신앙인은 종종 필수적인 교회적 감각을 잃거나 혼란에 떨어질 수 있다. 교회일치운동, 관용 혹은 필요한 현실 참여라는 외형적 모습 아래 신앙에 부합하지 않고 그리스도 자신과, 교회와 늘 함께 하시겠다는 그분의 약속에 대한 전적인 신뢰와 믿음에서 나오지 않는 유혹적인 태도나 견해들이 나타날 수 있다. 제2차 바티칸 공의회는 「일치 운동에 관한 교령」(*Unitatis redintegratio*)에서 분명히 선언하였다. "가톨릭 교리의 순수성을 손상시키며 그 본래의 확실한 뜻을 흐려 버리는 저 거짓 평화주의처럼 일치 운동과 다른 것도 결코 없을 것이다"(11항).[50)]

이냐시오 성인은 이미 분열된 그리스도교 세계에 대한 체험을 하였고, 점점 더 신앙 안에서의 일치로부터 멀어져 버리고 말 독자적이고 비판적인 사고방식에 대해서도 알고 있었다. 신앙의 분열은 이미 벌어지고 있는 영성 생활의 몰락과 같이 생활에 차이가 생기게 하거나, 또는 일반적으로 신앙으로부터 멀어지게 하든지 신앙을 잃어버리게 하였다. 『영신 수련』의 영적 체험을 하는 사람에게 그리스도의 신부이며 우리의 어머니이신 교회에 대한 신앙에 충실하도록 인도할 수 있는 일련의 표지들을 확실하게 전하려는 열정이 가득했던 이냐시오 성인은 자신의 『영신 수련』 마지막 부분에 "현세의 교회 안에서 우리가 지녀야 할 진정한 감각을 위한 규범들"[51]을 실었다. 물론 어떤 일정한 시대에 적용된 진정한 교회에 대한 감각을 식별한 결과이지만, 이 규범들을 신중하고 깊이 있게 연구함으로써 잘 알게 되는 영원한 원리들에 근거한다면, 오늘날도 똑같은 식별을 하고자 하는 우리의 성찰에 도움이 될 수 있다.

비록 본래 식별하고 장려하려고 하는 것은 진정한 교회적 "감각"에 합당한 내적·외적 행위들이라 하더라도, 여기서는 일부 진정한 교회적 감각이 결여되어 있음을 드러내는(예배 행위나 교계제도와 관련된 처신에서, 혹은 강론이나 자신의 신학적 견해나 규율 바른 행실들을 드러내는 방식과 관련하여) 표현들이나 외적인 행위들을 언급하고 있으므로 이 주제를 다루려고 한다.

---

50) 참조: 결론에서 다음과 같이 언급하고 있다. "온전히 또 순수하게 가톨릭적이 아닌 일치 활동은 있을 수 없다. 곧 우리가 사도들과 교부들에게서 이어받은 진리에 충실하고, 가톨릭교회가 언제나 고백하는 신앙에 합치하여, 주님께서 당신 몸이 시간의 흐름 속에서 성장하기를 바라시는 그 충만함을 지향하는 활동이어야 한다"(「일치 운동에 관한 교령」 24항).

51) 참조: 『영신 수련』 352~370항.

제목에서 "진정한 감각"을 언급하고 있다. 여기서 "감각"은 성 바오로가 위로부터 "그리스도의 마음"(sensum Christi: 1코린 2,16)을 선물로 받았다고 말할 때의 *sensum* 혹은 *noũn*(noun)과 유사한 어떤 것에 상응하는 사고방식이나 정서적 태도의 의미를 갖고 있다. 우리의 경우 이 "현세 교회에서 우리가 지녀야 할 진정한 감각"은 "교회 감각"(sensum Ecclesiae)이 될 것이다. 이는 신앙의 관점에서 볼 때 실제로 교회와 일치하여 판단하고, 평가하며, 행동하기 위한 기준이 합쳐진 개념이다. 각각의 규범들이 언급하는 행동들은 이 교회 감각을 지닌 사람에 합당한 행동들이다. 이런 행동들의 결여 혹은 반대되는 처신들은 이 진정한 교회 감각의 결여를 가리키는 표지들이 될 것이다.

이 식별에 대한 기준들

이 영적 식별을 이끄는 원리들은 그리스도교 계시에 따라 교회의 실재 안에서 신앙에 비추어지도록 내맡기는 데 근거를 둔다. 규범 1과 13에 설명되어 있다. 교회를 "그리스도의 신부"요 우리 "어머니"로 소개한 하느님 말씀 속의 신앙 진리들이다. 이미 구약에 하느님께서 당신의 선택된 백성에게 "신부"[52]라는 이미지를 부여하시는 이런 양식이 등장한다. 이냐시오 성인은 이 말이 교회에도 적용될 수 있으며 신약에서, 특히 에페소서 5장

52) 참조: 1555년 2월 23일 자 네구스(Negus)에게 보낸 편지에서, 아가 6장 9절과 호세아서 2장 2절을 인용하고 있는 부분을 보라(*Obras*, carta 143, p.1038).

23~32절, 묵시록 19장 7~9절, 21장 2절과 9~14절에서 실제로 적용되었다는 것을 알았다. 그리스도는 당신의 교회를 유일한 신부로 삼으셨고(참조: 아가 6,9), 교회는 그리스도를 유일한 신랑으로 받아들였다. 그분과의 일치는 성 바오로의 가르침에 따르면(에페 5,23~32) 일치와 사랑의 신비이며 그리스도인의 혼인을 여기에 비유하였다. 그리고 주님과 하나 되는 분은 그분과 한 영이 되듯이(1코린 6,17), 그리스도께서 원하셔서 그리스도이신 신랑과 하나 된 교회는 그분과 한 영을 이룬다. 그리스도는 당신 영의 선물을 주시어 교회를 온 세상에 보내시어 복음을 선포하고 세례로써 하느님의 생명을 다시 태어나게 하셨다(마태 28,16~20). 그래서 교회를 물과 성령으로 다시 태어난 이들 모두의 어머니로 세우시고 따라서 우리 어머니(갈라 4,4~5.26~31)가 되게 하셨다. 그리스도는 당신의 약속대로 세상 마지막 날까지 교회와 함께 계시며 사명을 다하도록 도와주실 것이다.

이냐시오 성인은 성령께서 교회에 모든 진리를 가르쳐 주실 것이며(요한 16,13), 그리하여, "하느님의 집 〔…〕 진리의 기둥이며 기초"(1티모 3,15)가 되었다는 사실을 잘 알고 있었다. 이것이 현세 교회, "그리스도의 유일한 교회이며, 우리 구세주께서 부활하신 뒤에 베드로에게 맡겨 사목하게 하셨고, 베드로와 다른 사도들에게 위임하여 전파하고 다스리게 하셨으며,"[53] 제2차 바티칸 공의회가 사도들의 후계자들이라고 가르친 주교들과 목자들에 의해 오늘날 다스려지고 있기에, "주교의 말을 듣는 사람은 그리스도의 말을 듣는 사람이고, 주교를 배척하는 사람은 그리스도를

53) 참조: 「교회 헌장」 8항.

배척하고 그리스도를 보내신 분을 배척하는 사람이다."[54] 여기에 이냐시오 성인은 자신의 식별의 일반적 원칙을 세웠다. "우리는 모든 개인적인 판단을 버리고, 만사에서 그리스도의 참 정배이시며, 우리의 자모이신 교계제도의 교회에 기꺼이 순종하기 위해, 마음의 준비를 갖추고 있어야 한다"(첫째 규범: 『영신 수련』 353항). 결과적으로 교회가 자신의 가르침으로 확실하다고 하는 것을 우리도 항상 확실하다고 여겨야 한다. "그리스도와 그분의 정배이신 교회는 다 같은 정신으로 우리를 구원의 길로 인도하시고 다스리신다는 것을 믿어야 한다. 왜냐하면, 자모이신 거룩한 교회는 십계명을 주신 바로 그 하느님의 정신으로 운영되고 통치되고 있기 때문이다"(열셋째 규범: 『영신 수련』 365항).[55]

이 원칙에 의해 어느 시대든 식별할 때 "교회 감각"이 가장 중요하고 가장 일반적인 첫째 규범이 되는 것이다. 누가 그러한 신앙 태도와 교회의 지도와 통치에 대해 그러한 수용 자세를 지니고 있다면, 그 태도로써 교회에 대한 진정한 "감각"을 지니고 있다는 것을 나타내는 것이다. 누가 이 감각을 지니고 있지 않거나 혹은 어떤 점에서 부족하다면 이 교회 감각이 부족함을 드러

54) 참조: 「교회 헌장」 20항; S. Ignacio de Loyola, *Obras*., pp.1038~1041.

55) 성인은 당시 에라스무스가 바로 전에 사용했던 같은 비유를 사용하여 비교하였다. 그렇지만 교회의 가르침을 듣고 따르도록 명하신 그리스도께 대한 완전한 신뢰의 감각을 교회에 두었고, 인간적으로 분명한 것처럼 보이는 것을 우선적으로 여기지 않았다. 에라스무스는 교황이 그렇게 결정하였다고 해서 하얀 것이 검게 되어서는 안 된다고 말했다. 그러나 결코 그런 일을 하지 않을 것이라고 덧붙였다〔cf. *Opera omnia*(1706) IX, 517〕. 반대로 이냐시오 성인은 다음과 같이 기술하였다. "내가 보기에 하얀 것이라도 교계제도 교회가 검다고 결정하면 그렇다고 믿어야 한다"(규범 13항). 사람은 겉을 보고 속을 수 있음을 알기 때문이다: "내가 보는 것." 그러나 교회는 결정할 때에 그렇지 않으니, 그렇게 되면 그리스도의 약속을 완수하지 못하게 됨을 의미하기 때문이다.

내는 것이거나 아직 교회 감각이 자라나야 된다는 것을 나타내는 것이다.

구체적 적용들

우리가 여기서 주해하는 규범들을 따라가노라면 교회 문화에 관한 실제나 교회 공동체 생활, 교리에 대한 자세와 전달 방식 등에 어떻게 적용했는지 살펴보게 된다.

1. 교회 문화와 성사에 관한 규칙

규범 2항부터 규범 8항까지에서 인용된 구체적 경우들은 일부 시대에 따라서 변할 수 있는 예들이다.[56] 우리는 문화나 성사에 관한 규칙이 교회 당국의 승인하에 "변경할 수 있는 제도들"[57]이라면 시대에 맞게 적응되어야 함을 알고 있기 때문이다. 그런데 규범 9항에 모든 이들이 근거해야 하고, 시대에 따라 제기될 수 있는 다른 그 어떠한 품행에도 적용되어야 하는 규범이 결론처럼 제시되고 있다. "끝으로 교회의 모든 법규를 찬양하며,

---

56) 여기서 고해성사, 미사, 합당한 준비를 갖춘 잦은 영성체, 성가, 시편, 기도, 수도 생활, 동정, 복음적 완덕으로 이끄는 서원, 성인 공경과 성인 유해 공경, 단식, 교회에서 명한 금육, 교회의 건축물과 장식물, 성화상 공경 등에 대한 찬양을 지적하고 있다. 오늘날 같은 이유로 다음과 같은 사항들을 들거나 덧붙일 수 있다. 모국어로 바치는 전례, 공동 집전, 교회에서 명한 조건에 따른 참회 예식, 성체조배 등이다.

57) 참조: 「전례 헌장」(*Sacrosanctum Concilium*) 1항.

그것들을 옹호하는 이유를 찾는 마음을 가져야지 공격하기 위한 이유를 찾아서는 안 된다."

교회에 대한 사랑이 넘치는 존중 어린 신앙을 지니고 교회의 지도에 잘 따르는 사람은 변할 수 있는 그런 사항들에 있어서도 공동선을 위해 실천하고 따라야 할 것에 대해 최종 결정을 내리는 권한이 있는 목자들의 책임이며 협력과 순명은 신자들의 몫이라는 사실을 안다. 때문에 인용한 규범들이 반복해 강조하는 바와 같이 교회가 영혼들의 선을 위해 자신의 권위로써 인가하고 장려하는 모든 것과 준수하도록 명하는 바를 "찬양하는 것"은 교회 감각의 표지가 될 것이다.

이는 물론, 모든 인간적 일에서도 그런 것처럼, 시행하는 사람 쪽에 변형, 남용의 위험이 없다는 것을 의미하는 것은 아니다. 그렇지만 그 자체로 그리고 교회가 이를 권하고 있는바, 하느님의 뜻은 최고 목자이신 그리스도와의 통공 속에서 교황들을 통하여 당신의 교회를 이끌기를 원하시기에, 충실하지 못하게 될 수 없고 선으로 이끄는 무엇이 되지 않을 수 없다. 찬양한다는 것은 자신의 고유한 삶을 살아가고 있으면서도 그리스도 신비체 전체와의 통교 속에 있음을 느끼는 이가 누리는 기쁨 안에서 나온다. 이런 변화 혹은 현행 규정에 대해 나쁘게 말하는 것은 통상적으로 현명함과 사랑의 부족, 공동선에 대한 최선의 협력과 활발한 통교의 결여, 교만과 자만 등을 뜻할 것이다. 또한 교회가 정하고 장려한 것에 대한 비판과 남용을 겨냥한 비판, 변화할 수 있는 어떤 실제에 대한 비판과 그 실제 속에서 변할 수 없는 것을 건드릴 수 있는 비판을 구별할 줄 모르는 단순한 사람들의 신앙에 걸림돌이 될 수 있다. 남용에 대한 비판은 항상 교회가

원하고 권고한 관례에 대한 예찬이 동반되고 그 예찬과 명쾌히 구별되어야 할 것이다.[58]

이렇게 하지 않는 사람은 교회에 대한 진정한 태도("감각")를 습득하지 못했거나 혹은 그 교회 감각의 측면에서 아직도 더욱 더 깨달아야 하는 사람이라 하겠다.

2. 교회 생활

진정한 교회 감각을 지닌 교회 생활의 측면에서 세 가지 기본 주제들이 참으로 큰 시사성을 띤 이냐시오의 규범들(10~12항) 안에 들어 있다. 사람들과 그들의 결점들과의 관계, 또한 교리에 접근하는 방식들과 견해들의 다원성과의 관계, 그리고 현재와 과거의 윤리 도덕적 진정성과의 관계 등이다.

a) 진정한 교회적 자세를 구별하기 위해 우리에게 제시되는 표지는 신중하게, 개인적 희생 속에서 그리고 인내심 어린 희망 속에서 드러나는 진정한 사랑에 의한 태도이다. "**사람들과 그들의 결점들을 대하기 위해선**", 그 태도가 사랑에 물들어 있지 않으면, 단지 진실과 정의에 대한 열망만으로는 부족하다. 왜냐하면 단순한 권리 주장의 토로, 선동적인 허영, 혹은 초자연적 희망과 신앙의 차원과는 거리가 먼 조급함, 공동체 정신의 부재로 전락될 수 있기 때문이다.

---

58) 이렇다고 해서 당국의 동의 아래 미래의 보다 더 큰 공동선에 적합하다고 판단되는 변화들을 인정된 수단들로써 현실화시키고 장려할 수 있음을 배제하는 것은 아니다.

때문에 진정한 교회 감각은 지도자들을 거슬러 말하기보다는 그들의 행동과 권고된 것을 예찬하고 선함을 확인하는 데 더 신속하다고 결론을 내린다. 모든 인간적인 것 안에 있는, 더 나아가서 구체적인 몇몇 사람들 안에 있는 객관적인 결점들을 인식하지 못하기 때문이 아니라, 분별 있는 사랑은 악이 아니라 선을 행하는 것을 목적으로 하기 때문이다. 무지로 또는 격정 때문에, 그 사람 자신에 관한 것과 그 사람이 대표하는 것을, 또한 권위로 명하기 때문에 복종해야 할 것과 결정하거나 법률을 제정할 권한이 미치는 범위 내에서 하느님에게서 받은 권위의 뿌리를 전혀 건드리지 않는 표양의 결여나 약점들, 윤리적 결점들을 구별할 준비가 되어 있지 않은 이들은 악을 행할 수 있다.[59)]

진정한 사랑은 해결책을 강구하지, 속 편하게 권리를 주장하거나 토로하지 않는다. 그리고 이는 때때로 자신의 인내와 희생을 요구한다. 그리고 해당 인물에게 직접 말하거나 그를 교정하거나 조치를 취할 수 있는 사람을 통해서 호소한다.

"사랑은 참고 기다립니다. 사랑은 친절합니다. [···] 성을 내지 않고 [···] 모든 것을 바라고 모든 것을 견디어 냅니다"(1코린 13,4~7). 이와 반대되는 태도들은 성령의 특질을 지니지 못하고 악한 영의 특성을 띤다. 일치를 이루어 내기보다는 분열, 분노,

---

59) "장상이 매우 현명하기 때문도 아니고, 대단히 선하기 때문도 아니며, 우리 주 하느님에게서 여타의 선물들을 많이 받았기 때문이 아니라, 그가 그 직책을 맡았고 아랫사람들이 순명해야 하는 권위를 지니고 있기 때문에 순명해야 한다. 영원한 진리이신 하느님께서 '너희 말을 듣는 이는 내 말을 듣는 사람이고, 너희를 물리치는 자는 나를 물리치는 사람'(루카 10,16)이라고 말씀하셨기 때문이다"(S. Ignacio de Loyola, *Obras*, carta 87, n.2, p.935). 이는 수도 생활에서의 순명에만 해당되는 것이 아니라 그리스도인의 순명에 대한 보편적 가르침이다.

물의, 파멸 등을 조장하는 데 기여한다.[60]

b) “**문제가 되는 사정들에 대한 다양한 입장이나 경향에 관해**”, 혹은 연구와 교리를 다루는 다양한 방식들에 있어서 “**다원성**”과 관련하여 다음과 같은 것들이 있다. 조직신학(더 이성적인) 혹은 실증신학(성경 본문, 교부들의 문헌, 교회 문헌, 교회법 등에 대한 직접적 분석에 더 의존하는), 더욱더 교의적인 성찰(개념들에 대해) 혹은 윤리적이고 영성적 결과 등에 더욱 주의를 기울이는 성찰 등이 있으며, 역시 표지는 여기서 완전한 사랑이라는 표지다. 진정한 교회 감각은 원인을 살펴보지도 않은 채 단죄하지 않으며, 선한 것일 수 있는 것을 높게 평가하지 않은 채 일반적으로 싸잡아서 거부하지 않으며, 다양한 카리스마들 혹은 경향들의 통교와 도움, 보조성을 살핀다. “성령의 불을 끄지 마십시오. 예언을 업신여기지 마십시오. 모든 것을 분별하여, 좋은 것은 간직하고, 악한 것은 무엇이든 멀리하십시오”(1테살 5,19~21).

c) “**현재와 과거의 윤리 도덕적 진정성과 관련하여**”, 지혜롭지 못하거나 분열을 조장하는 당파적인 비교를 피하지 않고, 시대를 존중하고 하느님의 심판을 기다린다.[61] 성덕이나 윤리 도덕적

60) 참조: 육의 열매들과 성령의 열매들을 구분하기 위해 성 바오로가 제시한 표지들이다(갈라 5,16~21.22~25).

61) “우리는 살아 있는 우리와 돌아가신 복되신 분들을 비교하지 말아야 한다. 이 점에서 적지 않은 잘못을 저지른다. 말하자면 이 사람은 아우구스티노 성인보다 많이 안다거나, 제2의 성 프란치스코 혹은 그보다 낫다거나, 선함과 거룩함에 있어 제2의 성 바오로라고 말하는 등이다”(규범 12항: 『영신 수련』 364항). 교회 안에서 교리의 진정성과 관련해서는 다음과 같이 기술하였다. “실증신학과 스콜라 신학을 찬양해야 한다. 왜냐하면 모든 것 안에서 우리 주 하느님을 사랑

권위의 측면도, 교회적 지혜의 면모도 비교해서는 안 된다. 우리 어머니이신 교회가 이미 공식적으로 확인함으로써 권위 있게 개입하고 있기 때문에, 우리로서는 어제오늘이 아니라 이미 개입하시면서 교회를 풍요롭게 하시는 성령의 인도 아래 모든 좋은 것을 종합하기보다는 분열을 일으킬 위험이 있는 개인적인 주장을 개진해서는 안 된다. 적당한 때가 되면 현재는 아직 우리가 알지 못하는 것이나 아직은 밝혀지지 않은 것이 분명해질 것이고, 그렇게 되면 마찬가지로 그것에 동의하면 될 것이다. 왜냐하면 그 동의의 원리는 마찬가지이기 때문인데, 우리의 제한되고 부분적인 개인의 판단이 아니라 시대에 걸쳐 함께하시면서 교회를 인도하시는 성령께서 지니시는 신뢰성이 그 원리이다.[62]

3. 교리를 전수하는 방식

진정한 교회 감각을 밝히기 위해서 성 이냐시오가 관심을 둔 다른 분야는 신앙의 가르침을 전수하는 방식이다. 구체적으로 16세기 개신교 논쟁에서 첨예한 시사성을 지닌 예정설, 신앙과

하고 섬기도록 감동을 주는 것이 성 예로니모, 성 아우구스티노, 성 그레고리오 등과 같은 실증신학자들의 가장 고유한 노선이기 때문이며, 영원한 구원에 필요한 사정들을 우리 시대에 맞게 정의하고 설명하고, 모든 오류와 거짓 교리들을 반박하고 규명하는 것이 성 토마스, 성 보나벤투라, 명제의 대가 등과 같은 스콜라 학자들의 가장 고유한 노선이기 때문이다. 사실 스콜라 학자들은, 더 현대의 인물들이기에, 성경과 실증신학자들과 거룩한 학자들의 참된 이해를 활용할 뿐만 아니라, 하느님의 도우심으로 비추이고 밝혀져 거룩한 어머니이신 교회의 공의회, 교회법, 규정들의 도움을 받는다"(규범 11항: 『영신 수련』 363항).

62) 여기서 지워진 의무의 등급에 따른 일치의 등급을 다루지는 않는다. 물론 다양한 등급이 있음을 부인하는 것은 아니다. 그렇지만 진정한 교회 감각을 항상 좌우하는 순명, 지혜, 사랑의 규범에 집중하기 위해서 이 점은 무시한다.

업적의 관계, 자유와 은총의 관계 등과 같은 문제들에 주의를 돌렸다. 누가 이 신비들이 모든 시대에 미친 영향을 간과하고, 교회의 가르침을 내포하고 있는 것, 즉 신비에 대한 진정한 의미와 함께 그 신비들을 모든 시대에 전할 필요성을 외면하겠는가?

한 사도가 사랑을 지니고 있다면 그 사랑은 사도가 자신의 말로 파괴하거나 해를 끼치는 것이 아니라 건설하도록 장려해야 마땅하다. 듣는 사람이 깨쳐 채택하길 바라는 신앙의 행위와, 성덕을 향하려면 가르침에 따라야 할 그리스도교적 태도들보다는, 경솔하고 당파적인 인간적 입장에서, 자신의 교리가 받아들여지는 것 자체를 더 겨냥할 때 신비를 파괴하고 가르침을 받는 사람에게 해를 끼치게 된다. 거룩하게 계시된 어떤 진리의 신비에 대한 신앙은 신비를 설명한 용어들이 지닌 본질적인 명료함이 아니라 계시하시는 하느님의 권위에 근거하여 동의하지 않는다면 신앙이 아니다. 바로 이 때문에 신앙은 일방적일 수 없다. 한편으로 하나의 신비이지만, 다른 한편으로는, 더 어려운 것 같은데, 아니기도 하다. 왜냐하면 동의할 의무는 우리가 하느님께서 계시하신 내용을 믿고 그에 따른 은혜들을 얻는 데 있어 그 내용이 지닌 좀 더하거나 덜한 어려움에 좌우되지 않고, 오히려 그 내용을 보증하는 이는 속을 수도 없고 우리를 속이려고 하지도 않는 그분이라는 사실에 달려 있기 때문이다.

결과적으로 신앙의 본성과 하느님의 신비는 모두 그것을 설명하는 용어들에 있어서는 분명하지 못할 수 있다. 그 가능성 여부를 인간의 이성으로는 감당할 수 없지만 그 용어들이 지닌 본성적 명료함을 통해서가 아니라 오직 계시하신 하느님의 무한한 지성의 권위를 통해 깊숙이 검토해 본 결과 서로 모순되지 않는 이 두 명제가 조화를 이루는 바로 그 이유 때문에, 이런 신비를 받아들이고 이 신비에 신앙으로 동의하는 것은 마땅한 일이다.

따라서 신비를 파괴할 수 있는 합리화, 그리고 이 합리화에 근거하여 동의를 발하려는 합리화는 신비를 변질시키고, 효용 가치를 없애며, 신앙 행위를 막아, 계시된 하느님의 진리가 우리에게 선사할 이 신앙 행위의 결과들을 얻지 못하게 한다. 성 이냐시오는 다음과 같이 말했다. “예정되지 않고 신앙과 은총 없이는 아무도 구원받을 수 없다는 것이 마땅한 진리라고 하더라도 이 모든 사정에 대해 말하고 토론하는 방식에 매우 주의해야 한다”(규범 14항). “**구체적 현실**”에서: “예정”의 신비는 진리이지만, “선행이 필요하지 않다고” 결론 내릴 수 있거나 두렵고 떨리는 마음으로 자신의 구원을 위해 기울여야 할 노력을 소홀히 여기도록 그렇게 일방적으로 강조하거나 그런 식으로 말해서는 안된다(참조: 필리 2,13). 이렇게 해서는 계시된 두 신비(예정설의 필요성이나 책임의 주체가 선행을 할 필요성) 중의 하나를 파괴하고 구원으로 이끄는 행실을 소홀히 하게 할 뿐, 그 말을 듣는 사람에게 온갖 참담한 결과들을 가져올 것이다.[63)]

구원을 위해서는 “**신앙**”이 필요한데, 애덕으로 형성된 신앙이어야 한다(“계명의 완수”). 애덕이 드러나야 한다는(선행들) 사실을 듣는 사람들이 간과하도록 하는 그런 식으로나 필요한 구별이나

---

63) “예정설에 대해 습관적으로 자주 말해서는 안 된다. 그러나 어떤 식으로든 혹시 말하게 되는 경우, 일반 사람들이 간혹 만일 내가 구원받거나 단죄받아야 한다면, 이는 이미 결정되어 있고, 내 선행이나 악행으로는 이미 다르게 될 수 없다고 말하곤 하는 식의 어떠한 오류에도 떨어지지 않도록 이야기해야 한다. 이렇게 생각하면서 마음이 무디어져 자기 영혼의 영적 안녕과 구원으로 이끄는 일들을 소홀히 하게 되기 때문이다”(규범 15항: 『영신 수련』 367항).

설명 없이 신앙을 강조하지 말아야 한다. "은총"은 구원이요 성화이다. 그러나 은총은 자유의지에 의해 거부당할 수 있다. 우리의 협력을 요구한다. 마치 "인간의 자유의지의 동의와 협력" 없이, 부르심 받은 책임 있는 한 인간의 성화와 구원이 가능할 수 있는 것처럼, 정적주의(quietismo)에 떨어지도록 하는 그런 식으로 말해선 안 된다.[64)]

중요한 것은 "**하느님의 사랑**"을 강조하는 것이며, 순수한 사랑으로 하느님께 봉사하는 것을 대단히 높게 평가해야 한다. 그렇지만 두려움을 소홀히 여기거나, 혹은 주님께서 당신의 교육 목적상 죄에서 벗어나 사랑에 이르도록 하기 위해 "두려움을 사용하시어" 사람들로부터 얻어 내기를 원하신 선을 막는 식으로는 안 된다.[65)]

진정한 교회 감각을 지니고 있는 그리스도인은 교회로부터

64) "마찬가지로 신앙에 대해서 아무런 구별과 설명도 없이 상당히 강조하여 많은 말을 함으로써 사람들에게 선행을 하는 데 굼뜨고 게으르게 될 기회를 주어선 안 되며, 이는 그들의 신앙이 애덕으로 형성되기 전이나 후에도 마찬가지임을 유의해야 한다"(규범 16항: 『영신 수련』 368항). "마찬가지로 자유를 없애는 해악이 초래될 정도로 은총에 대해 너무 집요하게 말해서는 안 된다. 존엄하신 주님께 더욱 큰 찬양을 드리기 위해서 주님의 도우심에 힘입어 할 수 있는 만큼 신앙과 은총에 대해 말할 수 있지만, 특히 매우 위험한 우리 시대에는 선업과 자유의지에 어떠한 손실을 입히거나 아무것도 아닌 것으로 생각하게 할 수 있는 그러한 유형이나 방식으로 말해선 안 된다"(규범 17항: 『영신 수련』 369항).

65) "무엇보다도 순수한 사랑으로 우리 주 하느님께 대해 혼신을 다해 봉사하는 것을 높이 평가해야 하겠지만, 존엄하신 하느님께 대한 두려움도 매우 찬양해야 한다. 왜냐하면 자녀다운 두려움이 경건하고 대단히 거룩한 일일 뿐만 아니라, 또한 더 낫거나 더 유익한 다른 것을 얻지 못한 사람에게는 대죄에서 벗어나는 데 종으로서의 두려움이 상당히 도움이 되기 때문이다. 그리고 일단 대죄에서 벗어나면 하느님의 사랑과 하나 되어 있기 때문에 우리 주 하느님께서 온전히 받아들이시고 기뻐하시는 자녀다운 두려움에 쉽사리 도달한다"(규범 18항: 『영신 수련』 370항).

전해 받은 신비를 자신의 합리화로 대체할 의도를 버리고 보존해야 한다. 왜냐하면 자기 자신의 승리도, 자기 생각의 성취도 구하지 말고, 자기에게 맡겨진 신앙 유산을 효과적으로 생생하게 보존하는 데 충실하면서, 예수 그리스도의 승리와 그분에 대한 신앙을 추구해야 하기 때문이다(1티모 6,20; 2티모 3,14). 자신의 취향, 성향 또는 생각들을 받은 신앙의 유산에 대한 충성보다 더 선호하고, 자신의 인간적 승리, 자신의 기발함이나 손쉬운 선동을 신자들의 영적 선과 신앙 안에서의 건설보다 더 선호하며, 또는 하느님께서 계시하신 신비들이 지닌 신적으로 변화시키는 능력에서보다 자신의 창작과 생각에서 더 많은 것을 기대하는 사람은 교회 내 신앙생활에 대한 진정한 감각을 지니지 못했거나, 이 감각을 더 계발하는 것이 필요함을 드러낸다고 하겠다.

그렇지만 오늘날 문제가 되는 어떤 다른 형태의 계시된 진리에 적용해 볼 수 있다. 토착화는 다양한 문화 중에 받아들일 만한 모든 것 안으로 신앙이 육화하는 과정으로 필요하다. 그러나 진정한 교회 감각은 그리스도께서 당신 교회로 사람들을 부르실 때 선사하신 유일한 구원을 망각하게 하는 그런 식으로 말하기를 고집하거나 조장하지는 않을 것이다. 교회 내에 카리스마적 선물들이 있음을 인정하고 감사드리는 것은 마땅한 일이다. 그렇지만 그 선물들이 공동선을 위한 것이 될 수 있도록 위조를 막기 위해 경계해야 하는 교계제도에 의해 식별에 부쳐져야 하고 승인을 받아야 할 필요성을 잊게 할 정도로 말하거나 일방적으로 과장해서는 안 된다. 기도와 신심 행위들은 필요하다. 왜냐하면 진정한 사랑은 우리 주 하느님을 일차적 대상으로 하기 때문이다. 그렇지만 정당하게 요청되는 세속의 일과 신분에 따른 필요와 의무, 그리스도교적 사랑의 진정한 표현인 이웃 사랑, 가난한 사람에 대한 자비와 도움, 세속의 실재들을 그리스도 정신에 따라 질서 세우는 일에 전인격적인 열성으로 참여하는 등의 일을 외면하지 말아야 한다. 이 모든 일이 각각 그 안에서 다른 일의 그리스도교적 진정성을 드러내어야 한다. 우리가 공동체 안에서 신앙을 살아가도록 불린 것은 사실이다. 그렇지만 이것이 하느님께 개인적으로 응답해야 할 각자의 책임을 희석시키지 않는다는 것도 또한 사실이다. 이런 식으로 각각의 시대에 토의된 주제들에 따라 그 목록을 계속 써 내려갈 수 있을 것이다.

결론

문화와 성사의 규율과 전통에 대하여 취하는 태도들과, 교회 공동생활, 그리고 신앙을 전수하는 방식에서, 또는 대화나 복음 선포에 있어서, 우리는 누가 진정한 교회 감각을 지니고 있는지 여부나 이런 측면에서 아직 더 성숙하고 진보해야 할 필요가 있는지를 가리키는 표지들을 찾아볼 수 있다. 우리는 교회 안에서의 친교에 기여하지 못하고 결과적으로 영적 유익함을 얻는 데 도움이 되지 못하는 일탈된 태도들이나 거짓 예언자들이 우리를 속여 넘기지 못하도록 우리 자신이나 다른 이들 안에서 이 표지들을 관찰해 볼 수 있다. 왜냐하면 성화하고 구원하는 것들은 우리의 견해가 아니라 그리스도 안에서 계시된 신비를 사랑 안에서 받아들이고 그 신비가 담고 있는 진리들을 온전히 수락하는 데 있기 때문이다.

성 이냐시오는 이 표지들을 확인할 수 있도록 일련의 규범들을 우리에게 남겼다. 이 규범들로부터 이 장을 저술하는 데 영감을 얻었다. 영적 식별의 모든 목적을 대조해야 할 원천인 신앙에 그 원리를 둔 이 규범들의 의미를 깊이 천착함으로써 우리는 그 실질적인 효력을 알아보게 될 것이다.

참고 문헌

- F. Segura, "Las Reglas ignacianas para sentir con la Iglesia", *Manresa* 58(1986), pp.199~208.
- J. Corella, "Ejercicios espirituales para desarollar el sentido de Iglesia", *Manresa* 62(1990), pp.5~24.
- J. Losada, "Las Reglas para un recto sentir en la Iglesia: alcance eclesiológico", *Miscelánea Comillas* 49(1991), pp. 383~412.
- J. M. Granero, "Sentir con la Iglesia", *Manresa* 47(1975), pp.291~310.
- J.-C. Dhôtel, "Actualiser les Règles d'Ignace?", *Christus* 34 (1987), pp.355~368.
- L. Brien, "Des garanties sûres de fidélité à l'Esprit", *Cahiers de spiritualité ignatienne* 3(1979), pp.201~205.
- L. Mendizábal, "Reglas ignacianas sobre el sentido verdadero en la Iglesia", en *VIII. Semanas de theología espiritual*, CETE, Madrid, 1983, pp.193~223.

• M. Ruiz Jurado, "Discernimiento ignaciano del sentido eclesial", *Manresa* 61(1991), pp.213~223.
• P. de Leturia, "Sentido verdadero en la Iglesia militante", en *Estudios ignacianos*, Roma, 1957, II, pp.149~186.
• S. Madrigal, "Claves para una relectura de las Reglas para sentir con la Iglesia", *Manresa* 73(2001), pp.5~36.
• ———, "Hablar u obrar alguna cosa dentro de la Iglesia", *Misc. Comillas* 58(2000), pp.427~485.
• W. Löser, "Die Reglen des Ignatius von Loyola zur kirchlichen Gesinung", *Geist und Leben* 57(1984), pp.341~352.

제 6 장

내적 움직임과 영감들의 식별

문제의 요점

우리는 주체 밖에 있는 관찰될 수 있는 현상들에서부터 보다 더 내면의 현상들, 비범한 것에서부터 더 통상적인 것들에 이르기까지 우리를 이끌었던 여정을 따라왔다. 이것들은 성령의 움직임과 빛으로서 이에 관해 교황 레오 13세는 그리스도교 영성생활의 처음과 진보의 시기, 그리고 완성에 이르기까지 영향을 미친다고 선언하였다.[66] 그리고 역시 사탄의 유혹과 욕정의 움직임들도 어느 정도 힘을 발휘하며 관여하는데(참조: 에페 6,10~13; 1베드 5,8~9; 야고 1,14~15), 성화의 여정에 일반적인 장애와 유혹들이다. 영성 생활의 이 움직임들에 관하여,[67] 복음서와 신약성경

66) 「성령에 대한 회칙」(*Divinum illud*), *AAS* 29(1897), p.653: "In his autem muneribus [Spiritus Sancti] sunt arcanae illae admonitiones invitationesque, quae instinctu Sancti Spiritus identidem in mentibus animisque excitantur" [그런데 (성령의) 이 직분들 안에 저 신비로운 권고들과 초대들이 있으며, 이것들은 성령의 충동으로써 자주 정신들과 마음들 안에서 자극된다].

의 다른 글들로부터 시작하여, 적지 않은 교부들과 영성 작가들이 그리스도교 시작부터 오늘날 우리 시대에 이르기까지 언급하였다. 그리고 이 움직임들에 대해 "분별"이나 식별을 시행할 필요성을 역설하였다.[68)]

오리게네스는 이 주제에 대한 그의 교리를 『원리론』(*De principiis*) III, 2-3에서 전개하였다. 여기서 하느님께서 유혹에 이길 힘을 주셨으나 인간은 자기 욕정의 유혹을 받는다고 주장하였다. 그렇지만 인간은 서로 대립되는 영들의 영향 아래 있다는 사실도 덧붙였다. 이 영향들을 생각들(*cogitationes*), 어떤 일들이든지

---

67) 다른 은총들이나 더 비범한 다른 선물들도 언급할 수 있음을 배제하는 것은 아니다. 그러나 교황 레오 13세가 언급할 때 일반적으로 염두에 두었던 것들은 통상적인 움직임들이다.

68) 벌써 오리게네스는 이것들을 *cogitationes*(생각들)라고 부르면서 다음과 같이 기술하였다. "Invenimus quod aliquotiens ex nobis ipsis procedant, aliquotiens a contrariis virtutibus concitentur, interdum etiam a Deo vel a sanctis angelis inmittantur"〔때로는 우리 자신에게서 나오고, 때로는 적대 세력들에 의해 일어나며, 또한 가끔 하느님이나 거룩한 천사들에 의해 충동 받는다는 것을 깨닫는다: 「원리론」(Περὶ ἀρχῶν: peri archon) III, 2, 4: *SC* 268, 168〕. 그리고 계속해서 생각들에 대해 성경을 인용하여 근거를 제시한다. 우리 자신으로부터 나오는 생각들에 대해서는 시편 76편 11절을, 악한 존재나 악한 영들로부터 나오는 생각들은 코헬렛 10장 4절, 코린토 2서 10장 5절, 요한 복음 13장 2절, 에페소서 6장 12절 등을 든다. 그리고 하느님으로부터 오거나 선한 영들을 통해서 나오는 생각들에 대해서는 시편 84편 6절, 코린토 2서 8장 16절을 제시한다. 그리고 카시아노는 다음과 같은 견해를 표명하였다. "Illud sane prae omnibus nosse debemus tria cogitationum nostrarum esse principia, id est ex Deo, ex diabolo et ex nobis..."〔물론 모든 것에 앞서 우리 생각의 기원은 셋이니, 바로 하느님에게서, 악마에게서, 그리고 우리에게서 〔온다는〕 것을 잘 알고 있어야 한다: 『담화』(*Collationes*) I, 19: SC 42, Paris, 1955, pp.99~100〕. 계속해서 자신의 주장에 대한 성경의 근거를 제시한다. 악한 움직임들에 대해서는 코린토 2서 11장 14절, 요한 복음 13장 2절, 사도행전 5장 3절을, 선한 움직임들에 대해서는 시편 85편 9절, 즈카르야서 1장 2~3절, 마태오 복음 10장 20절을, 우리의 생각들에 관해서는 시편 77편 6~7절, 94편 11절, 마태오 복음 9장 4절을 든다.

그 처리에 대한 기억(*memoria quorumcumque gestorum*), 혹은 어떤 것들이든지 그것들에 대한 관상(*quarumlibet rerum contemplatio*) 등으로 묘사하였다. 사람에게서 생겨 나와 영혼에게 암시를 던지거나 서로 다른 영들이 충동한다.

오리게네스는 자유의지에 대해 매우 분명하게 강조하였다. 그런 경향들이나 암시들에 따르고 동의하는 문제는 인간에게 달려 있다는 것이다.[69]

그리스도교 영성사에서 우리가 살펴보았거나 이미 알고 있는 것처럼 특히 다음과 같은 저자들의 저서에서 이 문제를 다루었다. 카시아노의 『담화』(*Collationes*, 2, 7과 18), 디아도코스의 『영적 완성』(*De perfectione spirituali*), 성 토마스 데 아퀴노,[70] 성녀 시에나의 카타리나의 『대화』(*Dialogo*), 성 베르나르디노의 『영감론』(*De inspirationibus*), 제르송의 『영들의 감정(鑑定)』(*De probatione spirituum*)과 『거짓 계시와 진정한 계시의 구별론』(*De distinctione verarum revelationum a falsis*), 카르투시오회 수도자 디오니시오의 『영들의 심사와 분별』(*De discretione et examinatione spirituum*), 성 프란치스코 살레시오의 『신애론』(*Traité de l'amour divin*, lib.VIII,

69) "Possibile autem nobis est, cum maligna virtus provocare nos coeperit ad malum, abicere a nobis pravas suggestiones et resistere persuasionibus pessimis et nihil prorsus culpabiliter gerere; et rursus possibile est ut, cum nos divina virtus ad meliora provocaverit, non sequamur, liberi arbitrii potestate nobis in utroque servata"〔그런데 악한 세력이 우리를 악으로 충동하기 시작한다 해도, 우리는 이 악한 암시들을 내쫓고 나쁜 유혹들에 저항하며 비난받을 만한 어떤 것도 전혀 행하지 않을 수 있다; 그리고 그와 반대로 신적 힘이 더 좋은 것을 하도록 분발시킨다 해도, 우리는 따르지 않을 수 있다. (앞의) 두 경우 다 우리에게 유보된 자유의지의 능력으로 (그렇게 할 수 있다): 『원리론』(*De principiis*) III, 2, 4: SC 268, p.170〕.

70) 특별히 그의 강의 2 *In 1Cor 12*와 강의 3 *In 2Cor 11*.

cc.10~13), 알바레스 데 파스(Álvarez de Paz)의 『평화의 탐구』(*De inquisitione pacis*, Apéndice), 고디네스(Godínez)의 『신비신학의 실제』(*Práctica de la teología mística*), 보나(Bona) 추기경의 『영들의 분별』(*De discretione spirituum*), 스카라멜리(G. B. Scaramelli)의 『영들의 식별』(*Discernimento degli spiriti*) 등이다. 그리고 로욜라의 성 이냐시오의 식별 규범들에 대해서는 많은 후학들이 자신의 신학에서 주해나 성찰을 하였다. 이것이 바로 영들의 식별 또는 성 이냐시오가 말한 대로 "영들의 분별"[71]의 영역이다. 그리고 우리가 처음에 기획한 대로 어떤 구체적 영역에 대한 "영적 식별"의 시행으로서, 영혼 안에서 활동할 수 있고, 영혼에 들어와 동요시킬 수 있는 다양한 영들(움직임들이나 영감들)에 대한 영적 식별이다.

이냐시오의 식별

이 움직임들, 영감들 혹은 암시들에 대해서 특별히 성 이냐시오가 자신의 『영신 수련』(313~336항)에 들어 있는 소위 "영들을 식별하기 위한 규범들"에서 다루고 있다.[72] 인용하였거나 앞에

71) 『영신 수련』 328항.

72) 비록 성 이냐시오가(『영신 수련』 32항) 밖에서 오는 것들(선한 영이나 악한 영)과 대조시키기 위해 "내 순전한 자유와 원의에서 나오는" 것을 나 자신의 생각이라고 불렀지만, 우리는 이 구절이 들어 있는 "양심 성찰"의 맥락에서 그렇게 했다고 믿는다. 그에게는 오직 자유의지의 사용에서 오는 행위에 있어서만 죄를 지을 수 있음을 강조하는 것이 중요했다. 그러나 엄밀하게 말하면 죄는 아닌 본성의(밖에서 오는 것이 아닌) 많은 무질서(정서들이나 경향들)를 인정하는 데서 알 수 있는 바와 같이 그의 분석적 심리는 무척 더 복잡했다(참조: 『영신 수련』

서 언급하지 않은 많은 저자들이 그에게 의존하고 있다. 이 움직임들을 식별하는 데 도움을 주기 위해 성 이냐시오는 자신의 규범들을 두 부류로 구별하여 제시하고 있다. 첫째 부류는(313~327항) "마음에 떠오르는 다양한 움직임들[73]을 어떤 식으로든 깨닫고 알기 위한 규범들"이며, 둘째는(328~336항) "더욱 깊이 있는 영들의 분별로써 같은 효과를 얻기 위한 규범들"이다.

첫째는 식별의 입문에 해당하는 것으로서, 일반적으로 사람이 어떤 움직임들을 다른 움직임들과 구별하기 시작하고[74] "선한 영들을 보존하고"(313항) 악한 영들을 물리치기 위해 어떻게 처신할지를 알게 하는 데 도움을 준다. 이냐시오 성인이 이 첫째 부류의 규범들이 **영신 수련**의 첫째 주간에 있는 수련자에게 더욱 적합하다고 말할 때, 이는 어떤 시간적 단계보다는 영성적 수준을 암시하고 있는 것이다. 두 번째 부류의 규범들은 만일 아직 "몹시 두드러지게"(일러두기 9) 유혹당하고 있는 사람들에게 주어진다면 유익함보다 해를 더 끼칠 것이다. 왜냐하면 이미 정화의 길을 지나 통상적으로 "선을 가장한"(일러두기 10) 유혹을 받는 사

63, 157항 등). 때때로 의지와 정서의 성향에 대해서 다루었다. "[…] 의지가 한쪽으로나 다른 쪽으로 기울어, 지성이 자기 뒤를 따르게 하면서, 옳은 것을 판단하도록 자유롭게 내버려두지 않는다"(*Obras*, 5a ed., p.850).

73) 다른 이들이(S. Arzubialde, *Ejercicios espirituales de san Ignacio. Historia y análisis*, Bilbao-Santander, 1991, p.595) 서술한 내용과는 달리, 성 이냐시오는 여기서 "움직임들"을 "마음의 동요"라는 일반적 의미로 해석하고 영성적-신학적 생활에 해당되는 것에 대해 말하고 있다고 생각한다. 이 일반적인 제목과 명칭 아래 나중에 이름 붙이게 될 위로와 실망(315~324항), 양심의 가책(314항), 유혹(320, 325항), 설득(326항) 등을 포함한다.

74) 성 요한 클리마코스가 자기 자신에 대한 진실을 더 깊게 아는 것이 초보자들에게 있어 본연의 식별이라고 언급한 사실을 기억하자[*Escala espiritual*(영적 계단), esc. 26, n.147].

람들에게 더 적당하다고 간주되기 때문이다. 그렇지만 첫째 주간에 더욱 알맞은 이 "규범"들 안에 있는 거의 모든 주의도 일상생활을 하는 모든 종류의 사람들에게 마찬가지로 도움이 되지 못할 것이라 말하려는 것은 아니다. 앞으로 어떻게 그리고 왜 그런지 보게 될 것이다.

참고 문헌

- A. Gagliardi, *Sancti P. Ignatii de discretione spirituum regulae explanate*, Neapoli, 1851.
- A. Tornos, "Fundamentos bíblico-teológicos del discernimiento", *Manresa* 60(1988), pp.319~329.
- F. Suárez, *De Religione S.I.*, lib.9, c.5.
- G. Fessard, *La dialectique des Exercices Spirituels I*, Aubier, 1959, pp.233~304.
- J. de Guibert, *Leçons de théologie spirituelle*, Toulouse, 1946, lec.25.
- J. J. Toner, *A Commentary on St. Ignatius' Rules for the Discernment of Spirits*, St. Louis, 1982.
- J. Lewis, "El director de Ejercicios como factor de integración de lo psicológico y de lo espiritual para el ejercitante", *Manresa* 51(1979), pp.77~84.
- K. Rahner, *Das Dynamiche in der Kirche*, Herder, Freiburg, 1958.

- N. Baumert, "Zur Unterscheidung der Geister", *Zeitschrift für Katholische Theologie* 111(1989), pp.183~195.
- Penning de Vries, *Discernment of Spirits according to the Live and Teaching of st. Ignatius of Loyola*, Exposition Press, New York, 1973.
- R. Cantin, "Le discernement spirituel personnel et communautaire", *Cahiers de spiritualité ignatienne.* Suppléments n. 12/13(1983).
- R. González de Mendoza, *Stimmung und Transzendenz*, Duncker und Humbolt, Berlin, 1970.

A) 영들의 식별의 시작

1. 첫째 부류의 규범들

14개이며, 다음과 같이 분류될 수 있다.

규범 1~4: 다양한 움직임들을 식별하기 위한 표지들과 기준점들.

규범 5~11: 지켜야 할 행동.

규범 12~14: 악마의 책략의 특징들.

2. 규범 1~4: 기준점들과 표지들

a) 기준점들(규범 1~2)[75)]

체험 주체의 마음에 떠오르게 될 영감들이나 움직임들의 긍

75) "첫째 규범: 대죄에 대죄를 거듭하는 사람들에게 원수는 통상 언제나 그들이 자신의 악덕과 죄들을 유지하고 더욱 키워 가도록 하기 위해 감각적인 쾌락과 즐거움을 상상하게 하면서 노골적인 쾌락을 제시한다. 이런 사람들에게 선한 영은 이성의 분별력으로 양심의 가책을 일으키면서 반대의 방법을 쓴다. 둘째 규범: 자신의 죄를 깊이 정화해 가면서 우리 주 하느님께 대한 봉사에 더욱더 낫게 향상되고 있는 사람들에게는 첫째 규범에서와는 반대 방식이 된다. 이때에는 사람을 고통스럽고 슬프게 하며 앞으로 나아가지 못하도록 거짓 이유들을 들어 불안하게 하면서 장애물을 놓는 것이 바로 악한 영의 수단이며, 선한 일을 하는 가운데 진보하도록 모든 장애물들을 치우고 손쉽도록 하면서 용기와 힘, 위로, 눈물, 영감, 평정심을 주는 것이 바로 선한 영의 방식이다"(『영신 수련』 314~315항). 이 두 규범은 아마도 다음에 오는 두 규범(셋째, 넷째) 이후에 작성되었을 것이다. 성 이냐시오는 비록 첫째 주간에 느끼는 움직임들에 있어서도 주관적 기준점이 중요함을 경험으로 깨달았을 것이다.

정적 혹은 부정적 의미를 밝히기 위해 성 이냐시오가 선택한 기준점은 체험의 때에 그 사람에게 유력한 전반적 지침이 된다.

"사람이 아직 자신의 이기주의와 육적인 쾌락에 매달려 있을 때",[76] 악한 영은 그 사람의 정열들의 매력을 그 방향으로 증가시키고 자극할 것이다. 노골적인 쾌락들, 상상된 육감적인 즐거움의 기쁨을 제시할 것이며, 그것들을 단념하기 어렵게 할 것이다. 그렇게 사람들을 그들의 악습과 죄에 머물게 하려 부심할 것이다(규범 1). 반대로 선한 영은 반대 방향으로 작용한다. 건전한 이성의 윤리적 원칙들에 기반을 두는 양심의 가책과 자극으로서 파악될 것이다(규범 1).

덕의 습관을 아직 습득하지 못했다 하더라도, **"사람이 악습에서 멀어져 점점 더 훌륭하게 진보할 때"**, 바로 악한 영은 선의 길이 불가능한 것처럼 보이게 하고 그 길을 가는 데 필요한 시간이 끝날 것 같지 않게 여겨지도록 하기 위해서 비현실적인 환상들을 조장하면서 덕스러운 처신들의 어려움을 확대한다. "사람을 고통스럽고 슬프게 하며 앞으로 나아가지 못하도록 거짓 이유들을 들어 불안하게 하면서 장애물을 놓는다"(규범 2).[77]

---

76) 여기서 "육적인"을 엄밀하게 정결이나 폭식의 반대 뜻으로가 아니라 광의의 바오로적 의미로 이해해야겠다. 이 의미에 불결과 폭식의 뜻 외에 저주, 질투, 분노(갈라 5,17~21) 등도 포함된다.

77) 성 이냐시오는 그의 고행의 생활 초기에 있었던 다음과 같은 이야기를 한다. "고약한 생각이 떠올라 어쩔 줄 모르게 되었다. 마음속에서 '앞으로 남은 칠십 평생 어떻게 이 고된 생활을 해 나가겠느냐?' 하고 누군가가 질문을 던져 오는 듯했다. 그 생각이 원수에게서 오는 것이라 믿으며 그는 마음속으로 매우 단호하게 용기를 내어 대답했다. '이 불쌍한 존재야, 네가 나한테 한 시간의 목숨이나마 보장해 줄 수 있을 것 같으냐!' 이렇게 유혹을 이겨 내고 그는 평안을 되찾았다"(『자서전』 20항).

반면 선한 영은 이러한 사람들 안에 덕과의 초보적 조화가 있음을 발견하고 그들이 죄악의 노예 상태로부터 자유롭게 되었음을 느낄 때 동반되는 기쁨을 맛보기 시작했으므로 봉헌의 눈물과 위로를 선사하며 선을 행할 기력과 마음을 평화롭게 하는 충동들을 자극한다. 하느님과의 조화를 증진시키기를 원하기에 선의 여정을 쉽게 하고 하느님의 도우심에 대한 신뢰로써 어려움을 극복하기 쉽게 한다(규범 2).

요약하면, 이기적인 쾌락과 맛과 환상들에 기초한 거짓 이유들은 사람을 나쁜 길에 계속 붙잡아 두고 죄에 더욱 깊게 뿌리를 내리게 하기 위한 악한 영의 도구들이다. 인간 존재의 깊은 양심, 용기와 헌신에 기초를 둔 진정한 이유들은 사람이 하느님 뜻과의 조화에 점점 더 진보하도록 마음에 위로와 기쁨, 평화를 전해주기 위한 선한 영의 도구들이다. 서로 다른 미래에 대한 전망이 일으키는 매력들이나 두려움들은 사람의 전반적인 경향에 좌우된다. "육적"인 쾌락에 대한 갈망은 선을 향한 선한 영의 부름에 반대되고 악한 영에 의해 지지를 받는다고 느낄 것이며, 반대로 "주님이 얼마나 좋으신지" 맛보기 시작한 영혼의 깊은 기쁨과 평화는 선한 영의 움직임들 안에서 견고하게 되고 악한 영의 활동에 의해 흔들림을 느낄 것이다.[78]

---

78) "이런 생각들에 연이어서 지금까지 영위해 왔던 삶에 일련의 혐오감이 느껴지고 이 삶을 포기해 버릴까 하는 격한 충동이 떠오르기까지 했다. 주께서는 이런 방식을 거쳐 그가 꿈결에서처럼 깨어나길 원하셨던 것이다. 〔…〕"(『자서전』 25항).

b) 표지들: 두 가지 근본적 움직임들(규범 3~4)[79]

전반적으로 살펴본 결과, 간단히 말해서 영성 생활에서 영혼이 거쳐 가게 되는 위로와 실망이 교체되는 상반된 두 가지의 근본적 움직임이 있다고 말할 수 있다. 영성 생활을 말하는 것이지 단순히 인간적 정신생활, 이성적 혹은 지성적 생활을 다루고 있지 않다는 사실을 염두에 두어야 한다. 한편, 여기서 다루는 위로와 실망을 단순한 다행증(多幸症), 긍정적인 일반감각, 좋거나 나쁜 기분, 자연적 슬픔, 비관주의 등, 그리고 나쁜 날씨 또는 소화 장애, 어떤 소식, 성공이나 실패 등의 단순한 결과들과 혼동해서는 안 된다. 이러한 인간적 감정들은 위로 또는 실망과 뒤섞일 수도 있고 그렇지 않을 수도 있다. 그러나 역시 하느님과의 초자연적 관계의 차원, 향주덕(신앙·희망·사랑)의 차원이 개입하지 않는다면 체험을 영적 차원으로 승화시키지 못한다.

79) "셋째, 영적 위로에 관하여. 마음에 어떤 내적 움직임이 일어나 영혼이 자기 창조주 주님께 대한 사랑에 불타오르게 되고, 따라서 지상의 어떤 것도 그 자체를 사랑할 수 없고 그 모든 것들의 창조주 안에서 사랑하게 되는 때를 위로라고 부른다. 자신의 죄나 우리 주 그리스도의 수난 혹은 그분께 대한 봉사나 찬미에 직접 관련된 다른 일들에서 오는 고통 때문에 자기 주님께 대한 사랑을 일깨우는 눈물을 흘리게 될 때도 마찬가지다. 마지막으로 모든 희망과 믿음과 사랑의 증진과 자신의 창조주 주님 안에서 영혼을 평온하게 하고 평화롭게 하면서 천상의 것들과 자기 영혼의 본래적 구원으로 부르고 이끄는 모든 내적 즐거움을 위로라 한다"(『영신 수련』 316항). "넷째, 영적 실망에 관하여. 셋째 규범과 반대되는 것은 모두 실망이라 부른다. 사랑도 희망도 없이 불신으로 기울고 온갖 나태, 냉담, 슬픔 속에 자기 창조주 주님과 떨어져 있는 것 같은 상태에 있으면서 느끼는 영혼의 어둠과 혼란, 저급한 것과 세속적인 것들로 기울어짐, 여러 가지 동요와 유혹들로 인한 불안 등과 같은 것이다. 왜냐하면 위안이 고독과 반대되는 것처럼, 똑같이 위로에서 나오는 생각들은 실망에서 나오는 생각들과 상반되기 때문이다"(같은 책, 317항).

성 이냐시오는 그의 『영신 수련』의 "지침서"에 많은 관심을 가졌다. 거기서 이 두 움직임의 성격을 수련자들에게 밝히고 있다. 왜냐하면 이 두 움직임이 사람에 대한 하느님의 뜻을 식별하고자 하는 그의 방법에 중요한 경첩이 될 것이기 때문이다. 거기[80]서 묘사된 바는 규범(316~317항)이나 혹은 「테레사 레하델(Teresa Rejadell)에게 보낸 편지」[81]에 있는 것과 같이 항상 다음과 같다. 즉 남김없이 철저하게 하였다거나 학문적 정의를 하였다고 자처하지 않는 묘사 내지는 서술이라는 것이다. 이는 "수련자"(누구든지 간에)를, 그의 교양 정도가 어떻든, 눈앞에 두고 있는 것같이, 반복되는 다른 표현들과 함께 주어나 다양한 표현들을 사용하는 사실 자체가 드러내 준다.

1) **"영적 위로"** 성 이냐시오의 묘사에서 반복되는 특징들은 뜨거움, "내적 열정", "하느님께 집중된" 모든 것들에 대한 사랑, 하느님과 그분 것을 향한 이끌림, 영적 기쁨, 눈물 등이다. 위로는 단지 "내적 기쁨"만을 주는 것이 아니라 "자신의 창조주 주님 안에서 영혼을 평화롭게 하고 진정시킨다." 영혼의 역동성을 감소시키기 위해서가 아니라 바로 그의 진정한 중심이신 하느님께 이끌고 일치시키기 위해서이다.

그러므로 가끔 다음과 같은 사항이 추가된다. 즉 영혼에서 모든 불안을 제거한다. 영적 위로 안에 있을 때, "가볍게 여겨지지 않을 정도로 그렇게 무거운 짐은 없으며, 참으로 달콤하지 않을 정도로 그렇게 힘겹기만 한 보속과 노고도 없다."[82]

---

80) *Directorio autógrafo*(친필 지침서) c.1, 11~12; c.3, 18.

81) *Obras,* p.732.

82) *Ibidem.*

일종의 요약을 시도하면서 성인은 "모든 희망과 믿음과 사랑의 증진과 자신의 창조주 주님 안에서 영혼을 평온하게 하고 평화롭게 하면서 천상의 것들과 자기 영혼의 본래적 구원으로 부르고 이끄는 모든 내적 즐거움"(규범 3)을 위로라 부른다고 말한다. 그러므로 내적 초자연적 생활이 주부덕(las virtudes infusas)에 있어 성장의 최고 정점에 이르렀음을 가리킨다. 이는 "**하느님**(천상의 사정들과 영혼의 구원)을 향한 영의 이끌림과 승화"로서 체험되는데, "창조주 주님께 대한 신뢰"가 확고하게 되고 영혼이 몰입되어 "내적 기쁨과 깊은 평화"라는 정서적 감흥으로 빛난다.

우리는 신학적으로 다음과 같이 말할 수 있겠다. 즉 위로는 도움의 은총인데, 이를 통해 하느님께서 피조물에 작용하시는 당신 자신을 향한 매력과 당신 활동의 복된 결실들이 사람 안에서 심리적 체험이 된다.

"**떠오르는 생각들이나 영감들**" 앞서 내린 정의를 고려할 때, 우리는 그 안에 특수한 영감들이나 생각들, 특정한 신비들에 대한 깨달음, 혹은 우리가 실현해야 할 구체적 행동이나 어떤 목적을 향한 경향 등이 반드시 포함되지는 않음을 살펴보게 된다. 그렇지만 제외되지도 않는다. 성 이냐시오는 이러한 생각들과 경향들이 위로 안에 있을 수 있거나 혹은 위로의 결과로서 있을 수 있다고 가정한다.[83] 위로를 하느님께서 "주시는" 어떤 교훈으로

83) "이 위로 중에 어떤 이들에게는 깨우침을 주고, 어떤 이들에게는 많은 비밀들을 밝혀 준다. […] 이 위로는 우리가 따라 걸어야 할 길을 보여 주고 열어 주며 반대의 길로부터는 벗어나게 한다"(*Obras*, p.732). 넷째 규범에서 "위로에서 나오는 생각들은 실망에서 나오는 생각들과 상반된다"라고 단언하고 있다. 그리고 다섯째 규범에서 "위로 중에 선한 영이 우리를 인도하고 권고하는 것과 같이, 실망 중에는 악한 영이 그렇게 하는데, 악한 영의 권고를 따라서는 우리가 올바

간주하고 거기서 이익을 이끌어 내기 위해 깨달을 줄 알아야 한다고 여긴다. 위로 안에서 영혼은 어떤 일이나 다른 일을 위해, 어떤 방향으로나 다른 방향으로의 지침을 받는다. 그리고 그 구체적인 지침은 십계명 및 합법적 권위의 명령에 담긴 내용과 조화를 이뤄야 한다. 왜냐하면 하느님께서는 순명을 원하시기에 우리를 순명하도록 움직이시는 분은 바로 그분의 성령이시기 때문이다. 그리고 하느님의 성령은 자신과 모순될 수 없다. 만일 우리에게 자신의 한 채널로 어떤 것을 요청하고 다른 채널로는 반대의 것을 요구한다면 이를 어떻게 하겠는가.

> "우리 주님께서는 어떤 일이나 다른 일을 하도록 장려하시고 움직이시는데, 영혼을 열어 주시면서, 말하자면, 비록 우리가 원하지 않는다 해도 저항할 수 없이 영혼 안에서 어떠한 목소리 없이 말씀하시고 영혼을 온전히 당신의 사랑으로 승화시키시고 우리를 당신의 방침으로 이끄시면서 그렇게 하신다. 우리가 받아들이는 그분의 방침은 십계명과 교회의 명령, 그리고 우리 장상들에 대한 순명과 일치해야 하며 온전한 겸손으로 충만해야 한다. 왜냐하면 같은 하느님의 성령께서 모든 것 안에 계시기 때문이다."[84)]

른 길을 택할 수 없다"(318항). 그리고 그 생각들 혹은 영감들을 영혼이 따라 걸어야 할 길에 대한 "권고들"로 간주하고 있음을 살펴볼 수 있다. 위로는 그 안에서 하느님께서 당신의 비밀들, 영혼에 대한 당신의 뜻을 깨우쳐 주거나 가르쳐 주시는 조명의 때로 간주된다. 영혼을 수용력 있게 만드니, 왜냐하면 당신 사랑에 도취되어, 하느님 아닌 다른 존재들에 대한 사랑이나 애착들로부터 영혼을 자유롭게 만들고, 환시에 자신을 열게 하며(순수한 마음은 하느님을 뵙는다) 하느님의 뜻을 받아들이게 하기 때문이다.

84) *Obras*, p.733. 이 위로가 우리에게 전해 주는, 그리고 하느님께서 이미 하신 계시와 교회의 가르침이 그 계시에 부여한 의미와 일치를 이루어야 할 "방침"에

이제 위로에 대해 우리가 설명한 바는 진정한 위로라면 어떠한 것에도, 앞선 이유가 있건 없건 그 자체로 위로라면 그 위로에 적용된다는 것을 알게 되었다. 조금 뒤에 성 이냐시오가 우리에게 이 두 종류의 위로에 대해서 차근차근 공부하게 할 때 이를 염두에 두는 것이 좋겠다.

2) **"영적 실망"**(규범 4). 묘사된 특성들은 위로와는 반대로, 마치 희망 없이, 영적인 것과 천상적인 것들에 대한 사랑이 없이, 신뢰가 박탈되고 자신의 창조주 주님으로부터 분리된 것처럼, 어둠, 슬픔, "저급하고 세속적인 것들로"(규범 4) 기울어지는 것을 느끼는 영혼의 혼란 등이다. 게다가 때로는 영혼이 메마름[85]이

대해 말할 때, 같은 위로 안에 어떤 목적이 되는(대상이 되는) 내용, 어떤 특정한 주장이나 의도로 기우는 경향이 전달되고 있음을 가정하고 있다는 사실에 주목하자. 덧붙인다면, 우리가 매우 자주 오류를 범하는 부분은 "이 위로나 영감 다음"이다. 영혼이 기쁨에 젖어 있거나 『영신 수련』 336항의 언급처럼 "지난 위로의 여운과 선물로 북돋아지고 뜨거워져", 그때 영혼은 자신의 습관적인 생각과 자기 판단과 의견들의 결과들로써 하느님께서 직접 주시지 않은 견해나 목적들을 만들어 낼 수 있다. 마찬가지로 원수도 이 경우에, "기쁨 속에 숨어 선량한 얼굴빛으로", 영혼에게 접근하여, 어떤 것을 첨가시키고, 완전히 어지럽히며, 우리 주 하느님에게서 느껴 알게 된 것을 혼란시킬 수 있다(*ibid.*). 때문에 위로에 이어지는 이 둘째 시기에, 뒤따르는 영감이 선한 영에 의한 것인지 여부를 검토해야 한다(『영신 수련』 336항). 이 점에서 필연적으로 "대상이 없는" 내적 체험의 본성을 앞선 이유 없는 위로에 돌린 라너(K. Rahner)는 성 이냐시오를 정확하게 읽어 내지 못했다고 본다. 이냐시오의 본문은 이유 없는 혹은 앞선 이유 없는 위로에 대해 언급하고 있다. 성 이냐시오에 의하면, 같은 이유 없는 위로 중에도 하느님께서는 무엇인가를 전하시고, 그에 대한 개인적인 해석이나 다른 영이 이미 단지 하느님께서 전하신 것만은 아닌 다른 것을 덧붙일 수 있는 것이다(같은 책).

85) 「친필 지침서」(*Directorio autógrafo*) 12항에 다음의 내용이 들어 있다. "실망은 반대되는 것이며, 악한 영의 것, 그 영의 선물들이다. 예를 들어, 평화를 거스른 전쟁, 영적 기쁨에 반대되는 슬픔, 천상의 것들에 대한 실망과 반대되는 세속적인 것들에 대한 희망, 유사하게 영적인 사랑을 거스른 육적인 사랑, 눈물과 반대되는 메마름, 정신의 고양에 반대되는 저급한 것들 사이를 방황함 등과 같

나 유혹, 또는 미지근함이나 나태 등을 느낀다. 정신은 고양되었음을 느끼지 못하고 저급한 것들 사이를 방황한다. 영혼은 억압된 것처럼 느낀다. 즉 자기 자신과 자신의 약함에 온통 집중되어, 열렬히 기도할 수도, 말씀드릴 수도 없거나, 내적인 맛이나 기쁨을 느끼면서 하느님께서 말씀하시는 것을 들을 수도 없다.[86)]

실망 속에 매번 위에 묘사된 모든 특징이 다 있게 되는 것은 아니다. 어떤 경우에는 어떤 특징들이 다른 때에는 다른 특징들이 주종을 이룬다. 기도에서 메마름과 지겨움을 느낄 때 영혼의 상태에 알맞은 형태의 개인 기도를 하지 못했기 때문일 수도 있다.[87)] 이 경우 우리의 판단으로 볼 때 진짜 실망은 아니다. 왜냐하면 하느님께 관한 사정들에 대해 냉담과 지겨움을 느끼지 않고, 조화를 이루는 것이 불가능한 것도 아니며, 저급한 것들에 매력을 느끼는 것도 아니기 때문이다. 왜냐하면 기도에 있어서 이 메마름은, 기도하는 방법 때문으로, 하느님께 대한 목마름과 커다란 열정, 그분께 봉사하고자 하는 커다란 열의와, 세상 것과 세속적 쾌락에 대한 역겨움과 냉담이 동반되고 있기 때문이다. 더구나 영성 생활의 어떠한 단계에서든 일시적으로 하느님께서 안 계신 것처럼, 완전한 메마름, 유혹 또는 영적인 것들에 대한 지겨움 등을 체험할 수도 있다. 그렇다면 이것이 진정한 실망이

은 것들이다." 참조: 같은 책, 18항에는 실망이 "슬픔, 불신, 사랑의 결여, 메마름 등"으로 묘사되어 있다.

86) 「테레사 레하델에게 보낸 편지」(1536년 6월 18일)에 쓰인 묘사를 보라(*Obras*, p.732. n.7).

87) 십자가의 성 요한의 견해로 볼 때 묵상 단계에서 관상으로 넘어가도록 불린 사람의 경우를 들어 보자. 적합한 방법으로 기도할 줄 모르는 초보자의 경우 그의 영성 생활의 수준과 습득된 기도 습관의 결여를 통해서 구별하기가 더 쉽다.

다.[88)]

"**떠오르는 생각들**" 대개 실망에서 오는 생각들은 암울하다. 최종적으로 하느님에게서 완전히 잊힌 것처럼 느끼게 되기까지, 사람을 자신의 한계와 약한 능력에 가두어, 자신의 비참함과 불신 속에 점점 더 가라앉히기 위함이다.[89)]

신학적으로 말하자면, 실망은 영혼을 하느님에게서 멀어지게 하는 경향들과 함께, 하느님에게서 실제로 정서적으로 벗어나고(비록 의도적이지는 않다고 해도), 불행과 혼란을 느끼는 독특한 결과들을 심리적으로 체험하는 마음 상태이다.

실망에서 나오는 생각들은 위로에서 오는 것들과 반대된다(규범 4). 실망 중에는 우리를 악한 영이 더욱 안내하고 권고한다(규범 5).[90)] 악한 영은 불신의 생각들을 가져오고, 사람을 가능한 한 절망으로 이끌어 가기까지, 자신의 비참함에 더욱 집중하도록 애쓴다.

---

88) 여기서 우리의 견해는 P. Toner가 이냐시오의 규범들에 대한 주해서, *A Commentary on saint Ignatius' Rules for the Discernment of Spirits*, Inst. of Jesuit Sources, St. Louis 1982의 "Apéndice II"에서 밝힌 견해와 구별된다. 이 문제와 관련하여 성녀 데레사가 세비야에 수도원을 설립할 때의 마음 상태를 생각해 보자. 성녀는 이미 많은 매우 특별한 하느님의 은총을 받았음에도 불구하고 다음과 같은 고백을 한다. "[…] 그 장소에 수도원을 두는 것이 좋지 않았다는 생각이 몇 차례 들었습니다. 바로 그 장소 때문인지 잘 모르겠습니다. 그곳에서는 하느님의 허락으로 마귀들이 유혹하는 데 더욱 힘을 발휘한다는 말을 늘 들었습니다. 그곳에서 저를 압박하고 괴롭혔는데, 제 평생 그곳에서보다 더 겁먹고 두려웠던 적이 없었을 정도였습니다. […] 주님께서 부분적으로 당신 손을 거두시어 저를 홀로 남겨 두시고 제가 용기를 가지고 있었다면 그것이 제 것이 아니었음을 보도록 하셨음을 깨달았습니다"[「창립사」(*Fundaciones*) 25, 1].

89) *Obras*, pp.732~733.

90) 「친필 지침서」(*Directorio autógrafo*)에서 다음과 같이 언급하기에 이른다. "실망은 반대되는 것이며, 악한 영의 것, 그 영의 선물들이다. 예를 들어, 평화를 거스른 전쟁 […]"(12항).

그러나 이냐시오 성인에 따르면 실망은 주님께서 “허락하시는” 가르침이다.[91] 주님께서는 사람을 “원수의 여러 가지 선동과 유혹에 저항하도록, 자신의 본성적 능력만을 지닌 채 시련 속에”(규범 7) 내버려두신다. 어떻게 이 가르침을 알아듣고 유익함을 이끌어 낼 수 있을지 배우는 것이 좋다.

3. 규범 5~11: 준수해야 할 처신

a) 바로 “실망의 때”에 악한 영이 “우리를 더 안내하고 권고”하므로, “악한 영의 권고를 따라서는 우리가 올바른 길을 택할 수가 없기 때문에”(규범 5),[92] 실망 중에 있는 사람이 어떤 일이 있어도 지켜야 할 첫째 규범은 지금으로서는 “결코 변경을 해서는 안 되며” “그 실망에 빠지기 전날 있었던 의도와 결정 혹은 이전의 위로 중에 있었던 결정에 확고하고 항구하여야 한다”(같은 글). 또한 인간적으로 모든 것이 캄캄하거나 길을 잃었을 때는 함부로 계속 걷기를 고집하지 말고 신중하라는 규범이기도 하다.

더 나아가 실망에 대항할 것을 요구한다. 일반적으로 실망은 미지근함과 게으름으로 기울게 하여 기도와 고행의 실천을 (전적으로 혹은 부분적으로) 그만두게 하거나 짧게 하도록 하므로,

---

91) *Obras*, p.732, n.7.

92) “다섯째, 실망 중에는 결코 변경을 해서는 안 되고, 오히려 그 실망에 빠지기 전날 있었던 의도와 결정 혹은 이전의 위로 중에 있었던 결정에 확고하고 항구하여야 한다. 위로 중에는 선한 영이 우리를 더 이끌고 권고하는 것과 같이, 실망 중에는 악한 영이 그렇게 하는데, 악한 영의 권고를 따라서는 우리가 올바른 길을 택할 수가 없기 때문이다”(『영신 수련』 318항).

첫째 대응은 "성찰을 많이 하고 어떤 적당한 방식으로 고행을 더 늘리면서, 기도와 묵상에 더욱 끈덕지게 노력하는"[93] 것이다. 이 것이 오직 하느님 안에서만 모든 해결책을 찾아 얻을 수 있다는 사실을 아는 겸손한 사람의 대응이다. 또한 현명한 사람이 하는 대응이니, 실망 중에는 "악한 영이 더 우리를 이끈다"라는 사실을 이미 알아야 하며, 따라서 그 영으로부터 오는 경향 및 권고와는 반대되는 것을 해야 한다.[94]

그동안 인내심을 갖고 주님의 위로를 기다려야 한다. 원수가 우리를 이끌어 가려는 그 절망을 거슬러 주님께서는 원하실 때 위로를 다시 주실 것이다(규범 8).[95] 또한 하느님의 섭리와 힘에로 자신을 개방하는 생각들을 조성하면서 자기 자신의 약점만을 생각하고 자신 안에 들어박히려는 경향을 거슬러 저항해야 한다. "주님께서는 그에게서 크나큰 열정, 뜨거운 사랑, 그리고 충만한 은총을 거두셨다."[96] 그렇지만 하느님께서는 원수에게 저항하고 당신의 도움으로 구원을 얻을 충분한 은총을 — "비록 느끼지는

93) "실망 중에는 처음의 의도들을 바꾸지 말아야 하지만, 그 실망에 대항하여 강하게 변경하는 것이 매우 유익하다"(규범 6: 『영신 수련』 319항).

94) "유혹, 어둠이나 슬픔이 온다면, 어떤 악습을 택하는 일 없이 이것들을 거슬러 행하고 주님의 위로를 인내심을 갖고 희망하는 것이 모든 혼란, 외부의 어둠을 제거할 것이다"(*Obras*, p.733, n.7).

95) "실망 중인 사람은 그에게 덮쳐 오는 박해를 거슬러 인내하면서 견디도록 노력하고, 여섯째 규범에 언급된 것처럼 이 실망을 거슬러 부지런히 지내면서 오래지 않아 위로를 받으리라 생각할 것이다"(규범 8: 『영신 수련』 321항).

96) "실망 중인 사람은 주님께서 어떻게 그를 자기 본성의 능력만 지닌 채 시험에 들게 놔두시고 원수의 여러 가지 선동과 유혹에 저항하도록 하시는지를 생각한다. 사실 비록 분명하게 느끼지는 못한다 해도 그에게 항상 남아 있는 하느님의 도우심으로 가능하다. 왜냐하면 주님께서는 그에게서 크나큰 열정, 뜨거운 사랑, 그리고 충만한 은총을 거두셨지만, 그러나 영원한 구원을 위해 충분한 은총을 그에게 남겨 두셨기 때문이다"(규범 7: 『영신 수련』 320항).

못한다 해도 그에게 항상 남아 있는"(규범 7) — 남겨 두신다.

여기서 제공되는 권고와 규범들은 "믿음을 굳건히 하여" 저항하면서(ᾧ ἀντίστητε: ho antistete, 여러분은 그에게 대항하십시오: 1베드 5,5.8~9) 악마의 속임수를 거슬러 대응하도록 우리에게 권고해 주실 때[97] 하느님 말씀이 하신 충고의 반향을 우리에게 일으키지 않을 수 없다.

게다가 일반적으로 있을 수 있는 실망의 원인들을 명심하는 데 도움을 줄 것이다. 영적 지도자에게나 실망에 빠진 사람에게 합당한 때에 "도움을 줄 것이다." 염두에 두는 것이 좋은 있을 수 있는 첫째 원인은 미온적이고, 나태하거나 게으름에 빠지는 등의 우리 잘못 때문에 위로가 우리에게서 떠났다는 것이다.[98] 때문에 할 수 있는 대로 차분하고 겸손한 자세로 양심 성찰에 매진하기를 권고한다. 이렇게 할 때 실망을 통해서 하느님의 부르심을 확인하고 우리 영성 생활을 파괴하고 위험에 빠뜨리는 실수와 구체적 잘못들을 피하는 데 도움을 받을 수 있다.

일단 첫째 이유를 충분히 떨쳐 내고 고쳤다면, 있을 수 있는 둘째 이유는, 이 점도 고려할 수 있는데, 앞에서 이미 암시된 이유로서 주님께서 우리를 시험에 들게 놔두셨다는 것이다. 주님께서는 우리가 "커다란 은총과 위로라는 대단한 상급 없이"(규범 9)

---

97) 다음 구절과 비교하라. "악마에게 대항하십시오(ἀντίστητε:antistete). 그러면 악마가 여러분에게서 달아날 것입니다"(야고 4,7).

98) "우리가 실망에 빠지는 데에는 세 가지 주요한 이유가 있다. 첫째는 우리가 영신 수련에 미온적이고 나태하거나 게으르기 때문인데, 이렇게 우리 잘못으로 영적 위로가 우리에게서 떠나간다. 둘째, 우리가 얼마만큼의 존재인지 그리고 커다란 은총과 위로라는 대단한 상급 없이 봉사와 찬미에 얼마나 나아가는지를 시험하기 위해서이다"(규범 9: 『영신 수련』 322항).

하느님 선물들이 주는 기쁨이 없어도 더욱 순수한 사랑으로 당신께 봉사하여 더 칭찬받을 만하게 되기를 원하신다. 그리고 더 나아가 우리가 더욱 인내와 희망의 덕을 닦고 겸손을 중점적으로 배우도록 하는 하느님의 교육이다. "커다란 신심, 뜨거운 사랑, 눈물이나 다른 어떠한 영적 위로도 우리 손에 달린 것이 아니라 모든 것이 하느님의 은총이요 선물임을"(같은 글) 우리가 깊이 체험하도록 하려는 때문이다. 이렇게 하여 하느님의 순수한 선물인 것을 교만이나 허영에 빠져 우리 자신에게로 돌리는 일이 없게 될 것이다.[99]

이 가르침은 기도 생활에 더욱 나아간 영혼들에게, 오히려 특별히 그들에게 도움이 될 수 있다.

두 경우 모두 실망과 그중에 일어나는 불신, 유혹이나 미지근힘 등의 생각을 거슬러 대응하고,[100] 다시금 주님의 현존을 느

---

99) "셋째, 커다란 신심, 뜨거운 사랑, 눈물이나 다른 어떠한 영적 위로도 이를 이끌어 내거나 갖는 일이 우리 손에 달린 것이 아니라 모든 것이 하느님의 은총이요 선물임을 깊이 느끼게 하고, 우리 지성을 어떠한 교만이나 허영으로 자만하게 하여 신심이나 다른 영적 위로를 우리 덕으로 돌리면서 우리가 다른 이의 것에 마음을 두지 않도록 진정한 지식과 인식을 주기 위함이다"(규범 9: 『영신 수련』 322항).

100) J. J. Tone(*A Commentary on saint Ignatius' Rules for the Discernment of Spirits*, Inst. of Jesuit Sources, St. Louis 1982, pp.271~282)가 실망에 관한 이냐시오의 규범들을 관상 상태, 혹은 십자가의 성 요한이 말한 "어두운 밤"에 적용할 수 있는가 하는 문제에 대해 제기한 질문에 이렇게 대답할 수 있겠다. 왜냐하면 앞에서 언급한 대로 실망은 영성 생활의 어떠한 상태에서도 일어날 수 있기 때문이다. 중요한 것은 바로 실망을 단지 하느님께서 영혼에게 원하신 관상의 새로운 단계에 적응하지 못해서 오는 메마름과 혼동하지 않는 것이다. 바로 그곳에 우리는 이를 구별해 주는 특징들을 제공하였다. 즉 하느님의 것들에 대한 싫증, 실망에 빠졌을 때 기도에 대한 미지근함과 게으름("그 안에서 영혼이 지혜와 사랑과 기쁨을 마시는, 사랑이 넘치고 조용하며 평온하지만 혼란스러운 지식" — 십자가의 성 요한, 『가르멜의 산길』 2권, 14장, 2 — 과 주님과 함께

끼게 되리라는 신뢰를 일깨워야 한다. 주님께서는 시련의 때에 견뎌내도록 주시는 힘이 미치지 못하는 상태에 아무도 내버려두지 않으신다.[101)]

b) "**위로의 때**"는 반대로 사람이 원한다고 제 손에 쥘 수 있는 것이 아닌 순전히 하느님의 선물이며 자기 것이 아닌 어떤 것 때문에 자신을 더 대단하다거나 더 낫다 여기지 말고 자기 존재의 실상을 잊지 않는 것이 절대로 필요하다. 이를 위해 도움이 될 것들로서는 절망의 시기에 자신이 얼마나 무력했는지를 기억하는 것이며, 어려운 시기에 주님께서 자신의 힘이요 구원이심을 잊어버리지 않도록 준비해야 하며, 지금 받고 있는 힘은 실망의 시기에 충실히 자신을 지탱하기 위해 확실하게 사용해야 함을 생각하는 것이다(규범 10~11).[102)]

있는 것을 좋아하고 그때 느끼는 깊은 평정심과 평화에 반해), 유혹과 저급한 것들에로의 경향(관상하는 이가 하느님 안에서가 아니라면 느끼게 되는 모든 세상 것에 대한 싫증에 반해) 등이다.

101) 규범 11에서 다음과 같이 권고하고 있다. "반면에 실망하고 있는 이는 모든 원수에게 대항하기 위해 충분한 은총으로 자신의 창조주 주님에게서 힘을 얻어 많은 것을 할 수 있음을 생각할 것이다"(『영신 수련』 324항). 이 모든 가르침에서 성 이냐시오는 자기 자신의 경험을 표명하는 듯하다. 그렇지만 『준주성범』(*Imitación de Cristo*. 참조: 특히 이와 관련하여 2권 9장, 3권 7장)의 영향을 만레사에서 받았고 그 이후에도 늘 그랬었다는 것을 우리는 알고 있다.

102) "열째 규범. 위로 중에 있는 이는 다음에 올 실망의 때에 어떻게 처신할지를 생각하고 그때를 위해서 새로운 힘을 회복할 것이다. 열한째 규범. 위로받은 이는 그런 은총이나 위로 없이 실망의 시기에 있을 때 얼마나 무력한지를 생각하면서 할 수 있는 한 겸손하고 자신을 낮추도록 애쓸 것이다. 〔…〕"(『영신 수련』 323~324항). 또한 여기서 『준주성범』 3권 7장의 권고와 유사함을 주목하라. "Consilium bonum est ut, fervoris spiritu concepto, mediteris quid futurum sit abscendente lumine... Nam merita non sunt ex hoc aestimanda, si quis plures visiones aut consolationes habeat...; sed si fuerit humilitate fundatus, et divina charitate repletus; si Dei honorem pure et integre semper quaeret; si seipsum nihil reputet, et in veritate despiciat, atque ab aliis etiam

4. 규범 12~14: 원수의 미끼

원수의 수법은 변하지 않는다. 비록 그 전술은 때때로 바뀌야 하겠지만, 그 수법은 사람이다. 사탄의 경우, 성경이 이를 묘사하는 바에 따르면, "어두운 세계"(에페 6,12)와 "이 세상의 우두머리"(요한 12,31), "거짓의 아비"(요한 8,44)로서, 실제로는 그리스도께 패배하였으면서도(루카 11,20~22; 요한 16,11), 힘을 과시하면서 협박자로 자신을 드러낸다(1베드 5,8: "으르렁거리는 사자처럼"). 그리고 주위를 돌아다니면서 포위하고는 올가미를 던지고 함정을 파서 사람이 빠지도록 한다(1티모 3,7; 6,9; 에페 6,11: 악마의 간계, τας μεθοδείας του διαβόλου: tas methodeias tou diabolou).

게다가 우리는 여기서 반드시 "언제나 긴 시기" 또는 "위기의 때"를 말하는 것이 아님을 알아야 한다.[103] 사목 경험을 통해 알 수 있는 것처럼 때때로 순간적이거나 일시적인 상황, 부수적 사정 등을 말할 수도 있다.

영성 생활의 초기부터 사람이 이 수법을 알아 원수의 속임수에 넘어가지 않도록 하는 것이 좋다. 이를 위해 성 이냐시오는 규범 12~14를 제시하였다.

a) 성 이냐시오가 수련자들에게 밝히는 원수의 전술의 첫째 특성은 그 수법의 전형성이다. 즉 실제로는 가지고 있지 않은 "**강력한 능력을 지닌 것처럼 자신을 과시한다**." 그래서 영혼을 자신

despici et humiliari magis gaudeat, quam honorari."

103) 여기서 우리는 S. Arzubialde, *Ejercicios espirituales de san Ignacio. Historia y análisis*, Mensajero-Sal Terrae, Bilbao-Santander, 1991, p.673에 암시된 것에 동의하지 않는다.

의 위압적인 암시로써 궁리한 길로 끌고 가려고 영혼보다 더욱 강력하다고, 자신에게 저항하는 것은 불가능하다고 믿게 하려고 한다. 이를 알게 된 영혼은 매우 강한 원수 앞에서 용기를 잃거나 겁먹지 말고 남자다운 용기를 가지고 힘 있게 합당한 대응을 해야 한다.[104)]

성 이냐시오가 이 특성을 성경 구절에서나, 혹은 오직 자신의 개인적 체험에서부터 추론해 냈다고 굳이 말하지는 않겠다. 『영신 수련』 초판[105)]에 앞서 나온 교황 바오로 3세의 소칙서 「직무의 사목적 배려」(*Pastoralis officii cura*) 본문이 단언하는 바와 같이 두 원천 모두에서 나왔다고 할 수 있다.

어쨌든 사탄을 정복자요 폭군으로 드러내고자(1베드 5,8) 속이기 위해 싸우는 원수[106)]로 소개하는 데 있어서나, 온 힘을 다하여 굳건하게 저항하고 대항해야 할[107)] 사람에게 유혹자의 위협적 현존 앞에서 겁먹지 말도록[108)] 권고하는 데 있어서나 성경

---

104) "원수는 마치 힘은 약하지만 의지는 강한 여자처럼 처신한다. 어떤 남자와 다툴 때에 남자가 상당히 단호한 모습을 보이면 도망가면서 기가 죽지만, 반대로 남자가 기가 꺾여 물러서기 시작하면 여자의 분노, 복수, 사나움이 매우 심해지고 걷잡을 수 없이 되는 것처럼 그렇게 꼭 여자같이 행동하기 때문이다. 같은 방식으로 영적 사정에 대해 수련하고 있는 사람이 원수의 유혹들에 대항하여 **정반대로** 대립하면서 매우 단호한 모습을 보이면 유혹을 거두고 도망가면서 용기를 잃고 약해지며, 반대로 수련하는 이가 유혹을 겪는 데 겁을 먹고 기가 꺾이기 시작하면 땅위에서 온갖 교활함으로 자기 악랄한 의도를 추진시키는 데 있어 인류의 원수만큼 그렇게 사나운 짐승이 없는 것이 바로 원수의 행동이다"(규범 12: 『영신 수련』 325항).

105) "...ex Sacris Scripturis et vitae spiritualis experimentis elicita"〔성경과 영적 생활의 경험에서 얻어 낸〔…〕: 『영신 수련』(*Exercitia spiritualia*, IHSI, Roma, 1969) MHSI 100, p.76〕.

106) 참조: 에페 6,10 이하; 1베드 5,8; 1티모 3,7; 6,9 이하.

107) 참조: 1베드 5,9; 야고 4,7.

과 성인의 가르침이 일치하는 것을 볼 수 있다.

b) 사탄의 특징적인 둘째 특성은 자신의 악의적인 암시를 느끼는 이가 그 유혹에 담긴 속임수를 드러내어 망가뜨리게 도와줄 수 있는 사람에게 "**그 느끼는 바를 비밀에 부치도록 하는 것**"이다. 성 이냐시오는 이 경우 여자를 유혹하려는 남자의 비유를 사용한다.[109] 그는 자기의 은근한 유혹에 관해 남편이나 아버지에게 아무런 말도 하지 말도록 그 여자를 설득하려고 할 것이다. 왜냐하면 그들은 그 여자에게 남자의 나쁜 의도를 제때 알려 줄 수도 있고, 그가 계획을 달성하는 것을 막기 위해 할 수 있는 모든 조치를 취할 수 있기 때문이다.[110]

---

108) 성 이냐시오가 사용한 남자와의 싸움에 있어서 약한 여자와 힘과 용기의 상징인 남자의 비유는 고전적이다. 성녀 데레사도 『영혼의 성』(*Moradas*, 제2궁방, 6항)에서 권고하기 위해 나름의 방식으로 이 비유를 사용한다. "패배당하지 않도록 항상 정신 차리고 있어야 합니다. 왜냐하면 생명과 휴식과 자기에게 주어지는 모든 것을 잃어버린다 해도 크게 결심한 것을 악마가 본다면 〔…〕 훨씬 더 빨리 그에게서 손을 뗄 것입니다. 엎드려서 물을 마시기 위해 덤벼든 자들과 같은 사람이 아니라 남자다워야 합니다. 〔…〕"

109) "열셋째 규범. 비밀에 부쳐져 발각되지 않으려고 하는 점에서 마치 연애 사기꾼처럼 행동한다. 마치 사기꾼이 알려져 좋을 것 없다고 말하면서 훌륭한 아버지의 딸이나 선량한 남편의 부인을 구슬리고, 자기 말과 수작들이 비밀에 부쳐지기를 바라는 것과 같기 때문이다"(『영신 수련』 326항).

110) 이 경우에도 마찬가지로 사탄과 그의 전술과 수법의 특성들에 대한 성인의 체험과 가르침은 성경과 일치한다. 사탄은 우리에게 전형적인 유혹자(1티모 2,14; 묵시 12,9; 20,10 등), 거짓의 아비로서 어두운 세계에서(요한 8,44; 1테살 5,5; 에페 6,11~12) 자신을 드러낸다. "반대로 딸이 아버지에게 또는 부인이 남편에게 그의 헛소리와 사악한 의도를 알리는 것을 매우 싫어한다. 왜냐하면 꾀하기 시작한 일을 성취하지 못할 것이 뻔히 내다보이기 때문이다. 마찬가지로 인류의 원수가 올바른 영혼에게 계략과 수작을 피울 때, 이것들이 비밀리에 받아들여지고 간직되기를 원하고 바란다. 그러나 훌륭한 고해 사제나 다른 영적인 사람에게 자기의 속임수와 악의를 알도록 드러내 밝히면 무척 원통해한다. 자신이 드러낸 속임수들이 밝혀져 착수한 계략을 성취할 수 없을 것이 내다보이기 때문이다"(규범 13: 『영신 수련』 326항).

이 가르침은 분명하고 사막 교부들[111]과 모든 그리스도교 영적 전통에 부합한다. 원수의 유혹에 속지 않고, 그 속임수와 사악한 암시에 대한 식별을 배우기 위해서, 영적 아버지, 스승 혹은 적임자의 도움 앞에 솔직하고 투명해야 한다.[112] 때로는 원수의 힘을 없애기 위해 단지 유혹을 공개한 것만으로 충분하다는 것을 같은 체험이 말해 준다. 있는 그대로의 사실이 밝혀지고, 혼란케 하는 힘과 부담을 벗어 버리는 데 단지 빛에 그 유혹을

---

111) 우리는 이 전통의 요약을 카시아노의 둘째 『담화』(談話), 10~12에서 볼 수 있다. 그가 내린 결론은 다음과 같이 요약된다고 할 수 있겠다. "Ilic namque ut patefacta fuerit cogitatio maligna marcescit, et antequam discretionis iudicium proferatur, serpens teterrimo velut et tenebroso ac subterraneo specu virtute confessionis protractus ad lucem et traductus quodammodo ac dehonestatus abscedit. Tamdiu enim suggestiones eius noxiae dominantur in nobis, quam diu celantur in corde"〔물론 악의적인 생각은 폭로되는 순간 힘을 잃는다. 그리고 식별에 의한 판단이 선언하기 전에, 뱀은 아주 혐오스러운, 즉 어두운 지하 굴에서 고백의 힘에 의해 환한 밖으로 끌려 나와 어떤 의미로 폭로되어 치욕을 당한 채 도망가 버린다. 그렇지만 그〔뱀〕의 해로운 암시들은 마음속에 숨어 있었던 그만큼 우리 안에서 큰 영향을 미친다: *Conférences*, ed. SC, 42(Paris, 1955), col. 2, 10, p.120〕.

112) Cf. J. Cassien, *Conférences*, XVI, 11(*SC*, 54, p.231): "Etenim saepe illud quod apostolus dicit probatum est evenire: Ipse enim Satanas transfigurat se in angelum lucis(2Cor 11, 14) ut obscuram ac taetram caliginem sensuum pro vero scientiae lumine fraudulenter offundat. Qui nisi humili et mansueto corde suscepti maturissimi fratris et probatissimi senioris reserventur examini... pro angelo lucis angelum tenebrarum gravissimo feriemur interitu"〔사실 사도가 말한 다음과 같은 일이 일어나는 것은 자주 증명되었다. 실제로 바로 그 사탄은 자신을 빛의 천사로 변용시켜 감각의 어둡고 음산한 어두움을 진정한 앎의 빛처럼 속여 퍼뜨린다. 겸손하고 교화된 마음으로 받아들여진 사람들이 대단히 성숙한 형제들과 대단히 훌륭한 원로들의 심사에 유보되지 않는다면 〔…〕 빛의 천사 대신 어두움의 천사를 (공경하며) 대단히 심각한 멸망에 떨어지게 될 것이다〕. 성 프란치스코 살레시오는 장상들에 대한 이런 자기 개방과 순명을 그 영감이 적법하다는 표지로 간주하였다. 참조: 『신애론』(*Traité de l'amour de Dieu*) lib.VIII, c.13~14.

드러내는 것으로 충분하다.[113]

먼저 자신이 받는 유혹이나 영혼의 상황을 부끄럼 없이 지혜롭지 못하게 아무에게나 마구 열어 보이거나 드러내려는 유혹이 실제로 더 잦다. 때때로 아주 어리석거나 무지하여 우리의 은밀한 생각이나 유혹을 아는 것이 해가 될 사람에게 — 무엇보다 알게 되는 그 당사자와 관계된다면 — 이를 드러내기도 한다.

c) 사탄의 행동의 셋째 특성은 훌륭한 전술가처럼 "**먼저 한 사람 한 사람의 약점을 정찰하면서 공격**해야 할 곳을 관찰"하는 것이다. 성 이냐시오는 자기 책의 독자들이 그 결과를 추정하여 판단하도록 한다. 즉 특별히 자신의 약점들을 경계하고,[114] 약한 곳들을 알아내어 강화하거나 보수해야 한다.

---

113) Cf. nota 4, cap. IV; Dorotheus, *Doctrina 5ª* n. 4(*PG* 88, 1679); S. Agustín, *Epist*. 137(*PL* 33, 282). G. González Dávila(*Pláticas sobre las Reglas de la Compañía de Jesús*, Flors, Barcelona, 1964)는 장상에 대한 양심 개방의 중요성에 관한 교리를 사막 교부들과 영성 저작가의 전통에 상당히 의존하고 있으며, 정통한 용어와 논증을 통해서 질문하고 있다. "내 형제여, 길앗에 있는 유향을 이용하려 하지도 않고(참조: 예레 8,22), 당신의 목자에 대해 마땅한 충성도 지니고 있지 않은데, 하느님께서 당신의 상처와 병을 치유해 주시길 어떻게 바랍니까? 여기서 생기는 결과들은 다음과 같습니다. 양심의 불안, 비통함, 우울, 밝혀지는 데 대한 두려움, 보거나 들은 것을 말해야 하는 것은 아닌지 떨고 있게 됨, 장상들 앞에 감히 나서지 못함 등입니다. 이 모든 것들의 원인은 마귀이며, 이런 괴변을 당신의 영혼에 불어넣는데, 이렇게 자신이 갖고 있는 것을 줍니다. 즉 마귀가 어둠이기에 당신이 어둠 속을 걷고, 그가 우울함이기에 당신도 우울해지며, 그가 그러한 대로 그렇기에 당신도 그 모양대로 그렇습니다"(p. 146).

114) "마찬가지로 승리하여 원하는 것을 약탈하고자 하는 적장처럼 행동한다. 왜냐하면 전쟁터의 부대장이나 사령관처럼 진을 치고 성의 견고함이나 병력 배치를 살펴 가장 취약한 부분을 공격하는 것과 같이, 그렇게 같은 방식으로 인류의 원수도 주위를 맴돌며 우리의 모든 향주덕, 사추덕 및 윤리덕을 살펴보고 가장 약한 곳과 우리 영원한 구원에 가장 필요한 곳으로 공격하여 우리를 정복하려고 하기 때문이다"(규범 14: 『영신 수련』 327항).

또한 여기서 성 이냐시오와 그의 젊은 시절의 사고 범주에서 채택된 용어는 우리에게 성경의 권고를 일깨워 준다. "정신을 차리고 깨어 있도록 하십시오. 여러분의 적대자 악마가 으르렁거리는 사자처럼 누구를 삼킬까 하고 찾아 돌아다닙니다. 여러분은 믿음을 굳건히 하여 악마에게 대항하십시오. 〔…〕"(1베드 5,8~9). 이 점에서 우리는 잠복하고 있는 원수(희생물을 집어 삼키려고 주위를 맴돌거나—περιπατεῖ ζητῶν τίνα καταπιεῖν: peripatei zeton tina katapiein—혹은 정복하기 위한 더 나은 방법을 찾기 위해 성 주변을 돌면서 살피는 자와 같이)에 대비하게 된다. 그리고 용기를 갖고 대항하고 경계하면서 대비하기를 권고받는다.

참고 문헌

- B. Mendiboure, "Sens de la désolation spirituelle selon saint Ignace", *Christus* 35(1988), pp.227~240.
- C. García-Hirschfeld, "Las reglas de discreción de prima semana(EE 313-327)", *Manresa* 60(1988), pp.331~342 & 61(1989), pp.17~30.
- D. Gil, *Discernimento según san Ignacio*, CIS, Roma, 1980.
- G. C. Federici, "Criteri per il discernimento spirituale. Significato e valori attuali", *Vita consacrata* 23(1987), pp.129~142, 553~564; 24(1988), pp.332~343, 421~429.
- L. Bakker, *Freiheit und Erfahrung. Redaktions geschicht- liche Untersuchungen über die Unterscheidung der Geister*

bei Ignatius von Loyola, Echter, Würzburg, 1970.

- M. A. Fiorito, *Discernimiento y lucha espiritual. Comentario de las Reglas de discernir de la primera semana de los Ejercicios Espirituales de san Ignacio*, Ed. Diego de Torres, Buenos Aires, 1985.

B) 더 뛰어난 식별을 위해

1. 둘째 부류의 규범들

8개이며, 다음과 같이 분류될 수 있다.
규범 1과 7: 선한 영과 악한 영의 표지들.
규범 3~6: 앞선 이유 있는 위로를 위해.
규범 2와 8: 앞선 이유 없는 위로를 위해.

첫째 부류의 규범들보다 더 섬세하고 깊이 있는 식별에 대한 준비를 전제한다. 때문에 수련자가 선을 가장한 유혹을 받기 시작하기 전에 이 규범들을 적용하는 것은 적합하지 않다(일러두기 9~10). 이는 수련자가 그의 영적 발전의 과정에서 자신의 희생적 헌신에 따를 수 있는 모욕과 어려움을 두려워하지 않고 수치심과 세상의 체면과 다른 본성적 저항을 극복하면서 주님께 자신을 바치기에 이르렀다는 표지이다. 때문에 원수는 오직 선한 어떤 것을 제시하는 자의 모습으로 가장을 함으로써만 들어갈 문을 발견하게 된다.

이 일련의 규범들을 "위로에 대한 규범"이라고 부르기를 선호하는 이들이 있을 것이다. 그렇지만 완전히 딱 맞는 표현은 아니라고 본다. 왜냐하면 규범 1과 4~7에서 혼란 등 원수가 빠뜨릴 수 있는 실망에 대해서도 언급되기 때문이다.

2. 규범 1과 7: 선한 영과 악한 영의 표지들

이 규범들이 언급하는 유형의 영혼들 안에 이미 정서적이고 본질적인 하느님 뜻과의 조화가 있는데 이것이 사람들이 바라는 유일한 것이다. 성화은총을 통해서 허락된 하느님 본성에의 참여는 덕행을 실천하고 도움의 은총과 협력하는 데 있어 선한 영의 초자연적 능력의 반복된 작용과 함께, 선한 영의 충동과 움직임을 포착하기 위해 공동 본성이 지닌 의미를 규범들 속에 서술하였다.[115] 이 조화는 선한 영의 현존과 작용이 원수가 앞서 빠뜨렸던 모든 혼란을 없애면서 평화로운 조용함, 온화함, 영적 즐거움과 기쁨을 실제적으로 느끼도록 한다.[116] "마치 스펀지에 물방

115) "첫째 규범. 하느님과 그 천사들의 특징은 바로 자신들의 움직임을 통해 진정한 영적 즐거움과 기쁨을 주며 원수가 빠뜨리는 모든 슬픔과 혼란을 없애는 것이다. 원수는 그럴싸한 이유들과 교묘한 말과 끈질긴 속임수를 씀으로써 이러한 영적 위로와 기쁨을 없애려는 것이 바로 그 특징이다"(『영신 수련』 329항).

116) "일곱째 규범. 날로 더욱 향상되고 있는 이들에게 선한 천사는 그 영혼을 마치 스펀지에 물방울이 스며들듯이 부드럽고 가벼우며 달콤하게 건드린다. 악한 천사는 마치 물방울이 돌 위에 떨어질 때처럼 요란하고 불안하게 하면서 격렬하게 건드린다. 날로 점점 타락하는 이들에게는 앞에서 말한 영들이 반대되는 방식으로 접촉한다. 그 까닭은 영혼의 상태가 앞에서 언급된 천사들과 비슷하거나 반대되기 때문이다. 반대될 때는 표가 나게 요란하고 시끄럽게 들어가고, 비슷할 때에는 열려 있는 문으로 자기 집에 들어가듯 조용히 들어가기 때문이

울이 스며들 듯이 〔…〕 열려 있는 문으로 자기 집에 들어가듯 조용히 들어간다."

반대로 악한 영의 현존과 활동은 불협화음과 불안을 일으키지 않을 수 없으니, 그 암시와 방식이 — 비록 얼마 동안 "빛의 천사"(2코린 11,14)로 위장하여 이를 흉내 낸다고 해도 — 사람의 가장 깊은 결정적인 방향 및 성향과 맞지 않기 때문이다. "마치 물방울이 돌 위에 떨어질 때처럼 〔…〕 표가 나게 요란하고 시끄럽게 〔…〕"(『영신 수련』 335항).

반면에 어떤 이들이 점점 더 타락하고 냉담해지며 용기를 잃고 의기소침해지며 우유부단해지기 시작하면, 갈리아르디(A. Gagliardi)의 해석에 따르면, 완덕에 대한 그들의 태도를 은총에 대한 태도가 나쁜 자들과 견주어 볼 수 있다. 그래서 이 경우 영들이 그들 안에 남기는 표지들에 대해 규범들을 적용해야 한다.[117] 그들 안에서 완덕으로 기우는 선한 영의 암시들이나 접촉들은 조화도 동조(同調)도 찾지 못하고, 결과적으로 불안, 역겨움, 그들의 거짓 평화에 관해 동요를 일으킬 것이다. 반면에 악한 영의 암시들이나 접촉들은 이런 사람들이 취하는 영적 입장과 동조를 이룰 것이며, 그들을 미지근함에서 생긴 자신의 거짓 평화 속에 가만히 놔두려고 할 것이고, 그들을 자신의 빗나간 방향에

다"(『영신 수련』 335항).

117) *Sti. Ignatii de discretione spirituum regulae explanatae*(Neapoli, 1851), pp.46~47. "Intentum autem P. Ignatii est, demonstrare spiritum malum contrarium esse bono; et utrumque similes sibi placide tractare, ut diximus, dissimiles vero urgere ac perturbare"(그리고 이냐시오 신부의 목적은 악한 영은 선한 영과 반대라는 것, 그리고 우리가 언급한 것처럼, 둘 다 비슷한 것들은 서로에게 평온하게 대하지만, 다른 것들은 압박하고 혼란하게 한다는 것을 알려주는 것이다: *ibid.*, p.46).

고착되어 있도록 하려 할 것이다.

규범으로 사용될 수 있는 관찰이 있으니 첫째 규범의 관찰이 그것이다. "온갖 슬픔과 혼란을 없애면서 〔'육'(肉)의 경향이 주는 거짓 평화와 기쁨이 아니라〕 참된 즐거움과 영적 기쁨을 주는 것이 바로 하느님과 그의 천사들의 고유한 특징이다."[118] 그래서 영혼이 자신을 지체하게 하는 장애물들 없이 온 정성을 다해 기쁘게 하느님께 대한 봉사에 늘 진보하면서 앞으로 계속 나아가도록 한다. 반면에 악한 영의 특징은 "그럴싸한 이유들과 교묘한 말과 끈질긴 속임수를 씀으로써 이러한 영적 위로와 기쁨을 없애려 한다."[119] 그리하여 영혼을 곧장 악으로 끌어갈 수 없다면, 최소한 온 정성을 다한 발걸음을 지체시키고, 자기 자신에 대해 염려하게 하며, 때로는 영혼이 자신의 임무를 수행하는 데 노력하지 않도록 끌어가거나 선에서 멀어지게 하기 위해 급기야 덕행의 길을 슬프고[120] 싫어하게 만들기까지 한다.

이 경우 원수가 일상적으로 사용하는, 성 이냐시오에 따르

---

118) 『영신 수련』 329항. 성 프란치스코 살레시오는 제자들에게 이 기쁨의 정신을 재삼 권고하였다. "그대 자신 속에 기쁨과 온유의 영을 일깨우기를 게을리 하지 마십시오. 그리고 이것이 봉헌의 참된 영이라는 것을 굳게 믿으십시오. 그리고 때때로 그대에게 혹시 슬픔과 고통이라는 반대되는 영이 엄습한다고 느낄 때에는 여러분의 마음을 하느님께 강력하게 내어 맡기십시오. 그리고는 곧바로 반대되는 과업에 몰두하십시오. 〔…〕"라고 Baumes-les-Dames 수도원의 수녀 Mme. de Rye에게 썼다(cf. *Oeuvres*, ed. Annecy, XIII, 112).

119) *Ibid.*

120) 성 프란치스코 살레시오는 제자 Mme. de Villesavin에게 다음과 같이 썼다. "어떻게 그대는 오래전부터 하느님 자비의 품안에 받아들여졌고 그분의 사랑에 봉헌된 하느님의 딸이면서도 그대의 마음에 그런 과도한 슬픔을 허락할 수 있는지 나는 이해할 수 없습니다. 오직 하나 우리를 지치게 하고 불안하게 하려는 뜻으로 원수가 우리에게 내미는 그러한 모든 우울하고 슬픈 암시들을 무시하고 그대 자신을 위로해야 할 것입니다"(cf. *Oeuvres*, ed. Annecy, XVIII, 417).

면, 무엇보다 인식("그럴싸한 이유들, 궤변")과 환상(때때로 세심증과 혼동되기까지 하는 "그럴싸한 이유들 〔…〕, 끈질긴 속임수")[121]의 영역에 관련된 방법들을 알아보는 일은 흥미롭다. 영혼이 이미 하느님을 기쁘게 해 드리는 것만을 즐기고 있으므로, 영혼의 정감 속에서 단지 반대되는 정서만 정면으로 접하게 될 때, 원수는 영혼에게 마치 하느님의 뜻과 일치하고 더욱 큰 봉사인 것처럼 나타나 보이지만 실제로는 하느님의 뜻에서 멀어지게 하는 환상과, 거짓된 이유 또는 궤변이 만들어 내는 암시들을 통해서 우회하여 스며들어 가려고 노력한다.[122]

---

121) 참조: '주의들'(『영신 수련』 345~351항)의 제목 "우리 원수의 속임수들과 세심증을 느끼고 이해하기 위해 다음의 주의 사항들이 노움이 된다." '넷째 주의'에서 언급하는 바와 같다: "만일 영혼이 민감하면 영혼을 극도로 민감하게 하여 더욱 혼란하게 하고 방해한다. 예를 들면, 어떤 영혼이 대죄나 소죄는 물론 고의적인 죄라고는 어떠한 것도 범하는 기색이 없으면 원수는 죄가 될 만한 일에 그를 빠뜨릴 수 없는 경우 죄가 아닌 것을 죄라고 생각하도록 만들고자 애를 쓴다"(『영신 수련』 349항).

122) 성녀 데레사에게서 이냐시오의 가르침에 대한 범례가 되는 구절을 발견하게 된다. 하느님에게서 오는 참된 겸손과 사탄의 유혹인 겸손을 구별하도록 가르치고 있다. "겸손은 그것이 크다 해도 영혼을 불안하게 하지 않으며 초조하게 하거나 혼란스럽게 하지도 않으며, 오히려 평화와 편안함과 평온함을 줍니다. 비록 누가 자신의 비천함을 볼 때, 자신이 지옥에 떨어져 마땅함을 분명히 알고 고통스러워하고 또 의당 모두 자기를 미워해야 마땅할 것 같아 보여 거의 자비를 구할 엄두도 내지 못한다고 해도, 훌륭한 겸손이 있다면 이 걱정은 만족감을 동반하며 유순하게 다가오기에, 이것 없이 우리 자신을 바라보기를 원하지 않게 될 것입니다. 영혼을 혼란스럽게 하지도 짓누르지도 않고, 오히려 영혼을 폭넓게 만들어 하느님께 더욱더 봉사하도록 역량을 키워 줍니다. 또 다른 걱정은 온통 혼란스럽게 하며, 온 영혼을 동요시키고 대단히 고통스럽습니다. 마귀는 우리가 겸손을 지니고 있다고 생각하도록 하고, 할 수만 있다면 어떻게 해서든지 우리가 하느님께 신뢰를 두지 못하게 하려 한다고 생각합니다"〔『완덕의 길』(*Camino de perfección*), CV, c.39, 2〕.

3. 규범 3~6: 앞선 이유 있는 위로를 위해

a) 체험에 대한 설명(규범 3~4. 참조: 규범 2)

“앞선 이유”라 하면 성 이냐시오는 “어떤 대상에 대한 어떤 앞선 느낌이나 인식”으로서 이해하는데, “이를 통해 — 영혼에게 — 자신의 이해나 의지의 활동을 매개로 하여 그런 위로가 올 수 있다”(『영신 수련』 330항).

그러므로 위로에 앞서서 그리고 그 위로와 밀접한 관련 속에 — 이해(반성, 통찰하는 직관, 합리적인 추론 등)하는 고유한 활동을 통해서 — 사람 안에 어떤 대상에 대한 어떠한 느낌 또는 인식이 있었다고 추정한다.[123] 그리고 이 경우 선한 영이나 악한 영의 위로(실제적 혹은 외관상)가 올 수 있다고 주장한다. 선한 영은 선에 진보하고 점점 더 나아지도록 하기 위해서, 그리고 악한 영은 악으로 영혼을 끌어가기 위해서(“자신의 못된 의도와 사악함으로 〔…〕”, 『영신 수련』 331항; “자신의 은밀한 속임수들과 사악한 의도에 〔…〕”, 『영신 수련』 332항), 이를 위해 “그런 의로운 영혼에 맞추어서 거룩하고 좋은 생각들”(같은 곳)을 이용하면서, 자신의 감추어진 사악한 목적으로 영혼을 조금씩 끌어가기 위해서 각각 위로를 줄 수 있다.

---

123) “셋째 규범: 이유가 있는 가운데 선한 천사도 악한 천사도 영혼을 위로해 줄 수 있으나, 그 목적은 정반대이다. 선한 천사는 영혼의 유익을 위해, 즉 영혼이 점점 더 낫게 성장하고 향상하게 하려는 것이고, 악한 천사는 반대로 결국 자신의 못된 의도와 사악함으로 영혼을 이끌어 가기 위함이다. 넷째 규범: 바로 악한 천사의 행위로서, “빛의 천사 모습을 취해” 열심한 영혼인 척하고 들어가 제 모습으로 나간다. 즉 그런 의로운 영혼에 맞추어서 좋고 거룩한 생각들이 들게 하고, 나중에는 차차 자신의 은밀한 속임수와 사악한 의도로 영혼을 끌고 나가려고 한다”(『영신 수련』 331~332항).

성 이냐시오는 여기서 어떤 경우에는 위로가 참된 것이 아니라 거짓된 것임을 지적하려는 듯하니, 왜냐하면 원수가 위로의 진정한 효과들을 만들어 낼 수 있다고 생각할 수는 없기 때문이다. 단지 어떤 식으로 이 효과들을 흉내 낼 수 있을 뿐이다.

b) 행동 양식(규범 5~6)

성 이냐시오가 특히 관심을 둔 것은 이러한 경우 수련자에게 행동할 방식을 가르쳐 주는 것이었다. 첫째 방식은 다양한 표지들을 통해서 "**교활한 원수의 현존을 알아채야**" 한다.[124] 원수가 "그런 의로운 영혼에 맞추어서 거룩하고 좋은 생각들"을 암시하면서 "열심한 영혼인 척하고" 들어가는 것이 이 표지들 중의 하나이다. 영혼이 예를 들어 하느님의 영광과 영혼들의 선익에 매우 열정적이라면, 원수의 암시는 그러한 훌륭한 전망들로 그럴싸하게 나타나 보일 수 있다. 비록 속에는 그런 사람에게는 맞지 않거나 하느님에게서 불린 것이 아닌 "어떤 다른 제안을" 감추고

124) "다섯째 규범: 우리는 생각의 흐름에 매우 주의를 기울여야 한다. 시작과 중간, 끝이 모두 좋고 온전히 선을 지향하면 이는 선한 천사의 표지이다. 그러나 생각의 흐름에 있어 어떤 악한 것이나 다른 길로 벗어난 것, 혹은 영혼이 이전에 하고자 했던 것보다 덜 좋거나, 이전에 지니고 있던 평화와 안정, 침착성을 빼앗아 영혼을 약하게 하거나 불안하게 하든지 혹은 혼란하게 하면 이는 우리의 영적 진보와 영원한 구원의 적인 악한 영으로부터 오는 분명한 표지이다. 여섯째 규범: 인류의 원수의 뱀 꼬리가 드러나고 꾀한 나쁜 목적이 알려지면, 유혹을 받았던 사람은 즉시 자신에게 암시되었던 좋은 생각들의 흐름, 즉 그 처음과, 어떻게 원수가 점차로 자기 영혼이 누렸던 영적 기쁨과 온화함으로부터 벗어나 자신의 사악한 의도에 떨어지게까지 하였는지를 살펴보는 것이 유익하다. 이는 깨달아 알게 된 이런 체험을 통하여 앞으로 그의 상투적인 속임수에 넘어가지 않도록 주의하기 위함이다"(『영신 수련』 333~334항).

있지만. 왜냐하면 자기 자신의 능력에 대한 어떤 그릇된 자부심을 동반하거나, 사람을 자기 성소, 신분에 따른 의무들, 혹은 더 긴급한 복음적 필요들에서 탈선하게 할 수 있기 때문이다. 또한 다른 경우들에서도 마찬가지이다.

원수의 현존을 알아차리기 위한 또 다른 표지는 정감과 관계있다. 선한 영이 자신과 비슷한 상태에 있는 이들에게 나타나 보일 때 동반되는, 마치 자기 열쇠를 가지고 부드럽고 유순하게 "자기 집에 들어가는 듯"한 방식에 주의를 기울여야 할 것이다. 또는 반대로 악한 영의 현존과 활동은 요란하고, 시끄럽고, 불안을 일으킨다(『영신 수련』 335항). 그리고 다음에 조만간 떠오른 생각들의 흐름이 이끌어 가는 계획들이나 제안들을 통해서 알아채게 될 것이다.[125] 왜냐하면 "악하고, 다른 길로 벗어나게 하는 것, 또는 영혼이 처음에 하려고 했던 것보다 덜 좋은 것"을 내포하게 될 것이기 때문이다(『영신 수련』 333항). 그리고 자연스러운 결과로서 그리스도의 계획에 이미 동화된 영혼 안에 그분에게서 떨어져 나간다는 단 하나의 가능성만 남고 말아 불안과 혼란을 일으킬 것이다. 평화, 영의 안정, 하느님께 대한 의탁에 있어 신뢰와 확신을 잃어 갈 것이다. "**심란함**, 불안정, 불신" 등이 영혼 안에서 활동하는 악한 영의 표지들이다. 왜냐하면 악한 영이 바

125) "우리는 생각들의 흐름에 매우 유의해야 한다. 시작과 중간, 끝이 모두 좋고 온전히 선으로 기울어지면 선한 천사의 표지이다. 그러나 떠오르는 생각들의 흐름에 있어서, 악하거나, 다른 길로 벗어나게 하거나, 영혼이 처음에 하려고 했던 것보다 덜 좋은 어떤 것에 도달하고 말거나, 혹은 영혼에게서 이전에 누리던 평화, 안정, 평정심을 빼앗아 영혼을 약하게 혹은 혼란스럽게 하거나 불안하게 하면 이는 우리 영혼의 진보와 영원한 구원의 원수인 악한 영으로부터 오는 분명한 표지이다"(규범 5: 『영신 수련』 333항).

라는 것은 영혼이 하느님께 의탁하지 못하게 하고, 자기 자신에게만 관심을 집중하게 하여, 더 허약하게 되고 고통스럽게 되어, 자기가 원하는 악에 영혼을 완전히 빠뜨리지 못한다면 적어도 영성 생활을 지겹게 느끼게 하여 포기하게 하거나 그 열성을 누그러뜨리도록 한층 더 쉽사리 암시를 할 수 있게 하는 것이기 때문이다(그래서 "자신의 사악한 의도"를 따르게 하는 것이다).

때문에 성 이냐시오는 수련자가 "암시된 **생각들의 흐름**"을 살펴 그 결과들을 통제하기 위해 맞대응해야 한다고 권고한다. 그리고 원수가 지금의 평온함을 빼앗거나 또는 이전에 계획한 것보다 덜 좋거나 그것에서 빗나가게 하는 나쁜 것을 암시하기 위해서, 어떠한 경로를 통해 자신이 누리던 하느님께 대한 봉사의 영적 기쁨과 온화함을 잃어버리게 하였는지를 확인함으로써 이번 경우나 앞으로도 사탄의 속임수들로부터 한층 더 쉽게 피할 수 있겠다.

어쨌든 원수가 사람 안에 압도적으로 자리하고 있는 성향이나 결점들과 더 잘 맞는 것을 끌어들여 위로들의(어떤 선이나 더 나은 것으로 끌어당기지만, 하느님과 함께 평화를 누리게 놔두지는 않는) 주제로서 제시하면서 어떻게 일반적으로 자기에게 거짓으로 위로받은 사람의 인격에 적응하는지 밝힐 수 있을 것이다. 열정에 찬 사도라면 그 앞에 얻게 될 결과, 회개할 영혼 등을 펼쳐 놓을 것이다. 만일 다정다감하거나 자비로운 사람이라면 얻고자 하는 정신적 혹은 물질적인 보상이나 위로를 제시할 것이다. 충동적이고 신경질적인 사람이라면 원하는 것을 효과적으로 빨리 이룰 수 있다는 사실을 제시하는 등의 시도를 할 것이다. 성경이나 교회 문헌들에 해박하고 중요성을 부여하는 사람이라면 잘못 이해된 어떠한 고립된 구절이나 단락을 본문에서 추출하여 앞에 제시하면서, 처음에는 선한 매력을 일으키고 난 뒤 조만간에 불쾌한 결과를 맛보게 한다.

만일 사람이 어떠한 무의식적 갈등에 영향을 받고 있다면 원수는 그런 배경이나, 혹은 갈등에서 벗어나고 자기의 변덕스러움을 고쳐 보려는 간절한 마음을 이용하여 비합리적이거나 불가능한 결정 등을 하도록 이끈다.

4. 규범 2와 8: 앞선 이유 없는 위로를 위해

a) 앞선 이유 없는 위로의 본성[126] (규범 2)

성 이냐시오는 이러한 형태의 체험은 오직 우리 주 하느님에게서만 올 수 있다고 단언하면서 시작한다.[127] 이 체험은 현재의

---

126) "오직 우리 주 하느님만이 앞선 이유 없이 영혼에 위로를 준다. 인간의 영혼에 드나들며 영혼을 온전히 장엄하신 하느님의 사랑으로 이끌면서 그 안에 감동을 일으키는 것은 오직 창조주만이 하는 일이기 때문이다. '이유 없이'라고 한 것은 어떤 대상에 대한 느낌이나 인식이 미리 주어져 이것으로 지성과 의지가 활동을 해서 이러한 위로가 오는 것이 아니라는 말이다"(『영신 수련』 330항).

127) 자기주장의 근거는 제시하지 않고 있다. 『영신 수련』 자필 원고에는 이 규범 2의 마지막에 성 토마스의 『신학 대전』(*Summa Theologiae*) 1-2, q.9, a.6과 q.10, a.4의 구절과 관련이 있는 한 줄 이상의 언급이 삭제되어 있음을 발견하게 된다. 이는 아마도 최종적으로 『영신 수련』의 사목적 본문이 신학자들의 복잡한 문제들에 휘말려 드는 것을 피하고자 했을지 모르지만, 어쨌든 그 근거는 학문적이라는 사실을 가리킬 수 있는 것이다. 성인이 암시하고 있고 모든 학자들이 동의하곤 하는 근본적 교리는 오직 하느님만이 인간의 영적 영혼의 창조자로서 미리 지성과, 감성이나 인간의 상상을 통하지 않고 의지를 직접적으로 관통하고 움직일 수 있다("영혼 안에 들어오고 나가고, 움직이게 한다")는 것이다. 오직 하느

위로가 오는 (그리고 그 의미를 얻는 출처로서 관련되어 있는) 지성과 의지의 앞선 활동(특정한 대상에 대한 인식이나 혹은 어떤 감정, 정서적 움직임이나 경향 속에서 실행된)이 없었음을 전제한다. 그러한 "**앞선**" 인식이나 감정의 행사는 보통 그에 상응하는 특정한 "환영"(幻影: 느껴진, 내적 이미지)에 근거해야 할 것이다. 그렇지만 에르난데스(E. Hernández)가 다음과 같이 적절하게 지적하고 있다.

"위로에 대해 현재 어떠한 인식이나 감정도 없음을 말하는 것이 아니라, 다만 그 인식과 감정이 위로에 앞서 있지 않아야 한다는 것이다. 말하자면 그 위로가 어떤 앞선 인식이나 감정에다 그 출발점을 두고 있지 않아야 한다는 것이다. 분명 이 위로는 그 자체로부터 인식과 감정을 일으켜야 한다. 그렇지만 위로의 원인으로서나 앞선 어떤 것으로서가 아니라 결과로 그래야 한다."[128]

그런데 이 대상에 관한 지성과 의지 활동의 앞선 실행 없이, 영혼은 이 순간 자신을 들어 올려 온전히 자신의 창조주 주님이신 하느님께 대한 사랑으로 이끄는 내적 움직임을 체험한다. 이

님만이 인간의 의지를 "본질적으로"(*ab intrinseco*) 움직일 수 있으며, 여타의 피조물들은 단지 감각적이거나 또는 인식에 의한 앞선 체험을 통해, "비본질적으로"(*ab extrinseco*) 인간의 의지를 움직일 수 있을 뿐이다. 그렇지만 성 이냐시오는 "그 영혼을 온전히 하느님께 대한 사랑으로 이끌면서"(『영신 수련』 330항) 그렇게 한다고 덧붙이고, 그 안에 이미 체험이라는 성질을 개입시킨다. 이는 전적으로 일치시키고 동화시키는 영혼의 하느님께 대한 그 사랑은 오직 하느님에게서 오는 향주덕의 열매이며, 이 체험 안에서 우리에게 전해지는 것은 하느님의 작용이며, 직접 하느님에게서 온다는 사실을 말하려는 듯하다.

128) Cf. "Sicología de la discreción de espíritus", *Miscelánea Comillas* 33(1959), p.215.

는 성 이냐시오가 언급한 위로로서(『영신 수련』 316항), “자신의 창조주 주님 안에서 영혼을 침잠시키고 평온하게 하면서 천상적인 것과 자기 영혼의 구원으로 이끌고 초대하는 내적 기쁨”으로, 그리고 영혼을 불태워 “지상의 어떤 피조물도 그 자체로만은 사랑할 수 없고 그 모든 것의 창조주 안에서 사랑하게 되는” 그런 식으로 하느님께 집중하게 하는 사랑의 불꽃으로 묘사하였다. 이는 모든 특정한 대상을 넘어 하느님이시기에 무한하신 분께로 직접 데려가는 사랑에 “자기 존재의 심연에서부터” 이끌렸다고 느끼는 사람 — 이 용어에 대해서 우리는 칼 라너(K. Rahner)에 동의한다 — 이다.[129]

그렇지만 이것이 이 하느님께로의 역동적인 흡수에 있어서, 하느님에게서 직접 주어진 그 어떠한 대상에 대한 동시적인 — 그리고 앞서지 않은 — 표상도 내포되지 않아야 함을 뜻하는가? 그렇지 않다고 본다. 만일 라너가 주장하려는 듯 보이는 바와 같이 모든 앞선 이유가 없는 위로 체험에서 의도적인 대상의 현존을 제외하려고 한다면, 우리는 그가 우리와 같은 입장이 될 수 없으리라 간주하는 점에서 그렇다.[130] 어쨌든 이 점에 대해서는

---

129) K. Rahner, *Die ignatianische Logik der existenziellen Erkenntnis*, in *Ignatius von Loyola*, Würzburg, 1956, p.380.

130) K. Rahner, *Das Dynamische in der Kirche*, Herder, Basel-Freiburg- Wien, 1958, pp.114~118 = Quaestiones disputatae 5. 그렇다고 어떤 경우에 위로 체험이 부수적으로 따르는 특정한 대상 없이 하느님께 대한 사랑의 순수한 승화와 동일시되는 것을 제외하고자 하는 것은 아니다. 그렇지만 성 이냐시오는 구체적인 사물을 하느님 안에서 그리고 그것들 안에서 하느님을 우리가 사랑할 수 있음을 전제하고 있다(참조: 『영신 수련』 316항과 「회헌」 288항). 다른 한편으로 위로가 그 대상과 동일시되지 않는다는 것은 의심의 여지가 없다. 왜냐하면 자신의 대상과 함께 혹은 그것 없이, 혹은 다른 대상과 함께 등장할 수 있기 때문이다. 그렇지만 이는 앞선 이유가 있는 위로와 앞선 이유가 없는 위로에 대

앞으로 더 다루기로 하겠다.

성 이냐시오는 앞선 이유가 없는 위로 중에 사람이 어떻게 처신해야 하는지를 설명하는 가운데 필자의 견해를 지지하는 것으로 믿는다. 왜냐하면 그는 주체가 "하느님에게서 직접 영감을 받지 않은 생각들"과 "현재의 위로"의 시기에 상응하는 하느님에게서 직접 영감을 받은 생각들을 구별하기를 바라기 때문이다(『영신 수련』 336항).

b) 어떻게 처신할 것인가?(규범 8)

지혜롭게 행동하는 것을 배워야 한다. 왜냐하면 규범 2에 분명히 언급된바, 앞선 이유가 없는 위로는 오직 우리 주 하느님에게서만 올 수 있다고 하더라도, 사람이 필요한 경계와 주의를 게을리하게 되면 혼란에 빠질 수 있기 때문이다.[131] 체험한 위로의 시기와 뒤따르는 그다음 시기를 대단히 조심스럽게 주의를 기울여 구별하도록 애써야 한다.[132] "현재의 위로"에 상응하는 것은

해서 마찬가지로 말할 수 있다. 하나는 있는바 그대로의 위로이며, 다른 것은 그 대상(하고자 하는 어떤 특정한 선택이나 결심)이나 그 원인이다.

131) "여덟째 규범: 위로가 이유 없이 주어진다면, 언급된 바와 같이, 오직 우리 주 하느님으로부터만 오기 때문에 거기에서는 속임수가 없지만, 하느님께서 그런 위로를 주신 영적인 사람은 대단히 경계하고 주의하여 현재의 그런 위로의 시기와, 지나간 위로의 덕택과 여파로 영혼이 열렬하게 은총 중에 있는 뒤따라오는 시기를 살피고 식별하여야 한다. 왜냐하면 많은 경우 이 두 번째 시기에 습관에 의한 고유한 생각과 개념과 판단의 결과에 따라서, 혹은 선한 영이나 악한 영에 의해서, 우리 주 하느님으로부터 직접 주어지지 않은 여러 가지 견해와 의도들을 갖게 되기 때문이다. 그러므로 그것들을 전적으로 신뢰하거나 실행에 옮기기 전에 철저히 검토해 보아야 한다"(『영신 수련』 336항).

132) 여기에서 시기라는 범주가 대두된다. 그렇지만 심리적 현재가 위로 체험과 단절

하느님에게서 오는 것일 것이다("우리 주 하느님께서 직접 주신", 336항). 반대로 성 이냐시오는 다음 시기를 어떤 결과로 지칭한다. 왜냐하면 그 위로 체험으로써 영혼은 열렬하게 되기 때문이다. 영혼에게 마치 위로의 숯불처럼 있게 된다. 그리고 그 시기에 영혼은 벌써 자기의 고유한 생각이나 판단에 의한 사고에 따라 행동한다. 그 때문에 분석에 있어서, 고유한 해석에 있어서나 자기 생각과 판단의 실행으로써 이끌어 내는 결과들에 있어서, 반드시 하느님께 직접 돌릴 수 없고, 선한 영이나 악한 영에 의해 암시되었다고 볼 수 있는 의도나 견해들이 포함된다. 그 시기에는 하느님께서는 이미 더 이상 직접 활동하지 않으시고, 앞선 위로로 말미암아 생긴 인간적 생각이나 의도의 문제로 들어서게 된다. 이것을 완전히 신뢰하거나 실행에 옮기기 전에 주의 깊게 검토해야 할 것이다.

성 이냐시오가 테레사 레하델(Teresa Rejadell)에게 보낸 식별에 관한 유명한 그의 편지에서 한 권고에서 이 행동 규범의 적용의 예를 볼 수 있다.

되지 않는다면, 위로가 시작되기 전 인간의 심리적 현재에 상응하는 내용인 인간의 정신적 의식을 위로 중에 하느님에게서 직접 나오는 것과 구별하는 것은 어려울 것이다. 혹은 만일 우리가 상이한 체험들의 성질이라는 범주를 도입하지 않는다면, 하느님에게서 직접 오는 그것과 하느님으로부터의 직접적인 그 통교 다음에 오는 인간의 심리적 현재에 상응하는 것을 구별하는 것은 어려울 것이다. 아마도 위로 체험 바로 그 속에 있으며 그전에는 없었기 때문에 그 위로 체험과 나뉠 수 없는 하느님의 영감이나 움직임의 본체를 형성하는 요소들과, 이 체험의 결과들을 분석하거나 도출해 내기 위해 심사숙고하는 사고의 고유한 발자취나 구성 요소 — 단지 인간적인 해석이나 성찰이라는 지적 활동 — 가 포함되는 이 위로 체험의 중심 본체(핵심)에 앞서거나 뒤따르는 요소들을 식별하는 것이 좋을 것이다.

"우리 주께서 영혼을 열어 어떤 행동이나 다른 행동을 하도록 영혼을 움직이게 하시는 일이 매우 자주 일어납니다. 다시 말해서 영혼의 내면에서 어떠한 목소리도 들리지 않는 가운데 말씀하시면서, 모든 것을 하느님의 사랑으로, 그리고 비록 우리가 원한다 해도 저항할 수 없이 우리를 당신이 원하시는 방향으로 들어 올리십니다. 그리고 우리가 접어드는 당신이 원하시는 방향은 필연적으로 우리가 계명, 교회의 규범, 그리고 우리 장상들에 대한 순명에 따르게 하고, 충만하고 온전히 겸손하게 하니, 왜냐하면 바로 그 하느님의 영이 이 모든 것 안에 있기 때문입니다. 우리가 꽤 자주 속아 넘어가는 시점은 그런 위로나 영감 다음이니, 영혼이 기쁨에 잠기자마자, 원수는 기쁨과 선량한 얼굴빛을 가장하고 다가와 우리 주 하느님에게서 들은 바에 덧붙여, 우리를 혼란에 빠지게 하고 당황하게 만듭니다."[133]

우리는 이를 첫째 주간에 가장 알맞은 규범들 중에서 위로를 다룰 때 이미 설명하였다. 라너가 앞선 이유 없는 위로[134]로

---

133) San Ignacio de Loyola, *Obras*, p.733. 바로 이 단락은 라너(Rahner)가 앞선 이유 없는 위로에 관한 자신의 이론을 설명하고자 할 때 인용한 것이다. 이냐시오의 이 권고가 식별의 제6 규범(둘째 주간에 가장 적합한 규범들 중에)에 관한 언급과 갖는 관계와, 하느님께서 영혼을 "어떤 행동이나 다른 행동으로" 개방시키는 체험에 관해 논하는 분명한 언명을 알리지 않은 것이 이상하게 여겨진다. 비록 목소리 없이 그렇다 해도 말이다. 즉 하느님께서는 비록 우리가 원한다 하더라도 저항할 수 없는 "당신의 신적 사랑에" 그리고 어떤 감정에 영혼을 개방시킨다(바로 이 언명을 선택의 첫째 시기에서 이냐시오가 말한 바 『영신 수련』 175항과 비교해 보라. 물론 이것으로 첫째 시기가 항상 위로에 대한 실제적 체험과 같이 일어나야 한다고 말하려는 의도는 없다).

134) K. Rahner, *Das Dynamische in der Kirche*(교회의 역동성), *op. cit.*, pp. 132~134. 이 실존적 체험(*kernerfahrung*)의 핵심을 ― 보다 더 정서적 형태의

이해하고 있는 바를 묘사하기 위해 근거하고 있는 이냐시오 영성의 해당 부분에서, 성 이냐시오는 주님께서 "**바로 그 위로 안에서**" 영혼을 어떤 구체적인 방향, 어떤 특정한 방향이나 목적을 향해 움직이신다는 사실을 전제하고 있음이 분명하다. 그런데 사람이 뒤에 위로가 그에게 남긴 불씨와 불길에 고무되어 "기쁨과 선한 모습으로 완전히 위장한"[135] 원수에게서 올 수 있는 무엇을 덧붙일 수 있다. 그 첨가 부분에 우리를 혼란스럽게 하고 당황하게 하기 위해 사탄의 영향이 들어올 수 있다.[136]

그 때문에 성 이냐시오는 같은 편지에서 다른 사람들과 대화 중에 취해야 할 처신에 관한 규범을 적용하면서 테레사 레하델에게 조언을 하고 있다.

> "여러 다른 경우에는 우리가 받은 교훈을 경시하게 하여, 원수는 우리를 방해하고, 불편을 끼쳐, 하느님께서 우리에게 가르쳐 주신

것일 터인데 — 그 안에서 통교된 선택의 대상(객관적 지식)과 구별하려는 것이 아니라면, 그런데 그 대상이 위로 안에서 직접적으로 주어지는 — 따라서 의심할 여지가 없는 — 체험이라면, 그 실제적 분리란 불가능한데, 이냐시오의 규범(둘째 주간에 적합한 식별 제2 규범과 제8 규범)에 따르면, 그 대상을 앞선 이유가 없는 위로라는 체험 그 자체 밖에 놔두는 것일 것이고, 반드시 하느님에게서 오는 그 특성을 잃게 되는 것일 수 있기 때문이다.

135) 참조: 2코린 11,14~15. 여기서 거짓 예언자들이 그리스도의 사도들처럼 자신을 드러내는 것이 결코 이상한 일이 아니라고 단언하고 있다. 왜냐하면 바로 그 사탄이 자기 일꾼들과 함께("ministri eius") "빛의 천사로 위장"하기("transfigurat se in angelum lucis") 때문이다.

136) 더 나아가 성 이냐시오가 자기 자신과 성령의 일치에 대해 한 충고에 주의하자. 무엇을 향해 자신의 영감과 함께 내적으로 움직일 때, 그리고 하느님을 대리하는 외부의 합법적 권위의 중개를 통해 우리에게 의무로 주어질 때. 참조: 참된 교회 감각에 관한 규범 13에 나오는 유사한 글을 보라. "〔…〕 우리 영혼의 구원을 위해 같은 영이 다스리고 주재하고 계신다"(『영신 수련』 365항), "〔…〕 왜냐하면 같은 영이 모두 안에 있기 때문이다."

모든 것을 완벽하게 완수할 수 없도록 합니다. 이에 대해 다른 무엇보다 더 주의를 기울여야 합니다. 많은 경우 우리 주 하느님께 대한 사정들을 말하고 싶은 생각을 절제하고, 다른 여러 경우에는 마음속에 있는 의욕이나 충동보다 더 많이 말해야 합니다. 두 경우 모두 내 원의보다 다른 이들의 심정을 더 살펴야 하기 때문입니다. 이렇게 원수가 우리가 받은 좋은 뜻을 늘이거나 줄일 때, 여울을 건너는 사람처럼 그렇게 다른 이들을 돕기 위해 더듬어 찾으면서 가는 식으로, 어떠한 유익이 따를 좋은 통로나 길, 혹은 희망이 있으면 진행해 나아가고, 여울이 혼탁하고, 좋은 말이 걸림돌이 될 것 같으면 이야기하기에 가장 적절한 때나 시간을 찾으면서 항상 입을 조심해야 합니다."[137]

즉 사람이 자기 원의로(혹은 원수가 자기의 감춰진 속임수로써) 하느님의 영감의 핵심이었던 것에 덧붙이거나 뺀 것을, 분명히 하느님에게서 오는 것같이 신뢰할 수는 없는 일이므로 그리스도인으로서의 처신에 대해 현명하게 판단해야 한다.

참고 문헌

- B. Mendiboure, "Sens de la désolation spirituelle selon saint Ignace", *Christus* 35(1988), pp.227~240.
- D. Gil, *Discernimiento según san Ignacio*, CIS, Roma, 1980.

137) *Obras*, p.733, n.8.

• E. Hernández, "La discreción de espíritus en los Ejercicios de san Ignacio", *Manresa* 28(1956), pp.233~252
• ———, "Sicología de la discreción de espíritus", *Miscelánea Comillas* 33(1959), pp.199~221.
• G. Fessard, *La dialectique des Exercices Spirituels de saint Ignace de Loyola*, Aubier, Paris, 1956, Appendix.
• G. Switek, "«Discretio spirituum», un aporte a la historia de la espiritualidad", *Cuadernos monásticos* 24(1989), pp.323~344.
• I. von Grafenstein, "Trost und Trostlosigkeit in den verschiedenen Phasen des Exerzitienweges", *Korespondenz zur Spiritualität des Exerzitien* 51(1986), pp.36~71.
• J. Gouvernaire, *Guiados por el Espíritu a la hora de discernir*, Sal Terrae, Santander, 1984.
• J. Toner, *A Commentary on Saint Ignatius' Rules for the Discernment of Spirits*, Institute of Jesuit Sources, St. Louis, 1982.
• ———, *Discerning God's Will. Ignatius of Loyola's Teaching on Christian Decision Making, Institute of Jesuit Sources*, St. Louis, 1991.
• M. I. Rupnik, *Il discernimento*, Lipa, Roma, 2007.
• T. Spidlik, "I sentimenti spirituali nella tradizione patristica" en *La intelligenza spirituale del sentimento*, Lipa, Roma, 1994.
• ———, *L'arte di purificare il cuore*, Lipa, Roma, 1999.

C) "앞선 이유 없는 위로"에 대한 근래의 성찰들

이미 많은 신학자가, 그 어느 때보다 근래에 이르러, 이 문제를 깊이 연구하였다. 특히 칼 라너(K. Rahner)가 우리가 이미 여러 차례 인용한 그의 저서 『교회의 역동성』(*Das Dynamische in der Kirche*)에서 보여 준 인상 깊은 성찰 이후 그러했다. 그렇지만 우리의 관점을 단 하나의 전망에 한정시키지 않기 위해, 주제에 관한 사색에 있어 뒤이어진 다양한 경향들의 특징을 보여 주는 것들이라고 간주될 수 있는 몇몇 견해들을 요약해 보려고 한다.

1. 수아레스의 입장

바로 라너가 가장 지속적으로 깊이 고려했던 경향들 중의 하나가 수아레스(F. Suárez)의 것이었다.[138] 그에게 있어 이런 앞선 이유 없는 위로는 몇몇 거룩한 사람들에게나 일어날 수 있는 "드문"(자주 일어나지 않는) 체험이라고 말할 수 있겠다. 그가 그렇게 생각하게 된 주된 이유는 그 형태의 인식 행위에 내포된 어려움 때문인데, 당연한 설명이 쉽지 않다는 것이었다. 그는 인간의 지성이나 의지 안에 직접 작용된 조명이나 움직임이라고 생각하였기 때문이다.[139]

---

138) *Das Dynamische in der Kirche*(교회의 역동성), *op. cit.* pp.119~123. Cf. F. Suárez, *De Religione S.I.*(수도회 예수회론), lib.IX, c.5, n.30~41.

139) "직접"(inmediate)이라는 표현을 통해 다음과 같이 이해한다. "...quia non sistit in speciebus, sed inmediate versatur super actus secundos intelligendi, judi-

만일 위로에 앞서 알게 된 모든 대상을 완전히 제외한다면, 각인된 형상(혹은 "환상")을 통해, 비록 셋째 단계의 것일지라도, 추상적 개념으로 넘어가기를 요구하는, 인간의 이해의 일반적 법칙들에 대한 초월("미리 감각 속에 있지 않았던 것은 그 무엇도 지성 안에 있지 않다"는 주장에 따라)을 전제하는 것이겠다. 그것은 수아레스에 따르면 정감(혹은 의지) 안에 체험된 위로에 앞선(적어도 논리적으로), 모종의 방식으로 인식된 대상의 현존을 내포한다. "지성이 없다고 한다면 정감이 움직일 수 없기 때문이다."[140]

따라서 그에게 있어서 이 위로는 갑자기(앞선 분명한 정감이나 인식의 행위가 결여되었기에), 또한 다른 어떠한 지식과 달리 깊은, 어떠한 "환상"으로도 얻을 수 없었던 진리에 대한 참으로 큰 지식을 동반하면서,[141] 체험하는 것과 정상적 인식 체험 사이의 불균형 때문에 사람에게 "지금 여기서"(*hic et nunc*) 설명할 수 없는 것으로 나타난다. 그렇지만 이 위로는 절대적 의미에서(그렇다면 "거의 기적적인" 무엇일 것인) 앞선(혹은 동반하는) 대상(혹은 "환상"에 대한 추론)이 없지는 않은 위로다. 정서의 측면에서 이 위로를 구별하

---

cando, vel saltem apprehendendo; et voluntatis, amando, timendo, etc. saltem per actus simplices, seu imperfectos"〔왜냐하면 형상들 안에 있지 않고, 판단하거나 적어도 이해하는 생각이라는 이차적 행위들 위에 직접적으로 영향을 미치고, 사랑하고 두려워하는 등 의지의 행위, 적어도 단순한 또는 불완전한 행위들에도 (그렇기 때문이다): *De Religione S.I.*(수도회 예수회론), lib.IX, c.5, n.38〕.

140) "Nihil est in intellectu quod prius non fuerit in sensu" "Quia non potest moveri affectus, nisi medio intellectu"〔*De Religione S.I.*(수도회 예수회론), lib.IX, c.5, n.39〕.

141) "...quia fit tam subito, vel cum tanta intelligentia veritatis, ut ex vi phantasmatum comparari non potuerit"(환상들의 힘으로 얻을 수 없었던, 특히 진리에 대한 큰 지식을 동반하면서 즉시 일어나기 때문이다: *ibid.*, n.40).

는 특징들은 참된 위로라면 어떠한 것이든 지니고 있는 바로 그러한 것들이다. 즉 온화함과 격렬함의 공존, 체험에 있어야 하는 단순한 그 방식, 그리고 그 방향(영혼이 하느님, 상위의 덕들과 그 자체로 선인 것들을 향하게 한다) 등이다.[142)]

2. 에우세비오 에르난데스

에르난데스(Eusebio Hernández)는 형상도, 공간적인 형상의 잔재도 없는 이러한 형태의 위로와 조명 체험을 인정하는 데 있어 단지 문제가 없다고 볼 뿐만 아니라, 오히려 이것들을 앞선 이유 없는 위로가 지닌 고유한 특성들로 간주한다. 그러므로 그 위로가 영혼에게 통교하는 것은 앞서 행해진 추론으로부터 오는 것이 아니며, 주어와 서술어로 된 판단을 낳을 수도 없다. 말로 표현할 수 없는 것이다. 같은 이유로 이 위로를 주입된 것, 기적적

142) 그에 따르면 이는 무엇보다도 하느님을 사랑하고, 고행을 실천하며, 완덕을 추구하는 데 대한 실질적인 판단 중에 일어난다. "Nam aliquando tam subito, et tam vehementer proponuntur menti, ut fere aperte constet non habere originem ab objectis sensibilibus, et phantasmatibus, sed potius si aliqua phantasiae apprehensio tunc comitatur, a mentis cogitatione excitatam esse"(왜냐하면 이렇게 갑자기 그리고 이 정도로 격렬하게 정신에 떠올려져서, 감각적 대상들, 그리고 환상들에 기원을 두지 않는다는 사실과, 그런데 오히려 어떤 환상에 대한 이해가 다음으로 동반되면, 정신의 사유로부터 발생된다는 사실이 거의 분명하게 드러난다: *ibid.*, n.40). 그리고 의지의 표지들에 해당되는 것으로 다음과 같이 덧붙인다. "...signum est, ab ipso Spiritu Sancto movente voluntatem inmediate fieri; quia nulla creatura habet tantam efficacitatem in humanam voluntatem"(의지를 움직이시는 성령 바로 그분에 의해 직접적으로 일어난다는 것이 […] 표지이다. 왜냐하면 어떤 피조물도 인간의 의지에 그렇게 큰 능력을 지니지는 못하기 때문이다: *ibid.*).

인 것으로 생각한다.[143] 그렇지만 이렇다고 해서 이런 위로가 드물거나 가끔 있는 것으로 생각해서는 안 된다. 하느님께서는 원하실 때 이 위로를 베푸신다. 그런데 에르난데스에 따르면 신비가들의 체험이 사람들이 생각하는 것보다 훨씬 잦다고 말하는 듯하다.

이는 일종의 신비적 영향으로서, 바로 그 심리적 과정 속에서, 영향을 주는 주체가 우리 자신도 천사도 아니라는 확신을 준다. 이 체험의 심리적 과정은 단지 그 자체로 하느님에게서 오는지를 알기 위해 영혼이 필요로 하는 기준일 뿐이다. 어떠한 다른 기준도 필요 없다. 하느님께서는 마치 당신 집에 있는 것처럼 영혼의 본질과 실체 자체 안에 머무르시면서, 또한 영혼, 그 존재와 활동을 마치 당신 것인 것처럼 사용도 하신다.[144]

3. 칼 라너

라너(K. Rahner)는 이런 앞선 이유 없는 위로를 있는 바 그대로 초자연적인, "대상 없는"(한정된 특정 대상을 다루지 않으므로), 그리고 "환상(幻像)으로의 회귀"(conversio ad phantasmata)를 통해 얻

---

143) "영적인 부분에 직접 작용한다고 할 때, 그곳에는 먼저 감각들을 통과하지 않고는 천사들도, 악마들도 도달할 수 없다. 정신의 그 밑바닥에서는 그렇다. 사람은 앞선 행위 — 그 대상이 감각적인 것으로부터 추상되어야 하는 — 없이, 이 앞선 행위가 적어도 형상의 어떠한 후광이나, 최소한 공간적 형상의 어떤 잔재라도 드러내지 않고서는, 스스로 정신 활동을 다스릴 수 없고 움직일 수도 없다"〔E. Hernández, "Sicología de la discreción de espíritus", *Miscelánea Comillas* 33(1959), p.216〕.

144) *Ibid.*, p.217.

은 것이 아닌, 하느님의 초월성이라는 주제와 관련된 체험으로 정의한다. 이 위로 중에 하느님께서는 영혼을 당신 자신에게로 이끄시며, 전적으로 당신을 향하게 하시고, 당신께 순종하고 말씀을 잘 듣게 배려하신다. 이런 유형의 "대상 없는" 체험에 매우 심각한 문제가 있다고 보는 수아레스의 개념에 대치된다.

결국 양자 모두 연구하고자 하는 이 문제는 성 이냐시오가 특정 "대상"이 없는 위로가 아니라, "앞선 이유가 없는" 위로로 제시하고 있음을 충분히 고려하고 있지 못한 듯하다. 그리고 설명하는 가운데(『영신 수련』 330항), 이미 앞에서 살펴본바, "이유"를 "대상"과 동일시하지 않고, 그 위로가 나올 수 있는 "어떤 대상에 대한 지식이나 감정"과 같이 보고 있다. 그 대상에 대한 관념이, 위로에 앞선 행위에 의해, 이어서, 결과로서, 위로라는 행위를 낳기 때문이다. 그렇지만 이렇다고 해서, 『영신 수련』 336항(규범 8)이 전제하는 것처럼, 앞선 이유 없는 위로 안에서도, 적어도 때때로, 라너가 말하는 듯이 보이는 것과는 반대로, 하느님의 초월성에 대한 순수한 체험과는 다른 특정한 어떤 것을 우리가 인식하거나 느끼게 한다는 사실을 부정하는 것은 아니다.[145]

라너는 우리가 아는 바와 같이 이 체험을 성 이냐시오에 따른 모든 선택을 위한 확신의 근거, 의무적인 기준점이며 근본 원리로 삼고자 하는 의도를 덧붙인다. 그러므로 이를 다음 장에서 살펴볼 것이며 이 책 제2부에서 그의 견해에 대한 개요를 설명하면서 이미 암시한 바 있다.[146]

---

145) 성 이냐시오의 「테레사 레하델에게 보낸 편지」(carta a Teresa Rejadell)의 한 구절(*Epp.* 1, 105~107) — 라너가 인용했으며, 필자가 앞에서 설명한 — 에서 같은 내용이 확인된다.

4. 구베르네르[147)]

구베르네르(J. Gouvernaire)는 앞선 이유 없는 위로가 올 때 갑자기 온다는 특성에 관심을 두었다. 부활하신 예수님이 문이 닫힌 다락방에 있던 사도들에게 나타나셨던 것처럼, 하느님께서는

146) 선택의 시기들과 관련하여 토너(Toner)는 라너의 견해를 다음과 같이 요약하여 설명한다. "1. 앞선 이유 없는 위로는 모든 영에 대한 식별과 하느님 뜻의 식별에 있어 필수적인(*sine qua non*) 첫째 원리이다. 2. 그러므로 하느님 뜻에 대한 모든 이냐시오의 식별은 결국 둘째 시기의 식별이다. 선택의 첫째 시기는 라너에 따르면 선택의 둘째 방식의 단지 **제한된 사례**일 뿐이며 성 이냐시오는 그 실질적 중요성 때문이라기보다는 체계적 완성도 때문에 이를 언급하였다. 선택의 셋째 방식은 보조적이며, 선택의 둘째 시기를 준비하고, 겨냥하며, 둘째 시기의 본질적 요소이다. 만일 둘째 방식과의 연관성을 없앤다면, 셋째 방식은 하느님 뜻을 찾기 위한 긍정적 가치를 지니지 못하게 된다. 그 안에는 성령의 적극적인 도움이 없다. 무엇보다 식별하는 사람은 단지 **자신의 이성적 성찰이라는 보잘것없는 자구책**만으로 식별할 수밖에 없고 **스스로 결정**해야 한다. 3. 선택의 둘째 방식에 따라 하느님의 뜻을 찾기 위한 시기는 순수한 형태의 앞선 이유 없는 실제적 위로의 시기가 아니다. 라너에 의하면 이런 위로 동안에는 선택의 제한된 대상에 대하여 어떤 생각을 지닐 수 없으며, 실현시키는 행위에 관한 의견이나 경향도 가질 수 없다. 그러므로 어떠한 선택의 과정도 이런 위로의 시기 중에는 실행될 수 없다. 이런 과정을 위한 시기는 무엇보다도 앞선 이유 없는 위로 **바로 뒤에 오는** 시기이다. 그 시기에도 위로는 여전히 현존하나 그 순수함은 상실된다. 그 순간에는 이미 **둘째 등급의** 위로이며, 제한된 대상을 지닌 충동이나 생각과 뒤섞여 있다. 오직 앞선 이유 없는 순수한 위로 뒤에 오는 이 시기 안에서만 하느님의 뜻의 식별을 실행할 수 있다. 〔…〕 라너에게 있어 하느님의 뜻의 증거를 제공하는 것은 앞선 이유 없는 순수한 위로 체험도, 바로 뒤따르는 둘째 등급의 위로도 아니며, 위로 안에서부터 위로와 함께 생긴 특정한 행동 방식을 향한 그 어떠한 의지의 충동도 아니다. 오히려 위로와 식별한 것에 대한 자기의 계획 간의 조화와 일치가 — 그것들이 서로 대립할 때 — 그 증거이다"(*Discerning God's Will*, pp.318~319). 적절할 때 우리 견해를 언급할 것이다. 여기서는 앞선 이유 없는 위로에 대한 라너의 개념과의 본질적 관련성 때문에 이 글을 인용했다.

147) *Quand Dieu entre à l'improviste*, Desclée-Bellarmin, Paris, 1980 = col. Christus 50.

정상적인 요건들을 통과할 필요 없이 들어오시고 나가신다. 영혼을 평화와 사랑의 불꽃 가운데서, 자유롭게 하며 봉사에 민첩하게 하면서 그분께로 들어 올린다. 이 위로를 분명하게 하기 위한 두 가지 특징을 언급한다면, 1) 참된 위로이다. 즉 열렬하고, 즐겁고, 평화로운, 사랑의 향상이 두드러지고, 동시에 영혼을 초연하게 하여 하느님께 대한 봉사에 준비된 자세를 지니게 한다. 2) 아무도 어디서 오고 어디로 가는지 모르는 바람처럼 예고 없이 일어난다. "위로에 앞선 시기에, 감각도, 지성도, 의지도 사랑을 그런 식으로 드높이는 그 위로를 불러일으킬 수 있는 어떤 것에 대해서도 작용하지 않았다."[148] 반면 원인이 있는 위로에는, 외부로부터 암시되더라도, 위로가 나타나는 데 기여하는 우리 쪽에서의 활동이 전제된다.

그러나 성 이냐시오에 관해 설명하는 가운데 구베르네르는 있는 바 그대로의 체험(인식-의지적 혹은 정서적)의 본질적 핵심(그것 없이는 그 체험이 본연의 구체적 실제로서, 그리고 그 본래적 의미로 존재할 수 없게 될)에 속하는 것과, 개인적인 해석이나 뒤이어 파생된 결과들 같은 체험에 동반하거나 따르는 우연적 요소들을 구별하도록 권고한다.

위로가 선택의 내용과 반드시 일치하는 것은 아니다. 그렇지만 성 이냐시오의 가르침에 따르면, 위로 안에서 선택의 내용이 우리에게 주어질 때에는, 그 위로의 핵심에 어떤 특정한 선택 대상을 향하는 그 경향이 내포된다.[149] 그리고 이것은 우리가 덧붙

---

148) Cf. *Ibid.*, p.57.

149) Cf. "Carta a Teresa Rejadell"(테레사 레하델에게 보낸 편지), *Obras*, p.733.

이거나 없앨 수 있는, 또는 잘못 해석할 수 있는 내용이다.[150]

5. 우리의 견해

이 판단들이 표명되는 개연성의 테두리 안에서 우리는 다음의 입장으로 향하는 것 같다.

a) 앞선 이유 없는 위로 체험은, 있는 바 그대로 참된 위로로서, 이미 체험한 사람에게는 참된 위로가 아닌 것과 혼동할 수 없는 특성들을 제시한다. 개입하시는 하느님의 그 초월성 체험은 영혼을 들어 올리고, 자신의 창조주께 대한 사랑에 불타게 하며, 하느님 손에 온전히 따를 준비 자세를 갖추게 하고, 그 누구도 그 체험을 흉내 낼 수 없다. 그렇게 드문 체험은 아니다. 앞선 이유와 관련 없이 일어날 그것은 구별하기가 항상 쉽지는 않을 것이다.

b) 그렇지만 앞선 이유는, 위로가 앞선 이유와 함께 온 것일 때, 위로의 대상이나 이행하고자 하게 되는 구체적 약속이 아니다. 위로 중에 그 위로를 통해서 전해진 그 대상이나 구체적 방향은 이른바 앞선 이유 없는 위로 안에 존재할 수 있다. 이 앞선 이유 없는 위로에 없는 것은 그 위로와는 다른 행동, 그리고 위로에 앞선, 그런 위로가 나오는 행동이다. 이렇게 이냐시오의 텍스트 전체를 이해할 수 있다.[151]

---

150) Cf. *Ibid.* 참조: 『영신 수련』 336항.

151) 내가 이렇게 생각하는 유일한 사람은 아니다. 최근에 전적으로 선택의 세 시기를 다룬 유일한 연구서 J. J. Toner, *Discerning God's Will*, St. Louis, 1991, p.

c) 앞선 이유 없는 위로 중에 우리에게 주어지며, 우리를 위해 하느님께서 원하신 선택의 대상이 담겨 있을 수 있는 근본 핵심은, 언급된 위로의 열기에 영혼이 작용하는(혹은 영혼 안에 무엇이 영향을 미치는) 뒤따라오는 시기와 구별하는 것이 좋은 그런 것이다. 거기에는 이미 하느님에게서 직접 오지 않고, 우리의 해석이나 우리의 개인적 성향, 선한 영이나 악한 영으로부터 오는 무엇이 있을 수 있다. 다시 말해 이를 나중에 식별에 부쳐야 한다.

d) 일반적으로 위로는, 앞선 이유 없는 위로도 마찬가지로, 위로를 지탱하는 어떤 것〔"환영"(幻影)〕을 지니고 있다고 생각하고 싶다. 이는 이것 때문에 앞선 이유 없이 존재하기를 그만둔다고 말하려는 것은 아니다. 위로의 원인은 "환영"이 아니다. 이것은 단순히 지성적 인식 행위에 필요한 심리적 받침일 뿐이다. 또한 "환영"이 위로라는 현재의 행위 속에 존재하는 그것에 앞서는 느끼거나 인식하는 행위를 형성하는 것도 아니다.

때문에, 이 경우를 설명할 때 어떠한 특별한 기적도 동원할 필요를 느끼지 못한다.

e) 성 토마스의 예언적 지식에 대한 설명의 경우에서처럼, 하느님께서 앞선 이유 없는 위로 중에 주시는 것은 어느 정도 오래됐거나 혹은 그분 몸소 그 순간에 일으켜 주신 체험이나 지식을 통해 영혼 안에 미리 존재하는 어떤 것이나 어떤 것들에 바탕을 두고 있다고 단언할 수 있다.[152]

319, n.4에서 같은 방식으로 생각하는 듯하다. 나로서는 분명히 『영신 수련』 336항의 본문에 나오는 첫째 가정은 앞선 이유 없는 위로 안에는 바로 그 위로 중에 하느님에게서 직접 오는 무엇이 있다는 것이다. 그 내용은 위로 다음 시기에, 그 위로에 따라오는 열성 속에서, 우리 자신이나, 선한 천사, 혹은 원수에 의해서 덧붙여지는 것과 구별해야 하는 것이다.

f) 선택의 시기들과의 관계에 대하여, 다음 장에서 우리의 견해를 밝힐 것이다. 어쨌든 이냐시오의 사고에 따르면, 선택의 어떠한 내용이라도 앞선 이유 없는 위로에 연관시킬 이유는 없다. 잘한 선택의 결과가 긍정적 발걸음과, 그 길을 걷는 사람이 바라는 우리 주 하느님과의 보다 큰 일치에 기여할 것이 분명한 듯해도 말이다. 그리고 이런 의미에서 하느님의 참된 위로와 조화를 이루게 될 것이다. 그 위로는 영혼의 정감을 이끌어 그 내면의 자세를 온전히 그 방향으로 향하도록 장려한다. 그러나 하느님의 위로를 우리 뜻대로 처리할 수는 없으며, 우리가 어떤 문제에 대한 결정을 해야 할 때 위로를 주셔야 한다고 하느님께 요구할 수도 없다. 하느님께서 우리에게 허락하시는 시기를 받아들이고 하느님께서 우리에게 배려하시는 그러한 조건들 속에서 선택하는 것이 우리가 할 일이다.

첫째 "시기"에서도 위로는 필요하지 않으나, 하느님께서 새겨 주신 확신은 있어야 한다. 그리고 영혼은 선택의 대상에 대해 의심할 수 없어야 한다. 이 확신은 단지 영혼의 평화와 차분함 같은 것만이 아니라, 그 충만한 의미를 전부 생각해야 한다면, 특별한 위로 없이 주어질 수 있다.

g) 앞선 이유 없는 위로는, 참된 위로라고 가정할 때, 그 근본 핵심이 오직 하느님에게서만 올 수 있기 때문에, 항상 참된 위로의 면모를 보일 것이다. 이는 하나의 영적 체험으로서, 그 안에서 영혼은 사랑, 강렬한 기쁨과 평화 속에서, 때때로 어떤 목적이나 한정된 제안으로 구체적으로 표출되어 나타나는 주님

---

152) 참조: 『신학대전』(*Summa Th.*), 2-2, q.173, a.2 c, ad 1 & ad 3.

의 지도에 온전히 따르면서, 겸손하고 그분의 뜻에 순종하는 가운데, 하느님께로 들어 올려졌다고 느낀다. 다른 때에는 삶과 죽음을 초월하는 주님이요, 창조주, 구세주요 거룩하게 하시는 분이신 하느님께 자신을 온전히 증여하게 하고 보편성에까지 자신을 개방하게 한다.

참고 문헌

- Avery Dulles, "Finding God's Will", en *Jesuit Spirit in a Time of Change*, Newmann Press, Westminster Md., 1968.
- Daniel Gil, "Gagliardi y la consolación sin causa", *Manresa* 45(1973), pp.61~80.
- ———, *La consolación sin causa precedente*, PUG, Roma, 1971.
- E. Hernández, "Sicología de la discreción de espíritu", *Miscelánea Comillas* 33(1959), pp.199~221.
- J. Gouvernaire, *Quand Dieu entre à l'improviste. L'énigme ignatienne de la «consolation sans cause»*, Desclée-Bellarmin, Paris, 1980 = Christus 50.
- Jean Mondel, "«Consolation sans cause» et «effusion de l'Esprit»", *Christus* 24(1977), pp.482~491.
- Jules J. Toner, *A commentary on Saint Ignatius' Rules for the Discernment of Spirits*, Institute of Jesuit Sources, St. Louis, 1982.

• ———, *Discerning God's Will. Ignatius of Loyola's Teaching on Christian Decision Making*, Institute of Jesuit Sources, St. Louis, 1991.

제 7 장

영들의 식별과 선택

문제 제기

성 이냐시오는 그의 『영신 수련』에서 "자신의 생활과 신분"을 개선하기 위해(『영신 수련』 189항), 그리고 이를 하느님의 뜻에 맞추기 위해, 수련자가 행해야 할, 신분 선택이나 다른 선택들에 특별히 "영들의 분별"을 적용한다.

신학적 전제들

이는 하느님의 성령 활동 아래, 기도를 통한 그리스도 생애의 신비들과의 접촉에 있는데, 사람은 하느님께서 당신 성화의 계획 속에서 그에게 지정해 주신, 그 안에서 하느님께서 예수 그리스도의 모상을 주시길 원하시는 그 구체적 형태를 발견해야 하는 것이다. "하느님께서는 미리 뽑으신 이들을 당신의 아드님과 같은 모상이 되도록 미리 정하셨습니다."[153] 이냐시오의 전제는, 둘째 주간의 방법론의 바탕에 있는데, 예수 그리스도께서 사람의 길이요, 진리요, 생명, 즉 참된 삶의 유일한 길이라는 것이다. 그분은 그분과 같이 행하도록 우리 모두를 초대하셨다. "고통 중에 그분을 따름으로써 영광중에도 그분을 따르게 하기 위함이다."[154]

그러므로 성 이냐시오는 사람이 자기의 삶과 시기에 대한 하느님의 특별한 계획에 따라, 점점 더 그리스도를 닮아 가는 가운데, 성령의 의향을 깨닫기를 바란다.

그렇지만 또한 원수의 공격과 의향, 그리고 그의 본연의 "육적이고 세속적인 사랑"이 몰려와 혼란에 빠지게 하고 당황하게 만들려고 하거나 하느님의 계획과 일에 저항하게 할 것임을 안다. 그 싸움에 임하는 수련자를 돕고, 그 선택의 시기에 그에게 필요한 식별을 밝혀 주기 위해, 준비 묵상은 물론 특별히 "선택의 세 시기"에 관한 규범들을 제시하며, 위로와 실망에 대한 규정들을 기억하기를 강조한다.[155] 이 규범들은 『영신 수련』 때가 아니라도 엄밀하게 그리스도교적인 그 어떠한 선택을 위해서도 소중한 도움이 된다는 것은 말할 필요가 없다.

이런 창의적 설정을 통해서 성 이냐시오는 "조명주의자"(iluminado)와는 다른 입장을 취하는데, 그 입장은 자신의 생각이나

153) "Nam quos praescivit et praedestinavit conformes fieri imagini Filii sui"(로마 8,29).

154) 참조: 『영신 수련』 95항과 로마 8,17.

155) 『영신 수련』 169~189항; *Directorio autógrafo*(친필 지침서) c.1(n.6~12)과 c.3.

감정을 성령의 활동과 혼동하여, 오직 자신의 내적 감정의 직접적인 감흥에 따라서만 결정해야 한다는 것이다. 무엇보다도 성 이냐시오가 제시하는 첫째 규범은 악한 것이나 교회가 "그 자체로 선하거나 중립적인 것"(『영신 수련』 170항)으로 인정하지 않는 것이라면 그 어떤 것도 선택의 대상이 될 수 없기 때문이다.

마찬가지로 교회법(합법적 권위의 정식 표현) 안에 나타난 하느님의 뜻을 선택에서 표현된 피조물의 독자적인 결정으로 대치하는 것이 아니라, 선택을 통해 자기 뜻을 하느님의 뜻에 일치시키려고 노력하는 가운데, 또한 전에는 그분이 당신의 뜻을 공공연히 드러내지 않으셨지만 이제는 드러내 보여 주시는 것들에 있어서도 그렇게 하려고 애쓰면서, 하느님께 대한 자신의 피조물로서의 사랑 어린 의존성을 최종적으로 표명하는 것이다.[156]

둘째로 수아레스가 이 문제와 관련하여 잘 보여 준 것처럼[157] 사람은 하느님의 계획을 실현할 때 두 가지 방식으로 움직일 수 있기 때문이다. 하나는 성령의 직접적인 도유 아래, 스스로 움직인다기보다는, 오히려 바로 그 성령의 선물들을 행사하는 가운데 움직여지게 된다. 또 하나는 비록 통상적 은총의 도우심과 빛에 따르지 않는 것은 아니라고 해도 자기 이성의 사고와 판단 아래 움직인다. 성 이냐시오는 선택하는 세 시기를 구별할 때 이렇게 가정하는 것 같다. 왜냐하면 사람이 항상 직접 느낀 특별한 은총의 활동이나 성령의 직접적 도유에 의해 곧장 움직

156) "첫째 요점: 우리가 선택하고자 하는 모든 것들은 그 자체로 중립적이거나 선한 것이어야 하며, 거룩한 어머니이신 교계적 교회 안에서 도움이 되어야지, 교회에 해가 되는 것이나 반대되는 것이어서는 안 된다"(『영신 수련』 170항).

157) *De Religione S.I.*(수도회 예수회론), lib.IX, c.5.

여진다고는 생각되지 않기 때문이다. 특히 무상으로 주어진 하느님의 섭리와 활동을 사람이 원한다고 언제나 이용할 수는 없기 때문이다. 우리의 뜻에 따라 그분의 은총을 강제로 끌어오는 일은 우리 손에 달려 있는 것이 아니다.158) 그리고 그럼에도 불구하고 사람은 무엇을 선택하도록 강제될 수 있다.

그러므로 이 신학적 전제와 이냐시오의 견해에 동의하면서 우리는, 이 세 시기를 이 카리스마적인 하나의 시기로, 혹은 성령께서 직접적으로 느낄 수 있게 개입하시는 하나의 시기로 줄이려 하지 말고, 오히려 우리가 선택해야 할 때 하느님께서 우리에게 주시는 바를 받아들이려 해야 한다고 생각한다. 성 이냐시오는 알칼라(Alcalá) 대학 박사, 참사 회원 알폰소 라미레스 데 베르가라(A. Ramírez de Vergara)에게 다음과 같이 단언하였다.

> "이성이 하느님께 보다 큰 봉사와 영광이 된다고 암시한 바를 정서적으로 마음에 들고 유쾌하게 실행하기 위한 방법을 성령께서 다른 그 누구보다도 더 잘 가르쳐 주실 것입니다. 그렇지만 '**더 낫고 더 완전한 것들을 따르기 위해 충분한 움직임은 이성의 움직임**'이라는 것도 맞는 말입니다. 그리고 의지의 움직임을, 설령 결정과 실

158) "큰 열심과 뜨거운 사랑, 눈물, 다른 어떠한 영적 위로를 일으키거나 지니는 것은 우리 힘으로 되는 것이 아니다"(『영신 수련』 322항). 성 프란치스코 보르하(Francisco de Borja)에게 보낸 편지도 보라. "그것들(지극히 거룩한 선물들)은 우리가 원할 때 끌어오려는 우리 자신의 능력에 달려 있지 않고, 오히려 순전히 주시는 분으로부터 주어진 그런 것들이라고 생각합니다. [···]"(*Obras*, 5ª ed., p.382). 그리고 테레사 레하델(Teresa Rejadell)에게 보낸 위로에 대한 편지에서도 다음과 같이 언급하였다. "이것은 항상 우리 안에 있는 것이 아니라 (하느님의) 계획에 따라 정해진 때에 오는데, 이 모든 것이 다 우리의 유익을 위한 것입니다"(*ibid.*, p.732).

행을 앞서지 못한다 할지라도, 쉽게 따를 수 있을 텐데, 자신의 영광과 즐거움을 덜 바라고 더 순수하게 구하는 그만큼 더욱 풍성한 영적 위로와 큰 만족과 기쁨을 느끼게 하면서, 우리 주 하느님께서 당신의 섭리에 두는 신뢰, 자기 자신의 전적인 내어 맡김과 자기 자신만의 위로에 대한 극기 등을 보상으로 주시기 때문입니다."[159]

사람은 "첫째" "둘째" 혹은 "셋째" 시기를 통해서 하느님께서 그에게 허락하시는 바에 따라 선택할 것이다.[160] 결국 성 이냐시오가 바라는 바는, 그리고 그것을 위해 수련자를 준비시키는 것은, 그 특정한 선택을 하도록 — 하느님께서 일단 그에게 그것이 당신의 뜻이라는 것을 드러내 보여 주셨으므로 — 하느님께서

159) 라미레스의 문제는 "이성적으로는 납득이 가지만, 예수회의 식량 담당자 역할을 하고 학생들에게 필요한 것을 구입하는 데 있어서〔알칼라의 기숙학교의 중요한 후원자였다〕 우리 주님께서 그에게 주신 자신을 내어 주는 그 유쾌하고 흐뭇한 느낌을 의지 안에서 맛볼 수 없었기에, 그로서는 어떤 일에서 주님께 가장 봉사를 드리게 될지 확실하게 알기를 바라면서 숙고하는 것"(*Epp. Mixt.* 5, 147)이었다. 성 이냐시오의 대답은 이성의 움직임이 충분한 움직임이라는 것이다. 하느님의 섭리에 자신을 내어 맡기면서, 이성이 그분의 보다 큰 영광으로 이끄는 안내자로서 그에게 보여 주는 길을 걷는다면, 예수회에 가입하는 것인데(그리고 성 이냐시오가 아무에게도 그가 선택해야 하는 바에 대한 결정을 할 때 그의 마음을 움직이지 않도록 하는 데 있어 얼마나 철저하였는지 우리 모두 알고 있다), 그렇다면 아마도 하느님께서 그의 입장에서 내어 맡김과 그 지극 정성에 대한 상으로 나중에 그에게 기쁨, 만족과 뒤따르는 위로로써 그에게 보상해 주실 것이다.

본문 중에 우리가 언급하고자 하는 사상의 중요한 점을 부각시키고자 해당 부분을 '따옴표'로 표시하였다.

160) 우리는 시기들 각각 그 자체로의 독자성과 가치를 이런 의미로 이해한다. 이에 대해 토너(Toner)는 이미 인용한 그의 저서 *Discerning God's Will*, pp.320~322에서 언급하고 있다.

그를 선택하셨음을 깨닫는 것이다. 하느님 뜻이 나타나는(통상 은총, 혹은 성령의 직접적 도유로) 방식이나 시기는, 하느님께서 택하시지 사람이 택하는 것이 아니며, 아무도 강제로 하느님께 그렇게 하시도록 할 수 없다.

아무튼 지켜야 하는 것은 그리스도교적인 선한 선택의 질서를 어기지 않는 것이다. 즉 방법을 목적으로 삼거나 목적을 방법으로 만들지 않는 것이다. "우선 먼저 하느님께 봉사를 드리고자 하는 원의를 대상으로 삼아야 하는데, 이것이 목적이며, 부차적으로 내게 더 적합하다면 성직록을 받아들이거나 결혼하는 것으로서 이것이 목적을 위한 방법이다."[161] 그리고 지향의 눈길은 깨끗하고 순수하고 단순해야 하며,[162] 자기 영혼의 영원한 구원

161) 『영신 수련』 169항. 성 이냐시오는 자신의 시기에 대한 예들을 제시한다. 어떤 성직자가 성직록을 받아야 하는가 혹은 받지 말아야 하는가, 혹은 어떤 평신도가 결혼하기로 결심할 것인가 혹은 결혼하지 말 것인가 등과 같은 것이다. 이는 방법들로서 다른 그 어떠한 현세적이거나 영적인 피조물과 같이 선택의 대상이 된다. 하느님께 봉사하는 것이 목적이며, 우리를 더욱 이끄는 방법을 선택하기 위해 오로지 이 목적만을 주시해야 하니, "모든 하느님의 부르심은 항상 순수하고 깨끗하며, 육(肉)이나 어떠한 무질서한 다른 애착도 뒤섞여 있지 않기 때문이다"(『영신 수련』 172항).

162) 캔터베리의 볼드윈(Balduino de Canterbury)은 이미 12세기에 다음과 같은 가르침을 주었다. "Non licet nobis aliud facere quam quod 〔Deus〕 praecipit aut permittit, aut consulit; non licet nos aliud sperare quam quod ille promittit, et quia promittit... Recta est cogitatio faciendorum quae Dei nutu regitur, pia est intentio quae simpliciter in Ipsum dirigitur. Ita demum totum corpus vitae nostrae vel cuiuscumque actionis nostrae lucidum erit, si fuerit oculus simplex, quia per rectam cogitationem videt quid faciendum est, et per piam intentionem simpliciter agit"(우리는 하느님께서 명하시고, 허락하시고, 결정하신 것이 아닌 것은 행할 수 없고, 그분이 약속하신 것 외의 것을 약속하셨기 때문이 아니라면 바라서는 안 된다. 〔…〕 하느님의 허락으로 인도되는 행해져야 할 것들에 대한 생각은 올바르며, 단순하게 그분을 향하게 되는 지향은 거룩하다. 만일에 행해져야 할 것을 올바른 생각을 통해서 보고, 거룩한 지

에 있어 주님께 대한 보다 나은 봉사와 영광 외에 다른 것을 찾아서는 안 된다(참조: 『영신 수련』 169, 189항).

심리적-영적 전제들

성 이냐시오는 인간이란 하느님 은총 덕분에 다양한 방식과 리듬으로 하느님의 뜻을 듣고 따를 수 있는 존재가 되고자 한다고 전제하고 있다.

> "무엇보다도 먼저 선택을 해야 하는 사람은 자기 뜻을 버리고 선택에 임해야 한다는 사실이 강조되어야 한다. 그리고 가능하다면 겸손의 셋째 단계까지 이르러야 하는데, 거기에서 자신의 입장에서 하느님께 대한 같은 봉사라면 우리 주 그리스도의 권고와 모범을 보다 더 따르는 것으로 더욱 기울어져 있게 된다. 둘째 단계의 초연함(indiferencia)에 있지 않은 사람은 선택에 임할 준비가 되어 있지 않아, 그 단계에 도달하기까지 다른 수련들에 머무는 것이 더 낫다."163)

향을 통해 단순하게 행하는 이유로 단순한 눈이 된다면, 그야말로 그만큼 우리 삶의, 그리고 우리의 무슨 행동이든 그 행동의 온 전체가 선명할 것이다: *Tractatus* 6: *PL* 204, col. 466~467). 성 이냐시오가 파리에서 공부할 때 이 텍스트에 대한 정보를 접할 수 있었다고 상정하는 일이 불가능해 보이지는 않는다. 복음적 근거를 암시하고 있음이 분명하다. "Si oculus tuus erit simplex, totum corpus tuum lucidum erit, si autem nequam fuerit, etiam corpus tuum tenebrosum erit"(네 눈이 맑을 때에는 온 몸도 환하고, 성하지 못할 때에는 몸도 어둡다: 루카 11,34. 참조: 마태 6,22 이하).

163) *Directorio autógrafo*(친필 지침서), c.3, n.17: *Obras*, p.314. 겸손의 셋째 단계

때문에 오직 영적으로 준비된 사람만이 선택에 들어가야 한다고 생각하였다. 이를 위해서 『영신 수련』의 첫째 주간의 집중적인 정화의 시기와 둘째 주간에서 그리스도께서 인간 생명의 계획에 담으신 인간과 가치들("진리의 의로움과 거룩함 속에서 하느님의 모습에 따라 창조된 새 인간", 에페 4,24)과의 친밀을 통한 그 사람의 세속적 사고방식의 그리스도교적 사고방식으로의 변형을 전제하였다. 이렇게 성 이냐시오는 이 세상의 사고방식에 의한 삶을 따르지 말고, 새 인간의 사고방식에 따라 자신을 쇄신시켜, 무엇이 하느님의 뜻이며, 선한 것이고, 그분 마음에 드는 것이며, 완전한 것인지를 식별할 수 있도록 하라(참조: 로마 12,2)는 바오로의 권고를 실제로 따랐다.[164] 그리고 이 모든 것을 청원, 미사, 소리 및 마음 기도, 고행, 그리고 성령의 선물들과 향주 삼덕의 실천이라는 분위기 속에서 구상하였다.

『영신 수련』 시기가 아닌 때의 선택 문제에 있어서는, 성 이냐시오가 요구하고 앞에서 묘사된 것과 같은 어떤 영적 준비 자

에 대해서는 『영신 수련』 167항을, 그리고 여기서 언급된 둘째 단계의 초연함에 대해서는 『영신 수련』 166항을 보라.

164) 만일 선택을 앞두고 있는 사람이 앞서서 한 선택을 이미 부적합하게(질서 있게 잘되지 않았을 경우) 했다는 사실을 알아챘다면, 이제는 자신의 삶을 하느님 마음에 들도록 하기 위해 합당하게 질서 있는 선택을 잘할 것이다(『영신 수련』 174항). 만일 앞서 한 무질서한 선택이 바꿀 수 있는 것이라면, 그 선택을 이제는 하느님께서 그에게 당신 뜻으로 나타내 주신 선택으로 바꿀 수 있을 것이다. 혹시 그 본성상, 혹은 하느님이나 교회의 규정상 바꿀 수 없는 것이라면, 오직 앞서 선택할 때의 무질서를 후회하며 뉘우칠 수 있을 뿐이며, 이미 바꿀 수 없다고 전제된 그 신분에서 선한 생활을 영위하도록 노력할 뿐이다(같은 책, 172항). 만일 앞에서 선택한 것이 합당하게 선택되었다면 다른 선택을 할 이유가 없고, 이미 한 선택 안에서 하느님께서 이제 그에게 원하시는 것을 나타내 보여 주시는 그 방식으로 완전해지고자 해야 한다(같은 책, 173항).

세를 갖추어야 할 것이다.

선택의 세 시기

그 사람에 대한 하느님의 뜻이 나타나는 세 번의 다른 기회들, 혹은 방식들이라고 말할 수 있겠다. 즉 의심할 수 없는 납득과 확신을 주면서(첫째 시기), 또는 위로와 실망이라는 영적 체험에 적용된 고유의 식별을 통해 점차적으로 얻게 된 확신과 함께(둘째 시기), 혹은 통상 은총의 영향을 받는 자기 기능들의 자유로운 행사를 통하여(셋째 시기) 나타난다.

성 이냐시오는 『영신 수련』 때에(그리고 그 밖에서도 똑같이 생각할 수 있다) 하느님께서 선택하시는 첫째 방식에 의해서 수련자를 움직이실 수 있다고 분명하게 전제하였다. 그렇지만 하느님께서 당신 뜻을 수련자에게 전해야 하는 방식을 선택하는 것은 사람의 일이 아니며, 오히려 어떻게 하느님께서 그에게 당신 뜻을 전하고자 하시는지 그 방식으로 그분의 뜻을 깨닫고 받아들이려고 노력하는 것이 사람이 할 일이다. 그래서 다음과 같이 단언하였다.

> "만일 하느님께서 첫째 방식으로 움직이지 않으시면, 위로와 실망의 체험으로써 자기 성소를 알기 위해, 둘째 방식에 머물러야 한다. 그래서 우리 주 그리스도께 대한 묵상을 계속하는 가운데, 하느님께서 위로 중에 그를 어떤 쪽으로 움직이시는지, 실망 중에는 또한 어떤지를 살펴볼 수 있도록 해야 한다. [···] 둘째 방식을 통해서 결심하지 못하거나, 그 결심한 바가 수련 지도자가 보기에 좋

지 않을 때에는(선한 영과 악한 영의 작용들을 식별하도록 돕는 것이 이 지도자들의 몫이다), 여섯 가지 요점을 통한 지성적 사고라는 셋째 방식을 채택할 것이다"(참조: 『영신 수련』 178~183항).[165]

많은 사람이 몰랐거나 간과했던 이 텍스트에서, 오지 하느님께서 사람에게 첫째 방식으로 통교해 주시지 않은 경우에만 둘째 시기의 선택으로 넘어가기를 권고하고 있음을 알 수 있다. 그리고 둘째 시기에도 그에 대한 하느님 뜻의 확실성이 충분히 드러나지 않는 경우에만 오직 셋째 시기에 호소하기를 권한다. 반대 방향으로 행하는 방식에 대해서는 어떤 의견도 제시하지 않는다. 그렇지만 만일 하느님께서 셋째 시기에도 여전히 당신 뜻을 알려 주지 않으셨거나, 혹은 사람이 윤리적으로 활동할 때 있어야 할 충분한 확실성이 동반되지 않은 경우, 하느님께서 당신 뜻을 통교하고자 하시는 그 어떤 방식이라도 그 안에서 당신 뜻을 드러내시길 바라면서 계속 찾을지 여부는 자유에 맡겨져 있음이 분명한 듯하다.

A) 첫째 시기

첫째 시기와 앞선 이유가 없거나 있는 위로와의 관계에 대해 상당히 만연되어 있는 혼란을 해소하는 것으로부터 시작하자. 성 이냐시오는 그의 글들에서 그런 관계를 설정하지 않았으며,

---

165) *Directorio autógrafo*(친필 지침서), c.3, n.18~19.

앞에서 언급한 바와 같이, 영적 위로와 선택 사이에 필연적인 관계를 설정하지도 않았다. 그 때문에 세 시기 중 어떤 시기라도 그의 생각에는 유효하며, 위로가 없는 시기도 마찬가지다.[166)]

첫째 시기조차도 필연적으로 앞선 이유가 없거나 있는 위로를 내포하는 것은 아니다. 우리 견해로는, 평온한 시기, 위로나 실망의 시기에 일어날 수 있다고 본다.[167)] 이냐시오의 묘사에서 이 시기는 영혼이 하느님께서 자신에게 원하시는 바를 온전히 납득하여 그런 결정적인 선택을 하도록 이끌렸다고 느낄 때("의심 없이 또 의심할 수도 없이": 『영신 수련』 175항) 동반되는 안심과 확신으로 강력히 특징지어진다. 그리고 이 확신은 영혼 안에 항구하게 남는다. 그리고 이는 결코 거부할 수 없을 것이다.

성 바오로나 성 마태오가 남긴 모범들은 오로지 이것, 모범들이다. 각각의 경우에 위로가 있었는지 없었는지 우리는 모른다. 분명한 것은 그들이 부르심을 받았다고 느꼈을 때 동반된 확신이며, 이에 대해 의심할 수 없었으며, 이 확신을 갖고 예수님을 따랐다는 것이다.[168)]

---

166) 앞에서 암시한 알폰소 라미레스 데 베르가라(Alfonso Ramírez de Vergara)의 경우를 생각하라. 그렇지만 둘째 시기에도 단지 위로 자체 하나만으로는 그 자체로 결정적이지 않고, 위로와 실망에 적용된 식별이 따라야 한다(『영신 수련』 176항).

167) 이 견해와 관련하여 이 특정한 주제에 대해 유일하게 다음의 박사 학위 논문(교황청립 그레고리오 대학의)을 쓴 저자에게 동의한다. L. González Hernández, *El primer tiempo de elección según san Ignacio*, Madrid, 1956, p.202. 이 논문은 선택의 첫째 시기에 대해 가장 광범위하게 다룬 논문이다. 또 같은 견해를 다음의 작품에서 살펴보라. E. Hernández García, *La elección en los Ejercicios de san Ignacio*, Comillas, 1956, p.19.

168) 이 같은 형태의 첫째 시기의 확신에 대해 성인은 자신의 『자서전』(*Autobiografía*, 27항)에서 암시하는 듯하다. 즉 고기를 먹지 않겠다는 자신의 뜻을 굳게 지

사제들이나 봉헌 생활을 하는 사람들이, 일정한 나이나 시기부터, 하느님께서 자신들을, 자신들의 태만이나 심지어 배반에도 불구하고, 사제나 수도자가 되도록 부르셨다는 것을, 하느님에게서 주입된[169] 평온한 확신 속에서 의심할 수 없는 경우들은 그렇게 대단히 이례적인 것은 아니라고 생각한다. 그리고 이 확신은 더 나아가 해당 결정을 하기 위해 지닐 수 있는 이유들이나, 혹은 이와 관련하여 체험할 수 있었던 위로나 실망으로부터 독립적인 것이다.

게다가 그런 주입된 확신에, 하느님의 뜻에 따라 생활 신분을 정하게 하는 데에, 영혼의 평화와 평온함이 동반되는 것은 정상적인 것이다. 하느님의 뜻과 일치를 이루고 있다는 자각보다, 그 자체로, 더 평화롭게 하는 것은 아무것도 없기 때문이다. 그리고 이는 의지가 그러한 확신을 따르는 데 저항할 수 있거나 혹은 그 확신을 배반도 할 수 있음을 반드시 막는 것은 아니다.[170]

키기로 결심한 상황이었음에도 불구하고, "그때부터는 먹어야 한다는 의지가 강렬하게 일어났다. 지난날의 결심이 되살아나기도 했지만 이내 멈추고 〔…〕 도저히 의심스러운 데는 없었다."

169) 곤살레스(L. González) 역시 앞에서 인용한 논문에서 그렇게 생각한다. 에르난데스(E. Hernández)는 곤살레스 다빌라(G. González Dávila)와 함께 주입된 확신을 특별한 것으로 말한다. Cf. *La elección en los Ejercicios de san Ignacio*, pp.18~20.

170) 에르난데스(E. Hernández)는 앞서 인용한 논문에서 이를 위해 부자 청년의 경우(마태 19,16~22)를 환기시킨다. 성 이냐시오는 이 시기를 묘사할 때 사람은 "의심 없이 또 의심할 수도 없이"(지성의 행위) "나타난 것을 따른다"(가르침받은, 알려 준)고 말한다. 호감이나 위로에 대해서는 아무런 언급도 하지 않았다.

참고 문헌

- C. Viard, "Trois temps pour choisir. E.S. n.175~188", *Christus* n.124, fuera de serie(1984), pp.165~176.
- G. Fessard, *La dialectique des Exercices Spirituels de saint Ignace de Loyola I. Liberté-Temps-Grâce*, Aubier, Paris, 1966.
- K. Rahner, *Lo dinámico en la Iglesia*, Herder, Barcelona, 1963.
- L. González Hernández, "La psicología del primer tiempo de elección", *Miscelánea Comillas* 33(1959), pp.267~271.
- ———, *El primer tiempo de elección según san Ignacio*, Studium, Madrid-Buenos Aires, 1956.
- M. A. Fiorito, "Apuntes para una teología del discernimiento de espíritus", *Ciencia y fe* 19(1963), pp.401~417 & 20(1964), pp.93~123.

B) 둘째 시기

그렇지만 하느님께서 늘 이 주입된 상위의 확신을 주는 방식이나 형태로 당신 뜻을 인간에게 나타내 보이시는 것은 아니다. 때때로 빛이 영혼의 모호함이나 어둠 가운데 길을 열어 가는 것처럼, 영적으로 식별한 위로와 실망 체험을 통해서, 하느님께서 자신에게 바라시는 것에 관해 납득한 바에 대한 확신을 점차적으로 굳혀 가면서, 사람이 일정한 선택을 향하도록 한다.

『영신 수련』의 본문이 암시하는 위로 또는 실망은 일반적으로 그리스도의 생애에 대한 관상과 관련된다. 이는 그리스도 안에서 성부의 뜻이 인간에게 드러나는 때문이며, 그리스도의 모상과 일치하여 성부의 계획에 따라 성화(聖化)되어야 하기 때문이다(로마 8,29). 그리스도의 신비들과의 이 관상적 접촉 안에서, 성령께서는 특별히 그들의 영적 모습 안에 새기기를 원하신 그 행동, 말씀 또는 감정 등 안에서 당신의 신비로운 내적 활동에 자신을 여는 그들 각자를 조명하고 움직이시고, 그것을 구현하고 싶어하게 하면서, 자기가 처한 구체적인 세상, 자신의 특정한 여건 속에서 그들을 실행으로 이끄는 고유한 방식을 보게 한다. 같은 성경 구절 앞에서, 예를 들어 예수님을 점심 식사에 초대한 시몬 이야기(루카 7,36~50)에서, 어떤 사람은 주님의 성령에 충동을 받아 죄 많은 여자처럼 이전에 죄짓는 데 들이던 힘을 모두 죄를 뉘우치는 데 기울이도록 사용하여야겠다고 느낄 수 있을 것이다. 또 다른 이는 착한 목자 예수님이 그 구절에서 행하시는 것처럼 영혼들에게 평화와 겸손을 가져다주는 사제가 되도록 같은 성령에 의해 조명받았고, 감동받았고 자신의 주의를 사로잡혔다고 느낄 수도 있을 것이다.

그러므로 영혼 안에서 일어나는 이 단계에 가장 적합한 영들의 식별을 위한 규범들에 묘사된 그분의 고유한 작용들을 통해서 그 성령의 이끄심을 알아차리게 되는 것이 정상일 것이다. 마찬가지로 또한 악한 영이 자신의 고유한 성질들로써(궤변, 그럴듯한 이유, 혼란 등) 성령께서 그리로 이끄시는 그 특정한 그리스도의 모습을 발견하고 선택하지 못하도록 하기 위해 하는 활동을

느끼게 되는 일도 있을 수 있다.[171]

"첫째 시기"와의 차이는 특히 납득, 설득 혹은 확신이 그 길을 통해서는 주님에 의해서 사람에게 어떤 통합된 전폭적인 증여로써 전수되었지만, 이 경우에는 정도와 모습에 있어서 조금씩 주어진다는 사실에서 알게 된다. 그리고 그 모습은 때때로 악한 영의 방해의 체험 때문에 반대되는 것으로 보이고, 영혼에게 의심과 불안을 일으킬 정도로 해를 끼친다. 약하게 하는 활동은, 특별한 은총으로, "첫째 시기"에 따른 하느님의 뜻의 표명에 있어서, 영혼에게 통교된 확신을 거슬러 아무것도 할 수 없다. 이 반대되는 움직임들에 대한 영들의 식별의 적용은 그 경향들의 의미를 밝혀낼 수 있을 것이며, 찾고 있는 바, 즉 하느님께서 영혼에게 바라시는 것과 관련된 의미에 대해 충분한 확신을 — 윤리적 결정들의 범주에서 활동하기 위해 요청되는 것: "상당한 명확성과 인식"(『영신 수련』 176항) — 영혼에게 줄 것이다.[172]

---

171) 성 이냐시오는 그의 「친필 지침서」(*Directorio autógrafo,* n.18)에서 선택에 들어가는 이에게 식별의 규범들을, 무엇보다 위로와 실망에 관한 것을 밝힐 필요성에 대해서 강조한다. 특히 "첫째 시기"에 그에 대한 하느님의 뜻에 대한 인식이 주어지지 않았고, "둘째 시기"에 하느님 뜻을 발견하려고 노력해야 한다면 더욱더 그렇다.

172) 성 이냐시오가 그의 『자서전』(*Autobiografía,* n.25)에서 기술한바, 이미 사해진 지난 죄들을 더 이상 고백하지 말아야겠다고 결심한 때에 일어난 것으로 보인다. "그러나 이런 생각들 끝에 지금까지의 생활에 대한 일련의 역겨움이 일어났고, 포기하고 싶은 어떤 충동들이 덮쳐 왔다. 그리고 이와 함께 주님께서는 마치 잠에서처럼 깨어나길 원하셨다. 그리고 주님께서 그에게 베풀어 주신 가르침들과 함께 영들의 다양성에 대한 어떤 체험을 이미 얻었던바, 그 영이 다가온 방식들에 마음을 쓰기 시작하였고 이렇게 결심하였다. 〔…〕 주님께서 당신의 자비로 자신을 해방시켜 주시길 원하셨다는 사실을 확신하였다." 그의 『영적 일기』(*Diario espiritual,* 151~152항)에 따르면 서원한 회원들의 공동체들의 성당에서 지켜야 할 가난에 관해 내린 선택의 말미에 비슷한 결심이 관찰되는 듯하다. 또한 원수의 속임수들 안에서, 반대로, 하느님께서 그에게 원하신 결심에

마찬가지로 여기서 앞선 이유 없는 위로와의 어떤 비교도 필요 없게 된다. 앞선 이유가 있거나 없거나,[173] 영들의 식별을 사용하는 방식을 통해서가 아니라면, 이 둘째 시기에 위로들은 그 자체만으로는 식별되는 구체적인 요점에 대한 확신으로 영혼을 이끌지 못한다 — 이는 가정이다. 그리고 이 식별은 위로가 향하게 하는 그것만이 아니라 실망이나 실망 중에 일어나는 생각들이 충동하는 그것도 염두에 두어야 한다. 때때로 실망에 적용한 이 식별 안에서 이 생각들이 오히려 하느님께서 영혼을 위해 원하신 방향이나 결심을 확증하는 데 결정적인 것들이 될 수 있다. 실망 중에 원수가 향하게 하는 그것이 하느님의 뜻으로부터 떨어져 나가게 하거나 멀어지게 하는 것이 분명하게 드러나기 때문이다. 원수가 무슨 수를 써서라도 방해하는 목표물이 바로 하느님께서 원하신 그것이다.[174]

아예라(J. Ayerra)는 이 둘째 시기에 하느님의 뜻을 식별하고자 하는 사람이 어떤 흠이나 결점, 즉 "〔…〕 고정관념, 강박, 신경쇠약, 히스테리, 환상으로 기우는 성향 〔…〕"을 지니고 있는지 살펴보는 것이 좋다고 충고한다. 그러한 경우 이 시기를 이용하지 말아야 할 것이다.[175] 그렇지만 이것은, 내 생각에, 합당한 준비

대한 확증을 발견하는 것을 어떻게 잠에서 깨어나는 것 같은 것으로 암시하는지를 보라.

173) 앞선 이유 없는 위로 안에 선택의 구체적 대상이 항상 들어 있는 것은 아니다.

174) 이렇게 성 이냐시오가 만레사에서의 자신의 세심증 문제〔참조: 『자서전』(*Autobiografía*) 25항〕와, 예수회의 서원한 회원들의 공동체 성당이 지켜야 할 가난에 대한 저 유명한 성찰에서 확증을 더 찾지 않기로 한 문제〔참조: 『영적 일기』(*Diario espiritual*) 151~152항〕를 분명하게 결심했던 것으로 보인다. 참조: 각주 172.

175) "Psicología del segundo tiempo", *Miscelánea Comillas* 33(1959), p.287.

(인간적이고 신앙적인)가 되어 있지 않은 사람은 둘째 주간에 들어가게 할 수 없으며, 선택 과정에는 더 엄격하게 받아들여야 한다는 성 이냐시오의 충고의 중요성을 가리키는 데 오히려 더 사용되어야 한다.[176] 이 조치를 잘 사용하면 앞에서 지적한 종류의 인물들은 이냐시오의 방식에 따른 "선택"에 들어가는 시점에 도달하지 못할 것이다. 또한 그의 생애 말년에 다음과 같이 기술하였다. "첫째 주간은 약간의 기도 방법을 덧붙여서 많은 사람에게 베풀 수 있습니다. 그렇지만 〔『영신 수련』〕 전체를 베풀기 위해서는, 자신들이 도움을 받은 후에는 다른 이들을 적극적으로 도울 수 있는 사람들을 찾아야 할 것입니다. 그렇지 않으면 첫째 주간을 넘어 더 나아가지 말아야 할 것입니다."[177]

한마디로 문제는 단지 감정을 따를 것이 아니라, 내적인 현상들(위로와 실망)을 통해서, 마치 표지들처럼, 어떤 특정한 문제를 앞둔 사람에 대한 하느님 뜻의 징후들을 발견하기 위해, 그 현상들에 영들의 식별을 적용하는 일이다. 영적 식별의 적용에는 이 책의 제1부에서 지적한 모든 조건이 요구되며, 내적 현상들에 상응하는 조건들은 제3부에서 다루고 있다. 식별을 위한 감수성은 영적인 성숙과 함께 성장한다. 표지들은 식별하는 사람의 내적 자세에 따라 다양한 뜻을 지닌다. 그 사람의 전반적인 현재의 동향과 관련하여 표지들을 고려해야 한다.

---

176) 참조: 『영신 수련』 18항, "일러두기"(Anotación) 18; M. Nicolau, "A quiénes se deben dar todos los Ejercicios y a quiénes sólo algunos", *Manresa* 26(1954), pp.23~29; *Directorio autógrafo*(친필 지침서), c.3, n.17: "둘째 단계의 초연함(indiferencia)에 들어가 있지 않은 사람은 선택을 할 상태에 있지 않으며, 그 상태에 이르기까지는 그에게 다른 수련들을 권하는 것이 더 낫다."

177) "Carta al P. Fulvio Androzzi", 18 de julio 1556, *Obras*, p.1100.

게다가 그가 충분히 성숙하지 못했다면 그 자신의 판단 하나만을 가벼이 믿으면 안 될 것이다. 그가 성숙하다면 자신의 판단 하나만을 가벼이 믿지 않을 것이다. 왜냐하면 바로 그렇기 때문에 충분히 겸손할 것이기 때문이다.

참고 문헌

- A. Sampaio, *Los tiempos del elección...*, pp.101~152.
- B. Juanes, *La elección ignaciana por el segundo y tercer tiempo*, CIS, Roma, 1980.
- J. Ayerra, "Psicología del segundo tiempo", *Miscelánea Comillas* 33(1959), pp.274~291.
- ———, *Función electiva de la consolación en el segundo tiempo de elección*, San Sebastián, 1956.
- J. Iturrioz, "Elecciones apostólicas de san Francisco Javier por discreción espiritual", *Manresa* 54(1982), pp.133~146, 329~347.
- M. Giuliani, *Prière et action*, Desclée, Paris, 1966.
- M. Ledrus, *Discernimento ed elezione*, Roma, 1986.
- S. García-Lomas, "Contemplación y discernimiento en los Ejercicios Espirituales", *Manresa* 57(1985), pp.91~102.

C) 셋째 시기

만일 주님께서 영혼에게 선택할 주제에 대한 충분한 확신을 "둘째 시기"에도 여전히 주시지 않거나, 혹은 도달한 결정이 "영신 수련의 지도자(선한 영과 악한 영의 작용들을 식별하는 데 도움을 주는 것이 그들의 몫이다)가 볼 때 좋아 보이지 않는다면, 셋째 방식을 택할 것이다."[178]

「지침서」(*Directorio*)는 "영신 수련" 지도자를 그렇게 유도한다. 그런데 그 방침은 합당한 조건들 속에서 선택이 이루어질 때, 일상생활을 위해서도 가치를 지닌다.

그 "셋째 방식"(혹은 시기)에서 여섯 가지 요소로 이루어진 첫째 과정이 무엇보다도 권고된다. 그리고 "마지막으로 이 첫째 과정 다음에 사용될 수 있는 마지막 과정으로서 네 가지 요소들로 제시되는 또 다른 과정으로 들어설 것이다."[179]

"셋째 시기의 특징들": 이 "셋째 시기"(혹은 방식)는 "평온한"(『영신 수련』 177항)이라는 형용사로 특징지어진다. 그 시기에 영혼은 다양한 영들에 의해 동요되지 않는다는 것이 전제되기 때문이며 "본성의 능력들을 자유롭고 차분하게"(같은 책) 사용하기 때문이다.[180] 수아레스(Suárez)가 지적하는바, 영혼은 이 경우(직접적으로

---

178) *Directorio autógrafo*(친필 지침서), n.19.

179) *Ibid.*, n.20.

180) 몇몇 「지침서」(*Directorio*)들(예를 들어 Gonzáles Dávila와 Polanco의 것들)은 다음과 같이 충고하고 있다. 즉 선택하는 사람 안에 그런 평온함과 평화가 없다면, 평화를 회복하고 동요가 가라앉을 때까지 그를 그리스도 생애의 신비들을 관상하는 몇 가지 수련들을 하면서 머무르게 하는 것이 더 나을 것이라는 것이다: MHSI 76 = *Directoria*, Roma, 1953, pp.316[89], 519[130].

하느님의 성령에 의해 움직였다고 느끼지 않을 때) 하느님께 대한 봉사를 목적으로 자기 본성의 능력들을, 신앙의 빛에 비추어, 통상적 은총의 도움으로, 자신의 구체적 경우에 있어 하느님의 뜻을 찾기 위해 사용한다.

인간이 하느님께 어떻게 당신의 뜻을 자신에게 드러내셔야 하는지 그 방식을 강요할 수 없기 때문에, 하느님께서 당신 은총의 통상적 도움과 함께 자신에게 개방하시기를 기다린다. 성 이냐시오가 참사 회원 라미레스 데 베르가라(Ramírez de Vergara)에게 보낸 편지에서 언급한 바와 같다. "〔…〕 더 나은 것들과 더 완전한 것들을 따르기 위해, 충분한 움직임은 이성의 움직임입니다. 그리고 또 다른 의지의 움직임은 비록 결정과 실행에 앞서지는 않지만 쉽사리 따를 수 있을 것입니다. 우리 주 하느님께서 당신의 섭리에 의탁하는 신뢰를 보상으로 주시기 때문입니다."[181)]

우리는 성 이냐시오에 따라 이 셋째 시기를 독자적이고 충분한 것으로 간주하는 데 있어 이미 여러 차례 암시됐던 토너(J. J. Toner)에 의해 최근에 출판된 연구물과 의견을 같이한다.[182)] 성 이냐시오는 이 셋째 시기를 마감할 때 했던 제안이 위로의 시기에 이루어져야 한다는 어떠한 지침도 주지 않으며, 더구나 그러한 하느님의 확인을 얻기 위해 어떠한 앞선 이유 없는 위로를 참조해야 한다는 언급은 더욱더 하지 않았다. 그렇지만 앞서 언급된 이유에서, 둘째 시기의 체험이 필요하다고도 역시 말하지 않았다. 성인이 라미레스 데 베르가라에게 말한 대로 신앙에 비추

---

181) San Ignacio, *Obras*, p.1086.

182) Toner, *op. cit.*, p.154, nota 7 그리고 pp.320~322.

어진 이성으로 충분하다. 사람이 하느님께 당신 뜻을 알려 주시는 시기나 방식을 강요할 수 없다. 역시 하느님께서 그에게 당신의 제안을 하실 때, 확인으로서 특별한 위로를 주시고자 하시는 경우에는 분명 감사를 드려야지 거부해서도 안 될 것이다.[183)]

이 시기에 제시되는 두 과정은 선택의 문제로 들어가기 전에 요구된 전반적인 준비 자세를 전제한다. 둘 다 구체적인 경우에 그 자세를 갖출 것을 강조한다. 첫째 과정은 선택 가능한 것이 제시하는 이유들이나 객관적 동기들을 고찰하기 시작하면서, 둘째 과정은 선택할 때 지니는 사랑에, 하느님의 현존 안에서 그 사랑을 정화하기 위해, 더욱더 주의를 기울이면서 그렇게 한다.

a) "**첫째 과정**": 다루고자 하는 선택을 객관성 있게 확인하고 앞에 놓는다(제1 요소). 이 선택 혹은 그 반대의 선택에 대하여 초연한 개인적 태도를 지니도록 조절한다(제2 요소). 충실히 사색함으로써 더욱 "그분의 지극히 거룩하고 자비로운 뜻에 맞는" 것이 될 것을 선택하는 방향으로 의지를 움직이고 싶어지도록 주님께 청한다(제3 요소). 이어서 오직 "우리 주 하느님께 대한 찬미와 내 영혼의 구원"만을 겨냥하여, 그런 선택이나 그 반대의 선택이 그 구체적인 경우에 초래하는 이익이나 손해를 생각해 볼 수 있도록 이성을 사용할 것이다(제4 요소). 그리고 일단 고찰이 끝나면,

183) 위에 언급된 편지의 말미를 기억하자. "[…] 결정이나 실행에 앞서지 않지만(의지에 대한 성령의 어떠한 특별한 움직임), 쉽사리 그 움직임을 따를 수 있을 것입니다. 왜냐하면 우리 주 하느님께서 당신의 섭리에 의탁하는 신뢰와, 자기 자신의 전적인 포기와 자기 자신의 위로에 대한 극기를, 대단한 만족과 즐거움 및 당연하다는 생각을 적게 하고 더욱더 당신의 영광과 기쁨만을 순수하게 추구할수록 더욱 큰 풍성한 영적 위로와 함께 보상으로 주시기 때문입니다"(*Obras*, p.1086).

그 문제에 있어서, 제시된 앞의 유일한 목적을 항상 염두에 두고, 신앙으로 비추어진 이성이〔"육적"(carnal)인 애호나 변덕도 아니고 욕심도 아닌〕 어디로 기울어지는지를 보게 될 것이다(제5 요소). 심사숙고(혹은 선택)를 한 뒤, 정성을 다해서 우리 주 하느님께 그것을 받아들이시고 확인해 주시도록 봉헌해야 한다(제6 요소).

혹자는 이 마지막 요소에서 선택의 결정적인 정감의 요소로서 일종의 위로를 향한 전환이 시사된다고 생각할 수 있을 것이다. 필자는 그렇지 않다고 생각한다. 기대될 수 있는 확인이 반드시 어떤 위로나 특별한 정감적 요소로 이루어지는 것은 아니다. 우리는 첫째 시기를 다룰 때 확신과 위로 사이의 차이를 언급했다. 여기서 우리는 양심의 평화와 특별히 느낀 위로 사이의 차이를 기억할 수 있을 것이다. 신앙으로 비추어지고 통상 은총에 의한 희망과 사랑으로 뒷받침된 정신과 양심의 평화와 확신이 있는데, 이것들은 분명히 영적 위로는 아니며, 이러한 내적 자세를 통해서 그 사람이 그분의 현존 안에서 평온하게 될 때, 선택에 부쳐진 요소에 대한 하느님의 확인의 표지들일 수 있다.[184)]

b) "**마지막 과정**"은 「지침서」(*Directorio*)에 제시되어 있는데(앞의 과정으로서 충분히 명백해지지 않았다면) 소위 네 가지 요소들로서, 『영신 수련』의 본문에서 규칙들이라고 쓰이며, 선택하는 사

184) 이미 여러 차례 암시된바 라미레스(Ramírez de Vergara)의 경우에서 성 이냐시오는 이성의 움직임을 충분히 고려하였다. 왜냐하면 라미레스가 신앙으로 비춰진 이성으로 자신의 경우 예수회에 들어가는 것이 하느님께 보다 큰 영광을 드릴 수 있는 것임을 분명히 보았기 때문이다. 그렇게 확인된 선택을 통해서 하느님의 손에 내맡기기 위해서 또 다른 위로나 정감의 특별한 표지들을 그분께 더 요구할 수는 없었다.

람의 지향과 정서의 정화를 특별한 방식으로 고려한다. 제1 요소는, 사람이 "자기가 선택하는 대상에 대해 어느 정도 갖는 그 사랑이 오직 자신의 창조주 주님 때문이라고 스스로 느낄 것이다." 제2 요소는, 그가 알지 못하는 어떤 사람에게, 이와 똑같은 선택의 여지를 제시한다고 할 때, 그가 온전히 완덕을 추구하기를 바라면서, 권고할 바를 생각하는 것이다. 그리고는 자기 자신이 그 권고를 따르는 것이다. 제3 요소는, 죽음을 앞두고 있다고 가정하면서 이 당면한 경우에 무엇을 선택했기를 바랄 것인가를 생각하는 것이다. 제4 요소는, 결정적인 하느님의 판단 시점에 있다고 생각하고, 이 선택에서 무엇을 선택했기를 바랄 것인지에 대해 그와 똑같은 방식으로 언급한다. 또한 행한 심사숙고나 선택을, 우리 주 하느님께서 그것을 받아들이시고 확인해 주시도록, 그분께 봉헌하라는 이냐시오의 본문(『영신 수련』 188항)에 첨가한 각주가 적용되는 것처럼 보인다.

이제 막 설명을 끝낸 이 과정은 「친필 지침서」(*Directorio autógrafo*, n.21)에서 제안된 형태로 사용될 수 있을 것이다.

> "〔…〕 마치 누가 왕에게 다양한 음식들을 차려 드리고 그것들 중에 어떤 것이 그분 마음에 드는지 살펴보는 것과 같이, 우리 주 하느님께 하루는 한 부분을, 다른 날에는 다른 부분을, 마치 하루는 결심들을 그리고 다른 날에는 규칙들을 보여 드리는 것처럼 봉헌하고 우리 주 하느님께서 당신의 신적인 뜻의 표지들을 어디에 더욱 나타내 주시는지를 살펴보는 것이다."[185]

---

185) 본문은 신분 선택의 경우에 관해서 말하고 있다. 그러나 사안이 바뀐다면 어떠

그렇지만 이로써 사람이 자신의 문제에 대해 찾던 해답을 반드시 얻게 되리라고 생각하지는 않는다. 우리가 하느님께 시기도 방법도 강요할 수는 없다. 그렇게 되는 것이 경험이 확인해 주는바 가장 가능성이 있다. 왜냐하면 하느님께서 우리가 그것들을 받기를 원하시는 것보다 더욱더 전해 주기를 원하시기 때문이며,[186] 이런 의미에서 그분께 희망을 두고 그분의 뜻을 찾고 따르기 위해 갖은 노력을 아끼지 않은 사람의 기도를 들어주시리라는 희망을 할 수 있기 때문이다. 그렇지만 때때로 현재로서는 단지 찾던 바의 한 부분만을 사람에게 통교해 주시는데, 구하는 겸손한 태도를 계속 유지하고 하느님의 뜻에 전적으로 내어 맡기는 내적 자세를 계속 연마하도록 하기 위함이다.[187]

한 다른 선택에도 적용될 수 있다. 또한 우리가 하느님께서 하기를 원하시는 바에 대한 주인이 아니기 때문에, 우리 주 하느님께서 이 순간에 선택하는 이를 움직이시고 어떤 새로운 위로와 실망 체험의 시기에 들게 하신다 해도 이상한 일은 아니라고 말할 수 있겠다. 그렇다면 선택은 "둘째 시기"에 언급된 바에 따라서 진행될 수 있겠다. 이는 그의 『일기』(*Diario*)에서 우리에게 남긴 가난에 대한 선택을 고심하던 나날들 가운데 성 이냐시오에게 일어난 과정에 대한 설명이 될 수 있겠다.

186) "우리 쪽에서 겸손의 그릇이 되어 있고 그분의 은총을 받고자 하는 열정이 있다면, 그리고 그분께서 우리가 받은 선물들을 잘 사용하고 당신 은총을 부지런히 민첩하게 간청하는 것을 보신다면"(*Obras*, 5ª ed., p.796).

187) 오르티스(Ortiz) 형제는 그들의 주해에서 선택의 이 목적에 대해 무척 흥미로운 몇 구절을 제시하고 있다. "넷째 요소에서 자신의 인간적 선택을 봉헌하고 바쳐드린 다음, 그 안에서 다섯째 요소에서 설명된 영적 인식과 빛을 얻지 못하면, 그렇다면 택한 선택을 실행에 옮기지 말고, 우선 사정의 크기에 따라 적절한 횟수와 시간 동안 그런 결론을 지닌 채 우리 주님 생애의 신비들에 대한 관상을 실시하면서, 영혼의 다양한 위로와 실망의 시기들을 거치면서 선택하고자 하는 사정에 대해 다양한 영들이 영혼에게 일으키는 여러 가지 생각들을 듣고, 또한 나중에 더 언급될 것처럼, 반대편의 봉헌들에 따라 발생하는 다양한 하느님의 위로와 실망들에 주의를 기울인다. 나중에 이 두 가지 영적 체험들로 인해 더 분명하게 더 나은 부분을 알고 그것을 실행에 옮기면서 우리 주 하느님께 적합

최종적 종합

한마디로, 선택은 성 이냐시오에 따르면 단순히 위로나 혹은 영혼의 다른 감정들에 근거하는 것이 아니라고 말할 수 있겠다. 하느님의 활동은 시간 속에서 실행되는 어떤 실재라고 전제한다. 이는 사람이 성경과 교도권의 가르침이 지적하는 전제에 따라 파악할 수 있다. 그리고 하느님께서 당신의 뜻을 드러내시고 사람이 그 뜻을 식별하고 파악하는 매개체인 활동은 다양한 형태를 띤다. 통상 은총으로써 그 뜻을 파악하기 위해서 내적 자세를 갖추는 것과 윤리적 인간 행위를 하는 데 필수적인 확신을 지니고 그 뜻을 인식하기 위해 적합한 방법들을 동원하여 주의를 기울이는 것이 사람의 몫이다. 시기와 방식은 하느님께서 택하시는 것이며 이를 사람이 강요할 수 없다.

중요한 것은 하느님께서 선택해 주실 각 시기에 하느님의 요구들과 완전한 조화를 이루는 가운데 선택이 행해져야 한다는 것이다. 방법과 관련하여 얻은 모든 가르침을 통해 볼 때, 앞서 지적한 세 시기에 있어서 결론은, 식별하는 사람의 의식 속에 하느님께서 넣어 주신, 결정하는 그의 내면에서 하느님께서 그때 그에게 원하시는 바와 일치한다는 확신을 최종적인 것으로 내포하고 있음을 본다. 첫째 시기에 그 확신은 의심할 여지 없이 주입된 직접적 방식으로 영혼 안에 생긴다. 둘째 시기에는 체험된

한 봉헌과 제헌이 되도록 한다"(MHSI, 100 = *Exercitia* p.645). 이 본문은 내가 앞에서 전개한 해석을 지지한다고 생각된다: "〔…〕 그 안에서 영적 인식과 빛을 얻지 못하면." 나머지는 그리스도 생애의 신비에 대한 관상을 통해서 하느님 뜻을 찾는 작업을 계속하는 것이다.

움직임들에 적용된, 해당 규범들에 따른 식별을 통해서 적합한 단계의 확신에 대한 확실성에 도달한다. 셋째 시기에는 움직임들이 아니라 — 없다고 가정하기 때문에 — 순수한 지향 안에서 은총의 빛으로 비춰진, 결정하게 하는 동기들(los motivos)에 적용된 식별을 통해서 그 확신에 도달한다.

위로는 "선한 영이 더 우리를 인도하고 권고하는"(『영신 수련』 318항) 시기로서 중요한데, 왜냐하면 그 위로 안에서 때때로 우리에게 "우리가 따라야 하거나 그렇지 않으면 피해야 할 길을 열어 보여 주기"[188] 때문이다. 비록 항상은 아니라 할지라도, 앞선 이유 없는 위로나 이유 있는 위로의 때에 그렇다. 마찬가지로 우리는 항상 충분한 확실성을 갖고 구별하거나 혹은 우리에게 전달된 것의 핵심에 머물 줄 알지는 못하고, 오히려 하느님께서 우리에게 전해 주시려는 것에 덧붙이거나 제거하거나, 혹은 그것을 우리 식대로 해석한다.[189] 그렇지만 위로를 누리는 것이 항상 우리 손에 달린 것은 아니며, 그 위로를 확인처럼 우리가 요구할 수도 없다. 어쨌든 그 자체로 선한 것과의 앞선 일치라는 객관성은 항상 보존된다.[190] 그리고 경험이 있는 지도자와 상담하는 지혜가 항상 전제된다.[191]

---

188) *Obras de san Ignacio*, p.732.

189) *Ibid.*, p.733, n.8.

190) 참조: 『영신 수련』 170항과 "Carta a Teresa Rejadell"(테레사 레하델에게 보낸 편지), *Obras*, p.733: "〔…〕 그리고 우리가 택하는 그것의 방향은 반드시 우리를 계명과, 교회의 법규와 우리 장상들에 대한 순명에 일치시켜야 하며, 온전한 겸손으로 충만하게 해야 합니다. 왜냐하면 같은 하느님의 영이 그 모든 것 안에 현존하시기 때문입니다."

191) *Directorio autógrafo*(친필 지침서), c.3.

참고 문헌

- A. Sampaio, *Los tiempos del elección...*, pp.153~303.
- B. Juanes, *La elección ignaciana por el segundo y tercer tiempo*, CIS, Roma, 1980.
- E. Lepers, "Les pièges de la décision", *Christus* 32(1985), pp.331~343.
- J. Calveras, "Buscar y hallar la voluntad divina por los tiempos de elección de los Ejercicios Espirituales de san Ignacio", *Manresa* 15(1943), pp.252~270, 324~340.
- J. Roi, "L'élection d'après saint Ignace. Interprétations diverses", *RAM* 42(1962), pp.305-323.
- J. Santiago, "The election vs. the third week", *Woodstock Letters* 94(1965), pp.165~190.
- K. Rahner, *L'elemento dinamico nella Chiesa*, Morcelliana, Brescia, 1970.
- M. Giuliani, *Prière et action*, Desclée, Paris, 1966.

제 8 장

성 소 식 별

서론

1. 우리는 이제 이 주제를 다루게 되었다. 왜냐하면 이 주제에는 앞서 설명한 문제 중 여러 가지가 관련되기 때문이다. 바오로 6세는 제2차 바티칸 공의회의 중요한 순간에 성소에 대한 담화를 발표하였는데, 후에 해당 공의회 문헌에 인용된 유명한 구절을 담고 있다.

> "부르시는 하느님의 목소리는 서로 다른 놀랍고도 일치된 두 가지 방식으로 표현된다. 하나는 내적이며, 은총의, 성령의 방식으로서, 주님의 힘 있는 '침묵의 목소리'가 인간 영혼의 깊이를 알 수 없는 심연에서 행하시는 말로 표현할 수 없는 내적인 매력의 방식이며, 또 하나는 외적이며, 인간적이고, 감각할 수 있으며, 사회적이고, 법적이며, 구체적이고, 하느님 말씀에 대한 자격 있는 성직자의 방식, 사도의 방식, 하느님의 계명과 말씀(Verbo)의 메시지를 체험할

수 있는 언어로 옮기는 역할을 받은 매개물로서 그리스도께서 원하시고 세우신 대체할 수 없는 도구인 교계제도의 방식이다. 성 바오로와 함께 가톨릭 교의는 이렇게 가르치고 있다. '[…] 선포하는 사람이 없으면 어떻게 들을 수 있겠습니까?'(로마 10,14)."[192]

내적 성소와 외적 성소는 하나의 같은 성소에 기여한다. 마치 하느님의 목소리가 미래의 사제들, 봉헌된 사람들이나 교회 안에서 어떤 특별한 사명을 받은 사람들이 되도록 불린 사람들의 귀에 비범한 방식으로 다가와야 할 것처럼 기다려서는 안 된다고 공의회 문헌에 암시되었다. 오히려 일상생활 속에서 지혜로운 그리스도인들에게 하느님의 뜻이 알려지는 통상적인 표지들을 통해서 파악하고 판단할 줄 알아야 한다.[193]

2. "성소"(Vocación)는 그 어원을 살펴보면(vocare = 부르다), 개인적인 부르심을 전제한다. 즉 부르는 사람과 그 부름이 향하

192) "La voce di Dio che chiama si esprime in due modi diversi, meravigliosi e convergenti: uno interiore, quello della grazia, quello dello Spirito Santo, quello ineffabile del fascino interiore che la «voce silenziosa» e potente del Signore esercita nelle insondabili profondità dell'anima umana; e uno esteriore, umano, sensibile, sociale, giuridico, concreto, quello del ministro qualificato della parola di Dio, quello dell'Apostolo, quello della Gerarchia, strumento indispensabile, istituito e voluto da Cristo, come veicolo incaricato di tradurre in linguaggio sperimentabile il messaggio del Verbo e del precetto divino. Così insegna con san Paolo la dottrina cattolica: *Quomodo audient sine praedicante?*...(Rm 10, 14)"("Discorso del 5 maggio 1965", *L'osservatore Romano*, 6 maggio 1965, p.1). 비오 12세의 회칙 *Menti nostrae*에서 성소는 두 가지 요소, 즉 하느님의 요소와 교회적 요소로 이루어진다고 언명하였다[*AAS* 42(1950), pp.657~704].

193) 제2차 바티칸 공의회, 사제의 생활과 교역에 관한 교령 「사제품」(*Presbyterorum ordinis*) 11항.

는 사람을 전제한다. 그리스도에게는 부르시는 분은 하느님이시다. 그래서 사람에게 당신의 뜻을 알려 사람이 어떤 특정한 방식이나 생활 신분을 통해서 당신 뜻을 따르도록 하신다.

하느님의 부르심을 받은 모든 사람은 자신들의 삶을 통해서 그리스도의 모상(로마 8,29)을 띠도록 정해졌기 때문에, 개인적 성소를 식별하는 것은 하느님께서 그 특정 인물의 생애 안에서 구현하기를 원하시는 그런 그리스도의 면모가 드러나는 생활 신분이나 방식을 찾아내는 것이다. 그리고 하느님께서 어떤 사람을 어떤 특별한 사명으로 부르실 때에는 그 사명을 완수하기 위한 특별한 은총들도 또한 베풀어 주신다.

3. 오늘날 "성소"라는 용어가 자주 넓은 의미에서 사용되고 있음을 알고 있다. 그리고 성소는 또한 하느님께서 한 개인에게 생래적으로 태워 주신, 그래서 그를 그렇게 존재하도록 하신, 성정(性情)에 딸린 본성적 성향으로 간주된다. 그렇지만 여기서 우리는 이 용어를 좀 더 좁은 뜻에서 사용하겠다. 즉 사람의 모든 총체적 실재를, 교회 안에서 그 사람에게 기대하는 사명과 신분 안에서 그에 대한 하느님의 성화 계획의 구현을 위해 하느님께서 주신 초자연적 은총과 선물들 및 타고난 성정이라는 자질과 함께 고려한다. 또한 그래서 여기서는 사제 생활로의 하느님의 특별한 부르심, 혹은 평신도나 수도자의 봉헌의 경우로 한정한다.

이런 의미에서 성소는 하느님의 특별한 사랑의 행위인데, 이 행위를 통해서 하느님께서 그리스도의 신비체 안에서 완성으로 이끄시는 구원 계획에 있어 어떤 특정한 사명이나 특별한 신분을 위해 그 성소를 택하는 사람에게 나타내 보이시며, 그 결과 하느님께서 맡기신 이 임무를 이행할 수 있도록 필요한 모든 은

총과 자질을 그에게 부여하신다.[194]

예수님에 의한 다양한 부르심에 대한 복음의 예는 쉽게 알아볼 수 있다. 그를 따랐던 이들 중에서 몇몇을 선택하여 당신과 함께 있도록 하시고, 특별한 능력들을 주시고 또한 그들의 이름을 불러 세우시면서 복음을 선포하게 하셨다(마르 3,13 이하).

4. 그러나 이 장에서는 관련 당사자가 하느님의 목소리를 파악하기 위해 행해야 하는 식별에 대해서, 그를 도와야 하는 영적 지도자들이나 특별한 봉헌이나 사제직에 지원자를 받아들일지를 결정해야 하는 장상들의 임무로서의 식별에 대해서만큼 다루지는 않을 것이다.

자신의 삶에 대한 하느님의 뜻을 찾고 발견하는 일과 관련된 첫 번째 경우에 있어서는, 성 이냐시오의 가르침에 따른, 하느님 뜻이 사람에게 나타나는 "여건이나 방식들"이 도움이 된다. 두 번째 경우, 영적 지도자들과 장상들에게 해당되는 것 또한 그 똑같은 가르침을 염두에 두어야 할 것이다. 그렇지만 그들은 게다가 다른 측면들을 고려해야 하는데, 지원자에게 있어 성소의 은총의 성숙이나 계발 그리고 식별에 기울여야 할 도움과 관련되는 것들이다.[195]

5. 만일 우리가 왜 성소 식별이 필요한지 자문해 본다면, 많은 이유를 발견하게 될 것이다. 사람이 늘 하느님의 목소리를

---

194) Cf. Pío XII, encíclica(회칙) 「그리스도의 신비체」(*Mystici Corporis*), *AAS* 35 (1943), p.218.

195) 영적 지도자들에 대해 언급하면서, 사도적 권고 「현대의 사제 양성」(*Pastores dabo vobis*)은 이를 "부름을 받은 사람들을 깨우쳐 주고 인도하는 성령의 협조자들의 직무"(40항)라고 부른다.

파악할 준비가 되어 있는 것이 아니거나, 혹은 그 말씀을 때때로 많은 무질서한 감정들을 통해서 받아들인 나머지 자신의 요구들로 덮어씌우고 하느님의 호소를 옆으로 치워 버리고 만다. 다른 때에는 자신의 열망이나 야망들을, 그 가능성과 하느님의 자유로운 선택(참조: 마르 3,13)을 고려하지 않은 채, 하느님의 목소리와 혼동할 수 있다. 게다가 하느님의 부르심은 늘 급작스럽게 나타나거나 완전히 이해된 채로 나타나는 것이 아니라, 조금씩 밝혀지고 완성되는 경향이나 매력처럼 나타난다. 그리고 우리가 성 이냐시오의 "세 시기"와 거기서 암시되었던 각각의 다른 양식들을 연구할 때 확인할 수 있었던 바와 같이, 같은 방식으로 나타나는 것도 아니다.

다른 한편, 마찬가지로 사람은 교회가 성숙한 판단으로 한 사람의 성소를 사제나 수도자의 봉헌에 공식적으로 받아들임으로써 확증할 수 있도록, 요구되는 자질의 필수적인 성숙을 단번에 이루어 내지도 못한다. 때문에 「현대의 사제 양성」(*Pastores dabo vobis*)에 따르면, 사목활동을 "사제 성소의 식별과 부름을 받은 이들의 양성에"(11항) 펼쳐야 한다.

이 모든 이유 때문에, 다른 것들 가운데서도, 영적 식별이 필요한데, 이는 다양한 신분에 따른, 그리고 특히 어떤 사람을 최종적인 봉헌에 받아들이거나 서품을 하는 데 근거 있게 결정할 수 있기 위한 필수적인 성숙과 관련하여 성소의 은총을 알아볼 줄 알도록 하기 위함이다.

식별을 위한 규범들

1. 필수적인 전제

우리가 인용한 요한 바오로 2세의 시노드 후속 문헌 사도적 권고는 다음과 같이 언명하고 있다.

> "직무 사제직의 본질과 사명에 대해서 충분히 아는 것은 사제직 성소자들을 더욱 많이 배출하고, 분별하고, 서품 사제직에 부름을 받은 이들을 양성하기 위해 교회에서 전개하는 성소 사목이 잘 발전될 수 있도록 하는 데 반드시 필요한 전제 조건이자, 가장 확실한 길잡이이며, 강력한 촉진제입니다."[196)]

봉헌 생활의 그 어떠한 성소에 대한 식별의 문제에 있어서도 유비적(類比的)으로, 같은 말을 할 수 있겠다. 이런 성소들을 식별하기 위한 필수적인 전제는 무엇보다도 "**교회 안의 이 신분이나 생활 형태의 본성과 사명**"을 염두에 두는 것이다. 그 어떠한 봉헌 생활의 경우에 있어서도, 문제는 애정("나뉨 없는 사랑")과 자기 생명 전체를 그리스도와 그분 왕국의 이익을 위해 봉헌하는 가운데 그리스도와 함께 머물기 위한 부르심이다. 사제직의 경우에는 게다가 교회 안에서 착한 목자이시며 당신 백성의 인도자이시며, 사제이신 그리스도의 현존을 신자들 앞에서 대리하는 문제가 있다.[197)]

---

196) 「현대의 사제 양성」 11항.

2. 자질

주님께서 어떤 특정한 신분이나 사명으로 부르신 사람들에게 그 성소를 따르는 데 필요한 은총과 자질을 주신다고 전제한다면, 무엇보다 그 사람 안에 그런 자질들과 하느님의 선물들이 있는지 주의를 기울여야 할 것이다. 또는 양성 과정에 그를 받아들일 때 그러한 것들을 지니게 될 수 있으리라는 희망을 주는 표지들을 보여 주어야 할 것이다. 복음적 표현에 따르면, 그 탑을 완공할 수 있으리라는 근거 있는 희망을 주는 것이다(루카 14,27~30).

하느님께서 한 사람을 어떤 특정한 사명이나 어떤 생활 신분으로 부르시는 표지들 중의 하나는 필요한 자질들을 그에게 주셨다는 사실일 것이다. 이런 자질들이 없다는 것은 그것에로 선택되지 않았다는 표지이다. 성 토마스 데 아퀴노에 따르면, "하느님께서 어떤 일을 위해 선택한 사람들을, 하도록 선택된 그 일을 위해, 그것을 할 수 있는 적합한 이들이 되도록 예비하시고 준비시키신다(2코린 3,6): 하느님께서 우리에게 새 계약의 일꾼이 되는 자격을 주셨습니다."[198]

---

197) 「현대의 사제 양성」 22항. 자신의 인격 안에 당신 교회에 대한 그리스도의 신랑으로서의 사랑의 증거가 세워진바, 다음과 같이 묘사된다. "새롭고 너그럽고 순수한 마음으로 그리고 진정으로 자신을 끊어 버리고, 완전하고 끊임없이 충실하게 자신을 바쳐 사랑할 수 있어야 합니다. 뿐만 아니라 '하느님께서 염려하시는 것과 같은 마음으로'(참조: 2코린 11,2), 심지어는 어머니처럼 부드러운 마음으로, **신자들의 마음속에 그리스도가 형성될 때까지 분만의 고통**을 참을 수 있어야 합니다(참조: 갈라 4,19)"(같은 곳).

198) 『신학대전』(*Summa Theol.*) 3, q.27, art. 4: "Illos quos Deus ad aliquid eligit, ita praeparat et disponit, ut ad id ad quod eliguntur, inveniantur idonei, secundum illud(2Cor 3, 6): Idoneos nos fecit ministros novi testamenti." 나달(J. Nadal) 신부는 하느님께 불렸으면서도 나중에 그에 어울리지 않게 처신하는

라이통(Lahitton)의 저서 『사제 성소』(*La vocation sacerdotale*)와 관련하여 채택된 추기경위원회의 답서가 이미 선언한바, 주교가 합당하게 서품하기 위해서, 사제직 지원자에게 요구되는 바는 다름 아니라 올바른 지향과 적성이다.[199] 여기서 적성이란 지원자가 사제직에 따르는 의무들을 올바르게 완수할 수 있으리라는 근거 있는 희망을 제공할 "**충분한 교리 지식과 삶의 모범, 은총에 의한 본성의 재능과 자질**"을 의미한다.[200] 그런데 그 자질은 역시 지원 당사자 안에서 분명히 식별되어야 하니, 부적당한 이들에게 주교의 안수가 행해지지 않도록 하기 위함이고(참조: 1티모 5,22; 티토 1,5~16), 한 사람을 뒤따르는 문제들에 끌어들이지 않도록 하기 위함이다. 여기서 사제직과 관련하여 언급되는 바는 어떠한 형태의 봉헌 생활에라도, 적용될 특별한 성소나 신분의 특성들을 염두에 두는 가운데, 유비적으로 적용될 수 있다.

양성 과정에 받아들이기 위한 초기 식별도 봉헌 생활에 요

어떤 이들의 경우를 생각한다. 양성 과정에 받아들여진 이들의 문제로서 몇몇 사람들이 생각하리라고 짐작되는 바와 반대로 다음과 같이 단언한다. "Iidem eo prolixius erunt probandi et maiori cum difficultate eiciendi"(그에 의해 평가받기 위하여, 그리고 다수에게 어렵게 내보내지기 위하여 이 같은 이들이 더 오래 있게 될 것입니다). *Scholia in Constitutiones S.I.*(예수회 회헌 주해), ed. crítica, Granada, 1976, p.59. 적합하지 않은 이들을 데리고 있도록 권고하여 다른 이들에게 해를 끼칠 수 있을지 모르게 하려는 때문이 아니라, 할 수 있을 때, 사람이 하느님께 불순종할 위험을 피하도록 해야 함을 지적하기 위함이니, 왜냐하면 하느님께서 그가 회개하여 끗끗이 하느님의 성소를 따르도록, 그를 부르시는 것은 분명하기 때문이다.

199) 답서는 교황 성 비오 10세로부터 완전히 승인받았다: *AAS* 4(1912), p.485. 적성에 지원자의 자유와 법적 장애의 부재가 포함되는 것은 말할 것도 없다.

200) 더 나아가 아무도 서품하는 데 주교의 자유로운 결정에 앞서는, 사제직에 대한 권리를 갖고 있지 않다고 단언하였다. 또한 지원 당사자의 내적인 갈망이나 혹은 사제직을 받아들이라는 성령의 추정된 초대에 마음을 쓰면서 사제 성소를 식별해서는 안 된다고 선언하였다(*ibid.*).

구되는 자질이 지원자 안에서 성숙될 수 있으리라는 희망을 주는 객관적 자질들에 기초해야 한다. 그런데 받아들여지는 때부터 이미 올바른 교육 과정을 실시하게 할 정도의 충분한 단계에 있어야 한다. (부제직이나 서원의 봉헌에) 결정적으로 받아들여질 때에는 기대된 성숙에 도달했어야만 할 것이다.

이 성숙에 "**관계된 표지들**"은 단지, 수련된 생활 습관으로서, 그리고 양성 과정의 여러 가지 검정(檢定)을 통해서 드러난, 충분한 지식, 균형 잡힌 판단력, 통교와 협력의 능력, 충분한 유순함과 자제력 등 순전히 본성적인 것들만이 아니다. 오히려 무엇보다도, 신앙에의 완전한 일치, 신실한 신심과 기도 및 성사 생활, 하느님 나라의 유익을 위한 참된 열정 등으로 드러난 "초자연적인 것들"이다.[201] 이 표지들을 모두 포용하는 총괄적인 징후가 있다고 말하겠다. 지원자 안에 양성을 통해서 점점 더 완전히 그리고 배타적으로 그리스도와의 긴밀한 우정과 그분 나라의 이익(개인적인 기도와 실행에 옮길 수 있는 사도직 안에서 계발된)에만 집중되는 "생생한 동향과 감수성"이 관찰되어야 한다.[202] 이 생생한 동향의 행로로부터의 일탈이나 유혹은 만일 은총의 도움으로 전체적 인격 안에 평화롭게 흡수됨으로써 극복되었다면 자신의 성소

---

201) Pablo VI, carta apostólica *Summi Dei Verbum*, *AAS* 55(1963), pp.979~995.

202) 독신은 모든 사람이 이해하지는 못하는 선물이며, 복음적으로 하늘나라를 위해서라는 목적에 의해서만 정당화된다(마태 19,11~12). 서방 교회에서는 사제 서품을 위한 적성으로, 지원자 안에 이 선물의 현존이 받아들여지고 추구되는 형태로 요구된다. 즉 "quibus Deus, praeter caetera sacrae vocationis indicia, etiam sacri coelibatus donum concesserit"〔이들에게 하느님께서는, 성소의 다른 표지들 외에, 거룩한 독신생활의 선물도 또한 허락하셨다: Pablo VI, encíclica *Sacerdotalis coelibatus*, *AAS* 59(1967), p.682, n.62〕. 이들에게가 아니라면 서품하기를 원하지 않는다.

의 성숙에 기여할 수 있는 우연적 현상들처럼 일어날 수 있다. 그렇지만 이 전체적 동향이 평화와 기쁨 중에 얻어지지 않았다면, 지원자는 발을 내딛은 그 길을 포기하고, 최종적인 책무에 받아들여지기 전에 교회 생활의 다른 지위나 신분 안에서 또 다른 자신의 그리스도교적 인격의 실현을 모색하는 것이 더 나을 것이다.

매우 심각한 이 문제에 있어, 겉보기만의 신심은 교회의 삶 전체나 당사자에게 범죄가 될 수 있다고 생각한다.

3. 올바른 지향

a) 식별의 가장 어려운 측면들 중의 하나는 성소자의 올바른 지향이라는 측면이다. 여기서 특별히 관계있는 것은 사람의 전체적 활동력을 유도하는 지향인데, 이것은 사람의 진술 하나로나 몇 가지 활동들만으로 알아보기가 늘 쉬운 것이 아니다. 때때로 "**주된 지향**"은 하나다. 비록 그 지향과 결합되어 그 지향을 오염시키는 다른 지향들이 있다고 하더라도 말이다. 그렇지만 시험에 부쳐 볼 수 있으니, 이차적인 동기들이 없을 때 우세하게 남아 있을 수 있기 때문이다. 다른 때에는 이 주된 지향이 그리스도교적 동기들의 활발한 동화(同化)와, 시험과 양성을 통해서, 사람을 완전히 집중시키고 몰입시키기까지 조금씩 길을 열어 간다.

b) 그렇지만 처음에는 "**무가치하거나 불충분한 동기들**"이 있을 수 있다. 개인의 생생한 두려움으로부터의 일종의 피난처, 안락이나 이기주의적인 물질적 이익, 개인적 특전이나 인정을 얻어내고자 하는 열망, 혹은 또한 다른 이들에 대한 순전히 인간적이

거나 사회적인 도움 등을 찾는 동기 같은 것이다. 때때로 어쩌면, 영웅적으로 보이는 어떤 행위를, 그 행위에 대한 충분한 생각도 없이 또는 그것을 실행하도록 하느님에게서 초대받지도 못한 채 하는 가운데, 개인적으로 희생하고자 하는 지향, 자신이나 다른 이들의 어떤 죄에 대한 속죄의 지향도 포함되겠다.

또한 봉헌의 매력들이나 기쁨, 또는 어머니나 아버지, 혹은 지원자에게 중대한 압력을 행사하는 어떤 좋아하는 사람의 바람들과 같은 그런 동기들이 드러날 수 있다. 말할 것도 없이 하느님의 참된 부르심으로 고려할 그런 것들이 아니다.

이런 지향 중에 어떤 것도, 성소가 없다면, 그 자체 하나만으로 부르심을 충분히 지탱할 수 없다. 그렇지만 만일 성소가 있다면, 자기 인격의 확고함과 평화 중에, 자기의 생명과 정감과 활동을 그리스도와 하느님 나라의 이익에 완전히 봉헌하는 데에만 오로지 집중한 사람으로서의 총체적 동향이 보이기까지, 지원자를 차차 시험해 보고,[203] 그 사람 안에서 가치 있는 동기가 아닌 것들을 제거해야 하는 훌륭한 양성을 통해서 제거되고 극복될 수 있다. 특별히 기도 생활과 완전한 형태의(한 달간의 수련) 이냐시오 "**영신 수련**"이 그를 도울 것이다. 이것들은 모든 무질서한 정감을 제거하고, 추정된 성소 안에서 나타나는 그리스도의 그

---

203) 규율에 따르고 균형을 이루는 가운데 인내롭게 영위되는 일상생활이 벌써 훌륭한 시험이 될 수 있다. 그렇지만 지원자가 어려운 여건들 속에서, 예를 들어 의무를 다했다는 의식, 궁핍한 사람, 가난한 사람, 다루기 어려운 사람, 보잘것없는 사람 등에게 물질적, 영적인 도움을 주었다는 의식에서 오는 기쁨 외에 물질적 보상은 없거나 힘든 일이나 직무에 파견하면서, 어떻게 반응하는지를 관찰하는 것도 도움이 된다. 혹은 기도에 대한 충실성, 성사들의 실천 및 양심 성찰, 혹은 방학 기간에 자기 본당에서의 사도적 협력에 대한 성찰, 봉사에 있어서의 극기, 이기주의와 허영과의 투쟁 등에 대해 주의를 기울이는 것도 도움이 된다.

모습을 자신의 삶 속에서 구현하도록 초대하는 있을 수 있는 성령의 부르심이나 영감에 대해 사심(私心) 없이(desinteresado) 귀 기울이도록 마음을 열거나, 혹은 오직 하느님께 더욱 기쁨이 되는 것만을 선택하도록 하기 위해, 그 추정된 성소에서 멀어지게 할 것이다.

c) 현명한 양성자는 다양한 병상(病狀)에 영향을 받고 있을 수 있는 사람들에게 주의를 기울여야 한다.[204] 그들 가운데 고유한 "**심층의 동기들**"은 — 전의식적(前意識的)인 혹은 무의식적인 — 자유의 통상적 한계들을 드러내는, 처신에 있어서의 부조화 혹은 변덕이라는 표지들을 통해서 오직 간접적으로만 드러난다. 한 개인이 놀이를 하거나, 식탁에서나 혹은 휴식하고 있을 때같이 덜 통제된 상황에서 한층 더 관찰될 수 있다. 충분히 소화되지 않은 어떤 갈등에 의해 증폭된, 자기 인격의 방어기제에 상응하는 눈에 띄는 과도한 반응들이 있다. 여기에서 교회의 지침들은 어떤 경우에 지원자에 대해 미리 심리 검사를 하도록 권고하고 있다.[205] 만일 갈등이 심각하고 쉽게 극복될 수 없고, 오히려 짊어져야 할 미래의 의무들 때문에 심화될 수 있다면, 적어도 그 위험이 사라질 때까지는 접어든 양성의 길을 중단하도록 하는 것이 권장할 만하다. 다른 경우들에는 그 사람의 총체적 동향에

---

204) 예를 들어, A. Godin, *Guide à l'usage du clergé pour discerner les troubles mentaux*, Bruxelles, 1961; L. M. Rulla, *Psicologia del profondo e vocazione: le persone*, Torino, 1975; A. Cencini / A. Manenti, *Psicologia e formazione. Strutture e dinamismi*, Bologna, 1987 등을 보라.

205) *La formazione spirituale del candidato al sacerdozio*, documento de la Sacra Congregazione dei Seminari e delle Università degli Studi, 1965, pp.356~357.

있어 처신과 인격의 그 항구하지 못한 측면이, 하느님께서 사제에게 원하신 성덕을 향하는 그의 경향을 방해하지 않고,[206] 또한 그의 사목활동을 받아들일 수 없을 정도로 해치지도 않도록, 극복될지를 관찰해야 할 것이다.

이 모든 것에 대해서, 양성 과정에 대해서처럼, 책임 있게 처신해야 하는 이는 바로 지원자이다. 영적 지도자나 혹은 원장은 그 책임 있는 협력을 얻도록 노력해야 한다. 교육자들의 활동은 "오직 미래의 사제들〔혹은 여기서도 말하는데, 수도자들〕이 확신을 갖고 진심에서 우러난 자세로 〔…〕〔그 활동에〕 협력할 때 〔…〕 참으로 충분한 효과를 거둘 수 있게 될"[207] 것이기 때문이다. 또한 바람직한 일로서, 그의 인생에서 다른 길을 걸어야 하는 경우에도, 그 양심의 평화를 유지하는 가운데 상처 없이 그렇게 해야 할 것이다. 왜냐하면 그것이 하느님의 보다 큰 영광, 교회와 자기 자신의 선을 위해 하느님께서 그에게 바라시는 뜻이기 때문이다.

마지막 결론

성소의 양성과 성숙에 있어서처럼, 영적 식별의 주인공은, 성령이어야만 한다. 바로 그분이 당신의 선물들과 은총으로써

206) 소유적(所有的) 사랑(예를 들어, 자폐증이나 쾌락주의 등)으로 강하게 기울어 있음을 반영하는 어떠한 태도를 극복하고 그리스도와 그분 나라에 대한 봉사에 자기 자신을 봉헌하는 사랑으로 건너갔음을 보여 주지 못하는 사람은 사제적 사랑의 참된 대리자가 될 수 없다(참조: 「현대의 사제 양성」 44항).

207) 「현대의 사제 양성」 69항.

"착한 목자이신 예수 그리스도를 닮고 본받을 수 있도록"[208] 하시니, 교회 안에서 사제 성소를 다룰 때, 교회의 장상들, 영적 지도자와 지원자 모두가 자신의 일을 인식하도록 비추어 주시고 인도해 주시도록 청해야 한다(1코린 2,10~16). 그리고 그분이 또한 교회 안에서 자신의 성소를 인식해야 하는 그 누구라도, 그리고 그들이 자신의 성소를 발견하도록 돕거나 자신의 성소를 따르도록 용기를 주어야 하는 이들을 인도해 주시도록 청해야 할 것이다.

참고 문헌

- C. M. Martini / A. Vanhoye, *Bibbia e vocazione*, Morcelliana, Brescia, 1982.
- Concilio Vaticano II, decretos *Presbyterorum ordinis y Optatam totius.*
- *Documento final del Congresso sulle vocazioni al sacerdozio e alla vita consacrata in Europa,* a cura dellle Congregazioni per la Educazione Cattolica, le Chiese Orientali, e per gli Istituti di Vita Consacrata..., Roma, 8 de dicembre de 1997.
- F. Mantaras Ruiz-Bermejo, *Discernimiento vocacional y derecho a la intimidad en el candidato al presbiterato diocesano,* PUG, Roma, 2005 = Tesi Gregoriana, serie Diritto

208) 같은 곳.

Canonico, 68.
• H. U. von Balthasar, "La vita secondo i consigli, oggi", *Vita consacrata* 7(1971), pp.187~196.
• J. Beyer, "I consigli evangelici", *Vita consacrata* 26(1990), pp.52~67.
• ———, "Vocation", *Dictionnaire de Spiritualité*, t. 16, 1993, coll. 1082ss.
• J. M. Palacios, "Los signos vocacionales en S. Antonio M. Claret", *Claretianum* 11(1971), pp.97~137.
• J. M. Rufo, "Elecciones inmutables en la cultura de la provisionalidad", *Manresa* 73(2001), pp.161~173.
• Juan Pablo II, exhortación apostólica postsinodal *Pastores dabo vobis*(1992).
• K. L. Stock, *Boten aus dem Mit-Him-Sein*, Roma, 1975.
• K. Wojtyla, "La sainteté sacerdotale comme carte d'identité", *Seminarium* 1(1978), pp.167~181.
• *La formazione spirituale nei seminari*, PUG, Roma, 1957.
• Pablo VI, encíclica *Sacerdotalis coelibatus*(1967).
• Pío XI, encíclica *Ad catholici sacerdotii*, *AAS*(1936).
• *Sacerdocio y celibato*, BAC, Madrid, 1972.
• Sacra Congregazione dei Seminari e delle Università degli Studi, *La formazione spirituale del candidato al sacerdozio*, Città del Vaticano, 1965.

- Sacra Congregazione per la Educazione Cattolica, "Orientamenti educativi sull'amore umano", *L'osservatore Romano*, 12 febbraio 1983.
- ———, *Orientamenti educativi per la formazione al celibato sacerdotale*, Roma, 1974.

제 9 장

영적 지도에서의 식별

서론

1. 영적 지도는 그리스도인에게 신앙과 영성 생활에 성숙하게 하기 위해 제시되는 도움으로[209] 영적 식별의 시행과 이를 위한 특별한 도움을 반드시 동반한다. 이미 이 책의 첫 부분 몇 장들에서 성경에 나타난 그리스도교적 성숙과 영적 식별 간의 밀접한 관계에 대해 성찰하였다. 그리스도인은 자신의 신원이 말하는바 자기실현을 향해서가 아니라 예수 그리스도, 자신의 뜻이 아니라 성부의 뜻을 행하기 위해 이 세상에서 사셨던 성부의 독생 성자의 표상을 따라 살도록 하느님으로부터 안배되었다. 즉 하느님의 성령의 인도에 따라 행하기 위해 마음을 열고 성부의

209) 여러 시기에 이런 유형의 도움은 다른 이름들로 불렸거나, 혹은 그런 도움의 일부 측면이 특히 강조되었다. 예를 들면, 영적 부성애(父性愛)로 불렸고(수련자는 영성 생활을 하도록 태어나 아버지에 의해 양육된다; 성 바오로는 그렇게 말할 것이다: 1코린 4,15); 또는 영적 스승직(그래서 수련자는 제자가 되며, 그리스도교의 제자직의 실천을 수련한다)으로 불렸다.

말씀을 순종하는 자세로 늘 경청해야 한다.

그리스도를 따름, 하느님의 성령께 대한 순명과 복종 등 일련의 기초들에 근거하지 않는 다른 유형과 형태의 그리스도교 성덕을 상상할 수 없으므로, 하느님의 뜻에 대한 영적 식별은 자신의 그리스도교 생활이 성숙하게 되기를 바라는 사람의 수련 기간에 반드시 포함되는 것이 확실하다. 그리고 그가 이 성숙에 도달하도록 도와주기를 바라는 사람은 성령과의 근본적인 협력 안에 수련자(θεοδίδακτος: theodidaktos: 하느님께 교육받은, 인도된)가 될 때까지 도와주는 일도 포함해야 한다.

2. 어쩌면 영적 지도에 대한 이러한 그리스도교적 도움이 무엇으로 이루어져 있는지를 더욱 잘 요약하는 신약성경의 동사들로서 aedificare(성장하게 하다, 참조: 1테살 5,11)와 docere(가르치다, 참조: 마태 28,20) 등을 들 수 있겠다. 첫째 것은 모든 그리스도인에 대한 일반적인 언급으로서 어떤 특별한 교계제도적인 명령 없이 "서로 성장하게 하라", 예수 그리스도께서 당신의 피로 값을 치르고 우리에게 선사하신 영원한 생명을 얻도록 경계하고 그리스도교적 행동을 하라는 맥락에서, 단순한 그리스도인들의 차원에서 도움이 제공되는 경우에 적용될 수 있다. 동사 ὀικοδομεω (oikodomeo: 성장하게 하다)는 성 바오로가 많은 경우에 사용하였는데,[210] 그리스도 신비체 구성원들의 상호 결합을 통해 각 구성원들 안에서 성장하는 신앙과 사랑이라는 이 건물의 조직적 건설을 암시하며, 또한 전 신비체의 질서 있는 성장에 사용하고 있다(에페 4,16). 다른 용어들로 신비체의 각 구성원 안에서 그리스도

210) 참조: 1코린 14,26; 에페 2,22; 4,29.

가 성숙하여 충만에 이르기까지 성장하는 것을 일컫게 될 그런 동사이다(갈라 4,19; 에페 4,13~16). 그런 상호 건설, 새로운 생명의 성장(신비체의 총체 안에서 그리고 그 구성원들 각자 안에서 그리스도의 성장)으로 우리 모두는 불렸다. 시작부터 암시했던 본문은 영적 지도를 이루는 도움의 유형을 보완하는 표현을 덧붙인다. 즉 "consolamini invicem", 서로 격려하십시오(παρακαλεῖτε ἀλλήλους: parakaleite allelous: 1테살 5,11). 영적 지도의 효과는 대개 위로와 내적 용기, 여정을 계속할 힘과 관련된다.

반대로 다른 표현, "모든 민족들을"(μαθητεῦσατε: matheteusate: 제자로 삼아)는 모든 이에게 전해야 하는 가르침의 내용으로 보완되어 나타난다. "내가 너희에게 명령한 모든 것을 가르쳐 지키게 하여라"(마태 28,20). 그리고 이 경우 영적 지도의 시행은 또한 건설의 이러한 측면에서도 스승직을 수행하라는 교계제도적으로 받은 명령의 완수가 될 것이다.

3. 교회의 역사를 살펴보면 영적 지도 안에서 두 그리스도인 사이에 형성되는 관계의 유형을 지칭하기 위해 사용된 용어들이 여럿 있었다.

가장 오래된 관계로 스승직-제자직(복음적 명령에 따라), 그리고 영적 부성(父性)-부자 관계(성 바오로의 예를 볼 때)에 대한 언급이 있다. 후자는 초세기에(사막 교부들, 성인 교부들) 우세했으며, 후세기에도 영적 지도를 말할 때 그 힘을 잃지 않았다. 그렇지만 스승-제자의 표현도 또한 사용되었다. 두 표현 모두 서로 보완하며 상충되지 않는다. 오늘날 어떤 이들은 형제적 측면을 강조하기 위해 영적 동반이라는 용어를 선호하는 경향이 있다. 그렇지만 어떤 의미로 영적 부성(父性)과 스승직의 면모에 필수 요소인, 계시된 메시지와 신앙 및 영성 생활의 체험의 전수라는 내용이 용납되지 않는다면, 영적 지도(그리스도교적 성숙과 하느님 나라에 필요한 제자의 내적 태도에 대한 도움)의 의미는 퇴색될 것이다. 성 바오로는 이 영적 부성과 부자 관계라는 단어를 주저하지 않고 사용하였으며, 모범이나 스승직이라는 용어에 만족하지 않았다(1코린 4, 14~17. 참조: 갈라 4,19; 필리 2,20~23). 어쨌든 사랑과 도움의 봉사라는 관계는 복음적인 한, 도움을 주는 사람과 받는 사람, 영적 아버지와 영적 아들, 스승(하느님께서 그렇게 되기를 원하셨기 때문에)과 제자 등 두 그리스도인 모두 신앙 안에서 같은 제자요 도구라는 의미에서, 깊은 겸손의 태도와 자신의 가난과 무(無)를 깊이 자각하는 자세가 뚜렷이 드러나야 한다. 우월감이나 열등의식이 표현되는 것은 여기서 추구하는 복음적 관계에 합당치 못하다 하겠다. 그렇다고 이 작업이, 우리가 이 세상에서 살아가는 동안 모든 좋은 것 안에서 일어날 수 있는 것처럼, 그 자체로 거룩한 것을 변질시키거나 망가뜨릴 위험에 사실상 늘 노출되어 있음을 부정할 수는 없다. 이 사실로 볼 때 의당 그래야만 하는 복음적 수준으로 관계를 정화하고 유지하기 위해서 이 관계의 본질을 흐리게 할 수 있는 자기 고유의 경향성에 결코 끌려가지 않도록 지속적인 주의와 노력을 기울여야 한다.

식별의 적용

일상생활 속에서

1. 이렇게 영적 지도를 영적 성숙을 위한 도움이라고 볼 때, 무엇보다도 자신에게 의탁하는 사람이 "**하느님의 말씀을 듣고**", 성령의 인도하심에 마음을 열 수 있도록 "필요한 기초들"을 지니는 데 도움을 주는 것이 현명한 지도자의 몫이라는 것은 분명하다. "하느님 말씀의 묵상"과 "성사들의 효과적인 배령"을 통한, "내적 생활" 없이, "하느님과의 개인적 친밀함을 증진시킬 시간과 침묵" 없이, 영성 생활, 그리스도교적 성숙에로 이끌어 가는 성장은 불가능하다. 또한 건전한 윤리적 생활 없이 하느님의 성령과 영적 조화와 통교를 이루고 있는 것처럼 주장할 수 없음은 명백하다. 이는 영성 생활을 가능하게 하는 조건이다.

게다가 이 책의 제1부에서 언급한 식별의 긍정적이고 부정적인 모든 조건들을 염두에 두어 영적 식별에 필요한 태도들을 촉진하고 방해하는 태도들은 피해야 한다.

2. 동시에 있을 수 있는 "**환상이나 유혹들의 위험**"을 예견하여 피하면서 진행해야 한다.[211] 그래서 제자가 점점 더 준비된 채로 다양한 상황을 대면하고 바람직하게 인격적 결정을 할 수 있게 한다. 기도와 절제의 생활이 증진되면서 성령의 영감과 움직임에 대한 주의와 순종도 증진되어야 한다. 그런데 실망과 평온의 시기에 매순간 하느님의 뜻을 이행하기 위해 성숙한 결정

---

[211] 이 점에 대해서는 이 책의 제1부에서 관련 주제를 다룬 장을 참조하라.

을 할 줄 아는 데 있어서도 성장해야 한다.

영성 생활이란 하느님께서 점점 더 주도권을 잡아야 하는, 사랑이 넘치는 상호 인격적 통교의 형식 안에서 구현되고 전개된다는 사실을 피지도자가 점점 더 자각하는 것이 중요하다. 이러한 통교는 그 표지들을 지니고 있는데, 어떠한 종류의 상호 인격적인 통교에서도 일어나는 바와 같이, 일반적으로 인식과 정서 또는 감정의 두 측면으로 구성되고 또 구별된다. 여기에 우리가 앞서 언급한 위로, 실망, 그리고 악한 영이나 단순히 본성적인 활동들의 표지들에 대한 모든 내용이 도움이 될 것이다.

더 일반적인 도움은 개인적인 여건들이나 본성적인 정서적 상황인 것들과 은총의 영감이나 암시, 움직임인 것들을 구별할 줄 알도록 가르쳐 가는 데 있을 것이다.[212] 그리고 이는 일상적인 은총의 도움으로 매 순간 요청된 덕행을 지속적으로 실천하기를 중단하지 않은 채, 오직 성령에게서 직접 느낀 충동들의 충격에 의해서만 영성 생활의 여정을 걸을 수 있다고 믿는 환상에 떨어질 필요 없이 그렇게 하도록 하는 것이다. 단지 허영심의 투영이나 자기가 중심이 되려는 노심초사인 것에 불과한 자기 자신의 야망이나 생각, 계획을 하느님에게서 받은 선물과 자신에게 맡겨진 예언적 소명과 혼동하게 만드는 속임수는 한층 더 교묘

212) 이 언급으로, 받은 은총들이 작용할 수 없으리라고, 실제로 단순히 본성적인 정서와 감정에 그 정화와 승화를 위해서 또한 작용할 수 없으리라고 말하려는 것은 아니다. 환상(본성적인 것까지도 포함하여), 열광 혹은 용기 등을 더욱 느끼게 할 수 있다. 그러나 그 결과들 너머에는 인격적 통교 안에 그 결과들을 일으키는 사람이 있는데, 그 사람에 대해 그의 재능과 혼동하지 않는 가운데 주의를 기울일 필요가 있다. 그리고 위격적 하느님은 많은 방식으로, 실망을 통해서까지도 당신의 뜻을 드러낼 수 있다.

하다.[213] 게다가 그것이 허무한 것이요 죄스러운 것임을 지성으로 파악하는 이의 환상은 한층 더한 것이니, 그래서 겸손이라는 큰 선물을 받았다고 믿고 있지만, 하느님의 현존 앞에서, 다른 사람들 앞에서 자만하는 가운데, 자기 존재의 가장 깊은 곳에서 나오는 반응들이라는 점에서 그의 마음속으로 그리고 실제로는 교만한 것이다.

3. 적절한 영적 도움을 베풀기 위해서는 지도자가 완전히 의도적이지는 않은 약점들이나 혹은 압도적인 성향들로 해석되는, "**피지도자의** 성격적 혹은 교육에 의한 본성적 한계들"을 "의도적인 포기", 맺은 약속의 위반, 성령께 대한 순종이나 주의의 결핍과 구별할 줄 아는 것이 매우 중요하다. 피지도자도 이 같은 사실을 알아 자신의 노력을 정확히 집중하고 자신의 진짜 장애물들을 인식하도록 하는 것이 좋다. 눈앞에서 항상 선과 자유롭고 자발적인 진보, 하느님의 선물에 대한 보다 나은 응답, 잘 양성된 양심에 대한 충실성을 놓치지 않는다면, 적절하게 주의를 줄 때에 갖출 인내와 사랑, 동기를 부여할 때 지닐 확고함과 충고나 단련은 제자리를 차지할 것이다.

4. 시간, 장소, 문화, 각 시대와 사람의 풍습이라는 "여건 속에 영성 생활을 육화하는 것"은 인간적 독창성이나 지도자의 취향의 문제가 아니라, 사람이 자신의 상황이나 개인 성소에 따라 구현하도록 불린 그리스도의 모상을 식별하도록 이끄시는, 각 사람과의 관계 속에서 활동하시는 성령의 작용의 결과이다. 이를

213) 고집스런 집요함, 자기 판단을 고집함, 반대 받을 때 좌절하거나 원한을 품고 유순함을 상실함 등은 하느님의 성령에게서 오는 것이 아니거나 그분께서 온전히 활동하시도록 내어 맡기지 못하는, 착각의 표지들이 될 것이다.

위해서는 시대의 표징, 카리스마 혹은 특별한 은총의 표지, 개인 성소의 표지 등 이 제3부에서 다룬 바를 참조하는 것이 도움이 될 것이다.

5. 그리스도교 영성 생활은 교회 안에서 이루어져야 하는 것이므로, 영적 지도에 있어서 "**교회에 대한 감각**"을 매우 중요하게 여겨야 한다. 즉 영성 생활의 핵심인 애덕 안에서 전개되어야 하는 사도직과 건설의 측면을 깊이 고려해야 한다. 여기서 교회에 대한 진정한 감각에 관해 언급된 주의들을 참조해야 한다. 이 주의들은 처음부터 교회와 생생한 일치 안에 세워진 영성 생활에, 다른 이들의 선을 위해 개인의 성덕 안에서 맺어야 하는 참된 열매를 맺느냐 여부가 달려 있다는 사실에서 확인되었다. 더 나아가 이 점과 관련하여 교회 안에서 어떤 생활 신분이나 어떤 특정한 카리스마적 신분에로의 부르심이라는 주제가 요구하는 특별한 도움이 있다. 이 영역에서 피지도자가 교회 안에서 자신을 부르시는 하느님께 대한 개인적 봉사나 신분을 찾고 결심하는 데 도움을 주기 위해서는 특히 출중한 초연함과 개인적 혹은 집단적 집착으로부터의 자유가 요구된다. 보통 그 사람에 대해 조금 아는 것으로는 충분하지 못할 것이다. 일반적으로 성소의 은총은 하느님께서 그 사람을 교회 내 어떤 특정한 신분이나 봉사에로 준비시켜 온 역사 안에 육화되기 때문이다.

위기 속에서

또한 "**있을 수 있는 변화들**", 즉 주변 여건이나 내적 상황의 변화들에도 주의를 기울여야 할 것이다. 위기의 순간들이 올 수 있는데 이를 영적 성숙의 정상적인 구성 요소들로서 간주해야 한다. 죽음을 통하지 않고 삶으로 건너가는 그리스도교의 여정이란 없다. 모든 십자가와 어둠의 시기는 그리스도 안에서 하느님과의 만남을 위한, 하느님께 전 존재와 활동을 더욱 온전히 내어맡기고, 더욱 심원한 깊이에 이르기 위한 대기실이 되어야 할 것이다. 위기와 어둠을 영성 생활의 의도적 포기, 게으름이나 태만과 혼동하지 말아야 한다.

사람이 여전히 자신의 영성적 혹은 신앙적 "나"에 너무 마음을 빼앗기고 있는 시대 혹은 시절에서 하느님의 활동과 현존의 증진과 성장을 위해 자기 자신을 중요히 여기고 주인공이 되고자 하는 경향을 잠잠하게 가라앉히는 방향으로 옮아가야 한다. 그리고 이는 사람이 모든 일에 있어 성실치 못하게 처신하라는 것이 아니라, 은총이야말로 첫 자리를 차지해야 하며 성화(聖化)는 "유일하게 거룩하신 분", 하느님의 업적이라고 믿기 때문이다.

성장과 위기는 **기도 생활이나** "사도직과 협력의 생활"에 나쁜 영향을 미칠 수 있다. 즉 실패, 상처, 무가치하다는 느낌, 반대, 경멸, 불확실성, 어디로 향할지 모름 등이다. 중요한 것은 자신의 성실성을 잃지 않도록 하는 것이며, 구름 위에 계시는 하느님을 신뢰할 줄 아는 것인데(비록 보지 못해도), 하느님께서는 그를 다름 아니라 바로 신앙과 기도의 정신으로 그리스도의 십자가에 개인적으로 참여하는 일을 통해서 빛으로 인도하시며 당신의 왕국을 앞으로 이끌어 가신다.

"**기도 생활**"에서는 소위 "관상으로의 이행(移行)"(하느님께서 원하신다면 원하실 때)이라는 특별한 식별을 요구할 것이다. 이에 대해서 이미 십자가의 성 요한이 준 주의 사항들을 언급한 바 있다. 이미 하느님의 뜻 이외에 다른 어떠한 기쁨도 바라지 않고 오직 그분의 영광만을 추구하는 사람에게는 추리적 묵상을 할 구체적 가능성과 맛을 잃는 것은 탕진과 해이의 표지가 아니다. 자신의 성소나 신분을 잘못 택했다는 표지는 더욱더 아니다. 그 사람 안에서 주님께서 그를 이 향주덕의 습성으로 이끄신 것으로서, 이제 그의 기도를 단순하게 하시고, 당신의 현존과 활동을 수동적으로 체험하게 하시는 것이다. 비록 그 사람이 아직은 그것을 알거나 이해하지 못한다 하더라도 말이다. 하느님께서 이끄시도록 내어 맡긴다는 것이 그분과의 새로운 교류 방식 안에서 그 사람의 신뢰에 찬 응답이어야 한다. 지도자 편에서는 잘못된 진단을 해서는 안 된다. 이렇게 관상으로 옮아가라는 초대의 표지들은 함께 동시에 있어야 한다. 그가 추리적 묵상을 할 때 느끼는 모호함과 무력함은 대개 관상가 안에서 기회가 될 때마다 복음적인 핵심을 포착하기 위한 대단한 각성을 동반하는 경우가 많다.

다른 한편, 지도자는 단지 자신이 할 수 있는 것을 매 순간 하느님께서 원하시는 대로 하는 것일 뿐이라는 사실을 깨달아야 한다. 우리가 기도할 때마다 그 방식 때문이 아니라, 하느님의 요구에 대한 응답의 결여 여부 때문에 더 낫거나 나쁜 것이 되는 것이다. 그리고 하느님께서 어떤 길을 닫으실 때 그분이 열어 주시는 다른 길을 받아들이고, 그 길을 막지 않으신다면 그분께서 영혼을 당신의 길로 안내하시고 양육하시기 위해 안배하시고 원하시는 그 길을 따르면 되는 것이다. 어느 한 쪽으로나 다른 쪽으로 이끄는 착각에 빠지지 말아야 한다.[214] 절대로 자기 자신 속에 갇히지도 말고, 오로지 자신의 능력만 믿어서도 결코 안 된다. 항상 침묵과 희망 속에서 항구하도록 돕고, 모든 인간적 외견(外見)을 넘어 그 위에 신앙의 지평을 열어 놓게 해야 한다.

신분이나 성소 선택에 있어서

아주 좋은 기회들 중의 하나는, 이때 일반적으로 영성 지도자의 도움이 요청되는데, 교회 안에서 자신의 성소를 인식하거나 생활 신분을 선택할 시간이 도래하는 때이다. 우리가 이미 앞에서 다뤘던 주제와 관련된다. 그런데 지도자와 관련해서는 개방적이고 지도를 필요로 하거나 바라는 이에게 도움을 줄 때 지녀야 할 편견이나 당파심에서 자유로운 태도를 지닐 것을 기억해야 한다. 자신의 주장, 사고방식이나 수도회의 추종자를 확보하거나 동조자를 만드는 것이 아니고, 우리가 선택한 것들을 그 누구에게 강요하는 것도 아니다. 지도자는 피지도자의 객관적 자료들(현 상황, 역사, 자질, 그리고 받은 은총)에 유의하여 피지도자가 상황, 주님의 참된 영감(만일 있다면), 그의 삶에 대한 하느님의 뜻을 발견할 수 있게 하는 선택의 방법이나 시기를 객관적으로 인식하도록 도움을 주어야 한다. 그의 역할은 하느님의 부르심을 듣기에 적합한 내적 자세를 형성하고, 피지도자 안에 그 부르심을 따르는 데 필요한 자질이나 조건들을 성숙시키는 데 도움을 주는 것이다. 그의 도움은 또한 부르심에 대한 충실성을 위협하는 위험이나 유혹들을 물리치는 데 참으로 중요한 역할을 할 것이다.

---

214) 참조: 십자가의 성 요한(S. Juan de la Cruz), 『가르멜의 산길』(*Subida*) 2, c.14 & c.15, 1.

제2차 바티칸 공의회는 지혜롭고 성실한 영적 지도가 성소의 영역에서 행해질 수 있다는 중요성을 사제들에게 상기시켜 준다.[215] 성소자 안에 성소가 생기고 자라나도록 적합한 내적 태도를 형성하는 일이 사제들에게 맡겨진다. 부르시는 주님의 목소리가 비범한 방법으로 성소자에게 들리기를 바라서는 안 된다. "오히려 주님의 목소리는 날마다 하느님의 뜻이 슬기로운 그리스도인들에게서 드러나는 징표들에서 이해되고 식별되어야 하며, 사제들은 이러한 징표들을 주의 깊게 살펴보아야 한다."[216]

헌신의 태도와 교회 상황에 대한 인식, 교회 안에서 봉헌 생활과 사제 직무의 의미와 권위에 대한 올바른 가르침을 장려하는 것이 지도자와 교육자들의 일이다. 영적 지도자가 자기가 베풀 도움을 영적 식별을 위한 도움을 중심으로 하고, 영성 생활을 부르심과 하느님의 은총의 주도권에 대한 응답으로 생각한다면, 조만간 피지도자 안에서 받은 선물에 대한 의식이 성숙해 갈 것이요 자기 성소나 신분을 결심할 필요성을 제때에 느끼게 될 것이다.

한 그리스도인의 미래와 교회의 선을 위해 참으로 결정적이고 중요한 이 결정이 온 정성을 다해 진심으로 응답하기 위해 요구된 조건들에 맞춰 적합하게 내려지도록 주의를 기울이는 것이 영적 지도자의 몫이겠다. 지도자는 피지도자의 자질과 결점들, 받은 재능들과 그에게 있을 수 있는 어려움들을 잘 아는 사람으

215) 「사제의 생활과 교역에 관한 교령」 11항.

216) 같은 곳: "Ipsa enim potius ex signis intellegenda et diiudicanda est, quibus cotidie voluntas Dei prudentibus christianis innotescit; quae signa attente a Presbyteris consideranda sunt."

로서 자신의 증거로써 그를 위로하는 것으로 그치지 않고, 그가 더욱 충만한 책임감과 인격적 자각 속에서 응답할 수 있도록, 피정의 분위기와 "**영신 수련**"을 할 수 있는 한 전체를 하도록 권고하는 것이 매우 유익할 것이다. 어쨌든 성소와 선택의 시기와 식별 규범에 대한 성실하고 지혜로운 적용을 다룬 전 장(章)의 언급에 대한 지식은 지도자와 피지도자에게 해당 부분이 많은 도움이 될 것이다.

다른 한편 식별할 기회가 오면, 나이, 시대, 가족, 문화와 정치 등 다양한 여건들이 구체적으로 하느님의 목소리를 구성하는 전체의 한 부분을 이룬다는 것을 염두에 두어야 한다. 때때로 이것들은 우리가 그 특정한 때에 신분이나 교회 안에서 우리의 고유한 카리스마적 위상을 선택하기를 하느님께서 원하신다는 표지가 된다. 이를 위해 시대의 징표를 다룬 장(章)에서 우리가 언급한 바를 상기하자.

성소는, 성숙하게 되면, "**심원한 기쁨**"(두려움이나, 혹은 극복할 수 있고 결심의 총체 안에 융합될 수 있다고 생각되는 어떤 혐오감을 동반할 수 있다)과 "평온하게 하는 안심"(자기 여건 속에서 주님께 가장 마음에 드는 결심을 한다는 확신)이란 특성들을, 자신의 능력껏 그분께 봉헌할 수 있는 더 나은 봉사를 하는 가운데 하느님을 향해 발전하리라는 것 같은 그러한 전망과 함께 드러내는 경향이 있다.

참고 문헌

- A. Mercatali, "Direzione spirituale", in *Nuovo Dizionario di Spiritualità*, col. 1116~1134.
- Aa.vv., "Direction spirituelle", en *Dictionnaire de Spiritualité* III, pp.1002~1214.
- Ch. A. Bernard, *L'aiuto spirituale personale*, Rogate, Roma, [3]1985.
- L. M. Mendizábal, *Dirección espiritual. Teoría y práctica*, BAC, Madrid, [r]2000.
- L. Rulla / F. Imoda / J. Ridick, *Antropologia della vocazione cristiana. Conferme esistenziali*, Piemme, Roma, 1986.
- L. Rulla, *Antropologia della vocazione cristiana. Basi interdisciplinari*, Piemme, Roma, 1985.
- M. Costa, *Direzione spirituale e discernimento*, ADP, Roma, 1993.
- S. Delle Fratte, *Vita spirituale e formazione: l'accompagnamento personale in G. B. Scaramelli S.I. (1687-1752)*, Glossa, Milano, 1999.

에필로그

하느님 체험에 관하여

서론

오늘날 지난 세기에 비해 체험이라는 개념은 훨씬 더 광범위하고 다양해졌다. 체험은 단순히 추상적 지식의 반대가 아니며, 감정의 산 체험, 의지의 경향들, 사람의 총체적 태도 등에 의해 풍요로워진 지식만도 아니고, "**매개물**"(*medium quo*)로서 삶을 통하여 얻은 지식이다. 사람은 단지 하느님께서 존재하신다는 것을 아는 것만이 아니라 자신과 삶 안에서 이루어지는 하느님의 활동이나 현존에 대한 직접적인 살아 있는 자각을 하기 때문에, 하느님께 대한 신앙적 체험이란 하느님의 실재에 대한 살아 있는 의식이다.

"직접적"(directa)이라고 말할 때 매개물들을 제외하는 것은 아니다. 신비적이거나 비범한 체험을 말할 때 쓰는 "즉각적"(inmediata) 체험을 가리키려고 하는 것이 아니다. 좀 더 평범한 체험 안에도 향주덕들과 성령의 선물들의 행사를 통해서 일어날 수 있다. 이는 하느님께서 다른 형태의 체험과 혼동될 수 없는 당신의 현존이나 활동에 대해 영혼에게 알려 주시지 않으면 있을 수 없는 것들을 자신의 의식의 총체 안에서 인식하는 이의 영적 체험이다. 이 체험은 오직 신앙과, 향주덕들의 전반적 혹은 부분적인 행사의 영역에서 구현된다. 이는 우리 생각에, 영원한 삶 속에서 맛볼 수 있는 하느님 체험일 수 있는 것에 대한 제한적이며 애매한 유비적인 참여이다. 그곳에서는 신앙이 "영광의 빛"(lumen gloriae)으로 변할 것이며, 이미 더는 신앙이 아니고 직관일 것이다. 이승에서는 때때로, 위로를 통해서, 물론 그 위로가 참된 것일 때, 직관을 누리게 된다. 그 신앙의 비추임, 의지의 올바름, 동반하는 지극 정성과 힘의 증가와 함께 오직 하느님께만 집중하는 하느님을 향한 승화는 영혼 안에서 활동하시는 하느님께 대힌 틀림없는 체험이다.

그러나 또한, 특별한 위로 없이, 사람이 하느님의 도움의 은총과 같이, 향주덕들의 어떤 치열한 실천을 통해, 자신과 자기 주변에서 일어나는 그분의 현존이나 활동에 대해 자각을 할 때에도, 그저 단지 하느님께서 자신 안에 계시고, 당신의 업적을 통해 모든 곳에 계신다는 것을 아는 것과는 같은 것이 아니다. 앞의 그 산 체험 안에서 이를 있는 그대로 체험한다.[1)]

성경은 우리에게 그 모범을 제시하고 이러한 형태의 체험을 하도록 격려하고 있다. 예를 들어 시편 34(33)편 9절에서 시편

---

1) 이 언급으로 G. Bataille가 성 이냐시오가 『영신 수련』에서 제시한 체험과 비교하여 가르멜 수도자들의 것으로 돌린 "내적" 체험(cf. *La experiencia interior*, Ed. Taurus, Madrid, 1973, p.25)에 대해 우리가 아무런 반박도 하지 않는 것은 아니라고 생각한다. 그 체험의 진정한 그리스도교적·신비적 의미 안에서 이해한다면 같은 체험이라고 하겠다.

저자는 다음과 같이 권고하고 있다. “너희는 맛보고 눈여겨보아라, 주님께서 얼마나 좋으신지!” 감각적 체험과의 비교는 전 존재를 아우르는 실제 생활 안에서의 자각을 암시하며, 단지 산 체험으로 겪어 보지도 않고 어떤 것은 어떻다고 알고 생각하는 것만은 아니라고 시사하고 있음이 분명하다. 베드로 1서 2장 3절은 그리스도 안에 새로 난 사람들이 “주님께서 얼마나 인자하신지 맛보았기에”, 모든 악의와 거짓을 물리치면서, 구원의 길에 성장하기 위해 “영적이고 순수한 젖”을 갈망하도록 장려할 때, 그리스도인에게 있어서 이러한 형태의 하느님 체험을 전제하고 있다. 세상의 여타 체험들과는 매우 다른 형태의 산 체험에 관한 암시이다.

야곱이 “보라, 내가 너와 함께 있으면서 네가 어디로 가든지 너를 지켜 주고, 너를 다시 이 땅으로 데려오겠다. 내가 너에게 약속한 것을 다 이루기까지 너를 떠나지 않겠다” 하신 주님의 말씀을 들은 뒤, “진정 주님께서 이곳에 계시는데도 나는 그것을 모르고 있었구나” 하고 탄식하면서, 두려움에 싸여 “이 얼마나 두려운 곳인가! 이곳은 다름 아닌 하느님의 집이다. 여기가 바로 하늘의 문이로구나”(참조: 창세 28,13~17)라고 말한 그때, 바로 그의 생애에 있어 하느님 체험을 한 것이었다.

이사야는 자신의 성소에 대해서 이야기할 때, 그의 하느님 체험이라고 일컬을 수 있는 그 지고한 순간으로 우리를 인도한다. 하느님께서 장엄하시다는 것을 성경을 통해 아는 것과 예언자가 그 상황에서 엄위하신 하느님께서 성전을 가득히 채우시는 것을 체험하고, “거룩하시다, 거룩하시다, 거룩하시다, 만군의 주님!”이라는 그 세 번에 걸친 천사의 외침을 들으며, 경건히 숭배하는 크나큰 외침에 얼마나 문지방 바닥이 뒤흔들리는지를 느끼고는, 충격에 빠져 "큰일 났구나. 나는 이제 망했다. 나는 입술이 더러운 사람이다. [⋯] 임금이신 만군의 주님을 내 눈으로 뵙다니!"(이사 6,1~5) 하고 탄식하는 것과는 같은 것이 아니다.

그리고 교회 생활에서 그리스도교 시대를 지나면서, 자신들의 다른 체험과 혼동될 수 없는 하느님 체험을 살아온 인물들의 인증된 진술들을 많이 보유하고 있다. 성 이냐시오가 그의 『자서전』(*Autobiografía*)에서 자신의 세심증과 어떻게 거기서 빠져나왔는지를 언급한 일화를 이야기할 때,[2] "주님께서 그를 마치 꿈에서처럼 깨어나게 하시길 원하셨고 [⋯] 우리 주님께서 당신의 자비로 그를 해방시키기를 원하셨음을 확신하였다."[3] 자신의 삶 안에서 하느님의 활동을 체험하였다. 계속해서 이야기한 바와 같다. "이 시절 하느님께서는 유치원 선생님이 아이를 다루듯이 그를 가르치면서 대하셨다. 이는 그 자신의 다듬어지지 않은 성품과 우둔함 때문이었는지, 혹은 따로 가르쳐 줄 사람이 없었기 때문인지, 혹은 하느님 자신이 당신을 섬기도록 그에게 허락하신 확고한 의지 때문이었는지는 모르지만, 그는 하느님께서 그를 이런 방식으로 다루셨다고 항상 믿었고 분명히 믿어 왔다. 그것을 의심한다면 존엄하신 하느님의 마음을 상하게 하는 것이라고 생각했다."[4] 하느님께서 사람들에게 행하시는 방식에 대해 받은 가르침이 아니라 그가 체험으로 산 것에 대한 것이었다.

그의 경우 단지 위로만이 아니라 또한 악이나 위험으로부터

---

2) 참조: 25항.

3) 같은 곳.

4) 같은 책, 27항.

의 해방 체험이기도 하였다. 더 앞에서 특히 그의 『영적 일기』(*Diario espiritual*)에서 이야기하게 될, 단지 비범한 환청이나 환시의 상황에서만이 아니라, 일상생활 안에서도, 그의 생애의 마지막 즈음에 단언하였는데, 그는 "신심, 즉 하느님을 쉽사리 만나뵙는 데 있어 나날이 증대하여, 이제는 생애의 그 어느 때보다 절정에 달해 있었다. 항상 어느 시각에라도 마음만 먹으면 하느님을 만났다. 〔…〕"[5] 이 하느님 만남은 일상생활의 그것들과는 다른 산 체험들을 말하는 것이다.

그리고 성녀 데레사가 그녀의 영혼 안에 내적으로 들은 말씀들이 남긴 효과를 이야기할 때, 다음과 같이 묘사하였다. "그 단 몇 말씀만으로 저는 즉시 진정되고, 용기와 힘과 안심, 그리고 정온과 빛을 지니게 되어, 한순간 제 영혼이 달라졌음을 보았으며, 이것이 하느님이셨다는 것을 밝히기 위해서 온 세상과도 맞설 수 있으리라 여겨졌습니다. 아, 주님 얼마나 좋고 힘 있으신가!" 성녀에게 성경의 한 구절(마태 8,26)이 떠올랐는데 심한 풍랑과 바람을 상대로 예수님이 당신의 권능을 드러내신 대목이다. 성녀도 다음과 같이 주해하였다. "〔…〕 내 모든 능력이 복종하고, 한순간 그렇게 심한 어둠에 빛을 주시며, 돌과 같던 마음을 부드럽게 하시고, 오랫동안 메말랐던 듯했던 곳에 감미로운 눈물을 주시는 이분은 누구신가? 누가 이런 열망을 느끼게 하시는가? 누가 이런 용기를 주시는가? 내게 이런 생각이 들었습니다. 나는 무엇을 두려워하는가? 이것이 뭐란 말인가?"[6]

---

5) 『자서전』(*Autobiografia*) 99항.

6) 『자서전』(*Vida*) 25장, 18~19.

이 차이를 알아차리는 능력을 주신 분은 하느님이시다. 우리는 이미 이 작업의 도입 부분에서 한 언급을 통해서 이를 알고 있다. 오직 하느님의 성령만이 하느님의 내면을 통찰하시고 아실 수 있다면, "하느님께서 우리에게 주신 선물을 알아보게"(1코린 2,12) 되기 위해, 하느님의 성령께서 우리에게 허락하신 것이다.

식별에 대한 논술에서 이 점에 이르렀으니, 우리가 기울이는 관심의 내용은 이 하느님 체험이 드러내는 특성들을 발견해 내어, 하느님 체험이 아닌 체험과 구별할 수 있도록 하는 것이다.

식별의 적용

지금까지 우리는 식별을 하는 사람의 외부나 내부에 적용하려고 하였으며, 두 영역 모두에서 어떤 식으로든 하느님의 뜻과 관계 있음을 보았다. 즉 메시지와 움직임들이 받아들일 수 있는 것들인지 여부, 충동이나 영감, 교회 내 카리스마적 현상들과 시대의 징표들을 통해 우리에게 통교되는 어떤 것이 우리에 대한 하느님의 뜻에 담긴 내용인지 등이었다.

하느님의 뜻을 발견하는 데 있어, 어떠한 경우든지, 우리는 세상과 우리의 내적 실재 안에서 움직이시는 하느님의 활동에 대한 어떤 인식을 갖고 있음은 분명하다. 아마도 인격체 안에서 하느님 체험을 식별하기 위한 표지들에 대해 자문해 본다면, 결국은 인격 전체에 영향을 미치는 무엇을 발견하는데, 이는 우리가 해야 할 바에 대한 하느님의 특별한 뜻의 현시가 그 체험 안에 명시적으로 포함되지 않고, 단순히 우리 삶 속에서 그분의 현존이나 그분의 활동을 느낄 때에도 그렇다.

그렇다면 이 작업의 처음부터 영적 식별이라고 불렀던 것의 형식적 대상을 이것과 바꿀 수 있는가? 그럴 수 없다고 본다. 왜냐하면 그리스도인에게 있어서는 단지 어떤 체험의 즐거움을 찾거나, 혹은 무엇을 좀 더 알게 된다거나 어떤 단순한 호기심을 만족시킨다는 단 한 가지 사실을 통해 그 체험을 인식할 줄 알기를 구하는 것이 아니라, 일어나는 모든 것이(그분이 우리에게 허락하시는 하느님 체험도) 선택된 사람들의 선을(로마 8,28), 즉 하느님의 구원 의지의 완전한 실현 이외에 다른 것일 수 없는 그 최종적 목적과 관련하여, 선택된 사람들 각자를 통한, 그리스도 안에서의 하느님 계획의 실현을 향해 있기 때문이다. 이 때문에 참된 하느님 체험을 그것이 아닌 것으로부터 식별하는 것은 그 체험 안에서 바라시는 목적을 발견하기 위해, 우리가 창조된 목적을 위해 그 체험을 이용하기 위한 것이어야 한다.

하느님 체험의 표지들

하느님 체험이 사람 안에 드러내는 근본적 표지들을 모아 확인하는 일은 어렵다. 어쩌면 이 하느님 체험이 마치 사람들끼리 서로 다른 것처럼 매우 다양하고, 천차만별인 여건들 안에서 매우 다른 표지들을 보이면서 하느님께서 사람에게 당신의 현존과 활동을 느끼게 하시는 방법들이 셀 수 없이 많기 때문일지도 모른다. 성경 안에서 그리고 영성 생활의 역사 안에서 우리에게 전해진 참으로 다양한 증거들을 읽어 보는 것으로 충분할 것이다.[7] 그러나 그 증거들 중의 어떤 것이라도 그 안에서 "하느님 체험"을 그렇지 않은 체험으로부터 식별해 내는 데 우리에게 도움이 될 어떤 공통적인 특성들을 어떻게 찾을까?

1. 하느님 체험이 있을 수 있는 모든 경우 안에서 인간이 자기 자신의 전적인 미소함(본질적으로 아무것도 아님)과 초월적 하느님께 대한 전적인 의존성을 분명히 받아들이는 데서 오는 경탄과 감탄의 의미를 발견해야 한다고 생각한다. 그러므로 또한 추론할 필요 없이, 영적 의미를 포함하는, 그 가장 승화된 의미에서 하느님을 만난다는 "감동"이 있다.[8]

2. 그런데 그런 경탄은, 어떠한 두려움이 되기까지 할 수 있지만, 거부하지 않고, 매혹시키며, 그분을 향해 끌어당기고, 맞아들이며, 자유롭게 하고, 구원한다. 하느님의 거저 주심에 대한 의식이 있는데, 이는 사람을 만들고 사랑을 통한 자기실현을 위해 투신하게 한다.

3. 다른 한편으로, 사람에게 흔쾌하고 긍정적인 자세를 갖게 한다. 사람이 자신의 힘과 활력을 하느님께 대한 봉사를 위해 쓰게 한다. 맡겨질 가능성이 많은 사명이나 일에 사람이 동의를

---

7) 십자가의 성 요한은 현명하지 못한 지도자들을 경계하면서 단언하였다. "하느님께서는 각각의 영혼을 서로 다른 길을 통해 이끄시기 때문에, 길을 걷는 방식의 본질에 있어 반만이라도 다른 이의 방식과 맞는 영혼을 찾기는 대단히 어려울 것이다"〔『사랑의 산 불꽃』(*Llama de amor viva*) 3, 59〕.

8) 신비적이지 않은 하느님 체험도 언급하면서, L. Borriello와 Giovanna della Croce는 창작할 때의 "심미적 하느님 체험"이라 부르는 것을 암시하였다. 그렇지만 사실 이들은 그 체험 안에서 십자가의 성 요한이 무엇보다 강조한 하느님과 예수님의 은총의 통교, 그분의 인간의 삶 안으로의 감미로운 개입, "또한 내적 조명 및 다른 유사한 현상들을 통한 그분의 효과적 도움"을 강조하고 있음을 전제한다(*Conoscere Dio è la vocazione dell'uomo*, Edizioni Paoline, Cinisello Balsamo, 1991, p.134).

하기 전에도 체험을 말할 수 있다고 하겠다. 의지의 매력과 힘을 자기의 진정한 목적지를 향해 기울이는 것과 같다.[9]

4. 그러므로 영혼의 나침반의 올바른 방향으로 접어드는 체험이 있다. 그 방향에서 가장 깊은 일치와 가장 참된 평화를 얻게 된다. 이전의 유사한 다른 체험들에 대한 기억과의 연속성,[10] 즉 하느님을 향한 진행 방향에서의 연속성을 깨닫게 된다.

5. 직접적으로 나타나 보이지 않을 때는, 적어도 성찰을 통하여 그런 체험과 그 효과들이 복음적 체험들 중의 어떤 것과,[11] 예수님의 모습과 일치됨을 보게 될 것이다. 그 예수님의 모상을 모든 선택된 사람들이 하느님의 계획에 따라 닮고, 그분 안에 모여들며 그분을 통해서 모든 은총이 우리에게 온다(참조: 요한 1,16; 로마 8,29).

---

9) 영혼에게 참된 유익을 주는 기쁨(맛)들을 묘사하기 위해, 십자가의 성 요한은 다음과 같이 가르친다. "〔…〕 이런 감각적인 것들이 내가 말한 순수한 영적 효과를 일으키는 그 사람은, 하느님에게서 오는 내가 말해 둔 그 기쁨 때문에, 그것들이 주어질 때면 그에게 많은 기쁨을 준다고 해도, 그에 대해 욕심도, 거의 아무런 관심도 없다. 그래서 그것들을 갈구하지 않고, 그것들이 주어질 때 내가 말한 대로, 즉시 의지는 그것들로부터 옮아가 그것들을 버리고 하느님께 도달한다"〔『가르멜의 산길』(*Subida*) 3권, 24장, 5〕.

10) 십자가의 성 요한은 영적 지도자를 위해서도 주의를 준다. "〔…〕 현명하고 분별력이 있는 것 외에도 경험이 있어야 한다. 영혼을 지도하기 위해서, 기본은 지식과 분별력이라 할지라도, 순수하고 참된 영인 것에 대한 체험이 없다면, 하느님께서 영혼을 이끌어 주실 때 영혼에게 제대로 길을 가르쳐 줄 수 없을 것이고, 그러한 것을 이해하지도 못할 것이기 때문이다"〔『사랑의 산 불꽃』(*Llama de amor viva*) B 3, 30〕.

11) 앞에서 인용한 성녀 데레사의 경우를 기억하라, 『자서전』(*Vida*) 25장, 19.

결론

말 그대로 특별한 체험의 특징들일 수 있는 다른 표지들은 말하지 않았다. 여기 모아 놓은 표지들은 단지 학문이나 이론적 지식만이 아니라, 생활 체험으로서 하느님께서 사람에게 당신의 현존과 참된 활동을 알게 하고자 하시는 방식을 통해서 특별한 단계로 원하실 때, 도움의 은총의 도움으로 실행된, 향주덕들의 일상적 체험 안에서 실현될 수 있다.

결코 관련 주제를 다 다루려는 것은 아니었고, 하느님 체험이라는 이 주제와 관련되는 것에 있어서는 더욱 그랬다. 단지 앞으로의 연구를 위한 여정과 가능한 착안점들 중의 하나를 제시하는 데 도움이 되었을 뿐이다.

또한 어떤 총체적인 주제이기 때문에, 그것을 완전히 배제하지 않는 것이 더 낫다고 생각되었다.

미래의 독자들이 이 책을 읽고 나서는 영적 식별이라는 것에 대해서 약간이라도 더 밝은 빛을 얻기를 바란다. 그리고 무엇보다도 독자들의 가슴속에서, 영적 식별을 효과 있게 실천할 수 있고, 우리가 이미 알고 있는 대로 영적 식별 능력에서 성숙을 내포하는 그리스도교인의 성숙을 향해 걷기 위해 필요한 영적 조건들을 형성하고자 노력하는 데 대한 거룩한 열망과 자극을 느끼기를 희망한다.

참고 문헌

- A. Léonard, "Expérience spirituelle", *Dictionnaire de Spiritualité*, t. 4, 2, coll. 2004~2026.
- Ch. A. Bernard, *Teologia spirituale*, Edizioni Paoline, Roma, 1982, 특히 c.1~3 & 16.
- J. Mouroux, *L'expérience chrétienne*, Paris, 1952 = col. Théologie 26.
- J. Thomas, "Ignace de Loyola, pélerin de Dieu. Jalons", *Vie chrétienne*, Paris, 1986 = *Supplément à Vie chrétienne*, 298.
- J. W. Padberg, "Personal Experience and the Spiritual Exercise", *Studies in the Spirituality of Jesuits* 10(1978), III-X, pp.245~329.
- L. Borriello / Giovanna della Croce, *Conoscere Dio é la vocazione dell'uomo*, Edizioni Paoline, Cinisello Balsamo, 1991.
- M. M. Labourdette, "La foi théologale et la connaissance mystique d'après saint Jean de la Croix", *Revue Thomiste* 41(1936), pp.593~629 & 42(1937), pp.16~57, 191~229.
- M. Ruiz Jurado, "S. Ignacio de Loyola, promotor de experiencia espiritual", *Manresa* 58(1986), pp.129~143.
- P. Blanchard, "Expérience trinitaire et vision béatifique d'après saint Jean de la Croix", *L'Année théologique* 9(1948), pp.293~310.
- S. Thiò, "La experiencia de Dios en los Ejercicios y en el

Diario espiritual de san Ignacio", *Manresa* 61(1989), pp.343~354.

/참/고/ /문/헌/ /일/반/

1. 문헌

- Concilio Vaticano II, Constitución *Lumen gentium* (1964).
- ———, Contitución *Gaudium et spes* (1965).
- ———, Decreto *Presbyterium ordinis* (1965).
- ———, Decreto *Ad gentes divinitus* (1965).
- ———, Decreto *Unitatis redintegratio* (1964).
- Juan Pablo II, Exhortación apostólica *Pastores dabo vobis* (1992).
- León XIII, Carta encíclica *Divinum illud munus* (1897).
- Pablo VI, Carta encíclica *Ecclesiam suam* (1964).
- ———, Carta encíclica *Populorum progressio* (1967).

2. 교부들과 교회의 저술가들

- Hermas, *El Pastor*, en D. Ruiz Bueno(ed.), *Padres Apostólicos*, Madrid [r]1993 = BAC 65: cf. «Mandamientos» V, 1; VI, 2; XI, 7-17; XII, 1-5 = pp.889~1092.
- Orígenes, *De Principiis*, ed. H. Crouzel / M. Simonetti, Cerf, Paris 1980 = SC 268: cf. III, c.1~3; *In Iesu Nave*, ed. Annie Jaubert, Cerf, Paris, 1960 = SC 71: cf. c.12, 2~3; 23, 3; *Homiliae in Ezechielem*, ed. M. Borret, Cerf, Paris, 1989 = SC 352: cf. hom. 2; *In Lucam*, ed. H. Crouzel / F. Fournier / P. Perichon, Cerf, Paris, 1962 = SC 87: cf. hom. 35; *De martyrio y De oratione* 31, 6, en *Origenes*, Band 1 y 2, ed. GCS, Leipzig, 1899.
- S. Cirilo de Jerusalén, *Catequesis*, ed. Migne, Paris, 1857 = *PG* 33: cf. col. 938~942 = cat. 16, 15~16.
- S. Atanasio, *Vita Antonii*, c.16~43 = *PG* 26, col. 835~976.
- S. Agustín, *De Genesi ad litteram*, en *Obras completas*, vol. XV, ed. B. Martín, Madrid 1957 = BAC 168: cf. XII, 13~14 y 28; *De Civitate Dei*, en *Obras completas*, vol. XVI, ed. D. Morán, Madrid, 1958 = BAC 170~171: cf. 14, 28.
- J. Casiano, *Colaciones*(= *Conférences*, 3 vols.), ed. E. Pichery, Cerf, Paris, 1955-1959 = SC 42, 54, 64: cf. col. 2, 7, 9, 18, 20, 22; *Instituciones monásticas*(= *Institutions Céno- bitiques*), ed. J. Cl. Guy, Cerf, Paris, 1965 = SC 109: cf. lib.5, 16~22 y 12, 17~33.

- S. Gregorio, *Morales*: cf. IX, 13~16, ed. Migne = *PL* 75, col. 870~874.
- Juan Clímaco, *Scala paradisi* II, ed. P. Trevisan, SEI, Torino, 1941 = *Corona Patrum* 9: cf. grad. XXVI.
- Diadocus Foticensis, *De Perfectione spiritali, en Oeuvres spirituelles*, ed. E. des Places, Cerf, Paris, 1966 = SC 5 ter: cf. 6; 26~40 y 74~91.
- Pseudo-Macario, *Homiliae* 1 y 3, en *Oeuvres spirituelles*, ed. V. Desprez, Cerf, Paris, 1980 = SC 275.
- F. Dingjan, "La discrétion dans les Apophtegmes des Pères", *Angelicum* 39(1962), pp.403~415.
- I. Hausherr, *Direction spirituelle en Orient autrefois*, Roma, 1955.
- S. Bernardo, *Sermones: De diversis* 23, 26 y 88; *In Cantica* 32, 5~7; 33, 9~10 y 74; *In circumcisione* 3, 11, Madrid, 1985-1988 = BAC 469, 473, 491, 497.
- Ricardo de S. Víctor, *Benjamin minor* 66, ed. Migne, *PL* 196, col. 1~64.
- Sto. Tomás de Aquino, *Summa Theologica* 1-2, q.111, a.4; 2-2, q.171-174; *Contra gentes* 3, 154; *In 1Cor 12* lect. 2; *In 2Cor 11* lect. 3.
- F. Dingjan, *Discretio. Les origines patristiques de la doctrine sur la prudence, chez S. Thomas d'Aquin, Assen*, 1967.
- Friemar, Henry de, *De quattuor instinctibus*, Anvers, 1652.
- Sta. Catalina de Siena, *Diálogo*, c.9~11, 68~71, 97~98,

105~106.

- F. Dingjan, "La pratique de la discrétion d'près les Lettres de S. Cathérine de Sienne", *RAM* 47(1971), pp.3~24.
- Gerson, Jean, *De examinatione doctrinarum, De probatione spirituum, De distinctione verarum revelationum a falsis, en Oeuvres complètes,* ed. Glorieux, 10 vols., Paris-Tournai-Rome-New York, 1960-1973: cf. vols. III y IX.
- Boland, P., T*he concept of "Discretio spirituum" in John Gerson's "De probatione spirituum" and "De distinctione verarum visionum a falsis"*, Washington, 1959.
- *Imitación de Cristo,* lib.3, c.1~3, 50~54.
- S. Bernardino, *De inspirationum discretione,* en *Opera omnia* vol. VI, ed. Quarachi, 1959, pp.233~311.
- Rijkel(= El Cartujano) D., "De discretione et examinatione spirituum", en *Opera omnia,* Montreuil-sur-Mont/Tournai, 1896-1913, t. 40, 267~305.
- Wittmann, *De discretione spirituum apud Dionysium Cartusianum,* Rome-Debrecen, 1939.
- Kempf, Nicolaus de, *Tractatus de discretione,* ed. B. Pez, vol. 9, Freiburg, 1894, pp.369~532.
- S. Juan de Avila, *Audi filia* II, c.50~55, en *Obras completas,* ed. F. Martín Hernández, vol. I, Madrid, 2000 = BAC Maior 64, pp.643~656.
- S. Ignacio de Loyola, *Ejercicios espirituales,* n.169~189; *Cartas,* n.5~6, 36, 51~52, 168; *Constituciones S.I.,* n.142~

144, 161, 414, 618, 633~634, etc., en *Obras*, Madrid, ^{r}1997 = BAC 86.

- Rahner, Hugo, "'Werde kundige Geldweschler'. Zur Geschichte der Lehre des hl. Ignatius von der Unterscheidung der Geister", *Gregorianum* 37(1956), pp.444~483.
- Sta. Teresa de Jesús, *Las moradas* VI, 3, en *Obras completas*, Madrid, ^{r}2000 = BAC 212.
- S. Juan de la Cruz, *Obras completas*, Madrid ^{r}2002 = BAC 15: cf. *Subida del Monte Carmelo*, lib.2, c.18, 3~7; 22, 12. 19; 30, 5; *Llama de amor viva*, 3, 30~1, 56~57. 61~62.
- Rossignoli, Bernardinus, *De disciplina christianae perfectionis*, Ingolstadt, 1600, lib.3, c.13~21.
- Gagliardi, Achille, *Commentarii seu explanationes in Exercitia Spiritualia*, Bruges, 1882, pp.107~197.
- La Puente, Luis de, *Guía espiritual*, Valladolid, 1609, c.20~24.
- Suárez, Francisco, *De religione S.I.*, lib.IX, c.5.
- Alvarez de Paz, Diego, *De inquitione pacis, en Opera*, vol. VI, Vivès, Parisiis, 1826: "Appendix ad librum IV."
- S. Francisco de Sales, *Tratado del amor de Dios*, lib.VIII, c.10~13.
- Godínez, Manuel, "Examen de los espíritus" y "Sobre las revelaciones y los raptos", en *Práctica de la teología mística*, Puebla, 1681, lib.VIII y IX.
- Bona, card., *De discretione spirituum in vita spirituali de-*

ducendorum, Bruxelles, 1671.

- Reguera, Manuel I. de la, "Examen spiritus" y "De revelationibus et raptibus", en *Praxis theologiae mysticae*, vol. II, Romae, 1745.
- Scaramelli, Giovanni, *Discernimento degli spiriti*, Venezia, 1753.
- Mouroux, Jean, *L'expérience chrétienne*, Paris, 1952 = Théologie 26.
- Gouvernaire, Jean, *Quand Dieu entre à l'improviste*, Paris, 1980.
- Rahner, Karl, *Das Dynamische in der Kirche*, Herder, Basel-Freiburg-Wien, 1960 = Questiones disputatae 5.

3. 연구 및 주해서들

- "L'accompagnement spirituel", *Christus* n.153, hors série, Assas ed., Paris, 1992: 영적 식별 및 영적 지도에 있어 그 적용에 관한 다수의 논문이 실려 있다.
- Arzubialde, S., "Discernimiento, Unción del espíritu y Discretio", *Manresa* 70(1998), pp.231~267.
- Aubert, Jean-Marie, "La fonction de la foi dans les décisions étiques", *Supplément de la Vie Spirituelle*(1979), n.29, pp.251~273.
- Bakker, Leo, *Freiheit und Erfahrung*, Würzburg, 1970.

- Beirnaert, L., "Discernement et psyquisme", *Christus* 4 (1954), pp.50~61.
- Cantin, R., *Le discernement spirituel*, Montréal, 1979.
- Chollet, A., "Discernement des esprits", *DTC*, vol. 4, col. 1412~1415; "Discernement des esprits", en *Dictionnaire de spiritualité*, vol. III, col. 1222~1291.
- Costa, Maurizio, *Direzione spirituale e discernimento*, ADP, Roma, 1993.
- Echeverría Alvarado, Rolando, *La vida humama como búsqueda y dicernimiento: el dinamismo de la antropología teológica de Xavier Zubiri*, PUG, Roma, 1996.
- Fiorito Miguel, A., "Apuntes para una teología del discernimiento y lucha espiritual", *Ciencia y fe* 20(1964), pp.93~123 y *Discernimiento y lucha espiritual*, Diego de Torres, Buenos Aires, 1985.
- García Domínguez, L. M.[a], *Las "afecciones desordenadas". Influjo del subconsciente en la vida espiritual*, Manresa-Sal Terrae, Bilbao, 1992.
- Garrigou-Lagrange, R., *Les trois âges de la vie intérieure*, vol. II, Paris, 1938, c.23.
- Gil, Mons. Daniel, *Discernimiento según S. Ignacio*, CIS, Roma, 1980.
- González Hernández, Luis, *El primer tiempo de elección según san Ignacio*, Studium, Madrid-Buenos Aires 1956 = *Biblioteca de Ejercicios*, 1.

- Gouvernaire, Jean, *Guiados por el Espíritu a la hora de discernir*, Sal Terrae, Santander, 1984.
- Guibert, Joseph de, *Leçons de théologie spirituelle*, Toulouse, 1946, lec.24~25.
- Hernández, Eusebio, "La psicología de la discreción de espíritu", en *Miscelánea Comillas* 33(1960), pp.197~221.
- Juanes, Benigno de, *La elección ignaciana en el segundo y tercer tiempo*, CIS, Roma, 1980.
- Laplace, Jean, "L'expérience du discernement dans les 'Exercices spirituels' de S. Ignace", *Christus*(oct. 1954), pp.28~49.
- Lepesant, Bertrand, *Dynamique de groupe et conversion charismatique: essai sur l'expérience spirituelle et son discernement, Pneumatique*, Paris, 1976.
- Mehl, Roger, "Le discernement théologique et ses critère", *Supplément de la Vie Spirituelle*(1979) n.129, pp.237~249.
- Mendizábal, Luis, *Dirección espiritual. Teoría y práctica*, Madrid, r2000 = BAC 396, pp.190~270.
- Orlandis, Ramón, "El doble discernimiento de espíritus", *Manresa* 11(1935), pp.3~30.
- Penning de Vries, Piet, *Discernement des esprits. Ignace de Loyola*, Beauchesne, Paris, 1979.
- Rahner, Karl, *Lo dinámico en la Iglesia*, Herder, Barcelona, 1963.
- Rulla, Luigi M., "Discernimiento de espíritus y antropología

cristiana", *Manresa* 51(1979), pp.41~64.

- ———, *Psicología profunda y vocación. I. Las personas*, Madrid, 1984.
- Rupnik, M. I., *Il discernimento*, 2 vols., Lipa, Roma, 2000-2001.
- Sampaio, Alfredo, *Los tiempos de elcción en los directorios de Ejercicios*, Mensajero-Sal terrae, Bilbao-Santander 2004 = Manresa, 32.
- Schiavone, Pietro, *Il discernimento evangelico oggi*, ESUR-CIS, Messina-Roma, 1988.
- ———, Il discernimento. *Teoria e prassi*, Poline, Milano, 2009.
- Schneider, Michaël, *"Unterscheidung der Geister". Die ignatianischen Exerzitien in der Deutung von E. Przywara, K. Rahner und G. Fessard*, Tyrolia, Innsbruck-Wien 1983.
- Switek, Günter, 'Discretio spirituum', un aporte a la historia de la espiritualidad", *Cuadernos monásticos* 24(1989), pp.323~344: trad. de *Theologie und Philosophie* 117(1989), pp.36~76.
- Toner, Jules J., *A Commentary on Saint Ignatius' Rules for the Discernment of Spirits*, Institute of Jesuit Sources, St. Louis, 1982.
- ———, *Discerning God's Will: Ignatius of Loyola's Teaching on Christian Decision Making*, Institute of Jesuit Sources, St. Louis, 1991.

- ———, *Spirit of Light or Darkness?*, St. Louis, 1995.
- ———, *What is Your Will, O God?*, St. Louis, 1995.
- Tornos, Andrés, "Fundamentos bíblico-theológicos del discernimiento", *Manresa* 60(1988), pp.319~329.
- Zollner, Hans, *Trost-Zunahme am Hoffnung, Glaube und Liebe: zum thelogischen Ferment der ignatianischen "Untersuchung der Geister"*, Wien Tyrolia, Innsbruck, 2004 = Innsbrucker Theologische Studien, 68.

/인/용/ /성/경/ /구/절/ /색/인/

구약성경

신약성경

요한 복음

사도행전

로마서

코린토 1서

코린토 2서

갈라티아서

에페소서

필리피서

/인/명/ /색/인/

〔ㅇ〕

/내/용/ /색/인/

〔ㅇ〕

〔ㅎ〕

옮긴이의 말

『영적 식별』의 저자이며, 일찍이 저를 영성의 세계로 이끌어 주셨던 마누엘 루이스 후라도 신부님께서 2022년 7월 아흔의 연세로 선종하셨습니다. 신부님께서는 로욜라의 성 이냐시오의 모범을 따라 "하느님의 보다 큰 영광을 위하여" 충실하게 사셨던 분입니다. 저는 이러한 신부님의 마음을 소중히 간직하고, 미흡한 대로 신부님의 발자취를 이어가고자 노력해 왔습니다. 그리고 2023년 2월 성사 전담 사제가 되어 지난날을 돌이켜 볼 여유를 갖게 되었습니다.

저는 2010년 12월 『영적 식별』 초판 번역을 낸 바 있습니다. 하지만 번역상의 아쉬움이 너무 커, 루이스 후라도 신부님과 독자들에게 죄라도 지은 것 같은 부담감을 오랜 기간 지녀 왔습니다. 그래서 이 책에 담긴 신부님의 뜻이 독자에게 보다 더 정확하게 전달되고 나아가 조금이라도 더 잘 읽힐 수 있도록 다듬어야겠다고 생각하고 2018년의 재판본 수정 작업에 착수했습니다만 결국은 또 저의 부족함과 한계를 절감하고 만 셈이 되고 말았습니다.

저는 이 책을 번역하면서, 무엇보다 먼저 저자이신 신부님께서 책을 통해 전달하고자 하신 의도를 염두에 두고, 번역된 내용이 이에서 벗어나지 않도록, 원문에 충실한 번역을 하고자 노력하였습니다. 저자이신 신부님은 당신의 의견을 학문적으로 좀 더 세밀하고 정확하게 표현하고자, 조심스레 제안하는 느낌으로 가급적 객관적 어조로 기술하고자 노력하셨습니다. 이러한 신부님의 의도를 충실히 살리려다 보니 본의 아니게 수동문이 많이 들어간 번역문이 되었습니다. 우리말 표현으로는 능동태 문장이 보다 자연스럽고 독자들에게도 쉽게 다가갈 수 있다는 점을 잘 알면서도 어색한 수동태 문장으로 직역투의 번역을 하게 된 것은 전적으로 저의 부족한 능력 탓이니 독자들의 양해를 바랍니다.

또한 본서는 영성신학의 관련 주제를 연구하는 학자들이나 배우는 학생들을 그 우선적 대상으로 삼았기에, 일반 대중들이 접근하기에는 조금 부담스러운 측면이 없지 않아 있었습니다. 이러한 단점을 극복하고자 일반 독자들을 위해, 희랍어 단어나 문자의 경우, (장단음이나 강세까지는 살리지 못했으나) 철자 위주의 단어 표기로 발음이나마 돕고자 하였으며 아주 기초적인 뜻을 간단히 첨부하기도 하였습니다. 아울러 라틴어 인용 구절들의 경우 부족한 실력이지만 번역을 첨부하였습니다.

그리고 인용한 책들과 논문들의 경우, 영성신학 전공자들의 공통 번역이 제안되지 않은 부분이 많은 관계로, 제 나름의 번역을 첨부하면서, 독자들의 향후 연구에 도움이 될까 하여 가급적 원어 그대로 제시하였습니다.

번역의 과정에서 희랍어, 라틴어 그리고 필요한 부분에 정확하고 섬세하게 성의를 다하여 번역, 수정, 제안해 주신 가톨릭대학교 성신교정 교수 정환규 신부님의 도움에 감사드립니다. 제 역량의 한계와 개인적인 소신 등으로 번역에 있어 신부님의 도움을 선택적으로 반영한 점 미안할 따름입니다. 하지만 신부님의 사제적 형제애와 진지한 학문적 제안이 제 번역에 큰 자극이 되었음을 고백하며 다시 한번 감사드립니다.

끝으로 본서의 출판에 큰 도움을 주신 가톨릭대학교 출판부장 윤종식 신부님과 어려운 여건에서 성의를 다해 주신 출판부 관계자분들께 감사드립니다.

모쪼록 본서의 원저자이신 마누엘 루이스 후라도 신부님의 영성이 이 책을 읽으시는 모든 독자 여러분께 전해지기를 바랍니다. 나아가 영적 식별을 통한 보다 더 나은 신앙생활에 정진하게 되시기를 인자하신 성모님께 전구를 청합니다.

2025년 1월
박 일 알렉산델 신부